21世纪全国普通高校城市管理系列规划教材

城市景观设计

CHENGSHI JINGGUAN SHEJI

（第二版）

刘敬东 李楠 编著

大连理工大学出版社

图书在版编目(CIP)数据

城市景观设计 / 刘敬东，李楠编著. — 2 版. — 大连 ：大连理工大学出版社，2020.4
21 世纪全国普通高校城市管理系列规划教材
ISBN 978-7-5685-1924-3

Ⅰ.①城… Ⅱ.①刘… ②李… Ⅲ.①城市景观—景观设计—高等学校—教材 Ⅳ.①TU-856

中国版本图书馆 CIP 数据核字(2019)第 032614 号

大连理工大学出版社出版
地址:大连市软件园路 80 号　　邮政编码:116023
发行:0411-84708842　邮购:0411-84708943　传真:0411-84701466
E-mail:dutp@dutp.cn　　URL:http://dutp.dlut.edu.cn
大连理工印刷有限公司印刷　　大连理工大学出版社发行

幅面尺寸:180mm×255mm　　印张:20　　字数:465 千字
2011 年 12 月第 1 版　　2020 年 4 月第 2 版
2020 年 4 月第 1 次印刷

责任编辑:邵　婉　王　元　　责任校对:元　源
封面设计:波　朗

ISBN 978-7-5685-1924-3　　定　价:45.00 元

21世纪全国普通高校城市管理系列规划教材
编 委 会

C 丛书序

“十二五”开局之年，凝结着出版社、编委会和各位作者心血和努力的“21 世纪全国普通高校城市管理系列规划教材”开始出版了。站在时代发展的重要节点，思索背景，展望发展，我们认识到，社会越发展，城市管理越重要。高等教育城市管理专业，是伴随着我国城镇化和城镇建设的快速发展，伴随着我国社会经济发展和人民物质文化生活水平的不断提高而产生的一个新兴专业，是我国高等教育大家庭的新生事物。城市，是一个人类历史发展中文明和繁荣的代名词。管理城市，标志着文明的进步与发展的可控和可持续。从历史到现在，人类赖以生存的城市的发展，需要消耗大量的人力、物力资源和一定的建造时间，更需要专业、优化的管理。人们有理由对城市的丰富功能和提供服务的质量要求越来越高，这必然基于更高水平的对城市的专业建设、专业监督和专业管理。截至 2010 年年末，我国百万城镇人口以上的特大城市超过 120 个，与之相配套的市政基础设施、公用事业、交通管理、市容景观管理、生态环境管理等众多专业领域亟需大量具备综合素质的高质量人才，人才需求量主要集中在城市建设与管理部门、城市公用事业单位、城市社区组织、城市企事业单位等城市建设与管理部门。

提高高等教育人才培养质量，教材建设是一个绝对基础又十分关键的因素。经教育部批准，沈阳建筑大学管理学院于 2010 年开设城市管理本科专业，出版一套适合的专业教材成为我们义不容辞的责任！本套专业教材的策划与编写，由沈阳建筑大学副校长、国家级教学名师、国务院特殊津贴获得者、辽宁省土木建筑学会副理事长刘军教授任编委会主任委员。本套教材的编写队伍以沈阳建筑大学为主，兼并组织了国内相关高校中具备多年教学与工程实践经验的专业教师和工程师参与和写作。这套系列教材以城市建设、基础设施建设和城市更新改造等城市建设与管理内容为主线展开，以既有的、成熟的知识体系为框架，结合了国内外前沿的研究成果；这套教材以建筑、规划、土木、工程管理学科为基础，源于教师多年的点滴积累和心得。我们期许一套好教材的诞生和应用！

沈阳建筑大学对于城市管理领域的关注最早可追溯至 1983 年开设的城镇建设专业；2007 年，学校被全国市长培训中心设为首个京外教学基地；2009 年，经辽宁省教育厅批准，开设了工商管理（城市建设管理方向）专业；2010 年，开设了城市管理本科专业。为了进一步推进城市管理领域理论知识与专业实践的进一步完善成熟，适应人才培养规模和层次的不断扩大，在大连理工大学出版社的倡导下，启动了面向一线教学的基础化、系列化、现代化的城市管理系列教材。城市管理系列教材涵盖和设计的理论体系和知识结构不仅面向城市经济和社会发展，面向政府机关、城市规划与建设部门、城市市容环境和园林绿化管理部门、城市公用事业单位、城市社区和城市企事业单位，更主张"立足工程、拓宽基础、面向实践、创新发展"的编写目标，也涵盖了比较宽广的城市建设技术和全面的管理知识。在本套教材编写的指导思想中，我们力求最大限度地汲取本学科领域的前沿科研成果，强化现代城市建设管理基本理论知识的科学性、系统性和操作技术的针对性、实用性，使其成为我国高等学校城市管理专业人才培养的基础型、普及型的系列教材，为城市管理学科和专业发展培养高级管理人才做出贡献。

本套系列教材包括：《城市经济学》《城市社会学》《城市功能与组织》《城市土地利用管理》《城市管理信息系统》《社区建设与管理》《城市基础设施建设工程管理》《中国城市建设史》《城市交通与组织》《社会调查方法》《城市管理法学》《旧城区改造与更新》《城市景观设计》等。

本系列教材的编写得到了大连理工大学出版社和沈阳建筑大学、辽宁省住房和城乡建设厅、辽宁省教育厅等主管部门及相关企业领导、专家们的大力支持，在此深表谢意。

城市管理专业在我国仍是一个崭新的学科领域，其学科内涵和理论与实践知识体系尚在不断发展之中，加之时间有限，尽管作者们做出了极大努力，但新系列教材不妥之处仍在所难免，恳请各位同行和读者提出宝贵意见。

21世纪全国普通高校城市管理系列规划教材编委会

2011年4月于沈阳建筑大学

序

城市景观设计作为城市设计的一部分逐步在被大家所认知。从城市历史发展角度看，一个城市的建设发展需要多学科交叉与融合才能实现其功能的完美。城市景观设计研究的是在城市规划指导下，深化设计的内容。城市景观设计可使城市的文化、资源、生态等内容具有可亲近、可参与、视觉与功能更加完备的性质，并将其更具体化，即可实施性的具体实现，使人们从中感受到城市文化、历史、设计的内容。作为城市景观设计者，不仅要从具体的技术层面、视觉美学、功能完备等方面来处理城市景观的问题，还要通过每个细小而繁杂的城市公共空间处理来实现可持续地域文化理念在城市发展大背景下的发展。

刘敬东先生在多年的城市景观设计教学与实践中，一直追求城市场所的功能与实际需求的统一。体现在本书中，从大的理论体系框架到细部的施工技术，无不渗透着他对城市公众性及可持续性的见解。同时，本书内容全面，逻辑严谨，深入浅出，是一本理论与实践并重的教科书。

我深信本书的出版能对从事城市景观设计工作和研究的人员有所帮助，并对高等院校相关专业学生的学习起到一定的指导作用。

鲁迅美术学院环境艺术系主任、教授

2011 年 7 月

前 言

当下，我国城市环境建设正紧跟世界城市发展方向，城市环境设计随之被提升到一个前所未有的多元化局面。在视觉阅读时代和城市化建设的大背景下，城市景观空间环境建设已步入广大民众的视野，成为城市建设中备受关注、极富亮点的社会问题。“如何造就一个好的城市?”也许是从古到今恒久不变的话题。复杂的城市远远超出我们所能控制的范围，而且影响和作用着在城市中生活的所有人。因此，便需要一个合理的措施来解决这些问题。城市设计产生的必然条件有了，但社会的发展要求城市设计不应是一成不变的。随着更加复杂的工业城市出现，城市不应是绘图式的规划，“环境”问题的出现警醒我们不得不去思考如何创造一个舒适、便捷、安全的生活环境，并将其提升到城市环境设计的重要范畴。

本书将城市设计中的城市景观设计单列出来进行系统研究和总结，将城市建筑、规划、交通、美学等观念融入其中，使其成为城市环境设计的积极构成因素。从城市景观的历史发展到城市景观设计流派的形成；从现代城市景观要素构成到城市景观设计问题分析；从城市景观分类设计到设计方法和规范；从各类城市景观设计要点阐述到实现设计的工程技术支持等，本书全面、系统地描绘出现代城市景观设计应遵循的原则、方法以及各种实施技巧。

本书第一版的编写和发行得到了鲍继峰教授、马克辛教授、刘亚臣教授、席田鹿教授等专业人士的帮助。同时，尹洁维、刘旭、周媛、方利超等硕士研究生，李超、李卿阁、孙禹、张芳等本科生，为本书的编写做了大量工作，正因为这些人士的帮助以及热心读者的支持，本书的再版编写和发行工作才得以顺利进行和完成，在此深表感谢。

作为城市景观设计、城市管理、城市规划、环境艺术等相关专业教材用书，笔者希望本书的再版能够更加全面地展示本专业在边缘性方面的知识领域，使高等院校相关专业学生能够通过此书，掌握更全面、更系统、更多样的专业基础理论知识。本书也可供相关技术人员学习、研究、参考。受时间、能力所限，书中存在的不当之处敬请同行业的各位前辈、同仁以及广大读者给予批评和指正。

笔 者

2020 年 1 月于沈阳

目录

第1章　概　论 / 1
1.1　城市景观设计概念界定 / 1
1.1.1　景　观 / 1
1.1.2　城市景观 / 2
1.2　城市景观设计的分类 / 2
1.3　城市景观设计的相关概念 / 3

第2章　城市景观设计的演变与发展 / 5
2.1　城市景观设计的历史演进过程 / 5
2.1.1　工业革命前的城市景观设计 / 5
2.1.2　工业社会城市景观设计的演进 / 8
2.1.3　后工业社会城市景观设计的演进倾向 / 11
2.2　城市景观设计的现状 / 14
2.2.1　现代景观设计流派的形成 / 15
2.2.2　可持续发展导向下的生态景观设计 / 22
2.2.3　加法与减法——城市景观的保存与再生 / 24
2.3　城市景观设计的基础现状与理论 / 25
2.3.1　基础现状 / 25
2.3.2　基础理论 / 27

第3章　城市景观的设计构成要素 / 30
3.1　空间的意识外延 / 30
3.1.1　视觉空间 / 30
3.1.2　心理空间 / 31
3.1.3　意识空间 / 31
3.2　城市景观的社会性 / 31
3.2.1　景观环境的社会意义 / 31
3.2.2　城市公共空间的社会效应 / 32

3.2.3 城市景观构建与公共参与 / 33
3.3 城市景观的效率和公平 / 36
3.3.1 效　率 / 36
3.3.2 公　平 / 37
3.4 城市景观的文化要素 / 38
3.4.1 城市景观的文化差异 / 39
3.4.2 城市景观的文化多元性 / 40
3.4.3 城市景观的文化生态性 / 40
3.4.4 城市景观的文化融合性 / 40
3.5 景观设计的基础构成要素 / 41
3.5.1 人和社会 / 41
3.5.2 建　筑 / 42
3.5.3 水　体 / 42
3.5.4 绿　化 / 45
3.5.5 景观小品 / 55
3.6 生态环境景观与科学规划的艺术性景观设计 / 77
3.6.1 生态观下城市景观的设计理念 / 77
3.6.2 城市景观的生态设计布局 / 78
3.6.3 城市景观影响下的产业格局 / 79
3.6.4 生态型城市景观的绿化设计 / 80
3.6.5 生态型城市景观的设计原则 / 81

第4章 城市景观的色彩设计 / 83
4.1 城市景观设计色彩的历史发展 / 83
4.1.1 中国城市色彩规划的缘起与发展 / 83
4.1.2 国外色彩规划设计的发展 / 89
4.2 城市色彩空间结构体系 / 99
4.2.1 城市色彩空间结构体系框架 / 100
4.2.2 城市总体色彩空间结构 / 100
4.2.3 城市片区色彩空间结构 / 109
4.3 城市景观色彩设计的方法 / 112
4.3.1 方法概述 / 112
4.3.2 城市景观面状空间色彩规划 / 113
4.3.3 城市景观节点空间色彩规划 / 120
4.3.4 城市景观色彩组织的基本原则和手段 / 128

第5章　城市景观设计中的无障碍设计 / 133

5.1　城市景观无障碍设计的概念及意义 / 133

5.1.1　无障碍设计的概念 / 133

5.1.2　无障碍设计的意义 / 133

5.2　城市景观无障碍设计应注意的一般事项 / 135

5.2.1　行动特性的障碍分类及特点 / 135

5.2.2　不安全环境中的无障碍设计 / 137

5.2.3　城市景观无导向环境中的无障碍设计 / 141

5.3　城市景观无障碍设计 / 144

5.3.1　人行道、入口、大门周围 / 144

5.3.2　停车场、车库 / 147

5.3.3　屋顶、平台、阳台 / 149

5.3.4　公园、游乐场 / 150

第6章　城市景观分类设计 / 153

6.1　城市和城市建筑 / 153

6.1.1　城市建筑概述 / 153

6.1.2　城市建筑设计导向 / 157

6.2　城市道路景观 / 164

6.2.1　基本概念 / 164

6.2.2　道路景观基本构成要素 / 173

6.2.3　道路景观设计导向 / 177

6.3　城市公园 / 188

6.3.1　城市公园的概念及历史发展 / 188

6.3.2　城市公园的分类及组成要素 / 194

6.3.3　城市公园规划设计导向 / 199

6.3.4　各类城市公园设计 / 210

6.4　城市广场 / 219

6.4.1　城市广场的概念 / 219

6.4.2　传统城市广场的发展过程 / 220

6.4.3　城市广场的分类与景观构成要素 / 222

6.4.4　城市广场景观设计导向 / 230

6.5　城市水景 / 236

6.5.1　城市滨水区和水景 / 237

6.5.2　城市水景的发展历史及特点 / 238

6.5.3　城市水景的分类 / 241

6.5.4 城市水景设计导向 / 246
6.6 城市照明 / 259
6.6.1 基本概念与术语 / 259
6.6.2 城市照明的发展历程与工作层次 / 261
6.6.3 城市照明基本要素与方法 / 263
6.6.4 城市景观照明设计导向 / 266

第7章 城市景观工程技术 / 279
7.1 场地竖向设计及土石方工程 / 279
7.1.1 场地竖向设计 / 279
7.1.2 场地土石方工程 / 281
7.2 景观建设细部 / 282
7.2.1 防护工程设施 / 284
7.2.2 景观墙和花台花池 / 285
7.2.3 硬质地面 / 286
7.2.4 水景工程 / 288
7.2.5 景观小品 / 291
7.2.6 景观小品设施 / 294
7.2.7 儿童游乐设施和健身设施 / 296
7.3 植物种植 / 296
7.3.1 乔木种植与大树移植 / 297
7.3.2 灌木种植 / 298
7.3.3 草坪栽植 / 299
7.3.4 花卉种植 / 300
7.3.5 水生植物栽植 / 301

参考文献 / 302

第1章 概论

什么能造就一个好的城市？这也许是个毫无意义的问题。城市设计实在过于复杂，而且将会影响到太多的人，这些人又有太多不同的文化、生活、工作的社会背景，所以这个问题根本就不会有一个合理的答案。城市承载着人们文化、生活、工作的功能，它为人们的各种社会活动提供了所需要的场所、空间设施、信息传载、物资流通等物质条件与生活便利。作为生活环境，城市以其特有的文化、社会和经济背景，满足了不同人群的生活需要和多元化发展的需要。城市环境建设不但要能提供人类生存发展的物质条件，还要使人们在心理和精神上达到平衡和满足。城市景观应是人类的理想与精神在物质环境与自然环境中的具体体现，是精神的物质化。

城市景观设计是城市设计的一部分，是从微观层面来解读城市的本质，从景观设计角度对城市进行更深程度的剖析认识，研究城市的历史文化、地方特色、城市定位等，科学合理地利用当地的人文和自然资源，尊重自然、生态、文化历史，使人与城市环境建立一种和谐均衡的整体关系。

1.1 城市景观设计概念界定

1.1.1 景观

景观一词出现较早。在欧洲，早在《圣经·旧约》中，这一词就被运用，意指耶路撒冷的美丽景色。近代以来，景观一词最早来自绘画，其意义基本等同于“风景”与“景色”。17世纪左右，景观已经成为专门的绘画术语，意义是“陆地风景画”。现今，在文学、艺术以及园林等领域内，景观的含义仍基本上等同于“风景”。

1885年，德国人温默将景观概念引入地理。其后，德国地理学家洪堡将景观定义为“某个地球区域内的总体特征”，但这时的景观概念还基本等同于地形，主要用以说明地壳的地质、地理和地貌属性。20世纪20年代中期，美国学者索尔发表著名论文《景观的形态》，把景观看作地表的基本单位。他认为景观由两部分构成：一部分是自然景观，即一个地区在人进入前的原始景观；第二部分是文化景观，即经人所改造过的景观。地理学意义上的景观就是自然景观与人文景观的结合，现代的景观总体概念的雏形也就是在这时才基本形成。

现今，就应用层面的意识形态而言，对“景观”的概念有着不同的理解，大致可分为三类：第一类把景观看作客观存在的景物，侧重于对客观物质环境的解释；第二类把景观理解为人们心目中的感受和印象，侧重于对人们主观感受的描述；第三类把景观理解为客观事物在人们主观感受中的体现，是前两类的结合。本书倾向于第三类概念，即景观是人们通过视觉、知觉，对景物产生的生理和心理上的感受，可分为自然景观、人工景观和人文历史景观。其中，自然景观包括河流、森林、沙漠、山、云和动物等，人工景观包括城市道路、建筑、广场和小品设施等，人文历史景观包括民居、历史文化名城、陵墓和园林等。

1.1.2 城市景观

城市景观是城市空间与物质实体的外显表现，包括广场、道路、步行街以及公园和居民自家的小庭院，以及道路的铺地、小品等。人们通常看到的城市景观往往是静态的，而城市景观的形成却是一个动态的过程，好的城市景观是人们长时间经营、推敲、锤炼出来的。随着城市不断地变化、生长和发展，被人们塑造的城市景观就凝聚成城市历史的一部分，它是城市文化的结晶，供城市中的人们享用和欣赏，也是该城市的代表。

从某种意义上说，城市景观不单是某个实体空间构造或实体环境构筑物，还应该是在其间生活的人们所能观赏到、接触到、使用到、感受到甚至是被吸引、被感动的一种印象和体验。生活者对景观的解释、理解、审美意识的培养是构筑城市良好景观的原动力。不同国家、地域、民族对美的感知、创造美的倾向和能力是不尽相同的，这取决于城市的基因和文脉，这种能够让人产生精神实体的城市景观，正是一座城市基因和文脉的内在表现。

就设计内容而言，城市景观设计大致包括四大部分：一是城市实体建筑要素，城市建筑内的空间不属于城市景观的范畴；二是城市空间要素，包括城市广场、道路、步行街以及公园和城市居民区的庭院；三是基面，主要是城市路面的铺地；四是城市小品，如广告栏、灯具、喷泉、卫生箱以及雕塑等。

1.2 城市景观设计的分类

城市景观分类的目的在于认识城市景观的不同特征，从而把握形成其特性的相关因素，以创造出丰富多彩的城市空间环境。不同的思考方式对应不同的分类方法。凯文·林奇在对美国几个城市进行认知调查的基础上，根据人们对城市的意象，归结出城市形象的五个要素：道路(paths)；边沿(edges)；区域(districts)；标志(landmarks)；结点(nodes)。

道路，一个城市有主要道路网和较小的区级路网。城市公路网是城市间的通道，主要有连续性和方向性，因此应构成简单的系统，起点和终点要明确，路旁的建筑和空间特性是方向性的基础，有助于对距离的判断。边沿，区域与区域之间的界限是边缘，有的区域可能完全没有边缘，而是逐渐混入另一区域，边缘应能从远处望见，也易于接近，提高其形象作用。如一条绿化地带、河岸、山峰、高层建筑等都能形成边缘。区域，它是较大范围的城市地区，一个区域应具有共同的特征和功能，并与其他区有明显的区别，城市由不同的区域构成，如居住区、商业区、工业区、高等学校教学区等，但有时它们的性质是混合的，没有明显的界线。标志，它是城市中令人产生印象的突出景观，有些标志很大，能在很远的地方看到，如电视塔、摩天楼；有些标志很小，只能在近处看到，如街钟、喷泉、雕塑。标志是形成城市图像的重要因素，一个好的标志既是突出的，也是协调环境的因素。结点，结点也可以看作标志的另一种类型，标志是明显的视觉目标，而结点是人们活动的中心，空间四周的墙、铺地、植物、地形、照明灯具等小建筑物的布置和连贯性，决定了人们对结点图像的形成能力。

道路、边沿、区域、结点和标志是城市图像的骨架，它们结合在一起构成了城市的景观。在城市规划时，应创造出新的、鲜明的景观，以激起人们对整个城市的想象。

城市按土地使用情况可分为公园绿地、居住区、商业区、工业区等区域，按地理位置又可分为滨水区与山峦区、市中区与市郊区等地段，各个区段空间由于其自然环境与人工设施性质不同，以及由此产生的各种生活构成了各自不同的景观特色。根据景观的形态和内涵的价值标准可分为特色景观与普通景观，特色景观以其独有的自然、历史、审美价值而突显出来成为焦点景观，普通景观则构成城市的背景。

按观察者所在的位置与景物之间的距离可分为远景(200 米)、中景(70～100 米)、近景(6 米)等三个层次。在城市外围远眺或登高俯瞰可以观察到城市的全景。

按观察者本人的观察方式可分为动态景观与静态景观。观察者在一个固定地点观察可以得到静态景观，静态景观具有画面美。观察者以运动的方式观察则可以看到由一系列画面所构成的动态景观，动态景观具有韵律美。人们对空间景观的感受与人们的运动速度(步行、乘车)有关，高速行进中的人只能把握物体的外形与色彩，步行者则可观察到一些形体、色彩、质感细节。

1.3　城市景观设计的相关概念

1. 城市景观与外部空间

一般来说，城市的外部空间是相对于建筑内部而言的，是人们在室外的公共活动的场所。都市人的聚会、休憩及交往许多都发生在城市的外部空间之中。城市的外部空间从形式上来看是虚无的，但却是城市景观中的重要组成部分。可以说，城市景观的概念远大于外部空间的概念。

2. 城市景观与城市环境

城市环境是环境定义在城市中的具体应用。城市环境中围绕人类生存的各种条件和要素的总体包含范围极广，而景观就是构成环境的一部分，因此城市环境涵盖城市景观。

城市环境主要体现在三个方面，即自然环境、文化环境和社会环境。

从自然环境来看，一个城市无论它的现代化程度多高，都必然依托于大地，城市的自然生态环境是人们赖以生存的基础。现代社会生活的高度人工化更唤起人们对大自然的依恋情结，随着人类对大自然掠夺性的开发，噪声、拥挤、污染、疾病等城市问题愈发严重。保护资源环境的观念已成人们的共识，对生存状态的关注更表现在对城市环境的设计上。城市的地形地貌、物产物候、生态群落都综合地列入生态景观的系统之中，城市环境中的建筑、环境设施都要考虑自然生态与人类活动要求的有机结合，创造现代意义的"顺应自然""天人合一"，创造适合本土居民需求的绿色生态环境，这不仅是对自身文化价值的肯定与认识，更是对民族文化的继承与发展。

文化环境包含民族的、民俗的、传统的文化脉络和公共场所的特定文化性质。可以说，文化环境对设计师的创作思路起到决定性的作用。人的视觉或经验常常选择性地对某个地区人文社会下的动态景观留有深刻的印象，一个地区的历史、文化、宗教、民俗等往往构成它的特质并产生其活力。人类从早期的安全需求到后来的文化心理与精神需求促使城市的形成。城市提供了大量的信息以及各种活动，满足了人们对文化、知识、宗教、资讯以及经验的渴望与追求。尽管空气污浊、文通拥挤、生活空间狭小，但人们仍不失对城市生活的向往。因此，从文化环境的角度来探讨城市环境是很有价值并具有现实意义的。

从社会环境来看，当今中国城市有老城和新城两种形态。老城区在20世纪八九十年代以前就已成形，均有百年甚至千年的建城历史。在今天，纯粹的老城区日见鲜少，老城区建筑危旧，交通拥塞，给排水公共系统缺损，人口过度密集等问题使得老城区改造迫在眉睫。老城区又多为老街井坊，在繁市闹口，人群密集，蕴含无数商机，所以老城区的改造幅度都很大，往往在短时间内便失去了由漫长历史累积而成的风貌和味道，这种结果无形中觉悟了市民和建筑规划等部门对历史街区的守护意识。

新城区所指是20世纪90年代以来重建和新建的区域。这种区域的居民四方而来，城区建造结构依某种标准而趋向同化，在新城区中塑造新聚人群的公共记忆，显现出某种新街区的形象特征，是景观空间设计的基本出发点。

3. 城市景观与城市设计

城市设计是在城市总体规划的基础上，对城市进行的体型环境设计，其目的是改善人们的生存环境，提升城市整体景观品质，它不仅关注人们视觉上的审美感受，更注重环境品质和社会经济等各方面的要求。而城市景观是整体形象，关注人们视觉上的审美和心理感受。

第2章 城市景观设计的演变与发展

2.1 城市景观设计的历史演进过程

人类城市景观演变经历了一个复杂的过程。正如瑞士著名哲学家艾赫尔别格在其名著《人与技术》中描绘的那样，同人类漫长的历史相比，城市景观演变的历史是极为短暂的。人类历史上第一个城市的出现是在9000年前，但就是在这短短的9000年间，尤其是工业革命以来短短的几百年间，人类的城市景观发生了翻天覆地的变化。

2.1.1 工业革命前的城市景观设计

1. 古希腊时代

城市景观环境发展到今天，是一个漫长而迭变的过程。无论是西方国家还是东方国家，悠久的历史都曾为后人留下丰富的艺术文化遗产，这些存留在城市空间里的艺术品多以磅礴壮观的建筑和雕塑形式出现，而内容上多呈现的是一种对神权和君权的尊崇。早在市民社会雏形期的古希腊时代，相对开放的奴隶主民主制和公共空间开始形成，流露着庄严、唯美、恬静的美学思想的大量建筑和雕塑出现在公共广场上，这些艺术品虽然仅仅是以服务于宗教为目的而创造的，但从“存在于公共空间里的艺术作品”这一点来看，已经初具城市景观的特征。

古希腊时代城市景观的总体特点是小尺度以及人性化。历史上的雅典城背山面海，城市按地形变化而布置。从山脚下居住区开始，逐步向西北部平坦地区发展，最后形成了市集广场及整个城市，建筑物的排列不是死板的，既考虑到从城下四周仰望时的美，又考虑到置身其中的美，并充分利用地形。

这个城市最杰出的是它的卫城。建筑师充分利用岩面条件来安排建筑物与纪念物，并不刻意追求视觉的整体效果。除个体建筑外，卫城没有总的建筑中轴线，没有连续感，没有视觉的渐进，也不追求对称形式，完全因地制宜。卫城南坡还有为平民服务的活动中心、露天剧场与竞技场等。整个建筑非常适合人的尺度，据说这样的设计是最符合黄金分割比例的(图2-1)。刘易斯·芒福德对希腊城市高度评价，认为“没有任何一个地方像希腊城邦，

图2-1 希腊雅典卫城

首先像雅典那样勇敢正视人类精神与社会肌体二者的复杂关系，人类精神通过社会肌体得以充分体现，社会肌体则变成一片人性化的景色，或者叫作一座城市”。

2. 古罗马时代

古罗马时代城市景观的主要特点是大尺度与炫耀性。

罗马城在鼎盛时期，人口曾经达到 80 万～100 万，占地 206 平方公里。罗马修建了环绕城市长达数百英里的排水道，城市中有一些建筑物高达 35 米，相当于现今 10 层楼高。罗马有石铺的道路，还有巨大的浴池、斗兽场、宫殿与寺庙；大量宣传统治者功绩的纪念物以及供统治者享乐的服务设施等。罗马的建筑体量很大，而且装饰华丽。罗马中心是广场群，广场上建有裁判所、庙宇、斗兽场、市政厅等公共建筑物。广场的使用功能也比古希腊有所扩大，除原有集会功能与市场功能外，又增添了诸如审判功能、庆祝功能以及竞技功能等。罗马人从希腊人那里学到了城市建设的美学原则，如形式上封闭的广场、广场四周连续的建筑、大街两侧成排的建筑物还有剧场等，但尺度与希腊人不同。罗马人按照自己的方式进行变化，比希腊的形式更华丽、更壮观。罗马城的城市景观是大尺度的，以显示军事力量的强大与统治阶级的显赫。如广场的建筑物尺度都很大，实际上就是个人的纪念碑，大街宽 20～30 米，人行道与车行道是分开的(图 2-2)。

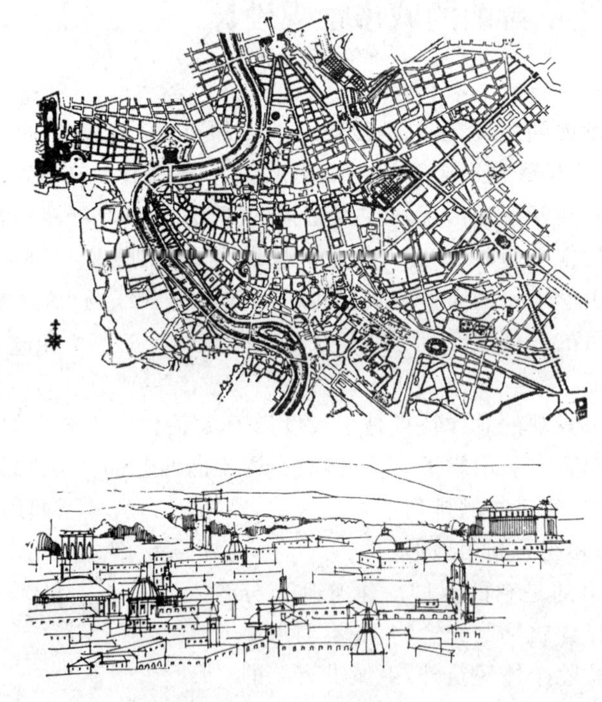

图 2-2　罗马城

城市中贫富分化非常严重，罗马贵族大约有 1800 户居住在大型私人宅地中，宽敞的花园，富丽堂皇的房间。底层民众居住的住房状况极为恶劣，他们居住在大约 46000 所公寓房子里，居住密度接近每栋公寓住 200 人，非常拥挤。这些住宅靠近大垃圾坑，且垃圾坑没进行任何处理，随便堆放着垃圾和粪便，因此，罗马历史上遭遇过多次瘟疫。

罗马人在城市景观构筑的过程中，对于地形不惜代价地改造，再加上罗马人生活极度奢侈糜烂，因此刘易斯·芒福德称古希腊文化是讲求体魄健壮而精神健康，而古罗马文化基本上是四肢发达、头脑简单。不仅罗马城，整个罗马时代，城市景观构筑都是好大喜功。

3. 中世纪时代

欧洲中世纪城市的总体特点是小尺度的，与古希腊很相似。

中世纪的欧洲，城市文明几乎消失殆尽。罗马帝国的消亡，使很多城市遭到严重破坏，南下的日耳曼人以农业耕作为主，对城市的依赖程度轻，加上频繁的战争使商路断绝，手工业、商业萧条，人们的生活重心转入农村，这些因素使欧洲很多城市衰落，如罗马城由百万人口减至 4 万人。但是，欧洲城市传统并没有完全消亡，中世纪的后半期，约从 11 世纪以后，城市在欧洲再次出现，因此，笼统地说中世纪是“黑暗时期”是不确切的。

中世纪城市的四周都用围墙围合起来，城市每隔一定距离都筑有塔楼，组成守卫的中心点。街道布局非常凌乱，道路弯曲，这是有时代意义的，因为中世纪城市经常会被敌人侵占，在街道展开巷战是非常普遍的，采用直线条的布局可能会增加城市的美观，但从防御的角度出发，这样做的代价将十分昂贵。中世纪城市中有三个建筑中心，代表着三种权力，即教会、政府和市场。在这三种权力指使下的活动各自遵循着不同的行为方式。最早城市的中心建筑是教堂，教堂是城市中的最高建筑物，其周围有一个广场，各主要街道汇向教堂。14 世纪以后，世俗权力开始兴起，大型的世俗公共建筑也开始占据中心地位，如市政厅与行会建筑，城市里出现了两个中心，城市布局随之发生变化。随着商业活动的活跃，集市广场的地位日渐突出，第三个中心出现了。三个中心各有侧重，行政长官的宫殿代表政治行政功能，主教教堂代表宗教功能，集市广场代表经济功能。

中世纪的城市规划通常不追求整齐有序，而是从需要出发，随机而定，因此城市的发展经常是不规则的，一些自然的东西，如崎岖不平的地形，常常被运用(图 2-3)。尽管环境卫生不是十分理想，但中世纪城市景观还是得到了不少城市学家的称赞。吉伯德在《市镇设计》一书中指出，“作为一个环境，中世纪的城市是美好的，朴素而清洁的，……理解它不需要理论或者抽象的设计理论，城市由于小和具有人的尺度的连续性，永远不会使人感到乏味与单调”。

图 2-3　中世纪意大利锡耶纳坎波广场

4. 中国城市景观的历史演进

从周代匠人营国制度以来，一直到近代，中国城市景观都是方格布局，这种模式一脉相承，保持着极为强劲的稳定性。在如此广阔的领土内，由一种单一的模式所支撑，这在世界历史上也较为罕见。当然，由于地形以及一些其他因素的影响，这种模式也发生了一些变异，但核心的东西表现得却非常稳定。

对于中国古代方格格局城市景观，《周礼·考工记》有所记载，“匠人营国，方九里，旁三门，国中九经九纬，经涂九轨，左祖右社，前朝后市，市朝一夫”(图 2-4)。意思是，建筑师丈量土地建设城市，按每边九里，每边三个门的正方形建造，内部的道路网由南北 9 条以及东西 9 条成直角相交构成。道路宽为车轨的 9 倍，可以并排走 3 辆车。据日本人伊东忠太考证，当时车宽为 66 尺，左、右各伸 7 寸，九轨为 72 尺，即 12 步，相当于 18 米。城的中心是宫城，宫城的左边是祖庙，右边是社稷坛，宫城的南边是朝廷，北面是市场，市场与朝廷各自方圆百步。

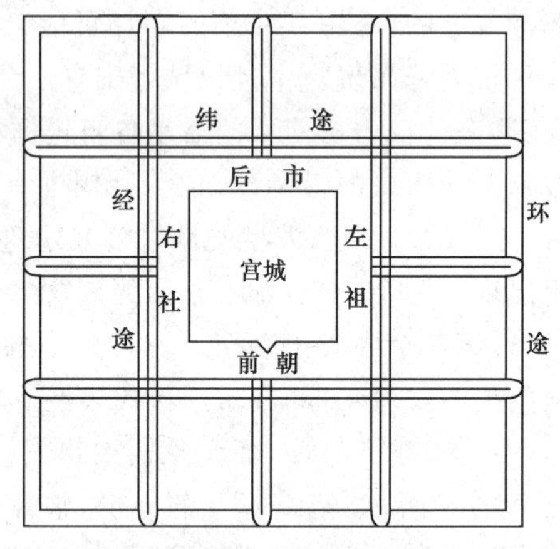

图 2-4 中国古代城市方格布局

《周礼·考工记》把城市景观建设规范为三个等级：王城标准级，诸侯标准级，卿大夫采邑城的标准级。各城市大小、路宽、门高、屋高都依次递减。级差为二，如王城用九，诸侯为七，卿大夫采邑用五。按尊卑等级，不得逾越。甚至在建筑油漆色彩，屋瓦色彩上均有等级规定。

这种方格格局形成原因有多种说法，例如，《易经》以九为阳之首，“天子”崇阳，城池选址以阳地为善，城市规划也以阳为贵。营国制度广用九数：“方九里”“九经九纬”“内有九室，九嫔居之；外有九室，九卿朝焉。”“九分七国，以为九分，九卿治之。”另外还有“井田制说”，学者贺业矩的《考工记营国制度研究》一书中认为：城市方格格局与井田制度有着极为密切的关联，中国古代把城市视为一大块井田，利用井田阡陌的经纬图，构成道路网；按照井田制，将它分为若干等面积的方块地盘，充作城市建设用地；同时规定，将井田单位“夫”作为城市用地单位，由此形成方格状的城市格局。

2.1.2 工业社会城市景观设计的演进

工业革命最初是从欧洲开始的。工业革命拉动了城市化的进程，大量人口涌入城市，或是在空地上建立城市，一方面由于人口在较短时间内进入城市，而使大量欧洲中世纪遗留下来的老城无所适从；另一方面由于人类还缺乏规划经验，于是，在工业革命相当长的一段时间内，城市的发展比较混乱。

资本主义大工业的生产方式与铁路的修建，完全改变了原有城市的景观。工业在城市内部或郊区建立起来，工业区外围就是简陋的工人住宅区，形成了工业区与住宅区相间与混杂的局面。火车的出现，是工业革命的一件大事。各个城市纷纷在城市中心或者市郊建立火车站，城市扩展后，城郊的火车站又被包围在城市中，加剧了城市的布局混乱。人口也像资本一样迅速集中。“……村子扩大为村镇，城镇扩大为大都市。城镇的树木成倍增长，50 万以上(人口)的城市也在增加。建筑物及其覆盖地区的面积，日益扩大，规模空前：大量的建筑物几乎在一夜之间拔地而起。人们匆匆忙忙地盖起房子来，而在重新拆旧建新时，几乎忙得没有时间稍微停下来总结他们的教训，而且对他们所犯的错误也满不在乎。新来的人，孩子或者移民，等不及新的住处。他们迫不及待地挤在任何能栖身的地方。在城市建设上，这是一个凑合将就的时期，大批供临时凑合使用的建筑物，匆忙建起。”

工业革命后，以“乌托邦”为蓝图建立起来的“法郎基”“新协和村”都以失败告终，但它表达了对现实的不满，激发了人们的想象力，引起了人们对城市物质环境的兴趣。之后，英国的田园城市、邻里单位、新城市运动、步行商业街、公众参与以及旧城区的改造与更新等以城市景观为重要内容的形态建设规划，对世界的建设思想和城市景观产生了巨大影响。

被推为现代城市规划与城市设计学说奠基人的奥地利人卡米诺·西特分析了古希腊、古罗马、文艺复兴时期等优秀城市具有吸引力的原因，比较了城市广场、建筑的空间组合等城市景观要素的地域差异，从历史形成及艺术规律方面研究城市建设艺术。现代主义大师与旗手柯布西耶提出的“光明城市”，体现了以集中为特征的机器时代的城市景观，受“光明城市”影响而建立起来的昌迪加尔、巴西利亚都鲜明地反映了这一特征。

在柯布西耶主持下产生的《雅典宪章》，对 19 世纪后期以来的城市规划理论和方法进行了总结，明确了城市规划要将城市与周围影响地区作为一个整体来研究，其目的是保证居住、工作、游憩和交通四大功能分区。以《雅典宪章》为出发点的《马丘比丘宪章》讨论了 20 世纪 30—70 年代以来的城市规划与城市设计的思想和理论。《马丘比丘宪章》提出，现代建筑的主要任务是为人们创造合宜的生活空间，应强调的是内容而不是形式；不是着眼于孤立的建筑，而是追求建筑、城市、园林绿化的统一，强调城市的有机组织，以及生活环境和自然环境的和谐。这两个宪章和后来的《北京宪章》对现代城市环境景观的影响一直持续到今天。

19 世纪末，由于美国经济的增长及人们对娱乐休闲的需求，产生了“城市艺术运动”。它尝试用艺术、建筑和规划的融合来超越 19 世纪末的功利主义，将城市建设成一个美丽的地方，与城市艺术一起产生的有“城市美化运动”“城市改良”和“景观设计”。城市艺术运动关注城市的特殊点——拱门、广场、交通环线和喷泉；城市美化运动试图创造或重建城市的市中心、干道及林荫道。但城市艺术运动、城市美化运动着眼于广场、干道、纪念性建筑及其他引人注目的城市小品等装饰性问题，因忽视城市内部组织关系而受到批评。20世纪，现代城市设计的创导者沙里宁，把城市艺术从广场、林荫道的局限中解放出来，从人居环境出发，为人们创造安适的家园，从根本上改善城市环境，开辟了现代城市设计的先河。《大不列颠百科全书》指出，"城市设计的主要目的是改进人的空间环境，从而改进人的生活质量"，因此，美好的景观是城市设计的重要内容。

工业革命以来，城市景观最大的变化是尺度的增大，城市不仅变高，而且变得更大。随着科技的进步以及钢结构的应用，城市景观日益向"高"发展。城市景观的显著特色就是摩天大楼的出现。摩天大楼的出现具有重要意义。一方面，它显示了人类的创造力量，改善了人们的居住环境，节省了城市用地。另一方面，也带来一定的负面效应，例如，规模不经济以及安全隐患等。

1931年美国建成的102层高381米的纽约帝国大厦，它在1969年以前一直是世界最高的大厦(图2-5)；1969年美国建成的110层高443米的芝加哥西尔斯大厦，成为世界最高；1996年马来西亚建成的高450米的双塔石油大厦取代了冠军的地位(但美国的西尔斯大厦有异议)。中国于1997年建成的上海金茂大厦为95层，建筑高度为421米，结构高度为395米，也跻身于世界最高大厦行列。

图2-5　纽约帝国大厦

随着经济的发展以及交通设施的改善，城市建成区日益扩张。仅以伦敦为例，它的扩张是非常显著的，从1800—1960年的空间图上，我们可以清楚地看到，伦敦的面积扩张了至少十几倍(图2-6)。城市建成区的扩张还体现在郊区化上。郊区化实际上在工业革命之前就已经发生，那个时候能够享受郊区生活的只是少数人，上层阶级中的一部分人希望过上独立、独特、私密、放松的生活，他们要"像修士般隐退，而又享受王宫般的日子"，于是便创造了郊区。

郊区化最早出现在美国，原始的郊区表现为乡村别墅的集合体，大规模的郊区化发生在第二次世界大战以后。郊区化的原因较为复杂，有政治、经济乃至文化方面的各种原因。但必须指出，小汽车交通工具的普及以及道路交通设施的改善对郊区化影响非常重大。(英国伦敦城的变迁)郊区化是以小汽车为交通支撑的。汽车不仅是一种交通工具，更代表着一种生活方式。郊区化在美国最先兴起，同时在美国开展得最好，与美国私家车的泛滥不无关系。早在1975年，美国的汽车数量就突破1亿。平均不到2人就拥有1辆汽车。美国学者肯扬与查利·梅森认为：居民从中心城市移到城郊的原因包括"汽油便宜，密集的公路网络和土地的有效利用"。西方曾经流传过一则寓言：一个远道来地球考察的外星人向自己的星球发回电报："这个蓝色星球上生活着一个叫汽车的动物，里面有一种叫人的寄生虫。"这正是对郊区化与小汽车关系的一个说明。郊区化是建立在小汽车的基础之上的，耗费大量能源，因此对生态环境保护不利。同时，郊区化是一种低密度扩张，加之建设停车场、道路等，土地资源浪费严重，同样不利于生态环境保护。

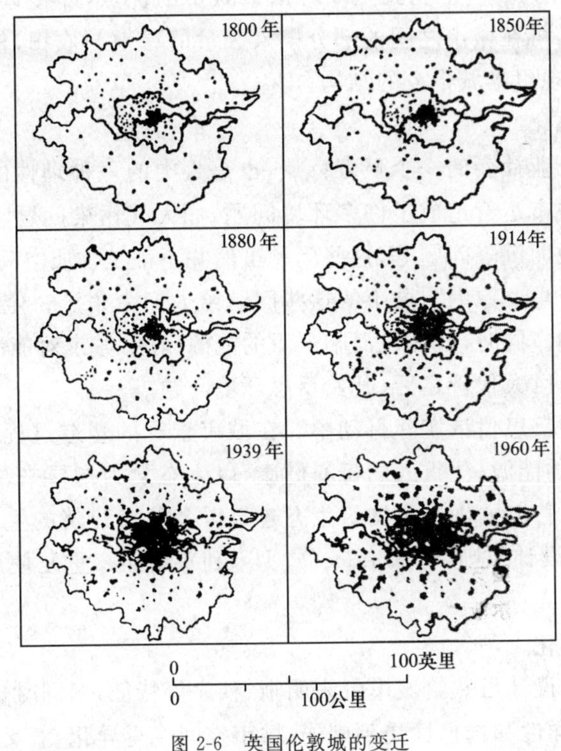

图 2-6 英国伦敦城的变迁

2.1.3 后工业社会城市景观设计的演进倾向

20 世纪 60 年代以后，许多发达资本主义国家开始进入了后工业社会，社会经济出现了许多新的变化：传统工业在城市产业结构中不再占有主导作用，并将不再是经济增长的主要源头；标准化的商品逐渐被个性化的商品所取代；社会经济坐标由"物本位"向"人本位"过渡；科技日益向高精尖方向发展。与之相应，城市景观出现了一些新特点。

1. 城市景观多中心化

与以往城市单中心发展不同的是，后工业社会以来，城市开始多中心发展。以往城市建设多采用环辐射发展，这种发展模式有很大的弊端。其一，城市成"摊大饼"方式向外扩张，越摊越大，城市中心离自然越来越远，人们难以呼吸到自然的新鲜空气。其二，城市成"摊大饼"方式向外扩张，就难以顾及地形、地貌等自然因素，因此，从生态学的角度而言是不适宜的。其三，将使城市中心的区位优势变得十分突出，造成城市中心的压力日益增大。城市中心一般都是旧城区，本来就难堪重负，"摊大饼"更使其雪上加霜。

多中心结构拥有许多优势：

其一，多中心结构可以顺应自然，因地制宜、因势利导地安排城市用地，灵活性较大。其二，多中心结构是集中与分散的有机结合。从集中角度来说，由 8 个 100 万人口分中心组成的一个 800 万人口的大城市，居民可享受到 800 万人口城市才能享受到的文明，如看歌剧等，这是一个 100 万人口的城市所无法比拟的。从分散的角度来说，居民可以克服

800万人口的大城市的弊端，享受到100万人口城市的优点，即接近自然，避免拥挤。其三，多中心城市结构，可在城市之间的部分楔入大量的绿地与农田，使城市与乡村有机结合，整个空间结构呈现出半城半乡的结构。

2. 城市景观生态化

生态倾向是后工业社会的一个显著特点，也是人类的一种理性的选择。工业社会城市景观的构建以及城市运营造成了许多环境问题，如大气污染问题、水污染问题、噪声污染问题、拥挤问题、地面沉降问题等，这些问题虽然并不都是物质空间结构所致，但物质空间无疑是其中的一个重要原因。城市的这些问题给人们带来了一定影响，城市一度成为反生态环境的代名词。同时，地球也面临严重的能源问题，城市对能源问题负有不可推卸的责任。人们在付出巨大代价之后，开始反思环境问题。

人们开始把这种反思付诸实际行动中。在城市景观的塑造过程中，人们日益注重顺应生态规律，注重节约能源，注重人的身心健康，以生态学为指导来塑造城市景观已成为一种趋势。目前较为普遍的做法是构筑生态建筑以及城市建筑的生态改造利用，较为公认的基本原则是3R设计原则，即Reduce(减少不利)、Reuse(重复使用)、Recycle(循环使用)。

3. 城市景观人文化

功能主义的城市设计虽然给城市带来明晰、秩序等特征，但同时也造成城市景观的僵化与凝固，城市的多样性和选择性受到削弱，城市空间变得异化，意义逐渐消失。为此，一种以人为核心的城市规划设计思想在其之后兴起，并逐渐反映在城市建设的实践中，这就是人文主义的城市规划设计。这种设计反对抽象的教条，转而从具体生活经验和人对城市的感受出发，研究人的行为心理、知觉经验与环境之间的相互关系。它的规划设计特点是:强调人的尺度与生活感。具体如下：

(1)强调土地的混合使用

《雅典宪章》强调功能分区，城市分为居住、工作、游憩与交通四大活动区域，遭到许多人的严厉批评。美国人本主义城市规划理论家雅各布斯强调城市应具有组织的复杂性，城市应鼓励土地、建筑物与建筑群的混合使用。雅各布斯考察了美国的许多城市后得出结论，那些充满活力的街道与居住区，都强调土地的混合使用。她以巴尔的摩为例证:该城市是典型的功能主义的规划设计，居民区的两侧有大片的公共绿地，缺乏商业设施，居民很不方便。同时，街道也失去了生气，尤其夜间更使人感觉恐怖。她提出“将人们的出行时间分散在一天内的各个时段内”。从社会学的角度来看，混合的功用有助于人们的接触、交往，增加城市的宜人气氛和安全感。从经济学的角度来看，混合的功能能够对城市公共设施实现充分有效的使用。美国建筑师亚历山大认为，一个有活力的城市不是树形结构，而是一个半网络形结构。树形结构的定义是“对于任何两个属于同一组合的集合而言，当且仅当要么一个集合完全包含另一个，要么二者彼此完全不相干时，这样的集合的组成形成树形结构”。树形结构造成生活上的不方便，而且没有效率。相比之下，半网络是一种复杂组织的结构形式，是有效率、有活力的(图2-7)。

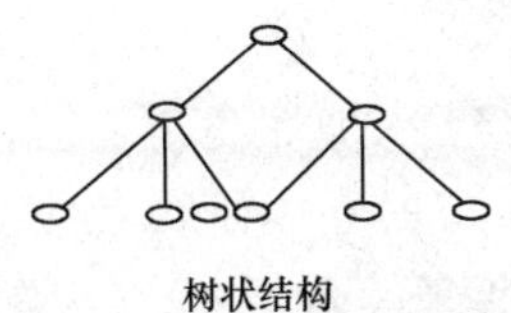

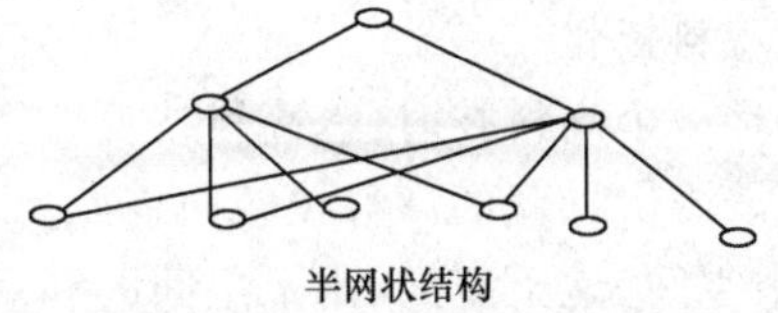

图 2-7 城市土地的混合使用

(2)强调城市建设中人的尺度

人文主义的城市规划强调城市应符合人的尺度,而不应只是大尺度。为了达到这个目的,他们从历史上一些宜人城市的尺度去学习,从传统中学习一些市民广场、乡土建筑与人行道路等设计样式,并融入现代人的生活内容(图 2-8)。目前,符合人的尺度这一设计思想,在许多城市中越来越受到重视。

图 2-8 小广场景观

(3)强调城市建设应尊重文化的多元性

人文主义规划设计者认为,人际交流产生的文化是城市的本源,文化的多样性与交流性是城市的特色所在,单一化的文化是愚昧而乏味的,单一化的空间是不宜人的。城市应反映出市民不断递增的物质生活和精神生活需求,以证实其超越时空的文化价值与模式。目前,尊重文化多元性这一倾向,正在被付诸城市建设的实践中。文化多元性形成的因素有很多,如民族性的差异、对立意识形态的并存、宗教的多样化等,还包括与设计相关的自然和社会因素、设计目的和方式方法的多样,以及设计实施技术方面的多样。城市景观的文化多元性主要表现在本土文化与外来文化并存,主流文化与个性文化并存,传统文化与现代文化并存。同时社会因素也是造成文化多元性存在的主要原因之一。

(4)重视人的情感需求

人文主义规划设计强调人对环境的归属感与场所感,认为归属感是人的一种基本情感需要,城市应是一个可增加人生经验的活动场所。提倡人性化的设计,注重从人的心理角度来研究环境。认为人与环境的互动是一个解码过程,人从知觉与联想方面对环境做出反应(解码过程);从环境中得到暗示与线索,从而满足人的情感需求。设计的过程实际就是一个编码过程,这种编码过程需要同人的心理需求相契合,以达到人与环境的统一,以便人们正确解码。目前,人文主义规划设计越来越被重视,后现代时代城市建设越来越注重以人为本与人文关怀。

4. 城市景观科技化

现代社会是一个高科技时代，高科技反映在社会经济发展的方方面面，也反映在城市的景观建设中。城市景观的高科技倾向首先反映在城市的立体伸展上，城市在向平面扩展的同时，空中空间、地下空间、水上空间的利用程度越来越高。

其次，它还反映在城市景观规划与设计的高科技性。目前，人们对景观的规划资料收集与预测可以借助于遥感技术，即航空遥感、航天遥感来完成。同时，还可以通过现代空间信息管理技术，即地理信息系统原理及技术(GIS)对相关信息进行运算，以便分析评价。

再次，城市景观的高科技倾向反映在智能建筑上。智能建筑在20世纪末诞生于美国。目前，世界各国普遍兴起了智能化建筑的热潮，日本甚至提出由智能建筑到智能城市的设想，新加坡也提出“智能城市花园”的设想。

5. 城市景观个性化

与人喜欢装饰一样，建筑与城市也喜欢装饰。但一段时期以来，现代建筑占据了主导，建筑装饰被摒弃，代之以简单的直线。在现代建筑与全球一体化的影响下，世界城市出现了“特色危机”，复制、模仿成风，出现了“千城一面”的现象，这也是城市化加速发展特定背景下的产物。20世纪70年代以后，这一状况开始改变。毕竟，人类的天性是爱美的，正如一些艺术家们说的那样：“只有通过装饰，我们才能获得尺度感；只有通过装饰，我们的眼睛才能得到放松与休息。”城市也一样，城市的天性也是追求个性。

个性是一个城市区别于其他城市的本质特征，是一个城市的生命力之所在，是一个城市的灵魂。一个城市的个性是一个城市的历史、自然、文化的综合显现。在经历了“特色危机”之后，人们逐渐意识到城市个性的重要性。如从城市景观中区分出这是北京与上海，而那是大连与青岛，这是城市景观个性创造出来的必然现象。

2.2 城市景观设计的现状

随着世界范围城市化进程发展趋势的加快，城市环境恶化、特色缺失等一系列城市化问题也随之暴露出来。城市景观越来越受到人们的重视。我国的城市景观设计同样存在很多现实问题，具体如下：

1. 模糊的控制依据

我国目前还没有形成成熟的城市景观规划设计制度体系。在成熟的景观设计制度出台之前，国家对景观的控制与营造主要依靠城市规划、园林学和建筑学来进行。国家对城市景观的调控和安排主要是通过城市规划来实施的。1989年颁布的《中华人民共和国城市规划法》明确指出城市规划必须考虑景观问题。1991年建设部颁布2005年修订的《城市规划编制办法》规定了详细的城市规划中对城市景观设计的要求和措施。可见，由总体规划、分区规划、详细规划构成的城市规划体系是城市景观的主要规划平台。其中，总体规划中的城市风貌形象规划侧重于景观的定位和总体布局、绿地规划、历史文化规划等内容均与景观建设有关。

2. 薄弱的城市景观规划管理

我们的城市规划管理者好像还没有对这突如其来的新生事物做好充分的心理准备，

对于城市景观规划大多处于被动的“后补式”管理。对城市景观专项规划的研究还刚起步，以城市景观构成为目的的控制规划尚未普及实施，城市景观规划管理缺乏整体性和长期性，此为城市建设中较为普遍的问题。当代城市建设的广度和速度；不同地域和城市形态及具体条件的差异是造成该问题的两点客观原因。如若在特定时间阶段没有整体和较为长期的规划就会造成大量的人、财、物和空间资源的浪费，就无法合理地利用和发挥地方文化资源及其艺术个性，造成重复建设或盲目建设。

3. 不健全的学科理论

由于城市景观设计研究对象涉及学术范围较广，要求建立的景观设计学科理论必须具备高度的综合性和专业性。所谓综合性，即景观设计必须以人类聚居环境的景观为核心研究课题，不仅仅是单独的建筑景观或者园林绿地景观。所谓专业性，即景观设计不是园林、城市规划和建筑学的附属内容，而是具有基本理论、针对性强、完整的专业领域。

4. 扭曲的城市景观建设

上面的三点疏忽，导致现代的城市景观建设被扭曲，浪费了大量的宝贵资金，丧失了城市的特色，却没有解决城市根本的问题——空气污浊、水体污染、生态平衡破坏等。缺少良好品质的景观环境必然有碍城市美学效应和社会效应的落实与发挥。加之在城市景观建设发展思路、目标和方向及其价值体系的建立上欠缺理论的批评和引导，缺乏建设性、争鸣性及监督性的学术介入，因而不免会陷入某种混乱和盲目。建立具有整体环境、整体设计、整体管理的强烈意识是端正和促进城市环境健康发展的必要保障之一。

2.2.1 现代景观设计流派的形成

1. 城市景观设计中的思想与观念

(1)设计思想

鉴于城市景观的复杂性，渗透于其中的思想和观念也众彩纷呈。从某种意义上来讲，城市景观的具体思想和观念决定了设计方法的具体类型。

①“宇宙模型”思想

景观的“宇宙模型”思想是人类直觉和经验主义两者的统合，这种观念在古代的城市景观中应用的比较多，与近现代的科学分析方法不同，它强调一种朴素的直觉。其特征在于从直觉的角度来思考各景观要素之间的功能和结构关系，从而倾向于归纳出一种理想的“宇宙模型”，诸如早期中国的“风水”思想对景观环境的认知，把对景观的理解和认识抽象为一个指向明确的、理想化的图景并逐渐形成哲学和技术性的解释体系。

②“景观如画”思想

20 世纪早期人们把自然视作绘画来欣赏。“如画性的景观设计在于创造一种室外展览馆的幻觉：一个沿途邀请人们一处接一处静观大自然巨幅画卷的散步场所。”景观如画的概念预先假设了一种体验景观的独特方式：模仿景观前的静观，因而更为关注景观的“可视性”，注重景观的形象表现。在这种“景观如画”的观念下，出现了大量的景观作品。例如 18 世纪英国式园林、早期的国家公园体系等。这种风景画概念在当代景观设计学中仍然具有生命力。

③“可意向的景观”

“可意向的景观”思想源于美国著名学者、城市设计师凯文·林奇对城市环境的研究，在研究中他提出了“意向地图”的概念。这是一种综合了主观的“人类感知”和客观的“城市环境”的景观认识方法，提出作为视觉感知和体验的对象，城市景观是“可读的”、可“印象的”。城市环境被视为由“道路、区域、边缘、标志、中心点”五个意向要素组成的网络序列。“可意向的景观”是以公众对城市景观的视觉感知为出发点的，讨论了城市物质空间对普通人在空间辨析和定位的意义。按照这种观念，一个健康、安全和美好的景观取决于它的“可意向性”——物体所具有的、能在观察者头脑中唤起强烈印象的特质，一个有意义的、能使公众产生认同感的城市景观，必须具有可辨析的空间结构。这种思想开启了一种有别于其他的景观认知方式和设计途径，具有非常重要的意义。有学者把它归类于“现象学”认知途径。

④“场所精神”思想

“场所精神”思想强调人在环境中的 “栖居”过程。这种观念认为，良好的城市环境可以使居住其中的人们产生心理认同，应当在所处环境中“栖居”并能够在环境中定位自己，而要使“栖居”成为可能，并使“栖居”具有意义，则必须遵从“场所精神”——人们日常生活中必须面对和适应的客观实在。因此，设计的本质是彰显场所精神，以创造一个有意义的场所。在当今世界全球一体化的社会背景下，这种思想对于彰显地方特色文化，建立根植于地方风土特征的景观形态具有很大的现实意义。

(2)设计观念

①景观生态观念

景观生态观念是伴随着对人类早期的“掠夺式”发展观念的反思以及环境主义运动的开展而出现的。越来越严重的环境危机迫使人们重新考察人与自然之间的关系，生态设计的观念渗透到社会各个方面，在景观设计领域，从早期格迪斯的生物学对于城市的影响研究，到麦克哈格的“设计结合自然”观点，再到理查德·弗曼的景观生态理念，它已经成为当今时代极具影响力的景观认知模式。

景观生态观念的主要特点在于，把景观视为复合的人文与自然综合体，视为一种有机的演进过程。这种认知模式的特征在于揭示了人类发展与生态环境之间的互动关系，提醒人们对城市景观的演变所带来的环境影响的重视，重新认识和保护人类赖以生存的自然环境，建构更好的生态环境。

②以人为本和人性化设计观念

以人为本和人性化设计观念很重要的一方面即是完善人的生命意义，超越功能意义设计进入到人性化设计。这种思想主要是以人为本，设计中处处体现对人的关注和尊重，期望环境行为模式获得使用者的认同；人类生活空间与大自然的融合表示更多的支持；与人类的多样性和发展性相符合。

③多元设计观念

多元的景观发展，要求景观设计强化地方性和多样性，以充分保留地域文化特色的景观来丰富全球景观资源。这主要表现在将地域传统中最具有活力的部分与景观未来发展相结合，使之获得持续的价值和生命力。

④技术设计观念

全球化时期的景观发展应充分利用技术所提供的一切可能性，相应的设计观念也必然与技术紧密结合。展示技术的合理性，反映技术与人类情感相融合的发展动态和技术审美观念的多样化趋势，体现景观智能化趋势，创造有"感觉器官"的景观，使其如有生命的有机体般活性运转，良性循环。

2. 英国景观设计

(1)唐纳德(Tunnard)

英国现代城市景观设计奠基人唐纳德在1938年出版的《现代景观中的园林》一书中，提出现代城市景观设计的三方面内容，即功能的、移情的、艺术的。他认为功能是现代城市景观设计最基本的要素，是三个方面的首要。功能使人从情感主义和浪漫主义中解脱出来，去满足人的理性需要。实际上这些是他在建筑师如路斯、柯布西耶那里吸收的精髓。

移情方面设计思路主要来源于日本园林。他提出要从对称的形式中解脱出来，提倡日本园林中石组布置的均衡构图，以及在没有感情的事物中感受园林精神的设计手法。在艺术方面的创造主要是从现代艺术家那里去借鉴形态处理、平面色彩的运用，以及对材料质感的理解。

1942年他又发表了一篇名为《现代住宅的现代园林》的文章，他提出，景观设计师必须理解现代生活和现代建筑，抛弃所有的陈规老套，20世纪的设计就是没有风格的。在园林中创造三维流动空间就要打破场地之间的严格划分，运用隔断和能透过视线的种植来达到。

(2)杰里科(Jellicoe)

杰里科是伦敦人，早年学习建筑，受到古典设计的熏陶。他到过意大利专门研究古典园林，后来又创建英国风景园林学会，并担任了国际景观设计师联合会(IFLA)的首席主席。他的一生还有很多值得我们现在的园林设计者了解的东西。下面从三个阶段加以介绍：

第一阶段是1927—1960年，这个阶段是杰里科的基础阶段。

首先，他在1924年为了写意大利文艺复兴园林的毕业论文专门和同学谢菲尔德到意大利考察，对一些著名的意大利园林进行了研究和测绘。于1925年发表了《意大利文艺复兴园林》一文，弥补了当时学术界没有文艺复兴时期花园研究论著的空白，使得25岁的他名声大噪。对于古典园林的深刻认识对他以后的职业生涯影响深远。

20世纪30年代他已经有了一定的声誉，并担任了IFLA的首席主席。这个时期的主要设计是彻德峡谷和迪去雷庄园，后者奠定了他的学术地位和声誉。主要是设计了一个有喷泉的下沉式半圆形水池，水池被紫杉高篱围着，人们可以入水嬉戏。还有一个长平台在水面上掠过，这个平台成为他以后经常运用的要素。

第二阶段是1960—1980年，这个时期他的作品有所改变，改变了以往多种手法并用的方法，改为单一地运用他自己积累的手法技巧的方式。主要体现在他把古典主义和现代主义并行运用，综合地运用这些设计要素，在平台的运用上又加上了水的运用。

这个时期,他的主要作品是肯尼迪总统纪念碑和舒特住宅花园。肯尼迪总统纪念碑是为了纪念美国总统肯尼迪而建造的。基地在泰晤士河畔的一块坡地上,杰里科设计了一条石块小路蜿蜒穿过一片自然的树林,引导游人到达山腰的纪念碑。纪念碑的后面是美国的橡树,正好利用橡树11月的红叶季节切合总统遇刺的纪念日,周围环境都是英国乡村风景。作者希望人们在穿越了这一片自然树林之后来到这位伟人面前感受那种生与死的对话,是对人的潜意识感觉的一次引发和精神洗礼。

第三阶段是从1980年直到他去世。这时的杰里科已经是广为人知的名人,他的作品也更加丰富、成熟,设计更加炉火纯青。他发展了一套图纸的表现技法,用细密的、随意的徒手钢笔线条结合彩铅来表达设计方案。这个时期的作品主要有莎顿庄园和加尔维斯顿两个设计。

场地精神是他作品的核心,建筑融合于环境而不是以场地为中心。他认为环境设计高于建筑设计,应该是艺术之母。

他的作品特别多地运用了古典园林要素,如绿篱、雕塑、链式瀑布、远景等,这使得他的作品有浓郁的古典色彩。长平台是他常用的要素,他运用平台把各个园林空间联系起来,使之具有更好的整体性。水是他作品的精华,他善于利用基地的自然条件,创造出丰富的水景,如池塘、瀑布、跌水、喷泉等。水往往是视觉中心和引导路线。

视景线是他从古典园林借来的又一个重要因素,他利用平台、修剪低矮的植物来引导人们的视线。

3. 美国的景观设计

众所周知,美国的景观规划设计是由奥姆斯特德(Olmsted)创立的。1899年,美国景观设计师协会成立,同年,哈佛大学有了美国第一个景观规划设计专业。这一时期是景观业的新兴时期,有建树的任务和作品不多。

到了20世纪,就迎来了景观设计的新里程。其中对美国现代景观设计发展起重要作用的一位设计师是斯蒂里(Steele)。斯蒂里出生在美国,1907年进入哈佛大学景观规划专业学习;1909年,到欧洲旅行,受到那里的现代主义运动的影响,对当时的法国现代花园进行了深入的分析,并运用于自己的设计实践中。

他的主要作品是瑙姆科吉庄园。庄园位于陡峭的伯克舍山中部,建筑由年轻设计师怀特设计。庄园后来经过斯蒂里的改造,主要是建立一系列的小花园,如午后花园、平台花园等。1938年,他又在这里建造了他的代表作——“蓝色的阶梯”。在这里他运用了透视法,对地段进行了处理,并强调装饰效果。

美国的现代城市景观设计发展分为两个阶段。

(1)哈佛革命

前面已经提到哈佛在1899年就设立了景观规划设计专业,但教学还是以“巴黎美术学院派”和奥姆斯特德的自然主义理想为主流。直到20世纪30年代到40年代,由于第二次世界大战爆发,许多优秀的欧洲艺术家、建筑教育家来到了美国,包括密斯·凡德罗、布劳耶、纽特拉、门德尔松等,加上美国本土的建筑师赖特,美国取代欧洲成为世界建筑活动中心。

而在美国现代城市景观设计初期最有影响力的还是格罗皮乌斯的到来,他将包豪斯的办学精神引入哈佛，彻底改变了哈佛以前的"学院派"传统，使这里很快成为艺术、社会、技术的交流中心，充满了探索的精神和气氛。

(2)美国现代景观建筑师的发展

①美国第一代景观设计师

a.托马斯·丘奇(Thomas Church)。丘奇是"加州花园"的创造者。加州花园就是带有露天木质平台、游泳池、不规则种植区和动态平面的小花园的户外生活新方式的代称。

丘奇最著名的设计是唐纳花园的设计，这个花园由入口院子、游泳池、餐饮处和大面积平台所组成。平台一部分是美国杉木铺装，一部分是混凝土地面。庭院轮廓由锯齿线和曲线相连。肾形水池的流畅线条和其中雕塑的曲线与远处海湾的S形线条相呼应。

他的设计反对形式主义，认为设计方案要根据建筑特性、基础的情况以及客户希望的生活方式来确定。

b.盖瑞特·埃克博(Garrett Eckbo)。他也是"加利福尼亚学派"的代表人物。

1938年，埃克博发表了一篇文章《城市中的小花园》，研究了一个斜坡上的街区中十八个小花园的设计。每个小花园的铺装、台阶、坡道、水面、树木、灌丛以及围墙，甚至凉亭、花架都被细致地表达。以矩形、斜线、尖角、曲线、方格等形式组合，经过协调，在每个设计中产生统一的空间体验。

他认为，设计中不管是规则的还是不规则的都应该是为塑造空间服务，而材料只是塑造空间的物质。景观的特定性是由气候、土壤、水、植物、地区性等综合形成的。他的著名作品有Alcoa花园，联合银行广场等。

c.丹·克雷(Dan Kiley)。他是"哈佛革命"的发起者之一。他在前期时的声誉不是很高，在20世纪80年代以后，才逐渐被大多数人所认识。他的作品通常使用古典要素，如规则的水池、草地、平台、林荫道、绿篱等。但他设计的空间却是现代的、流动的。他从基地出发，用最恰当的图解将其转化为一个个功能空间，然后用几何的方式将它们联系起来，着重处理空间尺度、区别与联系。

克雷的设计常常从基地功能出发，明确空间类型，然后用绿篱、整齐的树列、树阵、方形的水池、树池和平台等语言来塑造空间，注重结构的清晰性和连续性。材料简洁，没有装饰细节。米勒花园是克雷转折时期的作品，其他的作品还有达利中心、达拉斯联合银行大厦喷泉广场等。

②美国的第二代景观设计师

这个时期正值第二次世界大战结束，美国社会处在一个巨大变化之中，城市人口的增加、开放空间的匮乏，极大地刺激了城市景观设计的发展，各种广场和市政公共设施大量兴建。20世纪60年代的环境运动加强了人们的自然意识。从1950年开始，设计的机会就迅速增加，在景观设计的领域已经发生变化，小尺度的私家园林已经不是主要的设计方面，更多的是对公园、植物园、居住区、城市开放空间、公司和大学园区、自然保护工程等的设计。

a.劳伦斯·哈普林(Lawrence Halprin)。早期的哈普林设计了一些典型的"加州花园"，采用了超现实主义、立体主义、结构主义的形式手段，进行大面积的铺装、明确的功能分区和简单而精心的栽植。早期他主要用曲线，但很快转成了直线、折线、矩形等形式。

在麦克英特花园里，他又运用了直线，并用水和混凝土这两个元素，这也成为他许多作品的特征。

哈普林最重要的设计是1960年为波特兰市设计的一组广场和绿地。这个设计由三个节点组成。起始节点是“爱乐广场”，模仿自然的水系跌落，人们身在其中会被淋湿。其中不规则的台地是自然等高线的简化，广场、休息廊上的不规则屋顶，来自洛基山的山脊、喷泉的水迹也是他反复研究自然山涧的结果。第二节点是柏蒂格罗夫公园，是一个由安静树荫的曲线隆起的小山丘。第三个节点是“演讲堂前广场”，在混凝土块组成的方形广场上方是一连串清澈的水流，从上而下层层落下、气势雄伟。而这个大瀑布也是对自然的悬崖和台地的大胆想象。

哈普林认为，如果将自然界的岩石放在城市中，可能会不自然，在都市环境中应该有都市本身的造型形式。

b. 佐佐木英夫。他认为设计要遵循三种方法，即研究、分析和综合。研究和分析的能力是通过教学获得的，而综合的能力则要靠设计者自己的天分，但是是可以培养和引导的。

佐佐木对城市景观设计领域的贡献主要是协调了景观师、建筑师、规划师等各个行业的合作。1958—1968年佐佐木担任哈佛大学设计研究生院主任。1954—1957年他和彼得沃克一起创立了SWA，在战后美国景观行业中担任重要角色。

c. 泽恩。泽恩事务所主要擅长处理城市的小空间，如一些庭院和小花园等。

泽恩较多地利用了乔木树冠的绿荫，用攀援植物装饰墙面，以及富有质感的铺装与水景。这些小空间多体现出宁静和谐的氛围，有的还有东方情调，很像世外桃源。

4. 德国的城市景观设计

德国在近现代以前并没有自己的园林设计，大多受到法国、意大利、荷兰等国家的影响。直到现代主义运动时期，德国在运动中扮演了重要的角色，成为现代西方设计理论中心之一。但第二次世界大战期间，许多精英人才流亡国外，使得景观设计也一度中断，战后德国重新建设自己的园林，通过举办联邦园林展的形式，建造了大量城市公园。

18—19世纪的景观园林基本属于艺术范畴，只有少数的王公贵族才能享有。欣赏风景是他们的主要要求，人与园林就像美术馆的游人与画一样。而现代园林是为市民服务的，是市民的必需品，园林更多地融入人们的参与，展品与观众之间没有了距离。人加入其中就像动物给自然界添了灵气，人成为风景的一部分。

20世纪50—60年代的园林设计还只是着眼于景观的质量，游人与景观还是欣赏与被欣赏的关系，人们只能在路上被动地观景，活动空间很小。到了60年代末70年代初人们开始注重以休息娱乐为主的活动，1973年的汉堡园博会主题就是“在绿地中度过假日”。可见，休闲娱乐成为公园的主题。

20世纪70年代以后，生态环境保护的思想开始引入了景观设计，自然野生、原野的保留、噪声的防治，以及90年代废弃工厂的改造都是从生态环境的保护角度出发来完成的。这一时期的园林建设为城市绿地系统的完善起到重要作用。

对德国主要现代城市景观设计师介绍如下：

(1)格来梅克与慕尼黑奥林匹克公园

这个公园是格来梅克的主要作品,位于慕尼黑北部,距市中心4千米。基地是一块荒凉的空地,周围是废弃的工厂和军营。南部是废墟堆成的60米高的小山。

这次奥运会的目标"绿色奥运",在规划之初就考虑到设施的日常使用和市民的休闲活动等。奥运公园由一片水面串联,水体北面是运动场馆,南面是绿地山体。建筑多采用悬索结构(图2-9),墙体和屋顶用大面积玻璃,从而加强了内外的渗透。景观设计总体上采用了流线型布局,有很好的整体感。公园为市民创造了许多活动场所,使之成为市民喜爱的一处休闲公园(图2-10)。

图2-9 奥运公园中的悬索结构

图2-10 公园休闲处

(2)拉茨(Latz)

拉茨1939年出生于德国达姆斯塔特,受父亲影响学习建筑,1964年毕业于慕尼黑工大景观设计专业,1968年建立了自己的景观设计事务所,并在卡塞尔大学任教。他探讨的问题主要包括屋顶花园、水处理、太阳能利用,并且积极地把研究的理论付诸实施,这些都影响着他后来设计的技术往生态的方向发展。

拉茨的设计很难用传统的园林概念来评价,他的设计是生态与艺术的完美结合。他在空间营造中运用了大量的艺术语言,并且建筑在他的设计中有很重的痕迹。

2.2.2 可持续发展导向下的生态景观设计

城市景观设计要追求可持续发展,即人与自然环境的一种协调关系。发展必须以保护自然和环境为基础,在快速发展的同时使经济发展和资源保护的关系始终处于平衡或协调状态。自然景观和传统景观均是不可再生的资源。在景观设计中要对自然景观资源和传统景观资源合理地保护与利用,创造出既有自然特征、历史延续性,又具有现代性的公共环境景观。善待自然与环境,规范人类资源开发行为,减少对生态环境的破坏和干扰,实现景观资源的可持续利用,是城市景观设计的一项主要任务和重要原则。

现代系统观认为,事物的普遍联系和永恒运动是一个总体过程,要全面地把握和控制对象,综合地探索系统中要素与要素、要素与系统、系统与环境、系统与系统的相互作用和变化规律,把握住对象的内、外环境的关系,以便有效地认识和改造对象。这一观点着重体现在以下几个方面:

1. 自然界没有废物

每一个健康生态系统,都有一个完善的食物链和营养级。例如,秋天的枯枝落叶是春天新生命生长的营养。公园中清除枯枝落叶实际上是切断了自然界的一个闭合循环系统。在城市景观绿地维护管理中,应变废为营养,如返还枝叶、返还地表水以补充地下水等就是最直接的生态设计应用。

2. 自然的自组织和能动性使自然具有自组织或自我设计能力

热力学第二定律告诉我们,当一个系统向外界排放及吸收能量、物质和信息时,就会不断进化,从低级走向高级。进化论倡导者托马斯·亨利·赫胥黎(Thomas Henry Huxley)就曾描述过,一个花园,当无人照料时便会有当地的杂草侵入,最终将人工栽培的园艺花卉淘汰。Gaia 理论告诉我们,整个地球都是在一种自然的、自我的调节中生存和延续的。一池水塘,如果不是人工将其用水泥护衬或以化学物质维护,便会在其水中或水边生长出各种水藻、杂草和昆虫,并最终演化为一个物种丰富的水生物群落。自然系统的丰富性和复杂性远远超出人为的设计能力。与其如此,我们不如开启自然的自组织或自我设计过程。如景观设计师迈克尔·凡·瓦肯伯格(Michael Van Valkenburgh)设计的 General Mills 公司总部(位于明尼阿波利斯,明尼苏达州 Minneapolis,Minnesota)的项目,设计师拟自然播撒草原种子,创造了适于当地景观基质和气候条件的人工地被群落。每年草枯叶黄之际,引火燃烧,次年再萌新绿,整个过程(包括火的运用)都借助了自然的生态过程和自然系统的自组织能力。

自然是具有能动性的,几千年的治水经验和教训告诉我们对待洪水这样的自然力,应因势利导而不是绝对的控制。古人李冰父子的都江堰水利工程设计的成功之处,也在于充分认识自然的能动性,用竹笼、卵石与神为约,造就了川西平原的丰饶。大自然的自我愈合能力和自净能力,维持了大地上的山清水秀,生态设计意味着充分利用自然系统的能动作用。

3. 边缘效应

边缘效应是指在两个或多个不同的生态系统或景观元素的边缘带,有更活跃的能流或物流,具有丰富的物种和更高的生产力。如海路之交的盐沼是地球上产量最高的植物群落之一。其他还有森林边缘、农田边缘、水体边缘以及村庄、建筑之中的边缘。在城市或绿地筑物的边缘，在自然状态下往往是生物群落最丰富、生态效益最高的地段。然而，在常规设计中，我们往往会忽视生态边缘效应的存在，很少把这种边缘效应结合在水系的设计中，我们常常看到的是水陆过渡带上生硬的水泥护衬，本来应该是多种植物和生物栖息的边缘带(图 2-11)，却只有暴晒的水泥或石块铺装；又如在公园里丛林的边缘，自然的生态效应会产生一个丰富多样的林缘带，而人们通常看到的是修剪整齐的草坪；又如建筑物基础四周，是一个非常好的潜在生态边缘带，而通常我们所看到的则是硬质铺装和单一的人工地被。除此之外，人类的建设活动往往不会珍惜边缘带的存在，生硬的建筑红线把本来地块之间柔和的边缘带无情地毁坏，所以与自然合作的生态设计就需充分利用生态系统之间的边缘效应，来创造丰富的城市景观环境。

图 2-11　沈阳建筑大学水系

4. 生物多样性的自然系统

生物多样性的自然系统包容了丰富多彩的生物，生物的多样性至少包括三个层次的含义，即：生物遗传基因的多样性；生物物种的多样性；生态系统的多样性。多样性维持了生态系统的健康和高效，因此是生态系统服务功能的基础。与自然相合作的设计就应尊重和维护其多样性，“生态设计的最深层含义就是为生物多样性而设计”。这一观点不但是人类自我生存所必需的，也是现代设计者应具备的职业道德和伦理规范。而保护生物多样性的根本是保持和维护乡土生物与生存环境的多样性。自然保护区、风景区、城市绿地是世界上生物多样性保护的最后堡垒。曾一度被观赏花木和栽培园艺品种的唯美价值标准主导的城市园林绿地，应将生物多样性保护作为重要的设计指标。在每天都有物种从地球上消失的今天，乡土杂草比异国奇卉具有更为重要的生态价值。

生态设计不是某个职业或学科所特有的，它是一种与自然相作用和相协调的方式，其范围非常广泛，包括建筑师对其设计及材料选择的考虑；水利工程师对洪水控制途径的重新认识；工业产品设计者对有害物的节制使用；工业流程设计者对节能和减少废弃物的考虑。生态设计为我们提供一个统一的框架，帮助我们重新审视对景观、城市、建筑的设计以及人们的日常生活方式和行为。简单地说，生态设计是对自然的过程的有效适应及结合，它需要对设计途径给环境带来的冲击进行全面的衡量。对于每个设计，我们需要问：它是有利于改善或恢复生命世界还是破坏生命世界？它是保护相关的生态结构和过程呢，还是有害于它们？与传统设计相比，景观生态设计在对待许多设计问题上有其自身的特点。但是，景观生态设计应该作为传统设计途径的进化和延续，而非突变和割裂。缺乏文化含义和美感的唯景观生态设计是不能为社会所接受的，因而最终会被遗忘与淹没，设计的价值也就无从体现。城市景观设计应该是美的。景观设计学应以生态思维为核心，但也正是设计中的生态意义使景观设计这一职业出现分歧，一方面是强调对生态的组织和调理；另一方面是强调艺术和美的表达与再现。这种由来已久的分歧在生态设计中应得到融合。

2.2.3 加法与减法——城市景观的保存与再生

我国城市景观设计在近三十年的城市规划与建设中虽然取得了很大进步，但至今还没有走上一条建造人工与自然，异域风情与本地特色相结合的具有中国城市景观特色的景观设计之路。许多城市原有的、古老的景观被破坏甚至根本不让其存在，取而代之的是大量的“西式风格”的景观充斥着我们的城市，从来不去深究这些风格是否符合该城市的自然景观和人文景观，是否代表着这个城市，而区别于其他城市，于是我们的城市中产生了许多不伦不类的产品。当然，这些“西式风格”也有许多是好的景观设计，值得我们学习与借鉴，但我们也不可否认许多城市在城市景观设计中的盲目崇洋效仿、照抄照搬，使今天的城市景观过于雷同。我们需要具有中国特色的城市景观设计。

1. 加强城市生态绿地建设，改善城市生态环境

健康生态系统都有一个完善的食物链和营养级。秋天的枯枝落叶是春天新生命生长的养分。清除公园中枯枝落叶实际上切断了自然界的一个闭合循环系统。在城市绿地的维护管理中，变“废物”为“营养”，如返还地表水、补充地下水等都是最直接的生态设计应用。

2. 解放思想，改变“见缝插绿”的保守观念

城市绿地建设应把重点放在建设大型生态绿地、环城绿地、大型交通绿地以及居住区绿地上，强调城市绿地的连通性，城郊绿地的结合性、景观与生态的共融性。在生态绿地的建设上应强化科学性，并且在科学性的基础上追求艺术性。

3. 维护和建立城市绿色廊道，保护野生生物的栖息环境

城市绿地建设应尽量保留具有自然特征的河流廊道、城市河岸的带状公园和城市道路两侧的立体绿化带等。当前城市河道水体的“渠道化”，在失去了自然美的同时，破坏了生物的生存环境。

4. 保护乡土植物，维护生物多样性

21 世纪生态建设的主题是保护本地区的生物多样性，包括原有生物生息环境的保护和新的生物生息环境的创造。在城市建设中，应保护城市中具有地带性特征的植物群落。保护乡土树种是构成地方性自然景观的“主角”，也是反映地区性自然生态特征的基调树种。

5. 拓展城市绿化空间，增加城市绿地面积

作为拓展城市绿化克难攻坚的手段之一，屋顶绿化应在我国城市生态建设中得到积极推广。生态型屋顶花园已经成为防止气候变暖、节约能源、改善城市自然生态的一种综合性手段。

2.3 城市景观设计的基础现状与理论

2.3.1 基础现状

1. 区位分析/背景分析

随着城市化进程的加快,国内许多城市丧失了千百年形成的地域特性,“同质化”倾向日趋严重。事实上,每一个城市都应当保持并继续营造独特的城市个性。城市形象和个性很大程度上取决于城市景观,因此,优化城市景观显得十分重要和迫切。城市景观是城市各空间实物形态的组合,包括绿色景观、山水景观、街道景观、建筑景观和雕塑景观等。由于绿色景观和山水景观很大程度上受制于自然因素,所以营造城市个性的重点就在于街道景观、建筑景观和雕塑景观等城市景观的设计和塑造上。

进行现代城市景观设计,需要确立城市发展的基本理论和城市景观形象,并制定相应的景观基本计划(包括城市形象、轴线形象、各种类型的景观形象等)和景观建设的方法、体制及景观管理条例等,使城市各地区的景观设计在一个总的理念下进行,给人以整体的印象,使城市的环境景观管理有法可依,有特色可循。比如,日本城市景观设计已建立起一套融合民族文化精华、独具日本特色和风格的完整景观设计理论体系,成为亚洲城市景观设计的典范。我国正处于城市化的加速期,变化速度之快令人瞩目,一些原本很好的景观在城市化的加速发展中遭到破坏甚至消失,取而代之的是千篇一律的新式建筑,城市景观变得越来越单调、枯燥、乏味。这种现象远远不是人们所期望的,因此,我们需要一套完整的现代城市景观设计理论,指导设计师们走出一条有中国特色的城市建设之路。

2. 规划范围

城市各类中心的景观设计,在城市里,由于一定地域内聚集成特定的功能分区,因此就存在着各类功能不同的中心,一般可分为城市中心与市民广场。城市的景观设计与这两类中心的景观设计密不可分。

(1)城市中心的景观设计

城市中心是城市的主要行政管理、商业、文化和娱乐中心的区域,是表现城市有价值特性最有利位置,在这里,人们对这个城市个性的认识得到强化。城市中心的功能是根据城市规划决定的,因为中心规划是城市规划的一部分。

城市中心的景观能否产生良好的视觉印象,应从以下几个方面去考虑:从市中心有什么远景可以眺望?怎样使人去观看重要的建筑物?这些建筑物与重要的特征的地点之间有什么视觉联系?哪些建筑物在城市景观中应有重要作用?能赋予统一性和多样性的因素是什么?对这样一些问题在城市中心景观设计中,都应做出回答。有重要的特征的地点之间有什么视觉联系?哪些建筑物在城市景观中应有重要作用?能赋予统一性和多样性的因素是什么?对这样一些问题在城市中心景观设计中,也应做出回答。

(2)市民广场的景观设计

市民广场具有多样性,它是指由各种用途的道路、停车场、沿街建筑的前沿地带。由建筑组成的空间形式有三种:市民集合的主要广场,它一般与市政厅或其他市民建筑相结合;娱乐建筑的空间,如影剧院、宾馆前面的供人流集散的广场;购物的空间,如商业街、商业区和市场以及办公建筑所围成的空间。

市民广场上的公共建筑物对广场景观起着决定性作用。作为街景的公共建筑其立面处理的重点,应放在完整的街道立面上,而不要强调个别建筑物的立面;作为纪念碑式的公共建筑,在造型、位置和高度上应是一个视线焦点,是可以被人们欣赏的主要景观。

使用轴线可以使多个空间相互发生关系,是景观设计的一般方法,如北京天安门广场的中轴线。当一个建筑物与另一个建筑物有一定距离,同时是行道树形成狭长景观以强调一个理想的视点,于是建筑物变成了一个有镜框的焦点。在一个对景上集中的街道愈多,获得的狭长景观也就愈多。

市民广场应有一定的比例和尺度,若广场的地面过大,使建筑物看去像是站在空间的边缘,墙和地面分离开来,使空间的封闭感消失,广场的景观也随着发生质的变化。

3. 现状分析

中国当代的城市发展的成绩是有目共睹的,这给城市景观设计和营建活动带来前所未有的机遇,随之而来的必然是挑战。如何在当下城市景观设计的大潮中为当代人营建"使得其所"的城市环境是城市景观设计者面临的最大的挑战。在这一浪潮中涌现出许多成功的设计作品,但也相应存在许多问题,在此就城市景观设计中存在的问题进行分析。

(1)现状一

城市景观设计活动局限于形式的美化处理,与自然条件相脱节。一般由政府或相关单位根据初步规划的方案进行下一轮招标工作,地块功能等要素过多地受到人为因素影响。

(2)现状二

城市景观设计受到国际风格的影响,主要诉求点在于彰显时代特色,导致"千城一面"的中国城市现状,破坏了中国各具特色的城市性格特征。归根到底,是因为中国文化在现代化的冲击之下,更多表现为对西方文化的依赖与盲从。

(3)现状三

社会经济要素日益显示出其重要作用导致人们在设计审美上突显了对财富的崇拜,设计趋于体现庞大的气势和华丽的表象,对于与人密切相关的功能及使用等方面关注相对欠缺。

4. 发展模式分析

城市景观设计要追求可持续发展,即人与自然环境的一种协调关系。发展必须以保护自然和环境为基础,在快速发展的同时使经济发展和资源保护的关系始终处于平衡或协调状态。自然景观和传统景观均是不可再生的资源。在景观设计中要对自然景观资源和传统景观资源合理地保护与利用,创造出既有自然特征、历史延续性,又具有现代性的公共环境景观。善待自然与环境,规范人类资源开发行为,减少对生态环境的破坏和干扰,实现景观资源的可持续利用,是城市景观设计的一项主要任务和重要原则。

现代化城市景观应该考虑两大问题,就是民族身份的问题和人地关系的问题。首先,景观设计要适应本土的民族性、地域性。纵使是今天这样的信息发达、各民族文化互相融合渗透的时代,民族性、地域性仍然是城市环境艺术创作的一个主要原则。民族的才是世界的,我国是一个历史悠久的多民族国家,城市美的创作要反映中华民族的传统和浓郁的地方民族特色。其次，要看它是不是有利于环境的改善，有利于环境负荷的减少。现今的中国式现代建筑更多是在模仿古人，模仿中国的古人，模仿欧洲的古人，使用的建筑语言大都是死的语言。城市景观设计要适应现代人的精神需求，把城市的景观环境建设作为城市现代化建设的一个重要课题，对于城市景观设计师和艺术家而言，必须对如何满足人们的物质需要或精神需求做到心中有数。

科学的城市建设发展模式包含两个层面：一个是城市社会学的，也就是关怀城市的居民，不仅仅只是造一个景观，造一座大楼，造一条大道和广场，它要关注和解决城市的社会问题；另一个层面是关注城市的生态环境，适应生态的可持续性，人类创造环境的根本目的就是能够世世代代健康、舒适、安全地生活下去，这是可持续性的。城市如何有好的生态环境、城市规划，就是要告诉土地的使用者"不准做什么"，城市开发的可持续性依赖于具有前瞻性的市政基础设施建设(道路系统、给排水系统等)。同样，城市生态环境的可持续性依赖与前瞻性的生态基础设施，如果城市的生态基础设施不完善或前瞻性不够，在未来的城市环境建设中不必付出更为沉重的代价，决策者和学术界对此的认识和研究还远远不够。

2.3.2 基础理论

1. 城市景观设计原则

(1)生态性原则

人居环境最根本的要求是生态结构健全，适于人类的生存和可持续发展。景观的规划设计，应首先着眼于满足生态平衡的要求，为营造良好的小区生态系统服务。从生态平衡的角度来看，景观的主要作用是通过绿景、水景、山景、石景设施来调节空气质量和丰富视觉感受。当然这绝不是说"绿色住宅"等于"绿化住宅"。现在讲的"绿色住宅"是由"室内环境"和包括绿景、水景等在内的一整套"室外环境"的保护、改善措施来造就的。但对景观而言，主要通过绿景、水景、山景、石景等设施来改善环境。

(2)系统性原则

城市景观是由众多复杂因素构成的有机系统，是由多种元素构成的复合体。城市中既有自然景观又有人工景观，既有静态的硬体设施又有动态的软体活动；城市景观变为各种要素的交织与并演，反映的不是各构成元素的独立效果，而是各相关要素组成的复合效应。城市景观是城市尺度上一系列生态系统组成的具有一定结构与功能的整体，在设计中应把它作为一个整体分析、要在把握城市总体景观结构的基础上对于城市中的自然绿化、水域等环境资源拼块的分布和发展趋势做系统的调查分析，将其作为宏观基础来对城市广场、公园、绿地等中观的城市景观要素进行指导和协调。

(3)地域性原则

地域性是城市景观在空间上所显示出来的形态特征，是在一定地理环境(包括自然和人文环境)中形成并显示出来的地理特征或乡土特色，城市景观各构成要素在不同的地区都不同程度地反映了地方特色。每个城市都有其特定的自然地理环境、历史文化背景以及特有的建筑形式与风格，加上当地居民的民族特色及所从事的各项活动构成了一个城市特有的景观。

(4)时代性原则

城市是时间的艺术，是一个流动的、生生不息的有机体，在人类文明的演进中不断地重构、整合，它是传递历史和文化的载体和产物。作为社会、经济、文化的集约空间，它又是国家和地区文化的集中反映。随着城市的产生、建设和发展，人们在不断建造适应自身生活环境的同时，一部分有价值的历史文化得以沉淀。历时性是城市景观在时间上或特定时代里显示出的特征，这种特征又随着历史不断发展，在时间的洗礼下保持了历史的延续。

(5)视阈性原则

城市景观是城市物质环境的视觉形态，人们从城市景观可以获得最直接的城市形象。城市景观要适合不同运动速度和多向活动的需要，能够以少而准确的视觉信息建立起人们对城市的整体形象。所以城市视阈景观形象主要是从人类视觉感受要求出发，根据美学规律，利用空间实体景观，研究如何创造赏心悦目的环境形象。这不仅是全体市民和城市政府的良好愿望，更是设计者的天赋职责。

2. 城市景观设计的目标

国际景观设计师联盟荣誉主席加里柯指出："我们的世界正在进入一个新的时期，现在，我们还是不得不承认这样的一个事实，即城市景观设计师各类艺术当中一门最为综合的艺术。"作为艺术门类中的景观艺术，不同于"为艺术而艺术"。"为艺术而艺术"限制艺术本身作为社会工具和实用功能的能力，因此有了"艺术的终结"的论调。景观艺术是体现与科学结合的实践性设计艺术，通过审美创造，再现自然和表达情感的一种艺术形式，是人类用智慧和力量创造的"第二自然"，是一种"综合艺术"，体现的是造物的"综合之美"。

3. 城市景观设计的定位

城市建设是一个历史范畴，任何一座城市在塑造自己的文化环境时，都应该继承历史、立足当代、展望未来，都需要在自己城市文化的基础上进行再创造，只有这样才能使城市形象特色脱颖而出。当我们规划一座城市的文化环境建设时，首先要解决好这座城市文化的宏观取向，或者简称为文化定位问题。这是一个战略性的研究课题。城市文化的宏观取向，要符合当代城市景观设计建设的先进思想和规范，要体现所在地域特色，要对本城市的性质、规模、布局结构及人口构成做深入的分析，从抽象走向具体，由分散走向整合，将其落实到城市景观环境的要素、特征上。

4. 主题概念

这样一种围绕主题展开景观设计的方法和趋势，我们称之为"景观主题化"。景观设计主题概念又称为设计理念、立意，是不断重复的母题，充分为环境的使用者创造、安排满意的空间，以一个要素在一个形式中统一为主。

5. 城市景观设计的结构

景观是由实质元素的品质、尺度、规模、颜色、形式等当地活动所交织成的表征。景象是由客观存在的"景物"(形、色、质)与作为审美主体的"观察者"之间在特定的时间、地点、光线、视角等条件下的视觉信息传递与感知所产生的。通常按景观的组成内容可分为自然景观、人工景观及人文景观三大类。在大自然中人们观察到的是以山川河湖、动植物及天象等要素构成的自然景观。城市景观则是指在城市及其周边人们所观察到的由自然、人工及人文三要素所复合而成的环境风貌。每个城市由于其自然地理环境条件、政治、经济、历史、文化背景的差异以及人们风俗习惯的不同而展现出各自的风貌特色，但其景观构成均表现为各种静态的实质形体空间和活动于其中人与物体的共演。城市景观设计的构成要素可分为：

(1)自然要素

自然要素有地形地貌、山岳、江河湖海池、树木、绿地等。自然要素构成城市的原生景观而赋予城市最基本的特色。

(2)人工要素

人工要素指各类建筑物、构筑物(电视塔、水塔、烟囱等)、道路、桥梁、街道、广场以及依附于其中的环境设施如座椅、花坛、喷泉、雕塑、广告标志等。人工要素构成城市的次生景观，是城市景观的主要构形元素。

(3)动态要素

动态要素指各类车船飞机、生物(如鱼类、鸟类)、活动中的人们等。城市空间是人们生活活动的舞台，在这里表现出市民的生活习俗风貌。人的活动分为实用活动与休闲活动两大类，前者包括各种体力与脑力活动，后者如散步、坐息、聊天、下棋、晨练(跑步、打太极拳、练气功)等，这些日常的活动构成城市中变化生动的景观基调，而节日(如国庆节、圣诞节、狂欢节、泼水节等)庆典中的各种活动则构成城市的特色景观。

另外，影响城市景观构成的还有时间(春夏秋冬、早中晚夜)、天象(日出日落、雨雪雾霭、水文)等因素，由此而形成了城市的冬景、夏景、雨景、雪景、夜景等文化。

6. 地域、人居、环境

一个好的人居环境必然要传承文脉和乡土文化，同时具有高度的环境艺术水平。不同地域、不同民族、不同时代的环境艺术的物质构成(包括技术、材料等)和精神需求(包括心理、伦理和审美各个层次的需求)是不同的。其中，人居环境的地域特征的形成原因是地域的自然条件(地形、气候、物产等)；人居环境的民族特征的形成原因是民族文化(社会观念、民俗等)；人居环境的时代特征的形成原因是生产力发展和社会进步(科技、经济、意识形态等)。

首先，应尊重传统文化和乡土知识，吸取当地人的经验。景观设计应根植于所在的地方。居住区设计应考虑当地人和其文化传统给予的启示。其次，应顺应基址的自然条件。场地外的生态要素对基址有直接影响与作用，所以设计不能仅局限在基址的红线以内；另外人和景观生态系统都有特定的物质结构与生态特征，呈现空间异质性，在设计时应根据基址特征进行具体的对待；考虑基址的气候、水文、地形地貌、植被以及野生动物等生态要素的特征，尽量避免对它们产生较大的影响，从而维护场所的健康运行。再次，因地制宜，合理利用原有景观。要避免单纯地追求宏大的气势和英雄气概，要因地制宜，将原有景观要素加以利用。当地植物和建材的使用，是景观设计生态化的一个重要方面。

第3章 城市景观的设计构成要素

3.1 空间的意识外延

空间可以由不透明的障碍物去封闭，也可以由半透明的或间断的墙面加以封闭。空间限定物与其说是视觉终止处，不如看作视觉的暗示，如柱廊、墩柱甚至地面铺砌图案的变化或某些要素想象的延伸。

3.1.1 视觉空间

城市空间的传统形式都是由建筑物加以限定的，但建筑周围空间保持开敞的要求日益增长。这类空间的间断可由叠接和开口的交错，由天桥、屏蔽墙和柱廊，甚至由矮围篱连成一线加以遮蔽。

空间的特征随比例和尺度而改变。对它们的控制可由人眼的特征和人体的尺度来决定，可以对看来使人舒适的外部空间的尺度指定几个尝试性的数值。0～0.45 米是一种比较亲昵的距离(当然各国与各民族心理、文化不同，这一距离亦有差别)。0.45～1.3 米为个人距离或私交距离，其中 0.45～0.6 米通常是处在思想一致、感情融洽、热情交谈的情况之下，0.6～1.3 米是一种不自觉的感官感受逐渐减少的距离，因而这一距离的下限就是社交活动中无所求的适当距离。3～3.57 米为社会距离，指和邻居、朋友、同事之间的一般性说话距离。3.57～8 米为公共距离。

空间、场所和领域三者给人的视觉感受是完全不同的。20～25 米距离的空间，感觉较为亲切，人们可以自由地进行交流，多为家人、朋友、同事的关系。因为一旦超出该尺度范围，人们便难以辨清对方的脸部表情和声音。因此，20～25 米是创造景观空间感的最佳视觉尺度。据有关洞察和视觉测试得出，距离一旦超过 110 米，肉眼就认不出对方，只能辨出大略的人形和大致的动作，这个尺度就是我们所说的广场尺寸，即超过 110 米之后才能产生广阔感，此为形成景观场所感的视觉尺度。当超出 390 米时，在通常情况下，该尺度使得人的肉眼很难看清对方，有一种深远、宏伟的感觉，我们将超出 390 米的尺度作为形成景观领域感的视觉尺度。

历史上大多数成功的封闭的广场较短的一边尺度都不超过 140 米。此外，超过 1.5 千米的长度，很少有好的城市对景。室外围合空间的墙高与空间地面宽之比为 1∶2～1∶3 感觉最舒适，如果这个比值降低到 1∶4 以下时，空间就会缺少封闭感(图 3-1)。

如果墙高大于地面宽，人们就不会注意天空了。这时该空间就成为坑、沟或室外的房间感受。

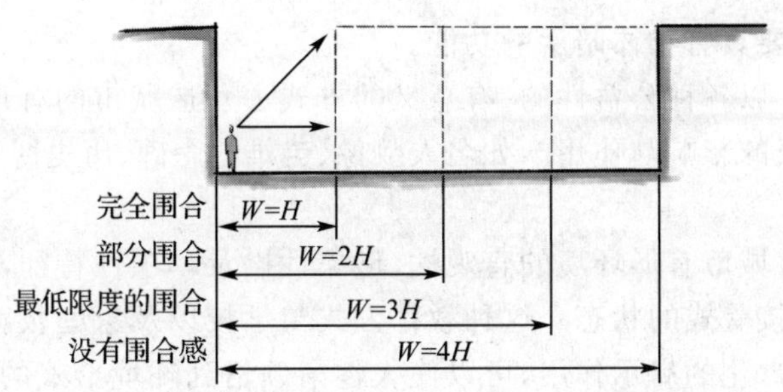

图 3-1　空间不同高度与宽度比值下所呈现出的围合度

3.1.2　心理空间

空间形态有着普遍的象征性内涵、大尺度令人肃然起敬，小尺度喜人而有情趣；高而挺拔的体形气宇轩昂，水平线条的体形凝重而持久；圆的体形外观封闭而静止，参差不齐而外观凸的体形富有动感。这一切都是唤起人们心理空间感受的建筑基本要素。如屋顶和门，以及土、岩石、水和树木，这一切都能唤起人们强烈的感情。

观者面对一处环境，所感知到的东西称作心理空间，促使观者有所感知的现实环境称作物理空间。每个人对于同一环境会有不同的印象，所感知到的心理空间也有所不同。环境的物理空间也会对人的心理空间产生影响和作用，这说明人在环境里的心理活动往往是物理空间与心理空间共同作用的结果。

3.1.3　意识空间

设计师有意识地运用人的感觉——错觉，相应地去塑造清晰相连的有机整体，一个简洁的、权衡得体的、具有强大影响力的室外空间就将展现在我们面前。空间的结构以一种纯自然力无法完成的方式得到阐明，空间联系超越时间和距离而建立起来。空间尺度由于光线、色彩、质感和细部而加强，人眼根据许多特征判断距离，有些特征可以通过控制来夸大或缩小明显的纵深，如远处物体与近处的物体相重叠；视平线以下的物体越远，越向地平线“上升”；物体越远，尺度越小，质感越强，颜色变蓝。有节制地使用、控制这些特征，会提高空间效果。

3.2　城市景观的社会性

3.2.1　景观环境的社会意义

城市景观虽然属于空间与物质实体范畴，但是它与人际层面息息相关，具有重要的社会意义。我国城市学者纪晓岚在其著作《城市的本质》中指出，城市公共形体环境(城市景观)有以下几个方面的社会功能：

(1)暗示功能。城市形体环境用非语言的形式作用于人的视觉，使人产生意识、思想和联想，进而发挥暗示作用。暗示为心理学用语，可分为物体暗示、语言暗示和动作暗示，而城市形体环境主要具有物体暗示的功能。

(2)感化功能。以各种公益性的、有意义的方式去营造城市的有形环境,对人的心理将产生健康的、积极的影响与作用。如名人雕像、英雄纪念碑、历史博物馆等,就能起到这方面的作用。

(3)启示功能。城市有形环境的直观性、形象性以及单项性特征,使各种文化层次的人都处于一种被动接受式的状态。这种教育方式与学校以及家庭教育都有所不同,主要表现在它具有潜移默化的启示作用,可以使人逐渐领悟到环境形式的内在含义。充分利用有形环境来教育人,可以不必考虑时间、地点和教育对象,但也可以有针对性,例如,在儿童集中的地方可以多采用画图式的知识性的、科普性的教育。

(4)警示功能。通过景观环境的设置起到提示人们注意安全的作用,以便将危害人身安全、危害社会的行为控制在萌芽状态。例如,通过一定的标志,可以对火灾、交通事故、犯罪行为以及违反公共道德的行为进行警示。当然,采取的方式应尽量具备直观性。

3.2.2 城市公共空间的社会效应

城市景观包括建筑空间和城市公共空间。建筑空间指的是内部生存空间,如住宅空间,它满足人们的生存需要。而城市公共空间才是城市的根本所在,如果说建筑空间是生活的容器,那么城市公共空间则是历史的舞台,是不同的生活方式与文化传统交流沟通、彼此共存的场所。城市公共空间的主要意义就是在于促进人际交流。

1. 人性与空间设计

城市空间的设计必须与人性相契合,而人性是人际交往性与私密性的辩证统一。人际交往是人类的天性,正如美国社会学家查尔斯·霍顿·库利所说的那样,“人的生理生命起源于他体内的细胞合成,人的社会生命起源于与他人的交流”。保持私密性是人的需求,交往性与私密性是人类需求中既矛盾又统一且不可分割的两个方面。

私密性意味着,人必须对接近自己或自己的群体能够有选择地控制,在什么时间、什么地点,是独处还是交往,与什么人交往,以什么方式交往,必须由自己的主观意愿进行控制。成功的控制有两个方面的意义:其一,这种控制可以使人们按照自己的意愿、关系的密切程度和处境情况,来处理好与他人的社会联系,这种人际关系的成功处理对社会层面来说是必不可少的;其二,这种控制对个体层面也具有相当重要的意义,个人的心理与生理状态与控制的成功与否息息相关。也就是说,私密性与交往性处理的结果,直接关系到个体的自我认同、自尊感与自我价值感,或是对个体的幸福与生存能力,有着相当大的影响。

一个良好的城市景观必然是私密性与公共性的统一,这样的空间必须结构合理,进行良好的划分。公共性要求公共空间的支撑,而私密性要求私密空间保证。一个良好的景观空间能够做到公共空间—半公共空间—半私密空间—私密空间的合理过渡。

2. 城市公共空间与人际交流

人有交流的需要。恩格斯认为,人是一切动物中最爱群居的动物,人之所以有交流的需要,主要因为交流有诸多功能。苏联心理学家洛莫夫认为人际交往有三大功能,一是信息沟通,二是思想沟通,三是情感沟通。美国建筑师约翰·波特曼提出了“共享空间”理论，认为人们必须从建筑空间的封闭性中解放出来，而置身于既能意识到独立，又与其他空间具有信息（视线、声音、语言等）交流的空间中，这使人们在精神上可以获得自由感与满足感。

城市就是人际交流的场所。也就是说城市是人们交换的场所，交换是一种物与物的关系。同时，城市也是人们交流的场所，交流是情感和精神层面的需要，这是城市更高级的功能，也是城市存在最伟大的意义。我们在理解城市公共空间时，不能只从物质技术的角度出发，还要认识到，公共空间的内涵是公共生活，它是公共活动与公众交往的物化凝结。一个良好的城市公共空间，是一个有利于人们交流的空间，其本质在于公共生活与人际交往。否则，即使它被设计得再舒适豪华，也难以具备生命力。

3. 城市公共空间与邻里关系

公共空间能够促进人际交流，其中一个重要方面就是能够促进邻里关系。在传统的居住区中，公用设施多、公用部位多，决定了邻里之间交往频繁。居民经常到户外公共空间进行必要的活动，因此也就有助于形成良好的邻里关系。

公共空间的开辟，形式可以不拘一格，因地制宜，例如，公寓顶层空间就可以加以利用。我国很多地区夏季较为炎热，顶层空间既可以用来乘凉、休闲，又可以促进邻里交往，可谓一举多得，这方面有着较大的潜力。

3.2.3 城市景观构建与公共参与

城市景观具有重要的社会意义，就其构建过程而言，也是一个社会利益的互动过程，这一过程关系到市民的切身利益，因此，城市景观塑造离不开公众参与。

1. 公众参与对城市景观构建的意义

(1)维护市民自身利益

城市景观塑造不仅是一个空间塑造与重构的过程，而且是一个各方面利益互动的过程。景观塑造涉及城市中各方面的切身利益，往往受到各方面的广泛关注，政府、开发商、规划师以及公众等四股力量交织在其中。在四种力量中，政府拥有行政上的权力，开发商拥有资金上的优势，规划师拥有技术上的权威，公众则处于相对被动的地位。

市场经济条件下我国的城市景观塑造，政府与开发商的优势地位明显。开发商在开发中，往往只注重经济利益，而忽视其他因素。政府相关部门为了“寻租”，对开发商的行为采取迁就的态度。另外一种常见的情况是，政府一手操办，拒绝其他部门介入，也就是我们常说的“墙上挂挂，纸上画画，不如领导一句话”。在这两种情况中，规划师虽然很少具有决策方面的权力，但在具体的规划设计过程中也能将自己的好恶带入规划设计方案，从而产生一定的影响。而作为“当事人”的公众却很少有机会影响景观塑造过程。

缺乏公众参与，往往造成城市景观被大规模塑造，而不是小规模的“有机塑造”。在这个过程中，规划的价值观取代了公众的价值观；经济利益强的阶层利益得到了满足，经济实力弱的阶层利益被忽视；人的情感需要、邻里关系、社会网络等非物质因素被冷落。西方国家在这方面已经有过不少教训，雅各布斯指出这种方式摧毁了许多有特性、有色彩、有活力的建筑物、城市空间和人们赖以存在的城市文化、资源和财产，以及人们之间良好的社会网络。她认为大规模只能使建筑师们热血沸腾，使政客、地产商们热血沸腾，而公众却往往是利益的受害者，其批评可谓一针见血。

为避免这种情况的发生，最好的办法就是让公众参与到景观塑造的过程之中。只有参与其中，公众的意愿才能得以表达，公众的需要才能得以满足，公众的利益才能得以维护，这是不可替代的。

(2)塑造良好的城市景观

良好城市景观的塑造不仅仅体现在物质实体层面，还有着深刻的经济、社会、文化、生态、美学等内涵，必须兼顾各方面的因素。从系统论出发，城市空间的塑造是一个复杂而庞大的系统，涉及的变量与参数数以亿万计。城市景观塑造要考虑经济效益、社会效益、文化效益、生态效益以及审美效益等，而不能有所偏废。面对如此复杂的巨系统，仅仅依靠少数决策者与规划师的智慧是远远不够的，必须发挥方方面面的才智，尤其是作为"当事人"的市民的才智。

正如前面提到的1954年美国圣路易斯中心的普鲁伊特—艾格尔住宅区事件，空间设置与社会文化因素严重脱节。在低收入者聚居的邻里单位中，社会网络起着关键的作用。美国下层居民尤其喜欢非正规的空间，在住宅的户外街道、低层住宅的门前、狭窄巷道的交叉口以及杂货店的空地上，进行无拘无束的聚集与交往，然而，新住宅区尽管齐整、秩序性强和设施卫生条件较好，却没有产生社会网络的空间基础，悲剧就在所难免。由此可见，良好的城市景观是多因素的、综合的，其塑造不能仅仅依靠规划师，还必须发动公众广泛参与。

近些年来，我国的城市景观塑造，出现了许多不尽如人意的情况。在许多城市中出现了不少"败笔"，造成了一些不可逆的损失。还有的大肆破坏生态环境，造成了资源的巨大浪费。这些情况的出现，与缺乏公众参与有着不可分割的关系。因此，只有公众的积极性与创造性被调动起来，参与到城市景观塑造的实践中去，良好的城市景观才能塑造起来。

(3)实现文化资源可持续发展

我国大多数城市都保留一些历史遗迹，它是人类文化遗留给我们的一笔宝贵财富，必须予以一定的保护。如果任由经济利益的驱使，往往使这部分遗产遭受"灭顶之灾"，不利于城市文化资源的可持续发展。但同时，我们还要注重发展、改善人们的居住环境。只强调发展意味着无知，只强调保护意味着僵化，二者都是不可取的，正确的做法是保护与更新的有机结合。

要实现保护与更新的有机结合，就必须将历史遗迹妥善地整合到城市空间中。国际上不少历史建筑"旧瓶装新酒"——外部形式保持原样，而内部设施焕然一新，就是一例。当然，如何将历史遗产整合到更新之中，形式上可以多种多样，这其中离不开公众参与。公众是城市的主人，生于斯，长于斯，对城市的文化极为熟悉。他们能够真正解读"旧城文本"，因此也就能够帮助规划师们将历史遗迹更好地整合到现实城市中，实现文化保护与更新的有机结合。

2. 国内公众参与城市景观构建现状

(1)参与中自发性的较多，制度性的缺少

公众参与到城市景观塑造之中，最重要的环节是必须有法律法规的保证，使参与行为有法可依。公众参与是现代西方发达国家城市公共管理方面的一项重要制度，指导原则是“凡生活受到某项决策影响的人，就应当参与那些决策的制定过程”。同时有相关的法律法规给予保证。例如，英国早在1968年的《城乡规划法案》中就已经明确了公众参与制度，后来，在几次规划法规的修订中都分别强调：结构规划在作为正式的法律性文件公布之前，必须按照法律的要求完成全部的法定程序，其中最重要的一个环节是公众参与规划评议。立法甚至认为“公众参与规划的制定是英国规划法规体系的骨架”。而且，英国编制规划中还有一条不成文的规定，那就是，如果公众反对，就必须修改规划，被公众反对而规划又不修改的条目内容是无效的。而我国目前缺乏公众参与的制度性渠道与法律依据，自发的参与也多是“事后性”的。即规划方案与公众利益发生冲突后，居民为维护自己的权益，自发地组织起来同有关部门交涉，还经常演化为围坐拆迁现场，堵塞城市交通等过激行为。这种“事后性”的参与，不仅不利于问题的解决，而且可能干扰有关部门的正常工作，造成更大的问题。

(2)参与中低层次的多，高层次的少

公众参与的范围应当遍及城市景观塑造所有的步骤，每个步骤都应当给公众以参与的空间。但目前，我国公众参与的范围较窄，在景观塑造过程中，参与的范围仅仅限于调研与论证这两个低层次，即使是这两个层次，也往往是“象征性”的。调研在很大程度上是在走过场，调研的问题带有较强的主观性且范围较窄。论证也多是流于形式，因为论证虽体现民主原则，但论证的参与者中往往“当事人”的比例过小。而且长期以来，由于规划设计部门与广大群众的隔离，公众对城市规划设计的认识水平也不高，知识也较缺乏，因此参与的范围往往局限于一房一地的范围，多是涉及自身利益，而对一些城市景观塑造中涉及公共利益的部分缺乏参与，因此总体参与效果不佳。

(3)参与过程封闭性的多，开放性的少

景观塑造涉及居民住所的拆迁、安置、补偿以及生活环境改善、邻里关系的重组等问题，直接关系到居民的物质利益与精神情感利益，因此公众对其参与热情较高。但现状是公众虽有热情，但苦于无门。长期以来，所有城市建设与更新活动都是在封闭系统下进行的，是政府与城市规划建设管理部门“内部的”事情。近些年来，开发商的介入，虽然一定程度上改变了这种封闭状态，但就广大市民而言，仍是鲜有渠道介入其中，最后往往只能以上访的形式解决问题。

3. 加强公众参与的途径

(1)健全法律法规

为改进景观塑造中公众参与的现状，首要问题是健全相关法律法规，使公众参与成为城市规划体系中一个不可或缺的重要环节。因此，完善的法律法规是必需的。

我国这方面较为欠缺，唯一的相关法律是《中华人民共和国城市规划法》(以下简称《规划法》)，其内容也比较笼统，基本上都是指导性质的意见，缺乏较为详细的、具有操作意义上的条文，其修正势在必行。除重新修订《规划法》外，在城市层面，今后可以考虑将公众参与纳入城市规划设计法规之中，从而保证公民的参与权。在当前，应当解决的一个重点是，有关规划方案出台后，在一个时间段内，应从法律上允许公民对其审议，提出意见，反馈给城市有关部门，以便修正完善。我国不少城市已经出台了这方面的法规，但其中不少法规缺乏具体规定性，还比较含糊，尚需改进。

(2)完善参与程序

在法律保证的前提下,要发挥公众参与在景观塑造中的作用,还必须有一个科学的程序:

项目—调研—目标竞标准备—提出方案—论证—定案—实施

宣传、采纳公民建议　　公民听证会　　公民监督

这个科学程序把景观塑造作为一个开放的系统,公民可以全方位、多层次地参与其中,深入到每一个环节中。在这样的系统中,公民的才智才能得到充分发挥,媒体、专家、公众、职能部门才能通力合作,景观塑造才能取得理想的效果,真正做到以人为本。

我们的设计师应当向英国的建筑师哈克尼学习。在一段时期,英国政府决定对"衰退地区"进行改造,但居民并不愿意离开环境破旧的老住宅,搬进设施更好的新住宅,原因是这些新住宅缺乏"人情味"。哈尼克千方百计为居民着想,深入到群众之中,和市民齐心协力,设计出传统的建筑。"哈尼克现象"是值得我们每一位规划师学习的。

(3)构建组织体系

真正把公众动员起来参与景观塑造,还必须有相应的组织保障。而我国目前在这方面比较薄弱,在景观塑造中,公众不是自发参与,就是临时组织起来,难以保证参与效果,也难以形成合力。

在一些发达国家,公众参与的组织保障体系十分健全。以美国为例,在小区层面上,一般都设有"小区规划办公室",作为政府与公众之间的沟通桥梁。市民可以通过它向政府表达意愿,而政府通过它向公众发布信息,这个机构方便政府与公众之间的联系与沟通。另外还有"市民咨询委员会""市民规划委员会"等形形色色的机构,各有一定的权限,行使权利也有一定的法律依据。

借鉴国外的经验,结合我国的实际情况,在动员与整合公众参与力量的组织建设方面,可以从以下几个层次着手:一是在城市中成立一个协会性组织,在政府与公众之间负责沟通协调与信息交流。一方面,它负责接受公众的意见与投诉,并向政府部门反映与交涉,还可以为公众提供法律援助;另一方面,它负责接纳政府的信息与决策,并向公众传达。二是以街道与居委会为主体,作为协会的分支机构,也是最基层的公众参与组织,它可以直接贴近公众的生活层面。通过这两种组织的建设,形成公众参与网络体系,将公众参与力量整合,更好地发挥公众在城市景观规划与设计中的作用。

3.3 城市景观的效率和公平

3.3.1 效　率

效率是一种维持平衡的标准,就是要在某些性能上达到一定的水平而不得不降低另一些性能的水平。衡量一个聚落的效率,只能通过测算某一种性能达到最高水准时所要消耗和花费的其他价值。因为测算所依据的各种价值之间没有一个客观的度量标准,例如,干净美好的城市环境形象和所花费的资金之间。只有在所有成本和利益的形式都保持不变时,才能对效率进行"客观的"比较。对各种各样更复杂的情况进行主观的比较总

是很容易做到的。我们每天都做着这样的选择，我们也可以非常明确地做出这样的选择，但它们是无法测量的。

在做比较时，建造和维修一个系统的成本和利润一定要一并考虑，至少在适度的时间内是如此。我们倾向于只考虑最初的建造成本和使用过程中的利益，而忽略了使用过程中的费用，同时，也忽略了建造过程中的直接利益。似乎建造某个东西只有辛苦，而使用这个东西只有快乐。相反，我们应该对价值和代价的细水长流的过程做出评价。很不幸，我们现在的情况是，大多数价值是无法量化的，只能凭着粗略的、或多或少的感觉，所以我们无法精确地计算这些价值。我们必须对将来的指标做出直接表述，如未来谁的价值下降了或提高了，稳定、波动或变化了。我们还可能做出更有限的评估。

要达到营造良好的聚居地的目的，许多更关键的代价是要超越空间范畴的。在分析要用多少投资才能达到一个被认可的聚落质量时，计算成本是第一步。这些代价很可能是以诸如钱、能源的消耗、政治的努力、心理承受的压力等这样范围广泛的价值来体现的，一个城市形态理论一定要关注怎样才能减少这些代价。例如，什么是一个省钱的城市？什么是一个节能的城市？但是这些城市理论对于如何评估和比较这些非空间的价值却只字不提。城市理论只能谈论怎样减少这些外部的代价来实现我们特定的目的，而避免判断减少这些代价到底重要不重要、有没有价值。再如，建造联排住宅比建造相当面积的公寓大楼要便宜多了。但是联排住宅的供热及其传输线路所需的能源要比拥有集中供热设备的高密度公寓楼多很多。形态理论会去寻找既省钱又节能的形态，却无法在平衡费用与耗能的选择上帮我们一把。那种通过“生产”效率(这里人们在使用效率的一般概念)来经营重要行业的理论也同样无能为力。经济系统中的生产效率受到聚落的可及性和适宜性的影响，但显然不是完全地，甚至也不是主要地由这些来决定。

在狭义的范围里，一个有“效率”的城市，就是一个具有高度可及性的城市，而这种可及性又不以失去地方控制为代价；或者是一个具有生动而清晰意象的城市，而它对未来的变化仍然保有充分的适应性。也许把一些具有可能相互冲突的指标列出来会很有用。这些应该是计算效率的重要元素，有创新的、更有效率的空间形态也许是最有用的。在可能的情况下，理论会对特定的文化、政治、经济背景下的相互冲突的价值的重要性做出判定。

3.3.2 公　平

公平是指在人和人之间分配代价和利益的一种方式。怎样才算公平的分配？其标准随着不同的文化而不同。在有些文化里，公平的意思是指遵循习俗或符合先例。物质的分配是依据人们的世袭或已有的前后次序，这被认为是一种对其内在价值和能力的反映。在另外一些文化里，某种程度上就像我们的社会，分配建立在比较能力的基础上，尽管这对我们来说好像并不公平，除非能力被等级和金钱合法化了，对我们而言，当这些法律法规起作用时，分配的原则是支付能力，在一般情况下，我们并不反感这种事实，除非在影响到一些基本原则的时候，例如，当影响到我们的政治自由或我们赖以生存的资源的时候。这种观念已经成为一种共识，一个人拥有财富被解释为来自个人能力与生产力的结合，金钱决定一切似乎很公平。再说，以金钱来作为分配的方式简化了管理，并使人人能选择他所需要的东西。因为货物的价格是由需求的程度来决定的，因此它们也是被合理地分配的。

用价格来决定分配是非常不公平的，除非在一种所有的物质都有等价金钱的世界里，每个人都有相等的金钱收入，他愿意怎么花就怎么花。由于个人估价、最终的价格以及花钱的方式等原因，对特殊物质的分配确实不公平，但一般的选择能力应该是公平的。平等最容易与我们概念中的公平分配联系起来，不论其内容是包含了所有的分配，还是只有其中几个关键的行使能力，如收入。正如我们的祖先曾感受到的一样，平等似乎是不言而喻的。这大概是各个团体都会接受的唯一观点，如果他们坐在一起，为分配策略制定着宪法，他们都具有平等的谈判能力、都同样不了解未来要发生的事，这就是一个典型的“自愿合约”的假设。平等不仅仅看起来非常公正，它还以明了易懂的单纯吸引着我们，也反映了一种道德观，即无论多么弱小或不完美，每个人都有自己内在的价值。而且平等看起来比其他的规则要简单而且容易应用，至少理论上是如此，因为它不需要衡量相对地位、需求等的必要性。

我们用各种直接的方法寻求着小小的公平。其中的一种方法是制定一些最小而又能被接受的平等，例如，“每个人都要至少享受 12 年的基础教育”或“每个人都应该距离日常用品店在 30 分钟以内”。这里，公平集中在我们认为最小基本的必要事物上。第二种方法是专注于对这样一些物质拥有平等性，这些物质似乎对获取其他物质是非常关键的。在我们的社会里，我们特别关心的是活力的平等、可及性的平等、控制领域的平等，而在其他的社会里，就变成了对收入的平等、言论自由的平等、选举权的平等等内容的关心了。第三种方法，就是关注少数或弱势的群体，并且至少要坚持在任何变动下，都要使该群体的处境得以改善。这是由约翰·劳尔探究出的“最大极小”决策理论的策略，或称之为“另类原则”。

分配的规则一定要看起来公平，因为公平存在于每个人的内心深处。规则一定要清楚地使每一个人都理解，一定要持续稳定、可以预测，并且是过去和现在经验的延续。一个基于清晰、明确、长久以来被接受了的，以阶层为主的分配方式，远远比大家弄不懂的、以需求为主的分配方式更让人满意。如果这个以阶层为主的分配方式，既能确保每个人的基本需求，又能鼓励个人的发展，那么，在这样的情况下，这个系统的确是适当的公平规则。但是，在某种情况下用需求和潜力来调节的平等，是一种西方人思维里的想法。

3.4 城市景观的文化要素

城市是一个有生命力的有机组织，是一个以人类活动为中心的生态系统。城市承载着人们社会文化生活和日常工作的功能，满足着人们日益增长的物质和精神文化的需求。城市文化是城市景观的内涵，城市景观是城市文化的外在显现。有什么样的世界观、价值观和伦理道德观，就有什么样的城市景观。如在我国以君权为核心的封建时代，便有了中轴线结构的帝王古都；以科技为核心的工业时代，城市景观规划就有了方格子布局。可以说城市景观是人类爱与恨、欲望与梦想在自然中的投影。

城市景观象征着丰富的文化和社会意义，是构成城市文化的一个必要条件，也是决定城市外在品位的显性标志。从古代城市建筑到现代城市景观积淀下来的城市文化十分丰富，特别是那些标志性景观建筑和堪称“文物古迹”的历史遗迹，如城市中的一段古城墙、一座古桥、一个古寺庙等，都是城市的记忆，无不具有城市极其丰富的历史文化内涵，给人以教育、启迪和享受。因此，评价一项城市景观设计的优劣，体察蕴含其中的文化特性是必不可少的一个方面。

3.4.1 城市景观的文化差异

文化差异是指不同民族、不同国家、不同地域之间文化上的差异。由于历史、地理、语言、传统、宗教等因素，致使人类的风俗、信仰和行为上彼此存在着分歧，从而形成各自独特的文化，不同文化体系下的价值体系决定了人们对社会、自然的不同看法，人类按照不同的价值观去改造世界，赋予自然以文化意义，因此形成带有不同文化属性的城市景观。

1. 地域性

地理位置和自然环境等空间特征的不同，使得城市形成了与生俱来、与众不同的地域特色，在人类长期的社会发展活动中产生了具有区域特征的文化现象。每个城市都有其特殊的性格、形象和风貌，景观的设计始终应在地区性文脉关系中进行，许多地区具有明确的经济、社会、文化和环境的功能，只有了解这些与当地生活相关的功能，才能设计出符合地域特征的城市景观，这是景观构思、规划设计的依据。

2. 历史性

在城市漫长的历史演变和发展过程中，城市和人类共同造就了反映城市特征的城市历史文化，每个历史时代都在城市中留下自己的痕迹，由此人们按照各自不同的历史背景和人文传统建造城市景观，城市景观也就带有了时间和空间的跨度特性。同时，在不同的历史时期，每一种历史传承文化都可能遭受到现实文化的影响和渗透，形成新的文化集合形式，因而城市景观体现了历史的传承性，同时还具有时代的更新性。

3. 民族性

民族是早期人类在长期的生存斗争中出于对集体力量凝集的需要，以血缘、亲缘、宗教、地域等各种复杂因素为基础，构成较为固定的、随血脉代代相传的人群集合体。各族血缘的归属感、维护感、认知感等形成了各个民族特有的风俗习惯，体现在城市景观设计中就是民居建筑、庆典和祭礼场所等的不同风格特征。正如著名景观设计专家俞孔坚教授所说：“城市景观是一个民族及其文化的身份证。”

4. 宗教性

不同的民族、地域群体有各自不同的宗教信仰。人们通常把宗教资源分为宗教物质景观和宗教礼仪两大部分。宗教物质景观主要是指各类宗教建筑，但宗教建筑之美当我们暂且不考虑空间艺术时，在于人们形成的礼仪观念，那就是“由于神住在里面”，这就是宗教信仰的魅力所在，人们会抛开空间艺术而执着地只考虑神的所在，进而移情到建筑上来。宗教景观的吸引力一定程度上也是历史文化的吸引力，宗教景观能激发起人们的宗教情感，满足人们精神上的需求。宗教在不同的历史时期和不同的国家或地区有着不同的形式和内容，宗教景观自然也就有千姿百态的效果，使人产生耳目一新的感觉。

3.4.2 城市景观的文化多元性

当今社会已进入文化多元主义时代，人与人之间接触日益增多，仿佛身处在一个硕大无垠的“地球村”，在地球村里，有众多的民族、众多的文化和文明，大家都意识到各自的以及对方文化的优劣及差异，相互取长补短，使得文化呈现出多元的特性。也正是因为有多种文化的存在，才能使世界变得丰富多彩而不至于变成一个乏味、单调的世界。

文化的多元性在现实物质世界里有许多表现形式，城市景观便是其中之一。城市景观文化的多元性形成因素有很多，如族性的差异、对立意识形态的并存、宗教的多样化等。城市景观本身多元性还包括与设计相关的自然和社会因素、设计目的和主要方法的多样，以及设计实施技术方面的多样。城市景观的文化多元性主要表现在：①本土文化与外来文化的并存；②主流文化与个性文化的并存；③传统文化与现代文化的并存。同时，社会因素也是造成景观多元性的主要原因之一。为什么人群服务是城市景观设计的重要因素，其缘由是人们对景观的开发空间、使用目的、文化内涵的需要的不同，会影响景观设计形式中诸多元素的改变。另外，考虑满足不同年龄、不同受教育程度和从事不同职业的人们对景观环境的感受，景观设计必然也会呈现多元的特点。

3.4.3 城市景观的文化生态性

文化生态性是指自然环境与人类文化之间相互作用的关系和性质。人类的一切创造活动都以自然界为基础，以自然界为对象。那么，人类所有创造活动的文化，都与自然界有着千丝万缕的联系。人类对环境的利用和影响是通过文化的作用而实现的，人与自然之间通过物质、量能、信息的流通、转换进行文化创造活动，人类的活动和自然界进而形成一个和谐的文化生态系统。

城市景观的建造要依赖于众多的自然条件，如大地、水、气候等自然环境。自然景观在转变为文化景观过程中，不仅有物质文明的渗透，也有人类精神文明的体现。自然资源表现城市景观的生态现状，人文特色反映景观设计的依据和深层次的文化内涵，城市景观的发展方向既受制于自然规律，又受制于各种社会制度下人类对自然界利用、改造的程度和方式。自然资源和人文特色的有效融合体现了城市景观的最终表现力。

3.4.4 城市景观的文化融合性

在当今世界，城市景观在技术传播和全球联系的建立基础上，各民族在继承本民族文化的同时，又借用和吸收其他民族的文化，按照时间序列在特定的区域不断地融合沉淀，形成多层文化叠置的、具有多种文化属性和特征的文化景观。人们看到的城市景观中，既有鲜明的地方特色，又有外来文化烙印。如许多殖民地和半殖民地国家的城市景观，往往既带有当地文化特色，又带有帝国主义国家文化色彩。在现代社会，人们设计城市景观过程中，在考虑地区文脉的同时，兼取外来文化的精华，将两者加以结合，从而建造出具有文化融合特征的城市景观设计。

3.5 景观设计的基础构成要素

3.5.1 人和社会

人是景观的一项构成要素，有了人的活动，可以赋予景观更多的生气。同时，优美的景观能为人提供休闲服务的场所，所以在保护环境、营造优美景观的同时，我们要树立“为人”的理念。在设计中就要着手于人的主要心理活动，利用心理活动这一线索串起我们的设计。要考虑人的交往、交流、自我实现等功能要求，使人在紧张工作、生活的节奏中得以放松。组织良好的交通流线，是城市景观设计非常重要的功能要求，而我们却经常可以看到广场上的草坪被践踏出的小径。这固然有人的素质问题，但更重要的还是反映出设计者“以人为本”理念的淡薄，只从形式出发，而忽略人们的使用心理要求，造成交通流线的不合理。因此，能否体现“为人”理念，是衡量城市景观设计成功与否的重要标志之一。

人的参与是景观设计的核心要素，而社会又是由人的意识形态和行为活动构建的。人与社会的关联性也对景观设计有着深刻的影响。景观设计虽然是空间与物质实体范畴，但是它与人际层面息息相关，具有重要的社会意义。景观环境源自社会公众，服务社会民众，并非个人之事。小到民生民情的生活所系，大到地区地域的社会动向发展，景观设计所具备的公共性正是针对社会和民众而言的。景观设计要发挥一定的社会作用，它要解决的既包括环境审美，也包括社会民主和民众权利问题，作为当代艺术的一种形式，景观设计具有社会学和艺术学的双重意义。政治、经济、文化、历史、环境、民生都对景观设计有着重要的影响，这些内容是景观设计所要力争传达和表现的。

可以说，满足人类聚居生活方式，并创造这种发展需求的可能性，不但是城市景观环境建设的终极目标，而且是人类社会进步的原动力。从产业革命之后，崇尚、追求、依附设计的高速发展，到今天倡导以人为本、可持续发展的宏伟世纪战略，都是人类对自身价值和地位的重新认识和评估，标志着人类社会向更高层次和目标迈进。当下，彰显环境和谐、信息传播优质的人文思想已成为知识经济时代社会的大发展趋势。设计师们试图在人的主体地位和人与环境、人与信息的双向互动关系中，强调尊重、关爱的宗旨和理念，并将其贯彻落实在景观规划设计、环境艺术设计、信息传播设计、设施设备设计及公共艺术的创造活动中。

景观设计最主要的特征之一就是大众的参与性，离开了这个基本点，设计也就无从谈起。景观设计行为应最大限度地调动大众参与的积极性和可能性。首先是内动力的觉醒体悟，然后是从需求着眼，力图让环境与设计关联到每个人，使更多的人，从更多的视角、方面、层面参与到活动中来，发挥主客观直接交换的互动共振，产生共生共荣的作用。同时，也应留有多种选择的自由度。总之，对于整个社会而言，城市景观设计行为既是一项系统工程，也是一项实用工程。它不仅在环境、传媒、文化等方面提升品质，而且能够提高社会的整体素质和水准。可见人和社会要素对景观设计的重要作用和现实意义。

3.5.2 建　筑

建筑是一个城市的载体，对于城市景观来说，在这里我们需要谈的不主要是建筑，定义为地面构筑物应更确切些。由于台阶、坡道、花架、公共设施、公共艺术品等，既不属于建筑范畴，又在城市中存在着，因此，将它们统称地面构筑物更贴切。“一座建筑是建筑，两座建筑就是城市景观”，建筑更强调个体特色，而忽略了城市区域环境风格，就会造成城市空间的混乱、无序。而将建筑看作与台阶、公共艺术品等同样性质的构筑物，就会更容易站在城市角度来对待，控制其轮廓的天际线和环境投影际线。如沿街的构筑物——建筑，既要考虑人们步行时对建筑物尺度与细部的步行速度景观需求，同时又要考虑到汽车在高速行驶时整体连贯的车行速度对景观的要求。1977年签署的《马丘比丘宪章》指出“现代建筑的问题已不是纯体积的视觉表演……不再是孤立的建筑，而是城市组织结构的连续性”。因此，构筑物设计要考虑城市的整体环境，在统一中求变化，在变化中求丰富。

对于一座城市而言，不同历史断代的建筑成了城市可见的断代轮廓线和外观皮层。在这样的街区建造新城市尤应重视具体的建筑环境因素和城市整体层次的打造，城市建设中历时性的纵向关系与共时性的横向关系相辅相成，形成一定地域的文化底蕴、地方习俗和人文特色。景观设计既不能脱离原有的建筑环境去凭空架构，又不可简单地重复过去，只有在尊重历史的同时创造历史，在更新文脉的过程中发展文脉，才能使人们在现代与历史完美交融的建筑环境中共同体验景观空间之美。

3.5.3 水　体

水体设计是城市景观设计中的难点之一，在景观中也经常起到点睛之笔的功效。水的形态多种多样，或平缓，或喧闹，或静谧，而且潺潺水声也令人心旷神怡。

1. 水体的作用

(1)水体作为景观，如喷泉、瀑布、池塘等，都以水为题材，水成为园林的重要构成要素，也引发无穷的诗情画意。

(2)改善环境，调节气候，控制噪声。矿泉水具有医疗作用，负离子具有清洁作用。

(3)提供生活用水。生活用水中最值得回味的是品茗。开门七件事，最后一件就是茶。由茶而引发茶圣陆羽在《茶经》中对水的评价：“山水上，江水中，井水下。”

(4)提供生产用水。生产用水范围很广，其中最主要是植物灌溉用水，其次是水产养殖用水(如养鱼、虾等)。这两项内容同城市园林景观面貌和生产、经营是息息相关的。

(5)提供体育娱乐活动场所。如游泳、划船、船模等。特别是现在休闲的热点——水上滑梯、漂流、冲浪等水上娱乐项目。

(6)提供观赏性水生物和植物的生长条件，为生物多样性创造必要的环境。如各种水生植物(荷、莲、芦苇等)的种植和天鹅、鸳鸯和鲤鱼等的饲养。

(7)交通运输。较大型水面，可作为路上运输的补充，如游艇、交通船等。

(8)汇集、排泄自然雨水。此项功能，在认真设计的园林景观中，将会节省很多地下管线的投资，为植物生长创造良好的立地条件。相反，污水倒灌、淹苗，又会造成意想不到的损失。

(9)防护、隔离。如护城河、隔离河,以水面作为空间隔离,是最自然、最节约的办法。水面创造了城市景观迂回曲折的路线,同时,隔岸相望,可望而不可及,形成一种更加自然的情趣。

(10)防火用水。救火、抗旱都离不开水,城市景观园林水体,可作为救火备用水,城市郊区园林景观水体、沟渠,是抗旱的天然管网。

2. 水体景观的构成与形状

水体景观由水存在的形式、造景手法和表达方式构成。它由于受到地球引力的作用,存在形式主要分为止水和动水两类,其中动水根据运动的特征又分为跌落的瀑布水景、流淌型水景、静止的湖塘型水景、喷射的喷泉式水景。这些都是大家喜欢接受也是运用较为普遍的形式。

水无固定的形态,水的形态是由一定容器或限定性形状所形成。不同的水造型取决于容器的大小、形状、高度差和材质结构的变化,有的水是涓涓细流,有的水是激流奔腾、一泻千里,有的水静如无声,给人以宁静、安详、柔和的感受。这些水的形状特性给景观设计师将带来无穷的设计灵感。

3. 水体景观的设计内容

水体景观设计内容可分为静态水体和动态水体。

(1)静态水体

所谓静态水体是指水的运动变化比较平缓。静水主要处于地平面比较平缓,无大的高差变化的地方。静水可以产生镜像效果,产生丰富的倒影变化,一般适合做较小的水面处理。如果做大面积的静水,其形式应曲折、丰富。

水池的形状有西方景观中的规则几何形,也有中国古典园林中的不规则自然形;在日本造园中,处理较小水面时常用具象的形状,如心字形池、云形池、葫芦形池等做法(图3-2)。池岸分为土岸、石岸、混凝土岸、沙岸等。在现代景观中,水池常结合喷泉、花坛、雕塑等景观小品布置,或放养观赏鱼,并培植水生植物,如莎草、芦苇、海芋等。

(2)动态水体

景观中的水体更多的是以动态水景的形式存在,如流水、瀑布、叠水、喷泉等。动态水景因其美好的形态和声响,常能吸引人们的注意,因此它们所处的位置多是醒目或视线容易集中的地方,使其突出成为视觉中心。

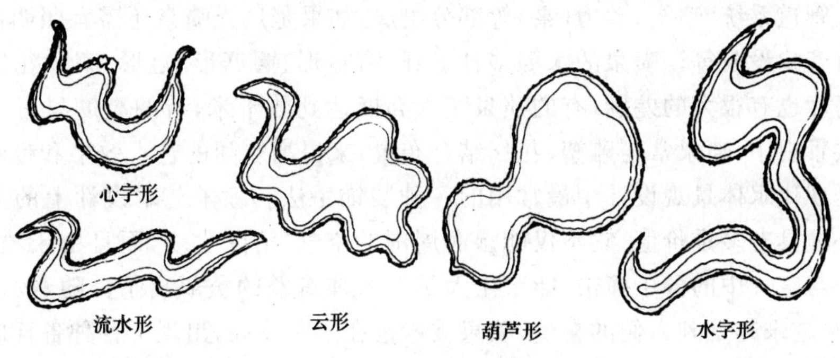

图3-2 不规则水池形状

①流水

图 3-3　流水

流水是指景观绿地中自然曲折的水流，急流为涧，缓流为溪。流水常依绿地地形地势变化而变化，且多与假山、叠石、水池相结合(图 3-3)。成功地运用流水水体，可使环境虚中有实、实中有虚，取得虚实相映的环境效果。

②瀑布

瀑布是一种自然景观，这里的瀑布是指人工模拟自然形成的、有较大流量的水从假山悬崖处流下所形成的景观。瀑布通常由五部分组成，即上流(水源)、落水口、瀑身、瀑潭和下流(出水口)。瀑布常出现在自然景观中，按其跌落形式可分为丝带式、幕布式、阶梯式、滑落式等。

瀑布的设计要遵循“做假成真”的原则，整条瀑布的循环规模要与循环设备和过滤装置的容量相匹配。瀑布是最能体现景观中水之源泉的形式之一。

③叠水

叠水是指有台阶落差结构的落水景观。水层层重叠而下，形成壮观的水帘效果，加上因运动和撞击形成美妙的声音，令人叹为观止。严格来说叠水应属于瀑布范畴，因其在现代城市景观中应用广泛，多用现代设计手法表现，体现较强的人工性，因此将其单列。其常用于城市广场、居住小区等的景观空间中，经常与喷泉相结合共同形成一个整体景观环境(图 3-4)。

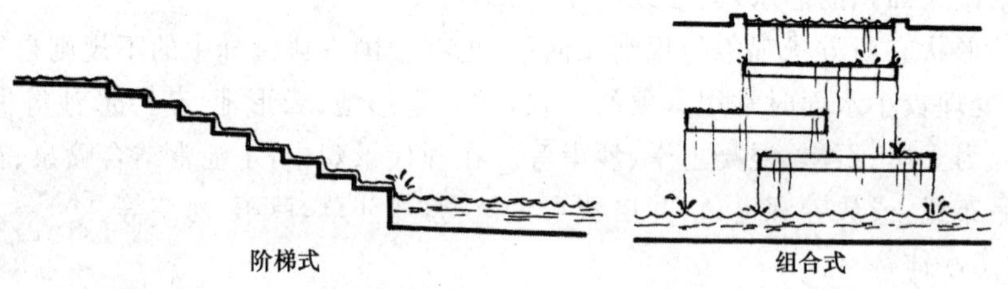

图 3-4　叠水的常见形式

④喷泉

喷泉是指具有一定压力的水从喷头中喷出所形成的景观。喷泉通常由水池(旱喷泉无明水池)、管道系统、喷头、动力(泵)等部分组成，如果是灯光喷泉还需有照明设备，音乐喷泉还需有音响设备等。喷泉的水姿多种多样，有球形、蘑菇形、冠形、喇叭花形、喷雾形等。喷水高度也有很大的差别，有的喷泉喷水高度达到数十米，有的高度只有 10 厘米左右。在公共景观中，喷泉常与雕塑、花坛结合布置，来提高空间的艺术效果和趣味。

喷泉是现代水体景观设计中最常用的一种装饰手法。除了艺术设计上的考虑外，喷泉对城市环境具有多重价值，它不仅能湿润周围的空气，清除尘埃，而且由于喷泉喷射出的细小水珠与空气中的分子撞击，能产生大量对人体有益的负氧离子。随着城市环境的现代化，喷泉越来越受到人们的喜爱，喷泉技术也在不断发展，出现了各种各样的形式，其中最常见的喷泉形式有以下几种。

a.水池喷泉:这是最常见的形式,除了具备喷泉应有的配套设备外,还常常有灯光设计方面的要求。喷泉停喷时,就是一个静水池。

b.旱池喷泉:喷头等隐于地下,其设计初衷是希望公众参与,常见于广场、游乐场、住宅小区内。喷泉停喷时,是场中一块微凹的地面。旱池喷泉最富于生活气息,但缺点是水质容易被污染。

c.浅池喷泉:喷头藏于山石、盆栽之间,可以把喷水的全范围做成一个浅水池,也可以仅在射流落点之处设几个水钵。

d.盆景喷泉:主要用作家庭、公共场所的摆设。这种小喷泉能更多地表现高科技成果,如喷射形成雾状以达到朦胧的艺术效果。

e.自然喷泉:喷头置于自然水体中,如济南大明湖、南京莫愁湖等,这种喷泉的喷水高度可达几十米。

一般情况下,喷泉多设于广场的轴线焦点或端点处,喷泉的主题形式要与周围环境相协调,例如,适合参与和有管理条件的地方,可使用旱地喷泉;只适于观赏处要采用水池喷泉;自然式景观中,与山石、植物的组合可采用浅池喷泉。

4.水体景观设计要点

(1)水体景观形式要与景观空间环境相适合。如音乐喷泉一般适用于广场等集会场所,喷泉与广场不但能融为一体,而且它以音乐、水形、灯光的有机组合给人以视觉和听觉上美的享受;而居住区的楼宇间更适合设计溪流环绕,以体现静怡悠然的氛围,给人以平缓、松弛的视觉享受,从而营造出宜人的生活休息景观空间。

(2)水体景观的表现风格是选用自然式还是规则式,应与整个景观规划相一致,有一个统一的构思。

(3)水体景观设计应尽量利用地表径流或采用循环装置,以便节约能源和水源,重复使用。

(4)要明确水体的功能,是为景观还是为嬉水,或仅是为水生植物和动物提供生存环境等。如果是嬉水型的水体景观就要考虑到安全问题,水的深度不宜过深,以免造成危险,水深的地方必须要设计相应的防护措施;如果是为水生植物和动物提供生存环境的水体景观,则需要安装过滤装置等设备来保证水质。

(5)在水体景观设计时要注意结合照明,特别是动态水景的照明,往往效果会更好。

3.5.4 绿 化

作为重要的城市景观要素,绿化的功能体现在非视觉性和视觉性两方面。绿化的非视觉性是指绿化的植物具有净化空气、吸收有害气体、调节和改善小气候、吸滞烟尘和粉尘、降低噪声等作用。绿化的视觉性是指绿化植物的审美功能,根据不同景观环境的设计要求,利用不同植物的观赏形态,可使城市空间更具尺度感和空间感,如遮挡建筑物给人的压迫感,同时衬托出景观环境的美感。绿化本身的内涵非常丰富,既起烘托主题的作用,又可成为城市空间的主体。

1.绿化的表现形式

(1)草坪

草坪是指有一定设计、建造结构和使用目的的,人工建植的草本植物形成的块状地坪。主要采用多年生矮小草本植株密植，并经人工修剪成平整的人工草地，不经修剪的长草地域称为草地。利用草坪进行城市景观环境地面覆盖，可防止水土流失和二次飞尘，同时，可创造绿毯般富有自然气息的游憩和运动健身活动的城市空间。

①草坪的各种分类

a. 草坪植物按适应的气候条件可分两类

Ⅰ. 暖季型草坪草：地毯草、中华结缕草、野牛草、天堂草、格兰马草、狗牙根草等。

Ⅱ. 冷季型草坪草：高羊茅、细羊茅、小糠草、草地早熟禾、加拿大早熟禾等。

b. 按草坪材料组合分类

Ⅰ. 单一草坪：使用一种植物材料的草坪。

Ⅱ. 混播草坪：由多种植物材料组成的草坪。

Ⅲ. 缀花草坪：以多年生矮小禾草或拟禾草为主，混有少量草本花卉的草坪。

c. 按草坪的用途分类

Ⅰ. 游憩草坪：可开放供人入内休息、散步、游憩等户外活动之用。一般选用叶细、韧性较大、较耐踩踏的草种。规则式游憩草坪的坡度较小，一般自然排水坡度以 0.2%～0.5%为宜。而自然式游憩草坪的坡度可大些，以 5%～10%为宜，通常不超过 15%。

Ⅱ. 观赏草坪：不对人开放，人不能进入休息、游憩。一般选用颜色碧绿均一、绿色期较长、既耐炎热又抗寒的草种。平地观赏草坪坡度不小于 0.2%，坡地观赏草坪坡度不超过 50%。

Ⅲ. 体育草坪：根据不同的体育项目的要求选用不同的草种，有的要选用草叶细软的草种，有的要选用草叶坚韧的草种，有的要选用地下茎发达的草种。自然排水坡度为 0.2%～1%，如场地具有地下排水系统，则草坪坡度可以更小些。

Ⅳ. 交通安全草坪：主要设置在城市陆路交通沿线，尤其是高速公路两旁，以及飞机场停机坪上。

Ⅴ. 保土护坡的草坪：用以防止水土被冲刷、尘土飞扬。主要选用生长迅速、根系发达或匍匐型草坪植物。

②草坪在城市景观中的适用范围

草坪一般设置在房屋前面、大型建筑物周围、广场或林间空地，供观赏、休憩或作为运动场地之用。西方古代园林中已有规则式草坪，18 世纪中叶，英国自然风景园林出现后，园林中开始大面积使用自然式草坪，自然式草坪绿地面积不宜过小，其具有开阔的视野和充足的阳光等特性，便于开展户外活动。中国古代的苑、囿有大片疏林草地，近代园林才开始有草坪。

(2)花坛

花坛是指在一定范围内的洼地上按照整形式或半整形式的图案栽植观赏植物以表现花卉群体美的园林设施(图 3-5)。

①花坛的分类

a. 按花坛的形态分类

按花坛的形态可分为立体花坛和平面花坛两类。平面花坛又可按构图形式分为规则式、自然式和混合式三种。立体花坛的表现形式多以花丛花坛为主，是用中央高、边缘低的花丛组成色块图案，来表现花卉的色彩美。

图 3-5　花坛

b. 按花坛的运用方式分类

按花坛的运用方式可分为单体花坛、连续花坛和组群花坛。现代又出现了移动花坛，由许多盆花组成，适用于硬铺装地面和城市桥梁地面。

②花坛在城市景观中的适用范围

花坛主要用在规则式园林的建筑物前、入口处、城市广场、道路旁或自然式园林的草坪上。中国传统的观赏花卉形式是花台，多从地面抬高数十厘米，以砖或石砌边框，中间填土种植花草。有时在花坛边上围以矮栏，如牡丹台、芍药栏等。

在城市景观花坛中，灌木是经常采用的植物。灌木通常指美丽芳香的花朵、色彩丰富的叶片或诱人可爱的果实等观赏性灌木和观花小乔木。这类植物种类繁多，形态各异，在花坛景观营造中属于中间层，起着高大乔木与地被植物之间的连接与过渡作用，既可强调花坛植物的树木空间层次，又可作为主要观赏对象形成视觉中心，极具艺术表现力(图 3-6)。

图 3-6　沈阳青年公园植物配置的层次感

(3)绿篱

绿篱是指用乔木或灌木密植成行所形成的绿色篱墙带。

①绿篱的分类

绿篱按其高度可分为矮篱(0.5 米以下)、中篱(0.5～1.5 米)、高篱(1.5 米以上)；按种植方式可分为单行式和双行式；按养护管理方式可分为自然式和整形式，前者一般只施加调节生长势的修剪，后者则需要定期进行整形修剪，以保持整体外观；按植物种类及其观赏特性可分为绿篱、彩叶篱、花篱、果篱、枝篱、刺篱等，具体品种必须根据园景主题和环境条件来确定。

②绿篱的适用范围

矮篱的主要用途是围定园地和作为装饰。高篱的用途是划分不同的空间，屏障景物。高篱通常作为雕塑、喷泉和艺术设施景物的背景，能营造很好的城市环境气氛。

在同一景区，自然式绿篱和整形式绿篱可以形成完全不同的景观，必须善于运用。

针叶树种的绿篱，有的树叶具有金丝绒的质感，给人以平和、轻柔、舒畅的感觉；有的树叶颜色暗绿，质地坚硬，就形成严肃静穆的气氛。阔叶常绿树种种类众多，可以呈现不同的效果，这样对于其在不同场所的应用也就提供了多种应用素材。花篱不但花色、花期不同，而且花的大小、形状、有无香气等差异也能形成情调各异的景色；至于果篱，除大小、形状、色彩各异以外，还可招引不同种类的鸟雀，这将给城市休闲景观环境增添自然的生态情趣。

(4)树木

树木种类繁多，在城市景观设计中的表现形式多种多样，在这里先对树木的配置方式进行介绍，进而穿插讲解不同树种在不同配置方式中的运用。

①规则式配置方式

a. 对植：在城市景观园林的进出口、建筑物前等处轴线两侧，相对地栽植同种、同形的树木，使之对称。对所植树种要求外形整齐美观，两株大体一致，常用的有桧柏、龙柏、云杉、海桐、桂花、柳杉、罗汉松、广玉兰等(图 3-7)。

图 3-7　对植

b. 列植：一般是将同形同种的树木按一定的株行距排列种植(单行或双行，也可多行)。如果间隔狭窄，树木排列很密，则能起到遮蔽后方的作用。如果树冠相接，则树列的密闭性更大。也可以反复种植异形或异种树，使之产生韵律感。列植多用于行道树、绿篱、林带及水边种植(图 3-8)。

c. 正方形栽植：按方格网在交叉点种植树木，株行距相等。优点是透光、通风良好、便于抚育管理和机械操作。缺点是幼龄树苗易受干旱、霜冻、日灼及风害，又易造成树冠密接，一般园林绿地中极少应用。

图 3-8 列植

d. 三角形栽植：按等边或等腰三角形排列。此法可经济利用土地，但通风透光效果较差，不利于机械化操作。

e. 长方形栽植：为正方形栽植的一般变形，它的行距大于株距。长方形栽植兼有正方形和三角形两种栽植方式的优点，是一种较好的栽植方式。

f. 环植：这是按一定株距把树木栽为圆环的一种方式，有时仅有一个圆环，甚至半个圆环，有时则有多重圆环。

g. 花样栽植：像西洋庭院常见的花坛那样，构成装饰花样图案。

②自然式配置方式

a. 孤植：孤植树主要是表现树木的个体美，其功能有两个：一是单纯为观赏，作为园林艺术构图的孤植树；二是庇荫与观赏相结合。孤植树的构图位置应该十分突出，其形体巨大、树冠轮廓富于变化、树姿优美、开花繁茂、香味浓郁或叶色具有丰富的季相变化，如榕树、珊瑚树、苹果树、白皮松、银杏、红枫、雪松、香樟、广玉兰等(图 3-9)。

图 3-9 孤植

b. 丛植：丛植由 2～10 株乔木组成，如加入灌木，总数可在 10 株以上。丛植的组合主要考虑群体美，但其单株植物的选择条件与孤植树相似。

丛植在功能和配置上与孤植树基本相似，但其观赏效果要比孤植更为突出。作为纯观赏性或诱导丛植，可以用两种以上的乔木搭配栽植，或乔灌木混合配植，亦可同山石花卉相配合。庇荫用的丛植，以采用树种相同、树冠开展的高大乔木为宜，一般不用灌木配合。配置的基本形式如下：

Ⅰ.两株配置

两株必须既有调和又有对比。因此两株配置首先必须有通相，即采用统一树种(或外形十分相似)，才能使两者统一起来；其次，又必须有殊相，即在姿态和大小上应有差异，才能既有对比又生动活泼。一般来说两株树的距离应小于两树冠半径之和(图 3-10)。

图 3-10　两株配置

Ⅱ.三株配置

三株配置最好采用姿态、大小有差异的同一树种，栽植时忌三株在同一条直线上或成等边三角形。三株的距离都不要相等，一般最大和最小的要靠近些成为一组，中等大小的远离一些自成一组。如果采用不同树种，最好同为常绿或落叶树种，或同为乔木，或同为灌木，其中大的和中等的应为同一树种(图 3-11)。

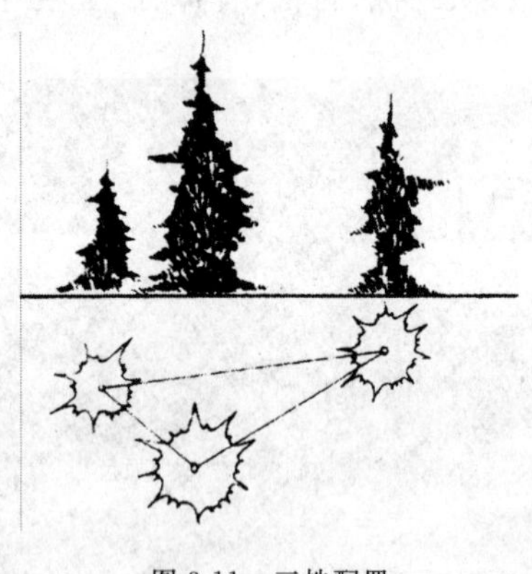

图 3-11　三株配置

三株配置是树丛的基本单元，四株及以上配置可按其规律类推(图 3-12)。

Ⅲ.群植

群植是由十株以上、七八十株以下的乔灌木组成的人工植物群体。主要是用来表现群体美，因而对单株植物要求不严格，树种也不宜过多。

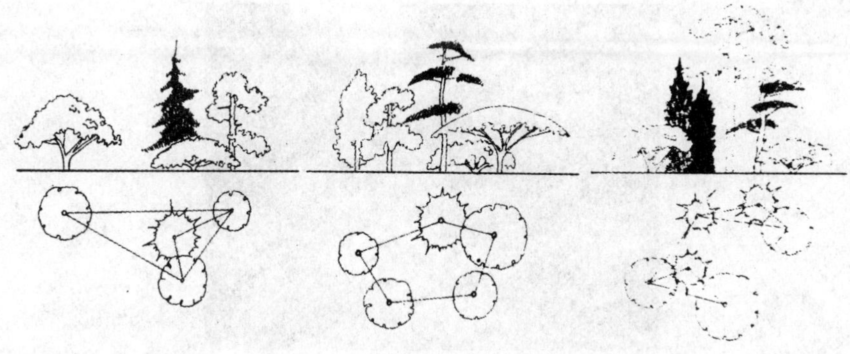

图 3-12　四株、五株、六株物配置

树群在园林功能和配置上与树丛类同。不同之处是树群属于多层结构,须从整体上来考虑生物学和美观的问题,同时要考虑每株树在人工植物群体中的生态环境。树群可分为单纯树群和混交树群两类。单纯树群观赏效果相对稳定,树下可用耐阴宿根花卉作地被植物;混交树群在外貌上应该注意季节变化,树群内部的树种组合必须符合生态要求。高大的乔木应居中央作为背景,小乔木和花灌木在外缘。

树群中不允许有园路穿过。其任何方向上的断面,应该是林冠线起伏错落,水平轮廓要有丰富的曲折变化,树木间距要疏密得当(图 3-13)。

图 3-13　沈阳青年公园群植配置

Ⅳ. 林植配置

林植是较大规模成片成带的树林状的种植方式。园林中的林带与片林在种植方式上可较整齐,有规则,但比之于真正的森林仍可略为灵活自然,做到因地制宜。同时,应在防护功能之外,着重注意在树种选择和搭配时考虑到美观和符合园林的实际需要。

树林可粗略分为密林(郁密度为 0.7～1.0)与疏林(郁密度为 0.4～0.6)。密林又有单纯密林和混交密林之分,前者简洁壮阔,后者华丽多彩,但从生物学的特征来看,混交密林比单纯密林要更适于植物的繁殖与生长。疏林中的树种应具有较高的观赏价值,树木的种植要三五成群,疏密相间,有断有续,错落有致,使构图生动活泼。疏林还常与草地和花卉结合,形成草地疏林和嵌花草地疏林(图 3-14)。

图 3-14　哈佛大学老校园林植绿地

2. 植物景观配置

植物景观配置是城市景观规划设计的重要环节。科学的植物景观配置，应该按植物生态习性和景观布局要求，合理配置场地中各种植物（乔木、灌木、花卉、草皮和地被植物等），以发挥它们的景观功能和观赏特性。它可以使城市景观环境一年常绿，四季花开；合理的空间组合，可以得到意想不到的视觉效果。

植物景观配置包括两方面：一方面是各种植物互相之间的配置，考虑植物种类的选择，树丛的组合，平面和立面的构图、色彩、季相以及园林意境；另一方面是植物与其他景观要素，如山石、水体、建筑、园路等相互之间的配置。

景观植物配置的基本方式有三种，即规则式、自然式和混合式。

（1）规则式

规则式又称整形式、几何式、图案式等，是指园林植物成行成列等距离排列种植，或做规则的简单重复，或具规整形状，多使用植篱、整形树及整形草坪等。花卉布置以图案式为主，花坛多为几何形，或组成大规模的花坛群；草坪平整而具有直线或几何曲线形边缘等。通常运用于规则式或混合式布局的城市园林环境中，具有整齐、严谨、庄重和人工美的艺术特色（图 3-15）。

图 3-15　规则式植物景观配置

规则式又分为规则对称式和规则不对称式两种。规则对称式是指植物景观的布置具有明显的对称轴线或对称中心，树木形态一致，或经过人工整形，花卉布置采用规则图案。

规则对称式种植常用于纪念性园林、大型建筑物环境、城市广场等规则式园林绿地，具有庄严、雄伟、肃穆的艺术效果，有时也会产生压抑和呆板的效果。规则不对称式设计没有明显的对称轴线和对称中心，景观布置虽有规律，但也有一定的变化，常用于街头绿地、庭院等。

(2)自然式

自然式又称风景式、不规则式，是指植物景观的布置没有明显的轴线，各种植物的分布自由变化，没有一定的规律性。树木的种植没有固定的株行距，形态大小不一，充分发挥树木自然生长的姿态，不求人工造型；充分考虑植物的生态习性，植物种类丰富多样，以自然界植物生态群落为蓝本，创造生动活泼、清幽典雅的自然植被景观。如自然式丛林、综合性公园安静休息区、自然式小游园、居住区绿地等(图 3-16)。

图 3-16　自然式植物景观配置

(3)混合式

混合式是规则式和自然式相结合的形式，通常是指群体植物景观(群落景观)。混合式植物造景就是吸取规则式和自然式的优点，既有整洁清新、色彩明快的整体效果，又有丰富多彩、变化无穷的自然景色；既有自然美，又具人工美。

混合式植物造景根据规则式和自然式各占比例的不同，又分成三种情况，即以自然式为主，结合规则式；以规则式为主，点缀自然式；规则式与自然式并重(图 3-17)。

图 3-17　混合式植物景观配置

3. 植物季相

植物在一年四季的生长过程中，叶、花、果的形状和色彩随季节的变化而变化。开花、结果或叶色转变时，都具有较高的观赏价值。在做植物景观配置时要充分利用植物季相的特色，如春末夏初紫藤的绽放，一片紫色显得宁静浪漫，会让人们忍不住漫步于廊下欣赏一番。

在不同的气候带，植物季相表现的时间不同。北京的春色季相比杭州来得迟，而秋色季相比杭州出现得早。即使在同一地区，气候的正常与否，也影响季相的出现时间和色彩。低温和干旱会推迟草木萌芽和开花；红叶一般需日夜温差大时才能变红，如果霜期出现过早，则叶未变红就已经脱落，不能产生美丽的秋色。土壤、养护管理等因素也影响季相的变化，因此，季相变化可以靠人工控制。为了展览需要，甚至可以对盆栽采用特殊处理来催延花期或使不同花期的植物同时开花。

在城市景观设计中，植物景观配置利用具有较高观赏价值和鲜明特色的植物季相，能给人以时令的启示，增强季节感，展现城市园林景观中植物特有的艺术效果。如春季山花烂漫，夏季荷花映月，秋季硕果满园，冬季蜡梅飘香等。在城市景观设计中，对于整体的景观设计效果我们往往要求四季有景，为了增强景观的异质性，在局部景区往往会突出一季或两季的景观，以采用单一种类或几种植物成片群植的方式为多见。如杭州苏堤的桃、柳是春景，曲院风荷是夏景，满园陇桂花是秋景，孤山踏雪赏梅是冬景。为了避免季相不明显时期的偏枯现象，可以用不同花期的树木混合配置，增加常绿树和草本花卉等方法来延长观赏期。

4. 种植技术要求

(1)栽植间隔(表 3-1)

表 3-1　栽植间隔

分　类	栽植间隔	分　类	栽植间隔
林荫树	6～8 米	杜鹃花密植	H:0.3 米,10～12 棵/平方米
建筑区内行道树	4～5 米	桂花类密植	H:0.3 米,6～8 棵/平方米
遮蔽用树木	H:3～4 米,1 棵/平方米左右	黄杨类密植	H:0.5 米,12～15 棵/平方米
	H:5～6 米,0.5 棵/平方米	黑德拉密植	36 棵/平方米左右
植篱	H:1.2～1.5 米,3 棵/平方米左右	小熊竹密植	100 棵/平方米左右
	H:1.8～2.0 米,2～25 棵/平方米	富贵草密植	100～144 棵/平方米

(2)树池与树池蓖(表 3-2)

表 3-2　树池与树池蓖

树高范围	标准树池尺寸	树池蓖尺寸
H:3 米左右	直径 60 厘米以上,深 50 厘米左右	直径 750 厘米左右
H:4～5 米	直径 80 厘米以上,深 60 厘米左右	直径 1200 厘米左右
H:6 米左右	直径 120 厘米以上,深 90 厘米左右	直径 1500 厘米左右
H:7 米左右	直径 150 厘米以上,深 100 厘米左右	直径 1800 厘米左右
H:8～10 米	直径 180 厘米以上,深 120 厘米左右	直径 2000 厘米左右

3.5.5 景观小品

小品原指简短的杂文或其他短小的艺术表现形式，其突出的特点是短小精致，把小品的概念引入景观艺术设计中来，就有了景观小品的定义。

景观小品是指体量较小、功能简单、造型别致、富有情趣，对空间起点缀作用的精美构筑物。小品既有实用功能，又具有精神功能。包括建筑小品、城市公用设施小品和雕塑小品三部分，它们是城市景观环境中具有较高观赏价值和艺术价值的小型景观。

1. 建筑小品

建筑小品是指环境中具有建筑性质的景观小品，包括亭子、廊、水榭、景墙与门洞、花架、山石、汀步、步石等。这些小品一般体量较大、形象优美，常常成为景观中的视觉焦点和构图中心，并且通过其独特的造型极易体现景观的风格特色。

(1)亭子

亭子是供人休息、赏景的小品性建筑，一般由台基、柱身和屋顶三部分组成，通常四面空透、玲珑轻巧，常设在山巅、林荫、花丛、水际、岛上以及游园道路两侧。亭子以其玲珑典雅、秀丽多姿的形象与其他景观要素相结合，构成一幅优美生动的风景画。

在现代城市景观设计中，按照亭子建造材料的不同，分为木亭、石亭、砖亭、茅亭、竹亭、砼(混凝土)亭、铜亭等；按照风格形式不同，可分为仿古式和现代式。

①仿古式

仿古式是指模仿中国古典园林中的亭子(图 3-18(a))和西方古典园林中的亭子(图 3-18(b))的造型而设计的样式。中式风格的亭子常用于自然式城市景观中，西式风格的亭子常用于规则式城市景观中。

(a)中国古典园林中的亭子

(b)西方古典园林中的亭子

图 3-18 仿古式亭子

亭子在中国景园中是主要的点景物，并且是运用最多的一种建筑形式，按平面形式可分为正三角亭、正方亭、长方亭、正六角亭、正八角亭、圆亭、扇形亭、组合亭等。亭子位置的选择，一方面是为了观景，即供游人驻足休息，眺望景色；另一方面是为了点景，即点缀风景。因此，亭子的选址归纳起来有山上建亭、临水建亭、平地建亭三种。

在西方，亭子的概念与中国大同小异，是一种在花园或游乐场中建造的简单而开敞、带有屋顶的永久性小建筑。西方古典园林中的亭子沿袭了古希腊、古罗马的建筑传统，平面多为圆形、多角形、多瓣形；立面的基座、亭身和檐部按古典柱式做法，有的采用拱券；屋顶多为穹顶，也有锥形顶或平顶。古典园林中的亭子采用的是砖石结构体系，造型敦实、厚重，体量也较大。在现代城市园林及小区景观设计中，经常有模仿西方古典亭子的做法，只不过把建造亭子的材料换成了混凝土。

②现代式

在现代城市景观设计中，首先，亭子的造型被赋予了更多的现代设计元素；其次，现代建筑材料层出不穷，使亭子的表现形式出现了多种多样的效果。如今，亭子的设计更着重于创造，用新材料、新技术来表现古代亭子的意象，是当今采用最多的一种设计手法。亭子的表现形式丰富，应用广泛，在设计时要注意以下几点：

a.必须按照景观规划的整体意图来布置亭子的位置，局部服从整体，这是亭子景观设计的首要原则。

b.亭子体量与造型的选择，要与周围环境相协调，如在小环境中，亭子不宜过大；周围环境简单时，亭子造型可复杂些，反之则应简洁。

c.亭子材料的选择提倡就地取材，不仅加工便利，而且符合自然生态的原则。

(2)廊

自然式景观中的廊，是指屋檐下的过道或独立有顶的通道，它是联系不同景观空间的一种通道式建筑。从造型上看，廊由基础、柱身和屋顶三部分组成，通常两侧空透、灵活轻巧，与亭子相似。但不同的是，廊较窄，高度也较亭子矮，属于纵向景观空间，在景观布局上成线状，而亭子是成点状的。廊的类型很多，按其平面形式不同可分为直廊、曲廊(图 3-19)、回廊；按内部空间形式不同可分为双面廊、单面廊(图 3-20)、复廊、暖廊、单支柱廊等。

图 3-19　留园曲廊

图 3-20　单面廊

廊不仅具有遮风避雨、联系交通的实用功能，而且对景观内容的展开和观赏程序的层次起着重要的组织作用。廊的位置选址通常有平地建廊、临水建廊、山地建廊。

①平地建廊

在平坦地形的公共景园中，常沿墙或附属于建筑物，以“占边”的形式布置廊。形式上有一面、两面、三面、四面建廊，这样可通过廊、墙、房等建筑物围绕形成空间较大、具有向心特征的庭院景观。

②临水建廊

在水边或水上建筑的廊，也称水廊。位于水边的廊，廊基一般紧贴水面，形成临水之势。在水岸曲折自然的情况下，廊大多沿水边成自由式格局，顺自然之势与环境相融合。凌驾于水面之上的廊，廊基实际就是桥，所以也叫桥廊。桥廊的底板尽可能贴近水面，使人宛若置身于水中，加上桥廊横跨水面形成的倒影，别具韵味(图 3-21)。

图 3-21 临水建廊

③山地建廊

公园和风景区中常有山坡或高地，为了便于人们登山休息、观景，或者为了联系山坡上下不同高差的景观建筑，常在山道上建爬山廊。爬山廊依山势变化而上，有斜坡式和层层叠落的阶梯式两种。

(3)水榭

水榭是供游人休息、观赏风景的临水建筑小品。在中国古典园林中，水榭的基本形式是:在水边架起一个平台，平台一半伸入水中，另一半架在岸上;平台四周围绕着低矮的栏杆，或设“美人靠”供人坐憩观景;平台上建起一个木结构的单体建筑，建筑平面通常为长方形，临水一面开敞通透(图 3-22)。在现代城市的公共景观中，水榭仍保留着传统功能和特征，是极富景观特色的建筑小品，只是受现代设计思想的影响，还有新材料、新技术、新结构的发展，水榭的造型有了很大变化，变得更加丰富多彩。

图 3-22 水榭

(4)景墙与门洞

①景墙

景墙在城市庭院景观中一般指围墙和照壁，它首先起到分隔空间、衬托和遮蔽景物的作用；其次具有丰富景观空间层次、引导游览路线等功能，是城市景园空间构图的重要手段。

景墙按墙垣分有平墙、梯形墙(沿山坡向上)、波形墙(云墙)；按材料和构造不同可分为白粉墙、磨砖墙、版筑墙、乱石墙、清水墙、马赛克墙、篱墙、铁栏杆墙。

不同质地和色彩的墙体会产生截然不同的造景效果：白粉墙是中国园林使用最多的一种景墙，它朴实典雅，同青砖、青瓦的檐头装饰相配，显得格外清爽、明快，在白粉墙前常衬托山石花木，韵味十足；现代清水墙，砌工整齐，加上有机涂料的表面涂抹，使得墙面平整、砖缝细密、朴素自然；用马赛克拼贴图案的景墙，实际上属于一种镶嵌壁画，在景观中可塑造出别致的装饰画景。

景墙的设置多与地形相结合，平坦的地形多建成平墙，坡地和山地则多是建成梯形墙。为了避免单调，有的建成波浪形的云墙(图 3-23)。

②门窗洞

中国园林的景墙常设门窗洞，门窗洞形式的选择，首先要从寓意出发，同时还要考虑到建筑的式样、山石以及环境绿化的配置等因素，以求形式和谐统一。

a. 门洞

门洞的作用除了交通和通风外，还具有使两个相互分割的空间取得联系和渗透的作用，同时自身又成为景观中的装饰亮点。门洞是创造景园框景的一个重要手段，门洞就是取景框，从不同的视景空间、视景角度，获得生动优美的风景画面(图 3-24)。

图 3-23 云墙

图 3-24 门洞的框效果

门洞的形式大体上可分为以下三类(图 3-25)：

(a) 曲线型

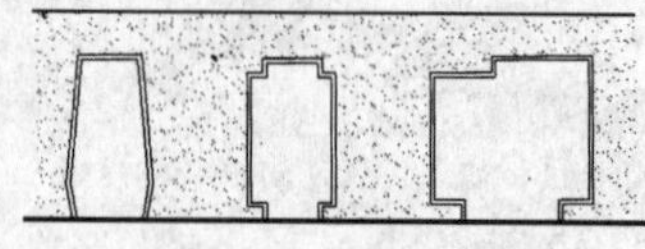

(b) 直线型

(c) 混合型

图 3-25 门洞的形式类型

曲线型:门洞的边框线是曲线状的,这是我国古典园林中常用的形式。常见的有圈门、月门、汉瓶门、葫芦门、海棠门、剑环门、如意门、贝叶门等。

直线型:门洞的边框线是直线状的,如方门、六方门、八方门、长八方门,以及其他形式的多边形门洞等。

混合型:门洞的边框线有直线状的也有曲线状的,通常以直线状的为主,在转折部位加入曲线段进行连接,或将某些直线变成曲线。

b.窗洞

窗洞也具有框景和对景的功能,使分隔的空间取得联系和渗透。与门洞相比,窗洞没有交通功能的限制,所以在形式上更加丰富多样,能够创造出优美多姿的景观画面。常见的窗洞形式有月窗洞、椭圆窗洞、方窗洞、六方窗洞、八方窗洞、瓶窗洞、扇窗洞、如意窗洞等。

c.花窗

花窗是景观中的重要装饰小品。它与窗洞不同,窗洞的主要作用是框景,除了其本身具有一定形状外,窗洞自身没有景象内容;而花窗有景,花窗玲珑剔透,窗外风景亦隐约可见,增强了庭院景观的含蓄效果和空间的深邃感。在阳光的照射下,花窗的花格与镂空的部分会产生强烈的明与暗、黑与白的对比关系,使花格图案更加醒目、立体。现代花窗多以砖瓦、金属、预制钢筋混凝土砌制,图案丰富、形式灵活。花窗大体上可分三类,即几何花窗(图3-26)、主题花窗(花卉、鸟兽、山水等图案)、博古架花窗。

图3-26　几何花窗

(5)花架

花架是用于支撑攀援植物藤蔓的一种棚架式建筑小品,人们可以用它来遮阴避暑,因为所用的攀援植物多为观花蔓木,故称之为花架。花架是现代景观中运用的最多的建筑小品之一,它由基础、柱身、梁枋三部分组成。顶部只有梁枋结构,没有屋顶覆盖,可以透视天空,这样一方面便于通风透气,另一方面植物的花朵果实垂下来,可供人观赏。因此,花架的造型比亭子、廊、水榭等建筑小品更加空透、轻盈。

①花架的形式

花架的造型形式灵活多变,概括起来有梁架式花架、墙柱式花架、单排柱花架、单柱式花架和圆形花架几种。

a.梁架式花架(图3-27)

图3-27　梁架式花架

梁架式花架是景观中最常见的花架形式,一般有两排列柱,通常成直线、折线或曲线布局,也称廊架式花架。这种花架是先立柱,然后沿柱子排列的方向布置梁,在两排梁上垂直于列柱的方向架铺间距较小的枋,枋的两端向外挑出悬臂,我们所熟悉的葡萄架就是这种形式的花架。花架下,沿列柱方向结合柱子,常设两排条形坐凳,供人休息、赏景。

b. 墙柱式花架

墙柱式花架是一种半边为墙，半边为列柱的花架形式，列柱沿墙平行布置，柱上架梁，在墙顶和梁上再叠架小枋。这种形式的花架在划分封闭和开敞空间时更为自由，能形成灰空间，造景趣味类似半边廊。花架的侧墙一般不做实体，常开设窗洞、花窗或隔断，使空间隔而不断、相互渗透，意境更为含蓄。

c. 单排柱花架

只有一排柱子的花架称为单排柱花架。这类花架的柱顶只有一排梁，梁上架设比梁架式短小的枋，枋左右伸出，形成悬臂状。一般枋左右两侧的伸出长短不一，较长的一侧悬臂朝向主要景观空间。单排柱花架仍保留着廊的造景特点，它们在组织空间和疏导人流方面具有相同的作用，但单排柱花架在造型上却要轻盈自由得多。

d. 单柱式花架

只有一根柱子的花架称为单柱式花架，它很像一把伞的骨架。单柱式花架通常为圆形顶，柱子顶部没有梁，而是直接架设交叉放射状连体枋，枋上也可设环状连接件，把以放射状布置的枋连接成网格状。在花架下面，通常围绕柱子设计环状柱凳，供人休憩。单柱式花架体量较小、布置灵活，由于枋从中心向外放射，花架整体造型轻盈舒展，别具风韵。

e. 圆形花架

圆形花架是由五根以上柱子围合成圆形的花架形式。圆形花架很像一座园亭，只不过顶部是通透的网格状或放射状结构，并由攀援植物的叶与蔓覆盖。花架的柱子顶部有圈梁，圈梁上按圆心放射状布置小枋，小枋通常外侧悬挑，整个顶部造型如花环般优美。圆形花架较单柱式花架私密性强，花架内常点状布置坐凳，或沿圈柱环形布置条凳。

②花架的类型

花架按使用的材料和构造不同，可分为钢筋混凝土花架、竹木花架、砖石花架、钢花架。

a. 钢筋混凝土花架

钢筋混凝土花架是现代景观中使用得最多的一种花架类型，由钢筋、水泥、砂石等材料建造而成。通常先预制构件(柱、梁、枋等)，然后再进行现场安装。这种花架坚固持久，施工简单，无须经常维护。花架多为白色，明亮的色彩与花红叶绿的景观形成强烈的对比，效果明朗、醒目。

b. 竹木花架

竹木花架是由竹、木材料以传统的梁架方式建造的花架。这种花架自然、淳朴，易与花木取得协调统一的效果，但缺点是易受风雨侵蚀，因此需要经常维护。

c. 砖石花架

砖石花架是以砖或石块砌筑柱身，在柱上设水泥梁枋的花架。这种花架的砖柱或石柱往往不加粉饰，能够形成一种淳朴的自然美，如柱身用红砖砌筑，加上整齐的灰白色水泥缝，不但富于韵律美，而且配以绿叶藤蔓，具有一种质朴、怀旧的风格。

d. 钢花架

钢花架是由各种型号的钢材料建造的花架。钢花架颇具现代感，结构上更为轻巧耐用，只是造价较高，需经常保养，以防生锈(不锈钢除外)，常见于一些高档小区的景观中。

③花架的设计要点

a. 亭式花架和廊式花架的空间布局

亭式花架常作为景观空间的主景或对景，因此常设置于视觉焦点处或景观构图的中心位置。廊式花架外观可成直线、折线或曲线造型，还可做高低错落变化。这类花架常被设置于景观绿地的边缘，可被用来划分景观场地空间。当位于绿地边缘时，应有较高的树木做背景，以衬托花架的造型与色彩。

b. 花架的设计要与其他小品相结合

花架的内部要设置坐凳供人休息、观景，外部要设计一些叠石、小池、花坛等能够吸引游人的小景点。墙柱式花架的墙面要开设窗洞或花窗，以丰富墙面造型。

c. 花架柱与枋的设计

各种花架形式的处理重点是柱和枋的造型。钢筋混凝土花架和砖石花架的柱子以方形为主；钢花架的柱子以圆形为主；这两种形状的柱子都常见于竹木花架中。有时通过强调分段来丰富柱身立面。在现代城市景观设计中，花架的梁枋多是混凝土预制件，但在形式和断面大小上仍保留着木材的既有风格，即扁平的长条形，断面为矩形。枋头一般处理成逐渐收分、形成悬臂梁的典型式样，显得简洁、轻巧。如果枋较小，则不做变化处理，直接水平伸出，显得简洁大方。钢花架的梁枋除了型钢外，有时也用木质枋搭配，以丰富花架造型。

d. 花架植物的种植

花架需要植物来衬托，因此在设计时要留出攀援植物的种植位置。亭式花架常在圆形坐凳与柱子之间留有空隙，以便种植攀援植物；廊式花架的台基外侧若为硬质铺地，则应留有种植池或花台，以便种植攀援植物。

(6)山石

①假山

假山是指用许多小块的山石堆叠而成的具有自然山形的景观建筑小品。假山的设计源于我国传统园林，“叠山置石”是中国传统造园手法的精华所在，堪称世界造景一绝(图 3-28)。在现代城市景观设计中，常把假山作为人工瀑布的承载基体，作为点景小品来处理。

图 3-28 假山

现代城市景观中常见的假山多以石为主，常用的石类有太湖石类、黄石类、青石类、卵石类、剑石类、砂石类和吸水石类。中国传统的选石标准是透、漏、瘦、皱、丑，而如今的选石范围则宽泛了许多，即所谓“遍山可取，是石堪堆”，根据现代叠山审美标准广开石路，各创特色。

现代城市景观中假山的设计要注意：首先，山石的选用要与整个地形、地貌相协调。一座假山，不要将多种类山石混搭使用，以免使质、色、纹、体、姿不一致；其次，山石的造型注重的是崇尚自然、朴实无华，在考虑整体造型时，既要符合自然规律，又要有高度的艺术概括，使之源于自然又高于自然。

②置石小品

置石小品是指将景观中一块至数块山石稍加堆叠，或不加堆叠地零散布置所形成的山石景观。置石小品虽没有山的完整形态，但仍可作为山的象征，常被用作景观绿地点景、添景、配景以及局部空间的主景等，以点缀环境，丰富景观空间的内容。根据置石方式的不同，可分为独置山石、聚置山石、散置山石(图 3-29)。

图 3-29　独置山石和聚置山石

a. 独置山石：将一块观赏价值较高的山石单独布置成景，独石多为太湖石，常布置于局部空间的构图中心或视线焦点处。

b. 聚置山石：将数块山石稍加堆叠或做近距离组合设置，形成具有一定艺术表现力的山石组合景观，常被置于庭院角落、路边、草坪、水际等。组合时，要求石块大小不等，分布疏密有致、高低错落，切忌对称式或排列式布置。

c. 散置山石：指用多块大小不等，形态各异的山石在较大范围内分散布置，用以表现绵延山意，常被放置在山坡、路旁或草坪上等。

(7)汀步

汀步是置于水中的步石，也称跳桥。供人们蹑步行走通过水面，同时也起到分隔水面、丰富水面景观内容的作用(图 3-30)。汀步活泼自然、富有情趣，常被置于浅水河滩、平静水池、山林溪涧等地段，宽阔或较深的湖面上不宜设汀步。

图 3-30　汀步

汀步的材料常选用天然石材，或用混凝土预制或现浇。近年来，以汀步点缀水面亦有许多创新实例，汀步的布置有规则式和自由式两种，常见形式有：自然块石汀步、整形条石汀步、自由式几何形汀步、荷叶汀步、原木汀步等(图 3-31)。汀步除了可在平面形状上变化外，在高低上亦可变化，如荷叶汀步片片浮于水面上，造型大小不一，高低错落有致，游人跨越水面时，更增加了与水面的自然、亲切感。

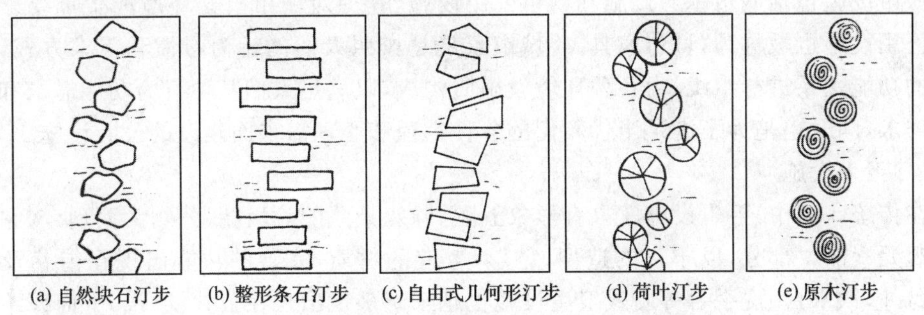

图 3-31　汀步的常见形式

汀步的设计要点：

①汀步的石面应平整、坚硬、耐磨，基础应坚实、平稳，不能摇晃。

②石块不宜过小，一般在 40 厘米×40 厘米以上；石块间距不宜过大，通常在 15 厘米左右；石面应高出水面 6～10 厘米；石块的长边应与汀步前进方向垂直，以便产生稳定感。

③水面较宽时，汀步的设置应曲折有变化。同时要考虑两人相对而行的情况，因此，汀步应错开并增加石块的数量，或增大石块的面积。

(8)步石

步石是指布置在景观绿地中，供人欣赏和行走的石块。步石既是一种景观小品，又是一种特殊的园路，具有轻松、活泼、自然的特性。步石，按照材料的不同，分为天然石材步石和混凝土块步石；按照石块的形状不同，可分为规则形步石和自然形步石(图 3-32)。

图 3-32　步石

步石的设计要点：

①步石的平面布局应结合绿地形式，或曲或直，或错落有致，且具有一定的方向性。

②石块数量可多可少，少则一块，多则数十块，这要根据具体空间大小和造景特色而定。

③石块表面应较为平整，或中间微微凸起，若有凹隙则会造成积水，影响行走和安全。

④石块间距应符合常人行走脚步跨距的要求，通常不大于 60 厘米；步石设置宜低不

宜高，通常高出草坪地面6～7厘米即可，过高会影响行走安全。

2. 城市公用设施小品

城市设施包括城市基础设施和城市公用设施，其中对城市公共环境产生重要影响的部分公用设施也被称为“城市家具”。城市家具是按照人们的行为习惯和需求方式，根据一定的功能关系进行组织，由各种环境设施所构成，以满足人们某种行为功能需求和精神文化需求，同时也是为了满足当代人们的各种生理和心理需求而建设的公共设施。

(1)卫生设施

在传统印象中，卫生设施就只有形象丑陋、躲躲藏藏的垃圾箱、公厕。而现今，它们作为景观元素的一部分，以丰富的造型、色彩，考究的材质，完善的功能出现在街巷及风景区。另外，饮水台、洗手台等新式卫生设施也越来越多地出现在公共场所。下面介绍几种常见的卫生设施小品的设计要点。

①垃圾箱

垃圾箱的设置地点为大量人流滞留、漫步、休息或供室外用餐的公共场所，例如，广场、步行街、人行道、公园、绿地、游乐场等(图3-33)。设计要点：在造型、色彩和材质上应尽量与整体环境协调一致，宜简洁并方便使用，注意其与人行道、休息设施及周边环境的关系(图3-34)，注意主导风向、地面材料的密实性、地面排水坡度等问题，以避免造成环境污染。

图3-33　人行道旁的垃圾箱

图3-34　公园内的坐凳和垃圾箱

②公厕

设置于广场、步行街、城市公园、风景旅游区等处，不同场所有不同形成的公厕与之相适应，如独立式、附属式和临时式等。设计要点：公厕设计首先要功能合理、设施完善；其次要提供一定的附属设施，如垃圾箱、照明、休息等候设施等；再次，公厕设计在材料和外观上应充分反映地域特色并与环境相协调，与环境关系的处理关键在于"藏、露"的结合，即对景观系统而言宜"藏"，对于人流动线而言宜"露"(图 3-35)。

图 3-35 城市公厕

③饮水台、洗手台

饮水台、洗手台等卫生设施具有实用与装饰的双重功能，其构造形式多样，造型活泼、丰富，兼具景观小品的装饰添景功效(图 3-36)，多设于广场、游乐场、运动场及园路旁等便于利用之处。设计要点：宜与休息设施综合考虑，须注意卫生及排水问题，如地表应有一定坡度以利于排水，地面铺装材料要有一定的渗水功能等。

图 3-36 上海世博园饮水台

(2)服务设施

座椅、电话亭、书报亭、售卖亭、候车亭、标志牌、广告牌等服务设施，在为人们的户外活动提供便利的同时，也构成了城市街道广场景观的一部分。

①座椅

座椅是为了满足人们休息的基本生理要求，在室外环境中分布广、使用频率高的公用设施，设计应遵循人体工程学及行为心理学的原则，同时考虑其装饰功能(图 3-37)。座椅有长椅(图 3-38)、桌椅、坐凳之分；根据结构不同又可分为独立式和附属式两种类型。附属式座椅多与花坛、树池、水池、棚架、亭台等结合设置，结构附属设施也附属于环境(图 3-39)；独立式座椅则应注意其造型、材质及色彩的选择。室外座椅同室内座椅一样，长凳座椅的高度一般为 425～450 毫米。应根据环境特点确定座椅相应的造型、材质；座椅宜与卫生设施、照明设施、花坛树木等配套设置；座椅的配置应与场所中人们的活动特点相适应。

图 3-37　公园内具有环境装饰功能的座椅

图 3-38　长椅

图 3-39　附属于环境的座椅

②电话亭、书报亭、售卖亭、候车亭

电话亭、书报亭、售卖亭、候车亭等服务设施实质上也属于公共场所中的“建筑小品”范畴，它们体量小、分布广、服务内容较单一，设置上灵活机动(图 3-40)，是景观环境构成中的活跃元素，造型上应与环境相协调，做到既便于利用又不过分突出；在设置上应考虑其与人行道(尤其是盲道)的关系，避免造成人流冲突、交通阻塞。

(a)电话亭

(b)候车亭

图 3-40　电话亭、候车亭

③标志牌、广告牌

标志牌、广告牌是一种重要的信息传播设施，是人们生活中不可缺少的内容，多置于街道、广场、路口、建筑和公共场所入口(图 3-41)，用作引导、警示、解释说明，同时，在城市环境中具有装饰、导向与提示、划分空间的功能。设计要点是选择合理的位置，要求具有瞬间识别性，能给予明确的信息，有统一的外观和位置；运用一致的符号、色彩和印刷格式；无论尺度还是材料应该与环境相适应，有的标志牌甚至直接设置在建筑物、构筑物上面(图 3-42)。

图 3-41　街边标志牌

图 3-42　在构筑物上的标志牌

在这里必须强调一点，除了建筑小品和城市公用设施小品外，景观小品设计还涉及很多类型，体现在人们的生产和生活环境的方方面面，如路灯设计、招牌设计、门牌设计(图 3-43)等，景观设计是应细心体会城市环境中的每个细节，深入发掘并精心设计的。例如，城市景观小品设计中，重要部位的地面铺装就能让人感受到一个地方的地域特色或历史底蕴(图 3-44)。另外，景观小品特别是城市设施常常具有复合功能，好的设计师往往会统筹考虑各方面因素(图 3-45)。

3. 雕塑小品

雕塑是景观小品设计的重要内容之一，许多景观的主题就是雕塑，而雕塑往往成为一个城市甚至一个国家的标志(图 3-46)。在景观设计中关键是准确选择雕塑题材，正确处理雕塑与环境的关系，使雕塑对环境起到画龙点睛之功效(图 3-47)。雕塑是根据不同的题材内容进行雕刻，塑造出来的立体艺术形象，分为圆雕和浮雕两大类。城市景观中的雕塑小品多

图 3-43　沈阳一酒吧门牌设计

图 3-44　美国洛杉矶街头地面刻有明星标志的铺装

图 3-45　街头广场雕塑与座椅融为一体

图 3-46　纽约自由女神雕塑成为美国的标志

图 3-47　比利时“小尿童”雕塑

为圆雕，即可供人们多方位观赏的立体艺术造型。浮雕是在某一材料或构筑物平面上雕刻出的凸凹的形象，在西方城市宗教和现代园林景观的墙面上经常使用这种艺术手法(图 3-48)。

古今中外，优秀的景观都成功地融合了雕塑艺术的成就：我国古典园林中石龟、铜牛、铜鹤的配置，具有极高的欣赏价值；西方的古典景观更是离不开雕塑艺术，尽管配置得比较庄重、严肃，但也创造出了浓郁的艺术情调。现代景观中的雕塑艺术，表现手段更加丰富，可自然可抽象；表现题材更加广泛，可严肃可浪漫，这需要根据造景的性质、环境、条件而定(图 3-49)。

图 3-48 浮雕

图 3-49 现代雕塑

(1)类型

①雕塑按材质不同,可分为石雕、木雕、混凝土雕塑、金属雕塑、树脂雕塑等。不同材料具有不同的质感和造型效果,如石雕、木雕、混凝土雕塑朴实、素雅;金属雕塑色泽明快而且造型精巧,富于现代气息。

a. 石雕

石材是景观艺术最常用的一种材料,也是很重要的表现形式之一。

适于雕刻之用的石材主要有花岗岩和大理石两大类。花岗岩石质坚硬、结构均匀,具有相当的强度和硬度,极为耐久。花岗岩的材质肌理效果佳,分为红、黄红、花白、黑等色泽,被誉为用于室外雕塑的首选石材,由于花岗岩质地坚硬,在细部加工上具有一定难度。相比之下,大理石的石质较软,花色纹理丰富,在雕刻精细度上更胜一筹,且加工方便。但并不是什么等级的大理石都适于放置在室外,一般大理石的室外耐久性差,长时间在户外容易被风化和溶蚀从而失去本来的色泽,这是由大理石的性质决定的,而优质的大理石因不含杂质和气孔,则可避免上述的情况。所以,大理石通常作为室内或半室内的建筑装饰或环境景观装饰之用,最普遍的室外保养方法就是定期在石材表面涂抹防护蜡。石料的选用可分为荒料和方料两类。荒料指在采石场直接开采的,不规整的石料。方料是严格根据雕刻模型的分块大小加工成相应的规格尺寸。一般加工方法分为手工制作和机器加工。

b. 木雕

木材可谓是最易于雕刻的材料,其多变的纹理,丰富的形态,极强的可塑性以及自身的自然之韵,使得这种材料深得设计师和艺术家们的青睐,并被广泛运用到环境艺术之中。木材从软硬程度上来看有硬材和软材之分,硬材难于雕凿,质地坚韧,纹理密实,不易变形且韧性高,适于表现造型结构复杂、精细的作品,如桦木、杨木、樟木、楠木、榉木、槐木等阔叶树材;软材质地松软,易于雕凿,但不适于深入细化,因此多用于表现造型简洁、形象概括的作品,如松木、柏木、杉木等针叶树材。面对木材的选料,艺术家们注重因材施艺,通常针对木料的形态、质地、纹路等方面加以揣摩、遴选,在保有材料自身形质基础上,加以整合、雕凿,以达到天人合一的艺术效果。对于木纹变化丰富,富有趣味的木材,其造型设计应该是简洁概括,以能充分表现出木材纹理为最佳。对于色泽弱的木材,则可做着色处理以加强其质感。此外，用于造型的木材须经过自然或人工的干燥处理后方可使用，否则，未干燥的生湿木料在造型过程中极易出现变形、破裂的情况，以至影响作品加工的顺利进行和成品后的艺术效果。

作为设置在室外的木制公共艺术作品，其自身的耐腐性极为重要，杉木最具天然耐腐性和耐久性。此外，柏科和樟科木材也具有不错的天然耐腐性。无论木材自身的耐腐性强弱与否，都要进行人工防腐处理，以使作品呈现出更持久的艺术效果和魅力。

c. 混凝土雕塑

混凝土材料是从建筑材料延伸而来的环境设计艺术新材料。混凝土材质的雕塑也被俗称为水泥雕塑，其作品形式多样，不仅局限于环境雕塑。混凝土之所以被广泛应用到环境艺术设计中，是因为其实用性强。首先，混凝土抗浸水、抗潮湿。对大气中含有的高浓度酸、碱、盐都有很强的耐腐能力。即便长期处于恶劣环境中，也具有高超的耐腐强度，一般沿海城市多采用混凝土材料雕塑，就是考虑到它的耐腐性。其次，混凝土从胶凝状态到硬化的过程中具有很强的可塑性，可以塑造出丰富的造型，在硬化后坚实无比，耐久性极强，而且时间越长，耐久度越好。最后，混凝土材料成本低，容易获取，这也是它被广为应用的重要原因。在环境造型艺术表现上，混凝土素有“人工浇筑的石头”之称，在更多时候被看作是取代石材的理想材料(图 3-50)。

图 3-50 混凝土着色浮雕群

混凝土在造型方法上大体分为模具浇筑法和直接塑型法两种。

模具浇筑法是通过往造型模具里灌入混合水泥浆，并融合钢筋构架进行成型。成功的浇筑方法可以保证混凝土形态在拆除塑型模具后仍能保持原有的造型，这需要操作者具有一定程度的浇筑技术和经验。直接塑型法是指在混凝土毛坯基础上进行雕刻和塑造。混凝土不仅仅是一种浇筑材料，在进行适当调和后可达到黏土一般的可塑性。直接塑型法的重点在于根据混凝土的不同凝固阶段对其进行不同方法的刻画。湿法雕刻是在混凝土初凝状态下对其进行造型刻画，此时它没有完全变硬，处于黏糊状，在进一步放置养护后，此时它的状态极易于塑型和刻画。干法雕刻是在混凝土完全凝结变硬后对其进行造型刻画，一般选用细沙、蛭石、珍珠岩、粉状大理石这类质地较软的材料，可以使混凝土变得较软，以便于雕琢刻画。

混凝土材质的公共艺术作品并不局限于通过单色的、石材质感的表现，对水泥的表面处理可以使其呈现丰富多样的色彩和肌理。镶嵌手法就是利用混凝土在初凝时的黏糊状态，将含有一定水分的瓷砖、石块、彩色玻璃碎片等小材料放置在它表面，根据镶嵌效果进行一定程度的按压。这种镶嵌手法会使混凝土表面形成美丽的花色图案，使水泥材质本身更具艺术感染力。此外，在混凝土表面雕凿纹理图案或进行打磨抛光都会使这种材料本身散发出材料之外的艺术效果（图 3-51、图 3-52）。

图 3-51 马赛克镶嵌混凝土作品

图 3-52 装饰鸟图腾

d. 金属雕塑

铜、钢、铁是金属雕塑在表现上最为普遍，使用较多的三种材料。

其中铜材采用铸铜和锻铜的制作工艺手法。铸铜作为最为古老的传统工艺流传至今，通过使用已翻制好的造型模具铸造而成。铸铜质地浑厚、保存状态稳定，多采用青铜和黄铜进行铸造，其优良的色泽和高强的防腐性能，倍受业界人士的青睐而被广泛应用。相比之下，锻铜的厚度薄、质地轻，更适于制作形态概括简洁、跨度较大的悬挑造型结构，在增加表皮厚度和内部钢架支撑的情况下还可用于大型作品的制作，而且制作成本低于铸铜。

随着现代科技的发展，金属材料的开发应用得到延伸。一般钢材不具备对腐蚀的耐受性，即便是在表面上电镀或喷漆也不可避免其腐化生锈。而不锈钢作为合金钢的一种，耐热、耐高温、耐低温、耐化学腐蚀，具有一定强度和硬度，不锈钢所独具的刚柔并济、光滑明亮的质感和肌理使它的魅力更具时代特色和锋芒，在当下环境艺术领域的应用上可谓独树一帜。例如，美国芝加哥千禧公园最具代表的城市景观——云门，就是一尊表面光滑无比，被高度抛光加以无缝拼接处理的不锈钢板材雕塑（图 3-53 ）。这件体积庞大且外形

图 3-53 芝加哥千禧公园的云门

别致的作品给来往游人留下深刻的印象，云门的形态设计非常适于不锈钢锻造工艺表现。因此不锈钢作品多倾向于抽象形态表现。当然不锈钢也可锻造一般的具象形态作品，只是对于形态复杂且体量较小的造型来说，在细部锻造上会增加相应难度。

e. 树脂雕塑

塑料是一种高分子有机化合物，由树脂、增塑剂、润滑剂、稳定剂、着色剂、抗静电剂等多种材料聚合配制而成，其中合成树脂是塑料的主要成分，所占含量一般在40%～100%。因此，树脂的性质往往决定了塑料的性质，久而久之树脂也被看成是塑料的同义词，也有业界人士称之为有机玻璃、塑胶玻璃、玻璃钢。塑料的种类繁多，不同的单体及组成可以合成不同的塑料，它以固体或液体、坚硬或柔软、密实或轻快、透明或半透明或不透明、易燃或不易燃等多种形态和性质存在。无论是以表现造型艺术为主的景观雕塑和小品，还是强调功能使用的城市家具设施，塑料都具有广阔的使用空间，在制作和表现形式上显示了其无穷的价值。

塑料有一个极为重要的特性就是能以流动的液态来造型，在加工完成时又可呈现固态形状且坚实耐久。有机化合物特性使它在季节性腐蚀方面也具有极强的耐受性，表面的光滑处理易于上色和后期保洁。既能发挥亲人的功能性，又独具当下气息。此外，塑料作为金属和石材的代替品总会带来令人意想不到的效果。塑料的造型可操作性强，可以翻制出复杂多变的造型体；坚实性可以使它具有一定程度的耐久力；可着色性使观看者在第一印象上足以达到金属和石材般以假乱真的效果。与金属和石材相比，塑料的成本低、质地轻薄，易于操作安装。因此，在中、小型尺度的金属、石材作品制作上，塑料通常会取而代之。然而，塑料这种形同双刃剑的材质也存有弊端，作为仿制材料必定在表现的真实性上有所局限，在肌理和质感上始终难以达到真切的效果。虽然其自身具有一定耐久强度，但毕竟是合成材料，比起金属和石材还是显得过于逊色。

②雕塑按表现题材内容不同，可分为纪念性雕塑、主题性雕塑、装饰性雕塑等类型。纪念性雕塑一般以纪念性人物和情趣人物为题材，如科学家、思想家、艺术家或普通人生活造型(图3-54)；主题性雕塑大多以历史文化事实为创作题材，记述一段时期的历史事件主题(图3-55)。

图3-54　纪念性雕塑

图3-55　沈阳市中山广场主题性雕塑

a. 纪念性雕塑

从纪念性雕塑的题材内容来看，一般以某个我们所熟知的历史人物或事件为设计来源，多以纪念碑、纪念墙、遗址的形式出现。一般这类作品具有政治和历史的象征性和纪念性，为了突显意义的重大，通常尺度磅礴，构成形式或庄重肃穆或威严神圣。在传达艺术性的同时更多承担着对政治、历史、文化的记录，具有纪念、缅怀、赞美、歌颂、传承和保护等强大功能。

传统的纪念性雕塑所洋溢和传达的国家主义、民族主义、英雄主义，对百废待兴的国家重建和民主振兴起到功不可没的作用，这与纪念碑对社会的宣传、鼓动与教化功能是分不开的。在 20 世纪 50 年代至 80 年代初期的三十多年时间里，中国在纪念性雕塑上一直以苏联为榜样。中国在进入全面改革开放时代后，其结果是经济全面振兴，与外部世界空前地融合。此时的纪念性雕塑虽然仍旧以重大题材、重要历史和政治人物为主题，但一些坐落在重要地段的标志性雕塑也开始具有了城市美化的功能，在纪念和教化的基础上添加了艺术装扮的成分。

b. 主题性雕塑

从国家权力角度来看，主题性雕塑倾向于意识形态和文化根基，所表达的主题内容通常是核心的、多层面的，具有一定指导思想并能够传达一定精神主旨的。从地域的角度来看，主题性雕塑更多指向社会和民众，地域文脉、城市理念、人文精神的内涵和外延都在主题范围之内。通常设计师用主题性雕塑来彰显城市主题文化，这是因为城市主题文化里包含着城市特质资源形成的特质文化，主题性雕塑的设立也可以被看作是根据城市主题文化构建城市主题空间形态，并围绕这一主题空间形态来发展城市、建设城市的一种文化策略。

主题性雕塑最具价值精神主旨的传达，大型主题性雕塑最能突显主题内涵和外延，通常能够形成地域景观坐标，并和周边环境一起形成强烈的精神场域。如济南泉城广场的“泉标”、青岛五四广场的“五月风”，这些标志物直接呈现出其对这座城市特殊本质的概括和体现，才得以使其成为一座城市的代表性景观雕塑（图 3-56、图 3-57）。小型主题公共艺术由于尺度较小，以单体的形式出现不足以突显主题性和场域感，通常是在一个区域范

图 3-56　济南泉城广场的“泉标”

图 3-57　青岛五四广场的“五月风”

围内将几个作品运用连贯或分离的组合方式进行设置，使作品之间相互联系映衬，以此形成特定空间所带来的主题性和场域氛围。还有把一系列形式感和题材都相同或形式不同但题材相同的作品汇集在一处进行展示的情况，也可突显主题性。

c. 装饰性雕塑

装饰性雕塑是装饰艺术在城市雕塑作品中的体现。

装饰性雕塑的情感表达倾向于概念化，艺术语言中的共性成分较多。例如，装饰图案的抽象变化、形式变化、纹样的韵律和连续性，这些艺术形态无论如何变化，基本都在规范的形制内。因此，装饰艺术讲究形式美，具有规范、格律、程式化的特征。装饰性雕塑其形式受概念化情感的制约，无须观者全神贯注、精神紧张地领悟装饰情感的意义，人们可以在心神松弛、精神放松的情况下完成审美过程(图 3-58 、图 3-59)。

图 3-58　装饰图案景墙

图 3-59　中国结造型的交通标识

装饰性雕塑的形式特征决定了它传达给人的感受应该是愉快和共享的。尤其在公共环境中，过于个性化的表现势必违背装饰艺术本该具有的魅力。

(2)平面布局

雕塑小品的平面布局方式有中心式、T 字式、通过式、对位式、自由式和综合式，其特点分别是：

①中心式，雕塑处于环境的中央位置，具有全方位的观察视角，在进行平面设计时要注意人流特点(图 3-60)。

②T 字式，景观雕塑在环境的一端，有明显的方向性，视角为 180°，气势宏伟、庄重(图 3-61)。

③通过式，景观雕塑处于人流线路的一侧，虽然也有 180°的观察视角，但不如 T 字式显得庄重。比较适合用于小型装饰性景观雕塑的布置(图 3-62)。

④对位式，景观雕塑从属于环境的空间组合需要，并运用环境空间的轴线控制景观雕塑的平面布置，一般采用对称结构。这种布置方式比较严谨，多用于纪念性环境(图 3-63)。

图 3-60 沈阳中山公园中心式布局雕塑小品

图 3-61 美国国家纪念堂华盛顿雕像小品

图 3-62 通过式布局雕塑小品

图 3-63 沈阳青年公园入口对位式布局雕塑小品

⑤自由式，景观雕塑处于不规则环境中，一般采用自由式布置形式(图 3-64)。自由式通常可分为连贯组合和分离组合两种手法。连贯组合的物象之间是相互交织，浑然一体的。分离组合的物象之间没有直接相连，而是以组群关系进行设置，从而拉开间距，形成特定空间所带来的环境氛围和物象间的联系(图 3-65)。

图 3-64 自由式布局雕塑小品

图 3-65 连贯式和分离式相结合的表现手法

⑥综合式，景观雕塑处于较为复杂的环境空间结构之中，环境平面、高差变化较大时，可采用多样的组合方式。

(3)设计要点

①雕塑小品的题材应与景观的空间环境相协调,使之成为环境中的一个有机组成部分。如草坪上可设置动物雕塑,水中可设天鹅、鹤、鱼等雕塑,广场和道路休息绿地可选用人物、几何体、抽象形体雕塑等(图 3-66)。

图 3-66 路旁雕塑

②雕塑小品的存在有其特定的空间环境、观赏角度和方位。因此,决定雕塑的位置、尺度、色彩、形态、质感时,必须从整体出发,研究各方面背景关系,决不能孤立地研究雕塑本身。雕塑的大小、高低更应从建筑学的垂直视角和水平视野的舒适度加以推敲。对造型的处理甚至还要研究它的方位朝向以及一天内太阳起落光影的变化。

③雕塑基座的处理应根据雕塑的题材和它们所处的环境来确定,可高可低,可有可无,甚至可直接放在草丛和水中。现代城市景观的设计,十分重视环境的人性化和亲切感,雕塑的设计也应采用接近人的尺度,在空间中与人在同一水平面上,可观赏、可触摸、可游戏,增强人的参与感。

4. 城市景观小品的设计方法

(1)立意构思

立意构思是针对景观小品的功能、所处的空间环境及社会环境,综合产生出来的设计意图和想法,是景观小品设计的灵魂所在,任何没有立意的构图和设计都是苍白的。立意构思的基本方法是对景观小品的功能和环境进行分析和提炼。

(2)选址布局

选址是景观小品设计的基础,如选址不当就会对景观整体产生破坏性作用,好的选址应在对场地环境充分调查和了解的基础上进行,注意场地的安全性及周边建筑物、构筑物和其他景观小品的色彩、尺度和形式,同时尽量利用自然地形,以达到选址安全与协调,提升景观整体形象的目的。

布局是景观设计中要解决的中心问题,布置凌乱、毫无章法的小品绝非好的作品。布局要从宏观上把握景观小品单体间的关系,寻找单体间的逻辑关系和内在联系,只有这样才能创造出“美”的作品来。最基本的布局方式有:自由式和规则式。自由式常用于自然要素占主导地位的景观中,如地质公园、植物园等;规则式常用于纪念性场所中,如陵园、寺庙等。根据场地条件的不同,可因地制宜选用,还可两者混合使用。

(3)单体设计

①协调与对比

景观小品既要考虑到与所处建筑环境、外部空间环境保持协调,以强化整体环境意象,又要适当采用对比手法,实现一定的艺术效果。借景是使景观小品与环境达到合理的协调与对比的重要方法,常用的手法有远借、临借、仰借、俯借等。此外,尺度、色彩和质感是需要特别注意和重点关注的问题,人体尺度和观景效果(视角)是决定尺度的主要依据,在色彩和材料的选择上要注意它们带给人的不同的心理感受,如红色代表热情,蓝色代表冷静;原木为自然的质感,而钢铁为坚硬的质感。

②简洁与丰富

景观小品的细节刻画要通过统一的规划设计，提炼、净化基本设计词汇，控制数量和规模来达到净化视觉的效果；在需要表达丰富的细节时，也要利用基本设计词汇，通过一定的次序和条理来组织，避免造成杂乱的感觉(图 3-67)。

图 3-67　简洁大方的景观小品

③具象与抽象

在景观小品设计时，既通过具象、写实的处理手法，满足人体工程学原理和行为心理学原则，对小品本身的功能和环境空间尺度起着明确的指导作用；同时又通过抽象的艺术手法处理，使小品具有一定的审美价值，给人留有一定的想象空间(图 3-68)。

图 3-68　上海黄浦江边景观雕塑小品

3.6　生态环境景观与科学规划的艺术性景观设计

尽管城市无论从景观生态系统角度，还是从景观生态效应角度，都是有悖生态的，但我们可以通过科学的景观塑造来弥补这种情况，以减轻对生态的损害。这种科学的景观塑造，就是顺应生态规律的景观塑造。

3.6.1　生态观下城市景观的设计理念

城市景观的塑造应树立四维空间理念，即时空结合的理念。

1. 从空间角度出发，城市景观塑造必须与区域环境相结合

从空间角度出发，城市景观设计不能就城市论城市，而是要强调城市与区域环境相结合。城市首先应当是一个区域城市，城市与区域是不可分割的，离开了区域支撑体系，城市景观设计建设就会成为空谈。从生态系统论的角度出发，城市不是一个封闭的系统，而是一个与周围市郊及有关区域紧密相连的开放的系统。

从生态环境角度出发，城市生态环境与区域生态环境之间更是密不可分的。城市生态系统本身并不是一个完整的系统，因而它是比较脆弱的，有着很强的依赖性，必须从外部引进大量的能源与物质,同时也要产生大量的废弃物,仅仅依靠城市自身的净化能力是远远不够的。城市化以来很多城市环境问题的出现,很重要的一个原因就是城市孤军奋战,与区域环境脱节。

我们在城市景观设计过程中,必须超出原来意义层面的城市定义,树立大空间观,以城乡一体化的视角重新对待城市景观的设计问题。即城市景观设计不能独善其身,它的规划设计要与区域的发展结合起来,必须像《马丘比宪章》所说的那样,"规划必须在不断发展的城市化过程中,反映出城市与其周围区域之间基本的、动态的同一性"。城市景观设计的发展必须有一个总体的考虑,与区域采取一致的行动。

2. 从时间角度出发,城市景观设计必须与历史环境相结合

从时间角度出发,城市景观设计不能就现代论现代,而是现代环境与历史环境的结合。城市是时间的产物,一个理想的城市环境应当是经过时间洗礼的。西方有句俗语"罗马不是一日建成的",这正说明了时间维度对城市景观的意义所在。在时间层面,我们必须坚持历史环境与现实环境的有机结合,只强调保护而忽视发展或只强调发展而忽视保护,都是不科学的。只强调保护意味着僵化,只强调发展意味着无知,二者都不可取。科学的城市景观设计拒绝偏颇,而是坚持二者兼顾。

3.6.2 城市景观的生态设计布局

生态型城市景观布局要求多中心城市布局。多中心城市布局就是将大城市分解为若干城市单元,各自具有独立性。但就功能而言,它们又是城市统一体不可分割的一部分,是城市分与和的统一。各中心与中心之间充满大片农地以及果园等,这是非常有利于城市生态环境改善的。如 1971 年莫斯科规划总图,就采用了多中心的结构。这个总图把莫斯科 800 万平方公里的城市用地分成 8 片。其中以克里姆林宫与红场所在片为核心,其余 7 片环绕在它的周围,所有次结构也有市级中心,城市形成放射状的市级多中心体系,将农业景观与城市景观融于一体。

多中心城市布局要符合以下生态规律:

(1)多中心城市布局可以根据实际情况扩展。单中心的城市发展,基本沿用"摊大饼"的思路,而多中心城市可以根据土地的实际情况确定发展思路。可以根据地貌、水资源以及其他方面来综合对新中心的建立,从而降低旧城区的重建成本,起到节约资源的作用。

(2)提升土地资源的使用效率。单中心城市的发展,使城市景观无穷尽地一圈一圈循环下去。这样显然不能顾及土地的适宜度,不利于生态保护;而多中心城市布局可以更加灵活多样地合理利用土地,有效克服这种弊端。

(3)多中心城市布局有利于旧城更新。单中心城市一圈一圈地向外发展,使拥有珍贵历史文化资源的旧城难以处理发展与环境保护的矛盾;而多中心城市,可以使新、老城之间分离开,对旧城的保护有帮助,同时也意味可以获得良好的生态效益。

(4)多中心城市布局有利于人们接近自然。单中心城市一圈一圈地向外发展,必然使市中心远离自然,新鲜空气难以进入,污浊空气难以排除,不利于城市生态的优化;而多中心城市,从城市的任何一个地方出发,离自然都很近,有利于环境保护与保持人们的健康。

3.6.3 城市景观影响下的产业格局

科学的生态型城市景观设计，必须使景观设计与产业方面的内容有机地结合起来。这样才能真正实现城市景观的合理、全面的生态化。

1. 城市景观设计中工业层面的循环布局

在自然系统中，物质循环与能量流动是通过食物链以及食物网来进行的。在城市的工业布局中，人类为了减少环境污染，就必须摒弃传统经济“资源—产品—污染排放”的单向流动的线形模式，借鉴食物链和食物网模式，采用“资源—产品—污染排放—资源”的循环经济组织形式，以达到减少废物、减轻污染的效果。在发达国家许多工业区布局已经采取链式或网式布局，即一些生态属性相关的企业集中布局在一起，以求实现循环机制。在生产过程中，彼此之间互相交换“废料”，一家“废料”成为另外一家或者几家的原料，资源利用率得到提高，环境污染压力得到减轻。这样就要求城市景观的工业布局要适度集中，分散的工业布局会造成一种“村村点火，家家冒烟”的局面，形成不了循环机制，对生态威胁极大。

2. 城市景观设计中农业层面的都市农业

都市农业指的是在城市空间地域内(含功能辐射区域)，以可持续发展为核心，体现城乡融合、服务于城市功能的，具有多功能、高科技、高度产业化、市场化特点的农业生态系统。都市农业既可以布局于城市建成区内(图 3-69)，又可以布局于城市的远郊与近郊，有市区镶嵌型、城区穿插型、近郊型以及远郊型。都市农业的发展使城市结构变为亦城亦乡的城市结构，不仅对城市具有生态效益，而且具有经济效益、文化效益与社会效益等多种效益。

图 3-69　市区中的生态湿地

都市农业城市景观格局对城市所产生的功效如下：

(1)生态功能

都市农业有利于改善城市的生态环境。都市一般绿化较少，农业分别分布在市中心与郊区，将整个绿化变成点面结合的网络结构，对改善城市的生态环境至关重要。这样城市景观格局就会出现“城中有乡，乡中有城”的特点，从而达到“城乡一体化”的理想状态。同时，都市农业也将成为限制城市市区进一步扩张的屏障，并将高速公路、工厂等污染的部分与城市的居住区分割开来。

都市农业还可以为都市带来更多的“绿色产品”，同时缩短农产品的运输距离，以达到降低运输成本的经济目的，为人们的舒适生活创造更实在的便利条件。

(2)教育功能

良好的城市生态环境的塑造离不开环境教育。而环境教育的开展不能仅仅局限于抽象的说教。让青少年尤其是儿童亲身接触自然，是环境教育中不可缺少的重要环节，都市农业可以为青少年的环境教育提供实践基地。

(3)休闲旅游功能

都市农业还可以开展农业旅游项目，如花园、动物园、菜园、水族馆、鸟园等，为市民提供亲近自然的理想去处。

(4)安全功能

城市人口多，活动空间小，极易出现安全隐患，都市农业可以提供一种缓冲的空间，使人们的精神通过这一空间得以放松。

(5)示范功能

都市农业的发展有强大的城市科技实力作为支撑，可以在农业方面进行试点研究，可以将科技成果向农村地域辐射。正因为都市农业有着种种效益，所以引起了不少国家的高度重视。如美国的中央公园，日本的东京、大阪、名古屋三大城市圈等。

美国的中央公园于1873年扩建完成，面积达340万平方米。它位于曼哈顿的中央，园内有动物园、运动场、剧院、美术馆等各种设施。原来这是一片近乎荒野的地方，现在却是一大片田园式禁猎区，有茂密的树林、湖泊和草坪，甚至还有农场和牧场，里面还有羊在吃草。公园的地下还建了公路，这样过往的车辆既穿过了公园，又不打扰参观者。中央公园成为市民文化休闲活动的理想场所。

日本的三大城市圈，其特点一是星点状与片状分布；二是蔬菜水果生产占主导地位；三是园艺生产设施先进；四是都市观光、休闲、体验农业成为都市农业的重要组成部分。

3.6.4 生态型城市景观的绿化设计

为实现科学的城市景观环境，需要加强景观中绿化的设计，城市绿化对城市生态环境有如下生态作用：

1. 净化空气

众所周知，绿色植物通过光合作用，吸收二氧化碳，释放氧气。不仅如此，植被还能吸收空气中的其他气体以及放射性物质，能够吸附烟灰与粉尘，保持空气新鲜。许多植物能够分泌出大量杀灭细菌的挥发性物质。据统计，一公顷圆柏林一昼夜能分泌出30千克杀菌素，可以消灭一个中等城市空气中的细菌。城市闹市区每平方厘米细菌可达三万至四万个，更离不开植被的净化。

2. 降低温度

植物叶面的蒸腾作用能调节温度与湿度。研究资料表明，当夏季城市气温是27.5 ℃时，草坪表面的温度是20～24.5 ℃，比裸露地面低6～7 ℃，比柏油地面低8～20.5 ℃；而在冬季，铺有草坪的足球场表面温度则要比裸露的球场表面温度高出4 ℃左右。另外，由于绿色植物具有强大的蒸腾能力，不断向空气中输送水蒸气，因此可以提高空气湿度。据观测，绿地的相对湿度比非绿化区高10%～20%；同时，夏季枝叶茂密的树木可以遮挡50%～90%的太阳辐射，这对于降低温度是非常关键的。

3. 减弱噪声

植被还可以削弱城市的各种噪声，如交通噪声、工业噪声以及生活噪声等。据估计，有绿化带的城市地带的噪声比没有的要小8～10分贝。

在城市景观绿化设计方面，我们不应仅仅把绿化看作栽花种树，而是应该全面构建城市景观绿化网络体系，即按照绿地大集中、小分散的布局来进行绿化。城市绿化体系应由城郊绿化、城区绿化与庭院绿化构成，这样才能做到点线面结合、平面绿化与立体绿化相结合，从而将城市景观变成城乡结合的产物。

首先，应在城郊建立大型森林，并通过廊道与城区相连。大型森林的建立，可涵养水源，连接河流水系和维持林中物种的安全；同时，还可满足人们休闲、野游、运动的需要。建立大型森林的同时必须在城市中修建廊道，与郊外的自然生态连接起来，形成网络化的生态格局，以有利于动物、植物在各单元之间迁移与传播，以防止"生态孤岛"与"生态飞地"的出现。

市区必须有集中的绿化带。城市中较大面积的绿地，不仅可以通过阻挡、滞留、过滤、黏附和吸收大气中的尘粒或有毒气体，减轻大气污染，而且还因与建筑区不同的热力状况，形成一种类似海陆风的空气对流，使建筑区混浊的空气被带至高空；同时新鲜空气源源不断地从绿地流向建筑区，从而可以降低污染程度。另外，在公园或城市周围建立天然湿地。湿地是生物产出最丰富的地区，同时也是地下水的重要来源。湿地与陆地交接的浅水区，是各种水生植物、两栖类及迁徙鸟类等生长繁殖的地方。

庭院绿化则可以采取多种形式，因地制宜。如新加坡在水泥路面留有许多小孔，由孔中生出草，将路面覆盖；巴西设计出一种空心砖，里面填充草籽、树胶与土壤，把它砌在墙的外层，草籽发芽成长后，整个墙就变成郁郁葱葱的"生态墙"；美国纽约的不少楼顶顶层全部绿化，建起了"空中花园"。这些庭院绿化设计的尝试都为生态景观绿化提供了很好的设计思路。

3.6.5 生态型城市景观的设计原则

评价一个城市景观设计是否符合生态设计的原则可以看它是否遵循了以下几点：

1. 地方性原则

(1)应尊重传统文化和乡土知识，吸取当地人的经验。也就是说，设计应根植于所在的地方。当地人依赖于其生活的环境，以获得日常生活的物质资料和精神寄托，他们关于环境的知识和理解是场所经验的有机衍生和沉淀。所以，一个适宜于场所的景观生态设计，首先应考虑当地人或是传统文化给予的启示。如贵州苗寨、陕北窑洞、北京四合院，这些各具特色的民居建筑环境，无不体现一种生态设计的观念。

(2)设计应适应场所的自然过程。在同一场所中，不同时代的人的需要不尽相同，因此，为场所而设计不能仅仅是模仿和拘泥于传统的形式。新的设计应以场所的自然过程为依据，这些自然过程包括场所中的阳光、地形、水、风、土壤、植被及能量等，将这些因素结合到设计中，从而维护场所的健康运行。

(3)设计应就地取材。当地植被和建材的使用,是设计生态化的一个重要方面。乡土物种适于在当地生长,管理和维护成本低,因此,应尽量保护和利用地带性物种。

所以,地方性原则也是一种适应性原则,自然景观有其自身和谐、稳定的结构和功能,人为的设计必须适合其原有的状态,使人为引入的景观元素带来的副作用最小化,以保证整体景观结构和功能的完整性。

2. 自然优先原则

要保护和节约自然资本,体现让自然"做功"和显露自然等基本原理。让自然"做功"这一原理强调人与自然的共生和合作关系,通过与生态所遵循的过程和格局合作,可以显著减少设计对自然生态的影响。这一原理着重体现在2.2.2节所讲的系统论观点中,在这里不做详细分析,总结出以下几方面:

(1)自然界没有废物

每一个健康的生态系统都有一个完善的生物链,设计应遵循其闭合的生态循环过程,如枯枝落叶就是新生命生长的营养物质。

(2)自然的自我组织和能动性

自然是具有自我组织和自我设计能力的,当它向外界开放,吸收能量、物质和信息时,就会不断进化,从低级走向高级。自然也是具有能动性的,它的自我愈合和自我净化能力维持了大地的山清水秀。因此,设计应因势利导,充分利用自然界自身的作用。

(3)边缘效应

在两个或多个不同的生态系统或景观元素的边缘带,有更活跃的能源、物流、物种以及更高的生产力。边缘带能为人类提供最多的生态服务,与自然合作的景观设计就需充分利用生态系统之间的边缘效应,创造丰富的景观。

(4)生物多样性

维护生物多样性的深层含义就是为生物多样性而设计,其根本就在于保护乡土生物与生态的多样性。现代城市居民离自然越来越远,自然元素和自然过程日趋隐形,显露自然作为生态设计和生态美学的一个重要原理,在现代景观设计中越来越受到重视。

3. 整体设计原则

景观生态设计是对人类生态系统整体进行全面的设计,而不是孤立地对某一景观元素进行设计,是一种多目标设计,为人类所需要,也为动植物所需要;为高产值所需要,也为审美所需要,设计的最终目标是整体优化。

4. 各学科综合原则

各景观元素分别是自然和社会科学多学科的研究对象,只有联合多学科共同研究、分工协作,才能保证一个景观整体生态系统的和谐与稳定。

生态设计原则强调人与自然的合作以及人与人的合作,强调人人皆为设计师,人人皆参与设计。因为每个人都在不断对其生活的环境做出决策,这将直接影响到自己及其他人的未来。所以,从本质上讲,生态设计的理念和目标应贯穿到景观艺术的设计中,使其被大众所接受。

第4章 城市景观的色彩设计

国内所说的城市色彩，可以有广义和狭义的解释。从广义上说，城市色彩研究的是与“色彩表象”相关联的品质，并以此作为城市和建筑空间的组成部分。也就是包括城市空间中所有能感知的色彩的总和。然而，从狭义上说，尤其从规划这个角度，城市色彩强调的是城市空间形态的可读性和城市意象的可识别性。城市色彩包括建筑、绿化、水体、铺地、广告、街具、雕塑和夜景灯光等要素。

这里仅利用建筑色彩来追溯城市色彩的缘起。色彩附着于不同历史时期的建设成果，并通过物质空间要素保存下来，对以后的建筑和评判标准产生影响。要理解我国现有的色彩规划的渊源问题，必须从我国及西方古代色彩形成的原因入手。

4.1 城市景观设计色彩的历史发展

4.1.1 中国城市色彩规划的缘起与发展

五行五色是我国传统色彩的基础，传统色彩在各个方面都曾有过严格的规定。在这里我们需要先对历史城市色彩的演变做一梳理，从中得到中国古代城市色彩形成的脉络。

1. 传统色彩的基石：五行五色理论与色彩等级制度

(1)五行五色理论

“五行”是指支配宇宙自然之力的木、火、水、金、土。五行学说注重整体与变化，通过五行的相生相克，反映世界万物的运动变化，是中国传统色彩文化的起源。早在周代，就出现了关于“五色”说的文字。《周礼》载：“画绩之事，杂五色。东方谓之青，南方谓之赤，西方谓之白，北方谓之黑，天谓之玄，地谓之黄。”五色对应着方位和五行(图 4-1)。

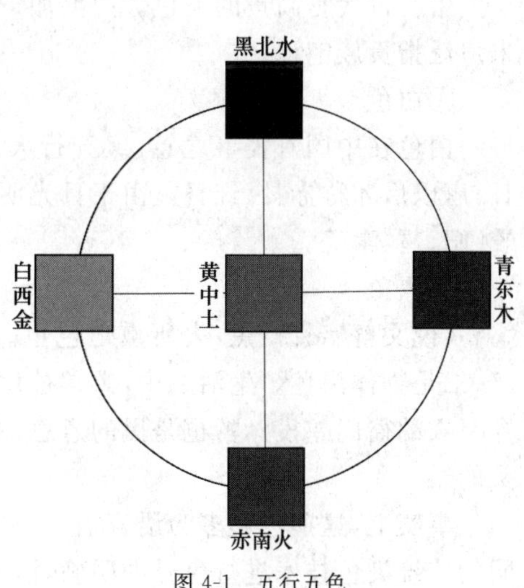

图 4-1　五行五色

此外，阴阳家把五行五色看成是“德”的表现，认为历代王朝各代表一德，并以五色进行表示。《明史·舆服志》载“洪武三年，礼部言：历代异尚。夏黑，商白，周赤，秦黑，汉赤，唐服饰黄，旗帜赤”(表 4-1)。

表 4-1　　五行对应因素列表

五行	季节	方位	十干	五音	五脏	五色	五味	生物	五帝	五气	五德
木	春	东	甲乙	角	肝	青	酸	毛	太昊	风	木
火	夏	南	丙丁	徽	心	赤	苦	羽	炎帝	火	火
土	长夏	中	戊己	宫	脾	黄	甘	倮	黄帝	湿	土
金	秋	西	康帝	商	肺	白	辛	介	少昊	燥	金
水	冬	北	壬癸	羽	肾	黑	咸	鳞	颛顼	寒	水

(2)色彩等级制度

①黄色

黄色位于五色之中心,节制诸方,体现中央集权,是“帝王之色”。《易·坤卦》说“天玄而地黄”;《玉篇》称“禾黄也”,认为黄色是稻麦成熟的颜色。由于黄色位于五行色相环的中心,并且又是大地的颜色和丰收的颜色,因此逐渐被历代皇帝作为专属之色。

②青色

《五行大义》载:青色是万物生长的开端。因此,以青色象征着初生的植物。此外,“青”还被用于指蓝色、深绿色或黑色,也指草色、苍色、灰白色、浅青色、水色、碧玉色等。青蓝琉璃瓦用于北京天坛,青绿琉璃瓦用于王府和寺庙。

③赤色

这里的赤色不同于后来我们所说的红色,红色是正色,而古时的赤色是间色。《说文解字》曰:赤,南方色也。从大,从火,是火的颜色。《素问》认为赤是心脏的颜色。姚鼐《登泰山记》:日上正赤如丹,下有红光动摇承之。这里“正赤”即太阳色,红光是指浅红色。赤与朱及红比较,纯赤为朱红,绛为大红;朱红淡,大红浓;朱红为日中之色,大红为日出之色。

朱在古代是高贵的颜色。门上加朱漆是古代帝王赏赐公侯的九赐之一,朱门、朱邯、朱户泛指贵族宅地。

④白色

白色在中国有丧事之意。《五行大义》中白色指冬天霜雪的颜色。古人称太阳为白日,唐以后才称赤日、红日。由于日光明亮,白又增添了一些其他表示同类颜色的字:皓、皎、皑、皙、素等。

⑤黑色

《说文解字》曰:黑,火所熏之色也。黑在甲骨刻辞中有两种意义:一是天色昏暗、黑暗;二是物体黑色。生活之中,黑常被用来指下层的阶级民众,如皂是黑色的意思,皂隶是穿黑衣的衙门差役。黔也是黑的意思,秦始皇二十六年改民为黔首,因为庶民是以黑巾裹头的。

事实上,这些色彩多为语言描述,在使用上有很多变化。中国台湾曾启雄教授曾就不同的传统染色技术进行色号的明确,但实际情况更为复杂。

2. 中国历代建筑色彩及其规制

早在新石器时代,就有用白灰涂墙的考证。到了夏商时期,除了用白色饰壁以外,还在木构件上饰以黑色和朱色。此外,《考工记》记载,夏代崇尚黑色,商代崇尚白色。但是,目前还不十分明确色彩在这两个时期的建筑中的等级规定。目前所见的最早的关于色彩等级规定的记载应在春秋时期。此外,虽然彩画是中国建筑色彩的重要组成部分,并有严格的等级规定,但在这里不对彩画做过多的描述。

(1)春秋战国的建筑色彩及其规制

"正色"与"间色"的等级之分始于西周。天子的建筑装饰必须涂以正色,不得使用间色。用朱砂装饰是贵重的做法,一直受到封建统治者的重视。

在建筑墙面的色彩方面,一般为白色涂墁。不仅墙面涂墁,地面也有涂墁。《礼》中"春,天子赤墀"段注:"《尔雅》'地谓之黝',然则唯天子以赤饰堂上而已。"可见地面一般为黑色,只有天子才能涂红。

此外,对色彩的规定还表现在柱上。《礼记》中记载,"楹(柱),天子丹(朱色);诸侯黝(黑色);大夫苍;士黄主(黄)"。从柱的规定可知,色彩在建筑中的等级依次为朱—黑—苍(浅青色或黑白色)—黄。这时候的黄色还没有代表最尊贵的等级。

(2)秦汉的建筑色彩及其规制

史称秦尚水德,故崇黑;其旌旗、车辆、仪仗皆以黑色为主。但目前并无证据证明黑色被大量用于建筑。在咸阳一号宫殿上层独柱厅发现的红色地面,应属于等级较高的一类。

汉代仍继承了周代对红的尊崇和秦代对黑的崇尚。"以丹漆地,或曰丹墀"(《汉宫典职》),继承了周天子"赤墀"之制。汉也有"玄墀"一词,是指用黑色漆地。玄墀也是代表着很高的等级。帝后居室,地面也有涂青色的。

墙壁多用白色或淡青色粉刷,朱柱粉墙,实则延续了周的制式,并且沿袭至唐未变。只是对柱的色彩等级的规定已没有春秋时期严格,已出现彩画。《史记·封禅书》记述秦按照五行方位来布局,即以四方四色配祀四色帝。这一传统在东汉也有,东汉洛阳的灵台两层壁面皆在用白灰粉刷后,再于东、西、南、北四个方向分别涂以青、白、红、黑四色,以符四方四色之义。这一祭祀传统,一直延续到清代。

东汉时期已经出现绿琉璃瓦。令人惊异的是,琉璃瓦最初使用于贵族建筑,而非皇室。

(3)魏晋南北朝的建筑色彩及其规制

南北朝时除以白色涂壁外,佛寺中还出现了红色涂壁,如洛阳永宁寺塔,内壁彩绘,外壁涂饰红色。南朝建康同泰寺中,墙面也有涂红的做法,以朱砂、香料和红粉涂壁。由于材料昂贵,这种做法历来被视为豪侈竞富的行为。

同时,也有按方位涂饰不同颜色的,如北周宣帝"以五色土涂所御天德殿,各随方色"。(《周书·宣帝本纪》),汉代的记载只是在祭祀中的灵台使用,而魏晋时期用在天子殿堂,说明当时社会对方位之色的尊重。

(4)隋唐的建筑色彩及其规制

隋代对色彩使用的等级较为宽松。大明宫含元殿遗址残存的夯土墙以及重玄门附近殿庑残墙的内壁,均以白色粉刷,靠近地面处绘有紫红色饰带。豪门贵邸中,仍有两晋南北朝时流行的"红壁"做法,可见这时的红色不再是天子的独享。《大业杂记》记载:东都大城"……民坊各开四门,临大街门并为重楼,饰以丹粉……"由此可见,当时民间建筑是可以使用红色的。

西安唐大明宫三清殿遗址中除了出土了大量黄、绿、蓝单色琉璃瓦外，还有一些集黄、绿、蓝于一身的三彩瓦。到了晚唐，青色琉璃瓦流行起来。继而又出现了深青泛红的绀色琉璃瓦。

(5)宋朝的建筑色彩及其规制

自秦汉开始，朱便不仅仅是王室专用，而被广泛用于军事、防御和官贵等的建筑上。由于真宗朝(997—1022)尊崇道教，宋代大量采用黄色，但黄色主要用在宫殿屋顶和道观建筑之上，朱的地位仍没有被取代。

黄色琉璃瓦的出现和使用，逐步形成了后来皇家建筑对黄色屋顶的推崇。

(6)元朝的建筑色彩及其规制

金元时期的宫殿用色倾向金红，元代出现“朱金琐窗”，这或许是受到宋代尚金(黄)的影响。元代宫殿广泛使用白色琉璃瓦，正殿多用白色琉璃瓦绿剪边，宫殿中的亭子或用青(黑)色琉璃瓦绿剪边。

(7)明朝的建筑色彩及其规制

明朝认为，元朝没有制定相关法律，因此造成社会靡乱。《舆服志》详细地规定了各个阶层人员的宅地建造的规格。

明代琉璃釉色品种较金元时期丰富，目前已知的至少有黄、紫、赭、酱、棕、绿、黑、蓝、大青、白、孔雀蓝、孔雀绿(翠绿)诸色。色彩等级顺序自高及低为：黄—黄心绿剪边或绿心黄剪边—绿—黑琉璃心或布瓦(陶瓦)心绿边—黑—其他色彩。

(8)清朝的建筑色彩及其规制

清朝延续明代的规制，但略有放宽。清代《清会典事例》记载：公侯以下的官民房屋梁栋许画五彩杂花。

此外，明清宫城、殿庙外墙都用红色。宫殿、陵墓建筑的内墙及宫城门券内墙等则都用黄色墙面，江南庙宇外墙面也用黄色。普通住宅多用建筑材料的本色，宫殿庙宇却多刷成红色，与绿色或黄色琉璃成相反的色调。

清代的色彩等级规定还体现在琉璃瓦上。黄色最尊，用于皇帝宫殿和庙宇(如孔庙)；绿色次之，用于王府；蓝色像天，用于天坛。此外，黑、紫、红色等用于离宫别馆。

3. 中国古代城市色彩的形成

中国传统的建筑色彩在五行五色的范制下，以红色、黄色为贵族及帝王立面用色，而其他色，如黑色、白色、青色，也有一定的含义和制式，多用于平民建筑，体现了等级观念。从西周到清代，红色一直被认为是最尊贵的色彩。虽然黄色在日常生活的其他方面，尤其是服饰上自汉代便被认为是帝王专用之色，但直到宋代黄色琉璃瓦出现之前，一直都没有取代红色在建筑上的地位。琉璃瓦的出现和发展，使得明清时期的建筑色彩规制从西周对柱的规定，转向了对屋顶用色的规定；而对红色使用的限制也逐步放宽。

中国古代的城市，特别是都市，有着严格的功能分区，如宫殿区、官署区、贵族居住区、苑囿区、市场区与平民居住区等；而且，在城市布局方面，通常采用多套方城(内城与外城)与轴线对称的手法，以强调皇权至上；内城集中了宫殿区、官署区、贵族居住区、苑囿区等为政府官僚服务的区域，外城主要是平民居住区。

由于历代都存在着对色彩使用的各种规定，即不同等级的建筑使用的色彩不同，这就导致城市中不同区域的色彩不同，在无意中形成了城市的色彩分区，即宫殿区、官署区、贵族居住区使用彩色屋顶，而平民居住区只能使用灰色的瓦，更加突出了内城以及中轴线上彩色屋顶的绚丽多彩(图 4-2)。

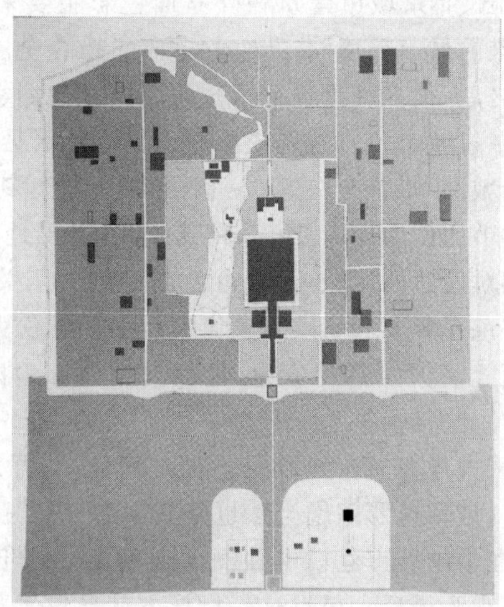

图 4-2 明清北京城市色彩

这种基于五行五色哲学思想和封建等级制度的色彩使用或许可以被认为是中国早期的城市色彩规划。

4. 现代中国城市色彩的发展

(1)城市色彩与城市色彩规划

①城市色彩的定义

强调城市色彩的历史文化因素，认为“城市色彩”包括了城市颜色本身，并掺入了“城市颜色”背后所蕴含的丰富的人文因素和自然地理概况(袁新敏，2001)。这是目前所见的国内最早关于城市色彩的定义。

明确城市色彩要素构成：

a. 分为人工装饰色彩和自然色彩两类(邓华清，2002)。认为“人工色”还可以细分为“固定色和流动色、永久色和临时色”(杨曾宪，2004)。

b. 城市实体环境中通过人的视觉所反映出来的所有色彩要素(尹思谨，2003)。

c. 认为城市地下设施及地面建筑内部装修与城市色彩无关；地面建筑物处于隐秘状态的立面，其色彩无法被感知，也不能构成城市色彩(葛俊杰，宋冬慧，2005)。

②城市色彩规划的定义

a. 对所有的城市色彩构成因素统一进行规划。确定各种建筑物和其他物体的基准色，包括城市广告和公交车辆，以及临街房屋的窗户及窗台摆设物的色彩(杨曾宪，2004)。

b. 强调传统文化和地域特性。从视觉美学和地域文化两个层面展现出适宜表达地方传统文化的、具有地域性的、良好宜人的城市景观(尹思谨，2003)。

城市色彩涉及的范围十分广泛，但是，在实际的城市设计中很难全面考虑，事实上，目前国内的城市色彩规划项目基本上着眼于建筑色彩这一部分。

(2)中国现代城市色彩规划发展的成因

2000年5月，北京市政府颁布了《北京市建筑物外立面保持整洁管理规定》(北京市人民政府令第56号)，提出"北京城市建筑物外立面色彩主要采用以灰色调为主的复合色，以创造稳重、大气、素雅的城市环境"。北京的这一举措在全国范围内引发了关于城市色彩规划的关注和讨论，之后，很多城市进行了相关研究和规划实践。

根据数据分析，我国做过城市色彩规划或研究的城市或区县数量为55个，其中，直辖市4个，特区市2个，省会城市14个。在这55个城市中，绝大多数城市分布在东部地区。东部、中部、西部涉及的城市比例为40∶9∶6，究其成因，主要是自改革开放以来，东部地区便逐渐成为我国经济相对发达的区域，而城市色彩规划的相关实践同省份经济发达程度密切相关。编制过城市色彩规划和从事相关研究较多的省份大多是经济相对发达的省份，基本上在东部地区；而经济欠发达的省份，也就是中西部地区，则较少研究城市色彩问题。

事实上，由于东部地区大规模城市建设的起步时间较早，开发速度较快，城市建设中的大量问题迅速凸现出来，城市色彩问题当然也是其中之一。

长期以来，色彩问题在中国城市建设中并没得到重视。基于"经济、实用、美观"的指导方针，经济性是第一，美观为最后。虽然这一指导方针导致无彩色的、没有装饰的、简单的建筑形式在全国范围内得以极大推广，然而，房地产市场竞争激烈是建筑色彩个性化形成的重要原因。建筑市场的开放，开发商之间的激烈竞争，迫使开发商开始追求楼盘的个性与特色，以获得更大的增值空间。

因此，城市色彩规划可以看作规划师和建筑师相互博弈的结果。而这一博弈，是在大规模城市开发、商业竞争的基础上表现出来的。城市色彩规划作为城市和经济发展密切相关的产物，力图在以下三个方面进行色彩引导：①延续城市色彩文脉；②纠正城市色彩局面混乱无序的现状；③控制引导新建部分的色彩秩序。

(3)城市色彩规划的失效

建筑师认为，设计时已经考虑了色彩的问题，实在没必要由政府做出限制。规划师则表示，泛泛讲什么颜色该为城市的主色调"没有实际操作的意义"。

事实上，对实际操作的意义的担忧是不无道理的。因为城市色彩规划很可能导致城市越来越相似，从而形成新的"千城一面"。这说明，目前色彩规划在设计的实施中，是不尽如人意的。主要存在下面几个问题：

①源色彩数据随机性太大，过分依赖理性分析。目前的色彩规划调查方式大都通过数码照片进行电脑选色，或以辅助色卡比对。其实无论采用哪种方式，都存在三个问题：第一，色彩选择的点存在很大随意性，特别是针对一些特殊材料的建筑(如石材)，材料本身就存在较大色彩差别，选取哪一个点更为合适很难取舍；第二，相机拍摄的图片，受光线、季节、相机型号、色彩还原度、距离、角度等因素的影响，第一手调研数据出现较大偏差；第三，单纯色卡比对的取样方式将受到位置(如房顶、高层等没有办法接近，只能凭经验取样)、取样时间(不同时间和季节所获得的数据有很大差别)、工作量(不可能穷尽所用

的色彩)、经济条件(费时费力,往往经费条件不允许)、编制时间(至少在一年以上)等因素限制,源数据的随机性太大。

②分区很少考虑色彩现状及特点,色彩同空间结合不够紧密。目前城市色彩规划或许会提出"点—线—面"的控制,即包括建筑色彩控制区、大型城市色彩景观节点和城市色彩界面控制带,但更多的情况仅提到线和面,对重要节点重视度不够。色彩分区基本按照功能分区(或现有分区),分区对色彩现状及特点考虑较少,不利于进一步的特色塑造。

③根据功能确定的色彩限定依据值得商榷。根据功能分区或建筑功能制定色彩引导是目前较为普遍的做法。事实上,功能因素不是决定色彩使用的核心条件。很难断定红色只能用在商业建筑而不能用在市政或居住建筑上;白色也不一定总代表严谨和正义。根据功能所做的色彩定位必然导致一种赋色模式的推广,从而形成新的"千城一面"。

④对单体建筑的色彩控制陷入两难境地,松紧均不恰当。色彩规划一般以建筑物功能为色彩控制类别,对单体建筑提出搭配方案以供选择,并给出明确的色彩以供选择。事实上,无论是真正实施的效果,还是根据色彩控制样本给出的配色方案都令人感到不太满意。然而,另一个两难的问题是,如果不给出明确的色彩,在管理和操作中,无论开发商还是政府,都容易感到无所适从。关于这种矛盾,在目前的色彩规划编制方法中很难得到解决。

⑤过于强调色彩表象,忽视色彩自身特性,难以满足公众口味。对中国来说,历朝历代城市色彩的形成,是受五行五色理论和封建等级制度自上而下的色彩规制影响的结果。除了历史街区、历史建筑和那些有着明确历史地域色彩的老城以外,其他任何新建的区域采用历史色彩延续的手法都值得探讨。事实上,由于不断涉及新的使用者和面临功能置换,新材料和新技术所导致的建筑尺度,以及不同地方的居民对新事物的接受和理解,都将对以地域、传统色彩为基础的色彩规划产生冲击。这种按照传统和地方习俗所研究的主色调在城市总体层面,以及很多区域如商业区、办公区、居住区等都难以迎合城市现代化发展的需要。

在整个社会日益走向民主化和多元化的背景下,试图单纯从色彩的角度以及城市整体层面进行色彩统一的方法,不仅很难满足大众的审美偏好,对于建筑设计的基本特性——创造力——的发挥来说,也将是一种无形的阻碍。这也是目前色彩规划在专家和公众之间很难获得一致、实施效果十分有限的根源。

4.1.2 国外色彩规划设计的发展

国外的色彩规划实践,缘起于单体建筑的色彩设计(包括室外和室内环境),在此基础上,提出色彩规划和色彩设计的区别,强调修建性详细规划层面的色彩规划的重要性。

1. 色彩规划与设计的国外发展背景

文艺复兴时期的无彩色倾向的理性态度在 18 世纪得到推广。18 世纪学者和 19 世纪的新古典主义建筑师认为,希腊建筑由发白的大理石构建而成,建立以灰色、白色或一个单色为主的色彩秩序。由于上层中产阶级流行采用昂贵的自然石材,导致灰色涂料广为流行。第一次世界大战前,人们认为色彩是装饰的替代物,因此将灰色、白色从建筑中清除掉。

20世纪二三十年代，以理性主义和极简主义为导向的现代主义运动最终引导两次世界大战之间的白色潮流。第二次世界大战后，灰白色建筑在公寓、学校、医院和工厂到处呈现，令居民和游客感到沮丧。这一极端的超级色彩的出现，使人们形成对环境的情感冷却，导致人们对单调的城市环境的极大反感。人们重新回顾历史，希望能真正了解古典建筑在色彩方面的真实面貌。

(1)对古典建筑色彩的探索

19世纪上半叶，大量的文献研究和考古发掘表明，古代建筑是多色的。古典的希腊庙宇和罗马纪念碑上涂有一系列特定色彩的涂料，以在视觉上将大理石庙宇的洁白更好地融入整体景观中，并避免大理石建筑外表的白色在强烈的太阳光下产生过于刺眼的效果。艺术史学家们通过考证，证实了希腊建筑不是白色的，而是多彩的。希腊人曾使用生动的颜色涂饰神庙和住宅，这些建筑上的颜色主要用于分隔和表明不同的部分，以对全局有更好的理解。

1830年，Hermann Phleps在其著作《罗马和中世纪的着色建筑》中认为，罗马人喜欢彩色的石头和珍贵的物品，用深红色增加红砖的色彩。

还有一些重要的建筑史学家，研究了不同历史时期的色彩使用。描述了在古代中国、埃及、亚述、希腊、罗马帝国、中世纪的欧洲、古代伊斯兰世界的房屋、宫殿、别墅以及所有居住建筑的色彩使用。此外，一些学者在色彩保护和修复方面做出了重要贡献。他们通过设计特定地方色彩的方案来保存和延续地方感，从当地现场收集一些色彩样本，尤其是碎片、墙、门和百叶窗材料。通过分析和重组找到的色彩，为当地制定色彩地图和为干预已建环境制定调色板。而这种调查分析包括的基本内容包括：根据对建筑组件要素和材料所进行的系统性评价，收集某一地区或地点现有的建筑色谱；运用综合图表，描述和强调记录的色彩，并对结果进行比较。这些比较极大地揭示了每个国家或地区的具体色彩特性。

人们通过对城市景观开展的色彩保护和修复工作，在传统色彩与现代城市色彩之间搭起了桥梁。

(2)国外城市景观色彩规划与设计背景

目前的城市景观色彩规划与设计可分为两种模式：一种是亚洲模式，即由政府主导的城市色彩规划，代表国家是日本；另一种是欧美模式，即作为政府层面，历史街区强调严格科学的色彩修复，基本以复原为主，而对非历史街区一般不做要求，色彩设计更多体现在具体地块的开发上。

①亚洲模式

亚洲模式以日本为代表。京都从1972年起就对城市建筑、道路设施等颜色，以本地古建筑群色彩为基调，做了限制性规定，使城市传统风貌得到了很好的保持。目前，日本的城市景观管理主要通过地方性指南、区域规划以及有关的城市景观法规来加以实现，这些法规及举措都源自国际法中的《城市规划法》(1918)和《新城市规划法》(1968)。日本建设省于1981年和1992年分别推出了《城市规划的基本规划》以及《城市空间的色彩规划》法案，为创造良好的城市景观色彩提供了法规依据。

2004年6月，日本颁布了《景观法》。《景观法》第2章第1节明确了景观规划的范围：

a. 目前景观状态良好，有必要进行保全的土地区域。

b. 从本地区自然、历史、文化等方面出发，与本地区的特性相符，有必要形成良好景观的土地区域。

c. 作为地区间交流基地的土地区域，有利于促进交流，有必要形成良好景观的部分。

d. 作为街道住宅区或其他正在规划中的土地区域，在其开发或修建中，有必要形成良好景观的部分。

e. 鉴于土地发展利用的倾向，有可能造成景观恶化的区域。

这些规定表明，日本的"景观地区"不仅限于历史保护地区，也包括城市与乡村中具有景观价值的区域。这些区域内的建筑物应当保持什么样的形态和风格、有何高度限制、建筑外墙有何退让要求、建筑物的占地面积应当如何控制等，都要求在城市规划过程中做出具体规定，地区内的建筑物都必须按规定进行设计，以利于景观的形成(第 3 章第 61 条)。

在《景观法》中，共有 6 处对色彩进行了规定。

a. 景观规划将对形状、颜色和其他有设计特点的建筑物或构筑物进行限制(第 2 章第 1 条第 8 点)。

b. 在建筑的重建和搬迁中，对大楼的外观或色彩进行改变的，必须事先通知相关管理部门(第 2 章第 1 条第 16 点)。

c. 在没有获得允许的情况下，任何人不得随意改变建筑或结构的颜色(第 2 章第 1 条第 22 点)。

d. 必须遵守景观地区的所有建筑物设计特点的规定，如在修理、改造和重塑中，不得已必须改变色彩，由市长决定具体合理的方法(第 2 章第 1 条第 64 点)。

e. 如果修复或改建的建筑物外观和颜色一开始是经过景观规划修改的，则不在限制范围内(第 2 章第 1 条第 69 点)。

f. 对影响景观地区形成良好景观产生阻碍的建筑，有必要对该建筑进行重建、改变外观和色彩的变更等。市镇村，必须根据时价补偿所产生的损失(第 70 条)。

这些条款是具有强制性的，具体的色彩规划在景观规划中一般单独设定。因此，在《景观法》的框架和原则基础上，很多城市进一步明确了景观色彩原则。

一般来说，日本的色彩规划前期资料收集包括：自然环境色彩调查、大规模建筑物色彩调查、季节性与地域性影响调查。在对所取得资料的整理分析的基础上，制定色卡，并明确地区性色彩的考虑，大规模建筑物色彩使用的优先顺序，针对不同的对象(如桥梁、高架桥、人行天桥等)的色彩计划，以及铁塔、烟囱等大规模垂直构造物的色彩景观计划。

②欧美模式

与我国古代的色彩规制不同的是，欧美国家对色彩问题的探讨是由下至上的。也就是由建筑师发起，通过设计师的创造，鼓励丰富多彩的城市环境。基于此的关于色彩方面的研究，更多的是强调建筑环境的色彩、空间与使用者的关系。

对非历史区域的色彩管理和控制问题，在规划领域，欧美国家并没有一个行之有效的方法。

欧美国家的城市色彩问题是建立在历史建筑保护的基础上的。这固然是因为财产所有权的问题，但更为重要的是，欧美国家同样意识到了色彩问题的复杂性和其涉及的创造性因素，这些因素对非历史保护街区来说，是很难以一个标准进行控制的。

a. 都灵

长期以来人们对都灵的色彩印象都是“都灵黄”，政府修复立面色彩所采用的就是“都灵黄”的色彩系统。而事实上，都灵最早的色彩是富有变化的。遗憾的是，这种修复性的色彩破坏持续了几十年，导致城市原始色彩被逐渐摧毁。

研究发现，都灵于1800年设立了一个建筑者委员会，为城市设计实施了一项色彩规划，即为建筑特点统一的主要街道和广场着色。该委员会设计了通向都灵市中心主要路线的一系列彩色走道。每一条路线的色彩方案都基于流行城市的色彩之上，并在重新装修申请批复下实施。

1978年末，都灵市政府制定了一个有效的色彩规划，对整个城市的色彩做出调整和修正。修复方法包括档案文件的鉴定、色彩工程以及城市最主要街道和广场的色彩修复。此外，都灵市还将所找到的文件、工程和着色资料，组建成“色彩数据库”，为以后的色彩修复工作提供了科学依据。这实际上是一个历史遗产色彩保护和修复计划。都灵市这种严谨的城市立面色彩研究和修复方式，影响了全世界尤其是欧洲的历史遗产保护的工作方法。

b. 伦敦

伦敦对建成区域的色彩控制主要集中在历史保护区域。类似于色彩这样更为细节的设计规划是由地方政府制定的。伦敦，作为一个有着很多世纪建设成就的历史城市，有很多明显的街区——各自有明确的特色，当然，也包括色彩。伦敦的地方政府认为有责任划定保护区以保护建筑和历史特色，其中，关于对这些建筑（历史建筑）的色彩粉刷有着很多具体限定政策（有时甚至限制在一种色彩）。因此，在这个层面上制定了一系列色彩控制条例，包括给出详细的关于色彩现状和色彩形成历史的资料，各种可用于粉刷的材料的性能和施工工艺要求，以及对粉刷范围进行明确的界定等。

除此之外，制定大伦敦新一轮的战略规划的负责人 John Lett 认为很难对色彩控制制定相关法令。因为伦敦正经历一个令人兴奋的复兴时期，需要更多高品质的建筑出现。在一些特别的地方通过任何色彩控制来限定想象力或许并不适当。然而，市长有权力对大型项目的个性化请求进行评定，如果该项目完全无法与邻近区域相协调，市长有权力说不。

如果一定要为全城选定一个色彩的话，伦敦市市长认为，应该加强绿化，让伦敦更“绿”些。

c. 哥登堡

同英国一样，瑞典关于城市色彩问题也主要体现在历史街区和历史建筑上。

瑞典的色彩控制措施主要从两方面着手：一方面是联邦立法——规划和建筑法令（The Planning and Building Act，PBA），主要强调新建筑必须同整个城市景观和城市环境相协调，必须具有美学上的价值；另一方面是关于具有历史价值的建筑保护的地方法令。地方法令由 PBA 进行认可，他们认为历史信息可以被改变，但不能被歪曲。建筑和规划局制定一套图表，指出历史建筑的立面和色彩的典型特征。这些图表对规划部门和财产所有者、建造师、建筑师和规划师来说，都有着重要的指导意义和评定价值。

d. 丹维尔

丹维尔市(Danville)位于美国加利福尼亚州，该市关于色彩方面的规定主要体现在《历史遗产设计导则》第7章，这些条款适用于任何建设项目，包括修复、新建和现场考证。

对于历史街区来说，鼓励采用色彩以产生建筑的配色计划。条款包括三方面：

Ⅰ. 立面色彩应具有作为单个构成的可读性。

• 色彩计划应尽可能在特性上简单。

• 鼓励采用一种基础色彩。

• 尽管以前并不存在特定的建筑形式采用超过两种色彩(例如皇后大街)的先例，但条款还是鼓励采用一种或两种颜色进行强调。

Ⅱ. 减弱背景或基本颜色。

• 采用建筑材料的自然本色，例如以浅黄色的石灰石为总体色彩计划的基础。

• 采用不光滑的材料而不是反光材料。

Ⅲ. 明亮的颜色只能用来强调建筑特性，应该有保留的采用。

• 对比强烈的色彩应当用于强调入口。

• 鼓励亚光的土质色彩。

作为历史街区来说，丹维尔模式基本类似于欧洲管理模式，表现出严格、明确的管理措施。

2. 城市色彩空间设计相关基础理论的发展

(1)色彩的空间知觉性

①色彩的空间效果

色彩的空间效果最早由著名画家伊顿提出，指同一平面中色彩的进退关系。色彩的空间效果通常通过明暗、冷暖、色度或面积对比表现出来。此外，空间效果还可以由对角线或重叠产生。

a. 黄金分割与深度间隔

早在1915年，关于色彩的空间效果，伊顿就得出这样的结论：黑色背景上的六种基本色相的深度渐次变化符合黄金分割的比率。假设线段 AB 的黄金分割点位于 C，则 AC(较短部分)比 CB 等于 CB 比 AB($AC:CB=CB:AB$)。AC 称为“短段”，CB 称为“长段”。黑底上的黄色、红橙色、蓝色的空间关系：黄色强烈地向前推进，红橙色次之，而蓝色则几乎同黑色保持一样深度，这与在白底上效果相反。

将黄色、橙色、红色、紫色、蓝色和绿色等距离并置于黑色背景上，能明显看出色彩的空间效果。若换成白色的背景，色彩空间效果就会改变。这表明背景色彩对空间效果起着较大的主导作用(图4-3)。

图4-3 深度间隔

b. 对比基质与空间进退

伊顿发现，在相同明度的冷色调和暖色调中，暖色向前而冷色退后。如果同时有明暗对比存在，那么产生色度对比的空间效果，也就是深度方向的力量将会增大、减小或者相互抵消。

一般来说，饱和度较高的色彩向前进，但是如果有明暗对比或者冷暖色调对比存在，空间关系便会发生相应的改变。

面积是空间效果的另一个因素。不同面积的色域相互叠加或并置，大面积色域便成为背景，从而使得另一个色域前进或后退。

c.位置关系与空间效能

色域放置的位置和色域与色域之间的位置关系对色彩空间效果有较大影响。这些位置关系包括：斜线、并置（上、下、左、右）、叠加、相邻等。

Ⅰ.斜线：为说明斜线的空间效能，伊顿将黄色、红橙色和蓝色色相以两个斜线的方向排列在黑色背景上。可以看到，从黄色到蓝色的深度运动得到了强调（图 4-4）。图的下部，由近左到远右；上部，从近右到远左。这两种相反的深度运动以红橙色为交叉点；在白色背景上可以得到相反的结果。

图 4-4　斜线的空间效能

Ⅱ.并置：黄色在红橙色和蓝色之上，蓝色在上，红色在下。黄色突出地向前挺进，红色和蓝色向后退缩，蓝色比红色后退更甚。由于黄色盖过中线，其造型效果得到加强。当蓝色和红色的位置调换，红色将蓝色向前推进，它自身则停留在深度之内。这样我们就可以看到，位置在背景的上部或下部可以明显影响色彩深度（图 4-5）。

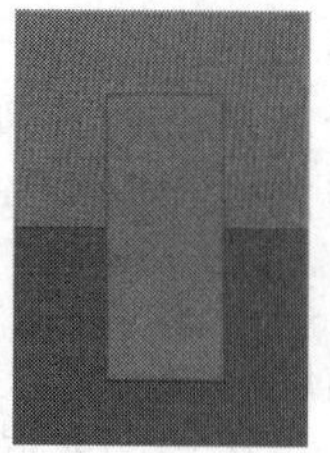

图 4-5　并置与空间效能

Ⅲ.叠加：蓝色形状重叠在黄色之上。蓝色与黑色背景相接合，它的深度效果要比在白色背景中弱些。当黄色重叠在蓝色之上，黄色同白色背景相融合时，空间效果被削弱。然而在黑色背景上，黄色和蓝色的深度特性都得到充分体现（图 4-6）。

Ⅳ.相邻：同样的形状不重叠地出现在白色背景和黑色背景上。在白色背景上，蓝色看起来像背景上的凹洞，而黄色则有点向前突出；在黑色背景上，蓝色浮动于背景之前，而黄色却明显地向前推进（图 4-7）。

以上研究的色彩基础理论只是针对平面色彩的空间效果来分析的成果，在城市色彩设计中，非二维平面的空间色彩设计所遇到的情况要更加复杂，要把色彩作为深度的因素进行评估，必须依据具体情况进一步分析，综合考虑影响城市色彩的各方面因素，才能真正做到通过色彩实现空间深度的设计效果。

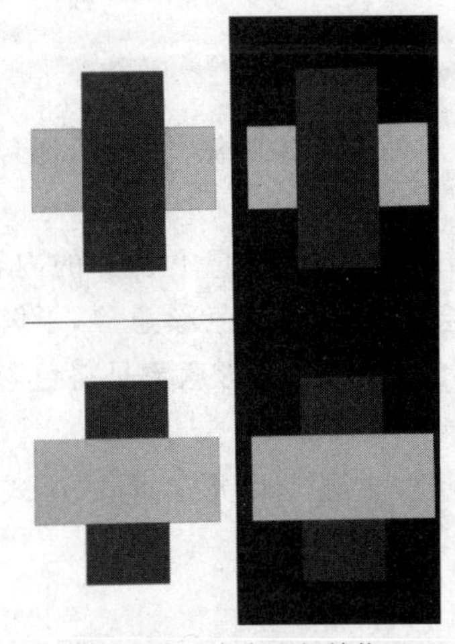
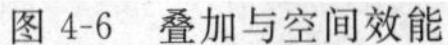

图 4-6 叠加与空间效能

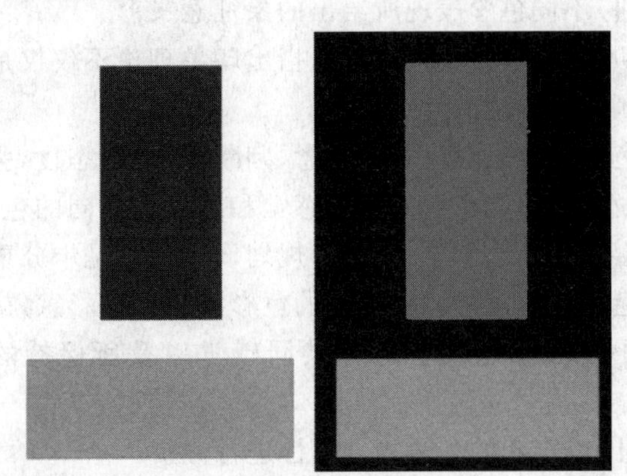

图 4-7 相邻与空间效能

②色彩心理知觉特性

色彩心理知觉最初也是由画家伊顿提出的，包括色彩表现和色彩意象两部分。后来的学者们在此基础上，更为科学和系统地对此加以论证。具体内容如下：

a. 色彩表现

伊顿探讨了十二种色相色轮中的黄色、红色、蓝色、橙色、紫色、绿色等色相的情感特点，以及它们在不同色彩背景下的表现，可以认识到，色彩效果和色彩体验方面的主观个性是千差万别的，但任何一种色彩都可以有五种方式的变化：

Ⅰ. 在色相上：如绿色可以变得发黄或发蓝，橙色可以发黄或发红，等等。

Ⅱ. 在明度上：如红色可以表现为粉红色、红色、深红色；蓝色可以表现为浅蓝色、蓝色、深蓝色，等等。

Ⅲ. 在色度上：蓝色可以或多或少地被白色、黑色、灰色或其补色（橙色）掺淡，等等。

Ⅳ. 在面积上：如大的绿色色域可置于小的黄色色域之旁，或用相反的方法并置，也可以将等量的黄色和绿色并置，等等。

Ⅴ. 在同时对比所产生的效果上。

色彩表现理论主要从心理学角度探讨色彩的知觉特性。然而，不同的色彩表现出来的情绪必须同具体环境相联系。要得到正确、真实的着色标准，只有根据每种色彩同相邻色和整体色彩的关系与相对位置来做出判断，得出有用的尺度。而潜意识的感知、直觉的思想和实在的知识者三者总是共同发挥作用的。色彩表现理论对后来的色彩心理学的发展有着极大的推动作用，对色彩意象感知的意义重大。

b. 色彩意象

色彩意象是基于伊顿的色彩印象理论发展而来的。伊顿认为，艺术中的自然研究不应该是对自然的偶然印象的一种模仿复制，而应当是其真实特点所需要的形状与色彩的一种经过分析和探索的产物。这样的研究不是模仿，而是进行解释。

色彩印象理论包括以下几个方面：

Ⅰ. 光源色、固有色、阴影色和反射色在不同条件下的相互影响和给人的印象。

Ⅱ.表面肌理对色彩印象的影响。

Ⅲ.不同色彩表现所给出的象征意义。

伊顿以中国水墨画为例,指出印象理论不仅仅是针对西方印象画派的作品,还包括非彩色画面所传达的哲学态度。

色彩意象是对色彩的观念、判断、喜好和态度,强调的是心境、感想上认知的内容,也就是说色彩让人产生的心里感觉和感情。不同的色彩会产生不同的色彩意象,了解什么色彩会产生什么意象,对色彩规划设计来说是十分重要的。因此,色彩意象是将色彩的属性及色彩心理进行综合考虑的色彩特质。色彩意象包括三方面:

Ⅰ.收集人类对色彩的共同感觉以及所保持的意象,主要是以形容词的形式进行描述。

Ⅱ.以客观的色彩物理特性进行分析。

Ⅲ.以色相和色调的概念,明确总体色彩印象。

c.色彩经验

色彩经验理论强调的是,对色彩的感知意味着"经验",因此,分析这个过程中的各种因素是十分有必要的。在这里,受其内在关联因素的影响,可以假设六个因素来考虑色彩经验(图 4-8)。

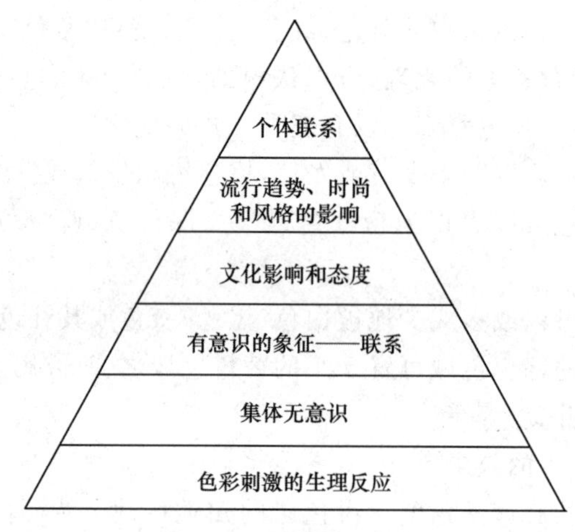

图 4-8　色彩经验金字塔

第一层级:色彩刺激的生理反应。

根据生物学和医学的相关知识,色彩是进化的产物。在人类和其他物种的进化中,识别色彩的能力也得到进化,人在生理上对色彩有着本能的反应,如采用蓝色光线治愈幼儿的黄疸病在医学已有几十年标准的临床实践。这种本能的对色彩刺激的生理反应构成了色彩经验最基本的层级。

第二层级:集体无意识。

根据荣格心理学,"心理无意识"是人类心理的一部分,这同基于个人生命所收集的个人经验的有意识和无意识反应没有关系。

集体无意识也被称为原始意象。人类从先人处继承这些意象,这些意象包括过去所有人类祖先以及人类之前或动物祖先过去所积累的潜在经验。由于人类的历史是从环境和社会中学习的过程中形成和发展的，色彩同样是这些原始意象的重要特性，因此，这些潜在的色彩意象和经验不可能还存在于最初的色彩感觉和美学品质中。

在这个层级中包括了“个体无意识”，是指个人通过色彩的经验，因为某种原因被从意识中抹去的层面，也是构成集体无意识的一部分。

第三层级：有意识的象征——联系。

这指的是色彩印象、象征上升到意识层面。具体的表现方式是文化中对色彩的基本认同：如蓝色代表天空和水；绿色代表自然；红色代表进化；黑色与金色的结合代表奢侈和迷惑等。

色彩联想和象征是多个领域的重要部分，例如广告、时尚、产品、绘画，当然还包括建筑，因为这些重要的色彩在情感产生中起着重要作用。色彩的力量对建筑空间知觉的友好、热情、冷漠、激动、悲伤、肮脏、活力、混乱、昂贵、便宜、冷淡等方面有着根本的影响。

第四层级：文化影响和态度。

色彩联系、象征、印象和态度是具体文化和群体的特性，既在区域的层面，也在色彩经验和使用中担负着重要角色。如希腊人发现所有颜色都有着相同的优雅；瑞典人认为饱和的色彩比不饱和的色彩更为粗俗；日本人更喜欢水、天空和木头的色彩；印度的艺术和工艺品更偏爱鲜艳的色彩。

虽然文化的不同是明显的，但很多时候人们对色彩的反应是跨文化的。因此，人类对色彩的反应有着基本的相似性，尤其是对建筑环境来说更是如此。

第五层级：流行趋势、时尚和风格的影响。

虽然色彩变化对于表现时代精神来说是必要的，但特定的色彩设计趋势和时尚很难在各个方面满足不同的目标和需求，比如医院不同于工厂，学校不同于商场，快餐店不同于大酒楼。色彩设计需要考虑的是符合功能的、更为持久的建筑色彩使用，建筑设计色彩不能像流行色一样不断变更，建筑环境不需要色彩流行趋势的预测和推广。

第六层级：个体联系。

由于对色彩的经验包括了各个层级的相互交织，这些层级又包括无意识和有意识，人类通过一定色调表达喜欢、不喜欢、憎恶等这些个人情感，但这些喜恶很难通过客观进行判断。

(2)色彩活力理论

色彩活力理论的具体内容整合了一些原理，如物理、心理、生理、美学和社会学，研究色彩、环境、人这三组元素的联系，是研究色彩中环境因素对人的影响的基础。主要通过对色彩在建筑空间中的关系的分析，研究一个富有活力的色彩空间如何影响人的行为，并探讨基于这些作用的色彩设计原则。

①作为知觉层面的色彩量度

匈牙利国标 MSZ9620 规定，色彩包括两个层面的含义：心理物理色彩和知觉色彩。心理物理色彩被认为是由于不同的光谱分布，光线穿过眼睛所导致的，知觉色彩则是这些光线对人的意识的印象。在技术术语上，光线被称为色彩刺激，而下意识地由此导致的概念是色彩知觉。

在色彩空间里，环境色彩在很大程度上同色彩范围相联系。因此，环境色彩设计应该在色彩之间产生和谐，而不是不同的色度、饱和度和明度。因此，更为重要的是要有整体色彩空间的美学同一性，而不是精神物质层面的等同于人类的眼睛对色彩分辨的可能性。

色彩刺激通过大脑转换为色彩感觉。色彩感觉的概念术语在心理层面，能够通过心理测量尺度进行评价。通过模糊的信息进行色彩知觉区别是有必要的，首先，为定义不同的色彩感觉提供技术参数；其次，通过量化的方式表达色彩感觉之间的构成途径。此外，色彩设计师除在色彩感觉中找到自己的同时，还必须通过估计和测量决定其内在联系。

②建成空间

建成空间的概念比"色彩"更复杂，空间也有很多含义(图 4-9)，最广泛使用的空间定义涉及物质空间，如空间元素、客体、肌理以及空间元素和客体的色彩的维度、比例和内在联系。

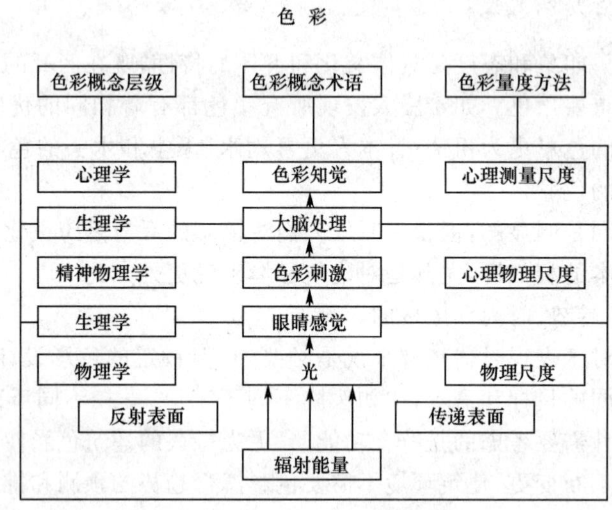

图 4-9　色彩概念层级和量度方法

a. 色彩在空间经验中的功能

建成空间对人的几方面的作用包括构成元素的比例关系和形状，形式和秩序，表面特性，色彩元素，空间比例关系，功能表达和功能恰当，功能和形状。空间感觉是关于一定空间的经历，也是个人经验的完成。

空间感觉的内容可从两个部分得到，即空间知觉和实际空间的功能。空间知觉是代表三维空间的一部分和从外部进行观察的空间刺激的内容。因此，空间知觉中色彩的基本作用得到了检验。由于空间知觉的主旨是由实际空间的一定功能决定的，而这种功能的表现又伴随着色彩，因此色彩的特性应该被考虑。

b. 色彩在空间知觉中的功能

空间知觉是一个复杂的过程，空间刺激由可测量和可触摸的真实空间导致，空间元素的构成以及形状和表面现象的联系都可以描述为物质的体量。通过光在元素表面的反射、吸收和传递提供空间视觉刺激，并提供给我们关于客体联系、形状和空间表面的信息。

③色彩活力的内容构成

基于色彩和空间的相互关系的比较和分析，提出色彩活力的概念(图 4-10)。色彩活力首先是在色彩感觉之间发现联系，以发展色彩空间和色彩系统的美学统一，进一步发现色彩序号的新的系统，以适应实际的色彩设计。

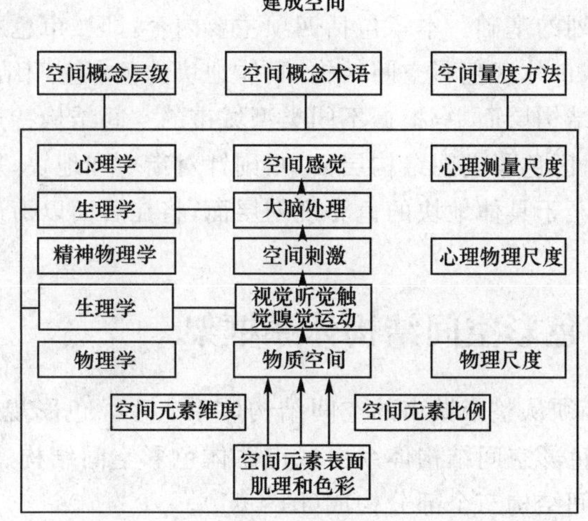

图 4-10　建成空间感知与量度方法

其次是人与色彩在环境中的独立联系，涉及色彩视觉的色彩构成问题。例如，刺激极限和不同的极限，色彩适宜、色彩连续、色彩对比、色彩偏好、色彩联想和色彩心理效果。

第三是色彩、人和建成空间的复杂联系，包括色彩和空间，色彩和体量，色彩和形式，色彩和肌理，色彩和功能，色彩和照明，色彩偏置对环境的损害，色彩的社会功能。

第四是与色彩和谐研究相关，为实际色彩设计建立色彩构成的关系：决定与色彩和谐的部分概念，产生色彩和谐感的基本和附属条件。

最后是建立有效的色彩设计方法，最好的方法是在实践中结合色彩活力，强调从实际的色彩设计项目中进行观察。

④具备色彩活力的城市景观环境需要达到以下基本目标：

a. 可识别性。具有较强标志性和特色鲜明的空间。

b. 吸引人。人们愿意到这里来开展各种社会交往活动。

c. 有归属感。能让人产生领域感、温馨、亲切等感受。

d. 安全。没有危险感，不会让人感到过度刺激或产生疲倦之感。

e. 与功能特性相结合的，美丽、舒适的视觉效果。

对于城市景观环境来说，情况远比单体建筑复杂得多。色彩—空间—人的感知共同形成了不同空间类型的城市景观色彩。

4.2　城市色彩空间结构体系

城市街道与城市总体空间结构是局部与整体的关系，城市总体空间是由众多不同功能类型和空间特征的街道组成的。各街道处于城市中的各个不同的空间位置上，在城市总体空间结构中具有不同的功能，有着不同的地位。在分析任何一条街道的时候，都不能就街道论街道，而应该把该条街道放到整个城市的总体空间当中去看，分析其地位与作用。

因此，街道色彩的空间结构离不开城市色彩空间结构体系的总体框架。研究街道色彩，必须从整个城市的空间结构体系入手，由整体到局部，由宏观到微观，这个逻辑关系是进行城市街道色彩规划的基础。本章包括四项主要内容，即城市色彩空间结构体系、城市总体色彩空间结构、城市片区色彩空间结构、具体地块的色彩空间结构等。

在总体色彩空间结构层面中，根据不同类型城市的空间结构特点进行分析，可以参考的几种规划方式；在片区色彩空间结构层面中，则针对街坊和地块，从点线面的角度，提出了规划控制的内容。至于具体地块的色彩规划层面，将在后面以街道为例进行专门论述，本章仅点到为止。

4.2.1 城市色彩空间结构体系框架

研究街道色彩，必须从整个城市的空间结构体系入手。色彩规划的首要任务是明确色彩空间结构。城市色彩空间结构体系由城市总体色彩空间结构、城市片区色彩空间结构和具体地块色彩空间结构三个部分构成(图 4-11)。

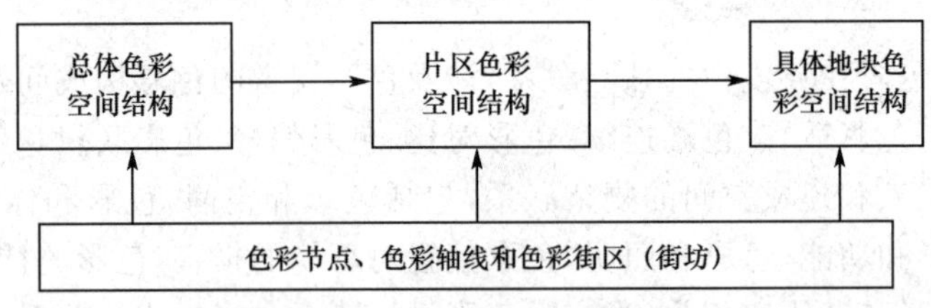

图 4-11　城市色彩空间结构体系

4.2.2 城市总体色彩空间结构

1. 城市总体色彩空间结构的组成元素

城市色彩需要与城市空间的结构形态密切结合，这就需要借助空间的“点线面”元素，提出城市总体色彩空间结构框架。也就是说，在城市的色彩空间结构中，也需要有色彩节点、色彩轴线、色彩街区等元素。

在城市色彩总体空间结构规划层面，主要的规划内容包括三项，即明确城市色彩各个层次节点的布局；明确各级轴线的布局；明确各个城市片区的色彩重要度的级别。

节点是指整个城市色彩系统中的色彩高潮点或标志点，可以起到地标的作用，增强该地点的可识别性，对整个城市的色彩起到统领全局的作用。

轴线是指整个城市色彩系统中的色彩骨架和特色景观廊道，它将各个节点与街区联系起来，对全城色彩起到组织的作用。

街区是构成城市整体色彩的基本单位，街区的色彩特点直接影响了城市的色彩特点(图 4-12)。

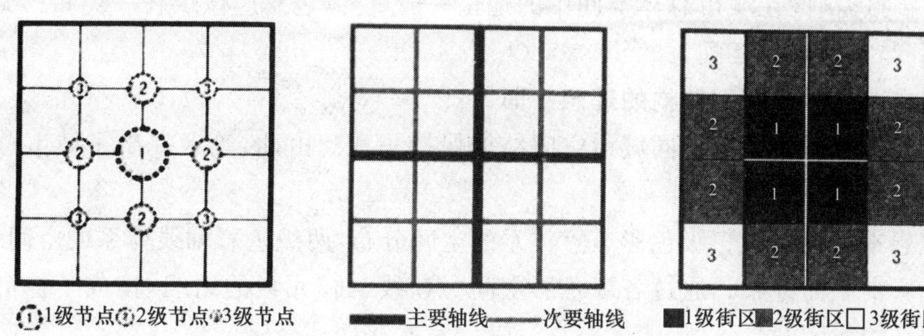

图 4-12 城市总体色彩空间结构理想平面模式示意图

(1)节点层次

城市中所有的色彩节点可以按其在城市中的位置关系和重要程度分为三个等级,即1级、2级、3级。

其中,1级节点位于城市中心区,或者城市各大功能区的中心,其区位十分重要;处于该级别上的建筑,色彩需要根据建筑的重要程度来特别强调。

2级节点位于城市片区中心,其区位比较重要;该等级节点处的建筑地位较重要,色彩应得到一定强调。

3级节点位于一般街区的中心处或者重要街区的普通空间节点处,其建筑重要性一般,色彩可以一般强调。

需要指出的是,接下来的"强调"是一个十分重要的确概念。"强调"不是简单地用鲜艳的颜色(如红色)来突出其地位,而是更着重于色彩对比的关系,比如以青砖为主的历史街区,周边建筑的暖色或白色等色彩的退让,便可凸显这一街区的重要程度。具体的强调手法,可以参见前面色彩理论的七种对比方法。

(2)轴线层次

在城市总体色彩空间结构层面,所有轴线按其重要程度可以分为两个等级,即主要轴线和次要轴线。

其中,主要轴线包括城市空间结构主轴线,如城市主干道、城市历史街区主轴线、城市绿带主轴线、城市滨江主轴线、滨海主轴线、主要眺望景观控制带等。

次要轴线包括城市空间结构次轴线,如城市次干道、城市绿带次轴线、城市滨江次轴线等。

在明确色彩轴线后,需要指出该色彩轴线上现在建筑与空间的色彩特色以及存在的色彩问题,该轴线色彩是否需要严格控制或者突出强调,至于该轴线的具体色调和色彩组合特征,并不需要在总体阶段明确,这个问题合适的解决时机是在具体地块的色彩控制阶段。

(3)街区层次

按照街区在城市总体空间中的地位进行分类。

一类街区:街区在城市总体空间中的地位十分重要,色彩应该突出该街区在城市空间的地位。

二类街区:街区在城市总体空间中的地位比较重要,色彩应该烘托一类街区的重要性,并适当突出该街区的地位。

三类街区：街区在城市总体空间中的地位一般重要，色彩应该烘托一类和二类街区的重要性，并与其地位相匹配。

2. 城市总体色彩空间结构的理想平面

城市色彩空间结构需要同城市空间结构保持一致。由此，笔者提出了城市总体色彩空间的理想平面。

该理想平面包括了三级色彩节点体系的空间分布，两级色彩轴线体系的空间分布，以及三级色彩街区的分布。通过各级色彩空间“点、线、面”元素的组织，构成了整个城市的色彩空间结构。

(1)节点

1 级色彩节点位于整个城市的几何中心，两条色彩主轴的交汇处；该节点是城市的主中心区。

2 级色彩节点位于色彩主轴与色彩次轴的交汇处；是城市的副中心或者城市主轴上的重要节点空间，重要性仅次于主中心区。

3 级色彩节点位于色彩次轴的交汇处，是城市的片区中心。

(2)轴线

城市色彩主轴也是城市空间结构的主轴线，轴线上建筑的色彩应体现轴线的重要性和标志性，可以是景观主轴线、商业主轴线或者交通主轴线。

城市色彩次轴线是城市空间结构的次轴线，轴线上建筑的色彩特色比较明显，也能够体现轴线的地位。

三级色彩节点与两级色彩轴线相互穿插，构成城市色彩空间的骨架和色彩空间网络。

(3)街区

1 级街区多位于城市中心区，区位十分重要，需要对其色彩进行重点强调。

2 级街区位于城市色彩主轴两侧或者城市副中心，区位比较重要，色彩应该烘托 1 级街区的重要性，并适当突出该街区的地位。

3 级街区位于城市边缘区或者各个分区的交汇处，不在关键的区位点上，在城市总体空间中的地位一般重要，色彩应该烘托 1 级和 2 级街区的重要性。

该理想平面为了简单明了地表达出规划意图，将现实中复杂的情况进行简化。在实际工作中，各个城市的形态和规模千差万别，需要根据实际情况进行具体分析。大城市和特大城市的空间格局虽然复杂，但只要抓住其色彩空间格局的“点、线、面”关系，仍然可以明确地规划出富有特色的色彩空间结构。由此可见，不论城市的规模大小和形态复杂与否，其规划的核心内容都是一致的，就是通过空间结构的“点、线、面”元素，组织好色彩与空间的关系。

3. 城市总体色彩空间结构的类型

在现实中，城市空间形态有很多，笔者从路网结构形式和组团布局模式入手，选取了其中最常见的也是具有代表性的六种空间形态，来规划说明不同空间格局下的城市总体色彩空间结构。这六种空间形态分别是方格网城市、环形放射网城市、指状城市、带状城市、组团城市和多中心城市等。

(1)方格网城市

在方格网城市中,依据强调的重点空间部位和手法的不同,可分成三个小类,即方格网城市、十字轴城市和单中心城市。方格网城市重在突出城市路网的棋盘式格局;十字轴城市重在突出城市的十字形轴线;单中心城市则侧重对城市中心的强调。三者不是决然分开的,反而由于基本路网形式的一致性,在空间布局上具有很多共同的特点。

①方格网城市

方格网城市的特点是街区形态结构的均质化,对于此类城市,可以充分利用其路网特点,组成有特色的色彩空间。主要的手法包括:强调、对比、重复等。

如图 4-13 所示,是八种方格网城市的总体色彩空间结构示意图。

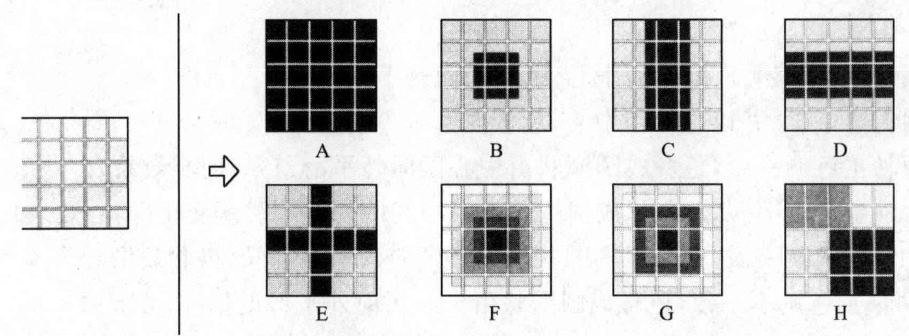

图 4-13 方格网城市总体色彩空间结构示意图

A:全城采用某一种颜色作为主色调。例如粉墙黛瓦的苏州,屋顶色一致,重在强调城市色彩的整体性。

B:将原有的城市中心作为一个整体加以强调,外围区作为一个整体起到陪衬中心的作用;中心区与外围区形成强烈的色彩对比效果。

C:利用城市中心的纵向主轴线,规划一条贯通城市南北方向的色彩主轴线,主轴线上的色彩与其他城区的色彩有所不同,形成对比效果。

D:利用城市中心的横向主轴线,规划一条贯通城市东西方向的色彩主轴线。

E:规划城市的色彩十字轴。此类模式对一般的小城市或者相对独立的城市组团比较合适。

F:利用方格网的圈层结构,全城色彩由中心区向外围平滑退晕。强调中心区的色彩,弱化外围的色彩。

G:利用方格网的圈层结构,各个圈层的色彩各不相同,无退晕关系,成跳跃式圈层布局。

H:利用城市多核心或者历史街区分散布局的特点,将全城分为不同的色彩分区,各分区的主色调有所区别,呈现出全城色彩丰富多样的特点。

②十字轴城市

十字轴城市的总体色彩以强调城市中心和十字轴线为主,图 4-14 是该类型城市的色彩空间结构示意图。

A:十字轴与中心区的主色调不一致,各大片区的主色调一致;中心区、十字轴、片区成三个层次的对比关系。

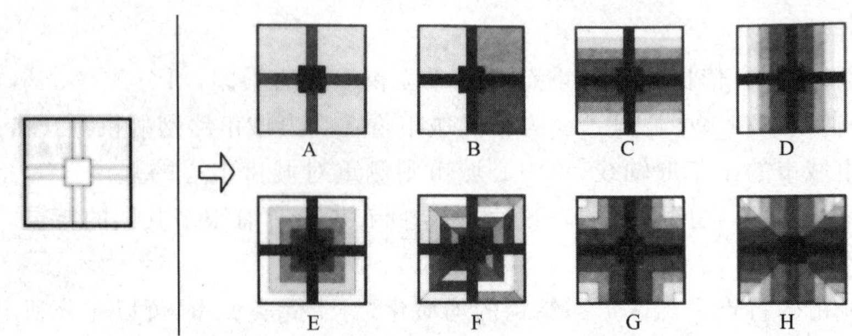

图 4-14　十字轴城市总体色彩空间结构示意图

B:十字轴与中心区的主色调一致,各外围区的主色调不一致;轴线、片区成两个层次的对比关系。

C:强调十字轴,并以横轴为中心,色彩向两侧平滑退晕。

D:强调十字轴,并以纵轴为中心,色彩向两侧平滑退晕。

E:两轴主色调一致,色彩成圆圈状由中心区向外平滑退晕(向心效果)。

F:两轴主色调不一致,色彩成圆圈状由中心区向外间隔跳跃变化(向心效果)。

G:两轴主色调一致,色彩成圆圈状由中心区向外平滑退晕(离心效果)。

H:两轴主色调不一致,色彩成圆圈状由中心区向外平滑退晕(离心效果)。

③单中心城市

单中心城市的形态结构比较简单,通常情况下,以强调中心的色彩为多。以下是不同的色彩空间结构示意图(图 4-15)。

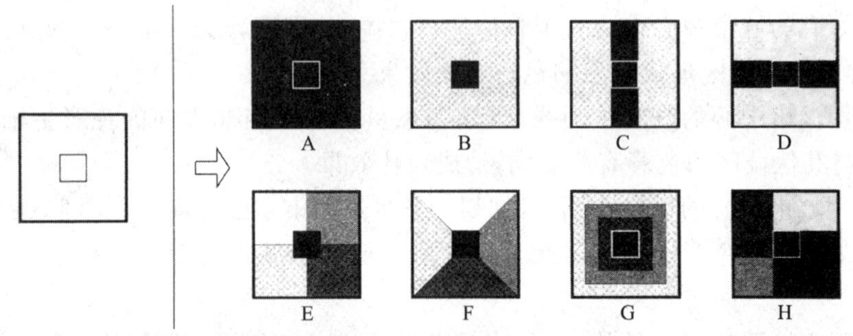

图 4-15　单中心城市总体色彩空间结构示意图

A:全城采用某一种颜色作为主色调。

B:城市中心区与外围区的主色调形成鲜明对比。

C:规划一条贯穿城市南北方向的色彩纵轴。

D:规划一条贯穿城市东西方向的色彩横轴。

E:正交方式分区,城市中心区与四个色彩分区形成对比,四个色彩分区的主色调不同。

F:对角线方式分区,城市中心区与四个色彩分区形成对比,四个色彩分区的主色调不同。

G:全城分为若干圈层,色彩平滑退晕。

H:全城分为若干区块,各区块的主色调不同。

(2)环形放射网城市

环形放射网城市的结构形态比较突出,在色彩表达上,多以强调单中心和放射轴线为主;当然,各个扇面分区也可以强调。以下是该类型城市不同的色彩空间结构示意图(图4-17)。

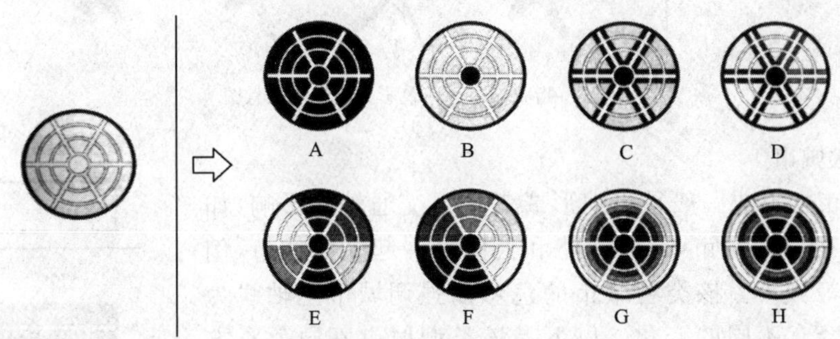

图 4-16　环形放射网城市总体色彩空间结构示意图

A:全城采用某一种颜色作为主色调。

B:城市中心区与外围区的主色调形成鲜明对比。

C:利用放射路作为一个色彩轴线,与扇面分区的色彩形成对比;所有色彩轴线的主色调相同。

D:每一条放射路作为一个色彩轴线,各个色彩轴线的主色调不同。

E:每个扇面分区内采用一种颜色作为主色调,每一个扇面分区采用不同的色彩。

F:相邻扇面分区的主色调呈现旋转平滑退晕的效果。

G:每一圈层采用一种颜色作为主色调,每圈层的主色调不同,全城色彩成由环心逐步向外平滑退晕的效果。

H:相邻圈层之间间隔变化,无平滑退晕效果,呈现色彩多样化的效果。

(3)指状城市

指状城市的总体色彩以强调其主中心和各个放射轴为主。以下是该类型城市不同的色彩方式示意图(图4-17)。

A:全城采用一种颜色作为主色调。

B:城市中心与外围区的主色调形成鲜明对比。

C:相邻交通轴之间区域的主色调一致。

D:中心区与外围区色彩对比,不同指状轴的主色调不同。

E:不同指状轴的主色调不同。

F:每条指状轴两侧的主色调不同。

G:色彩由中心区向外围区平滑退晕。

H:色彩由中心区向外围区跳跃变化。

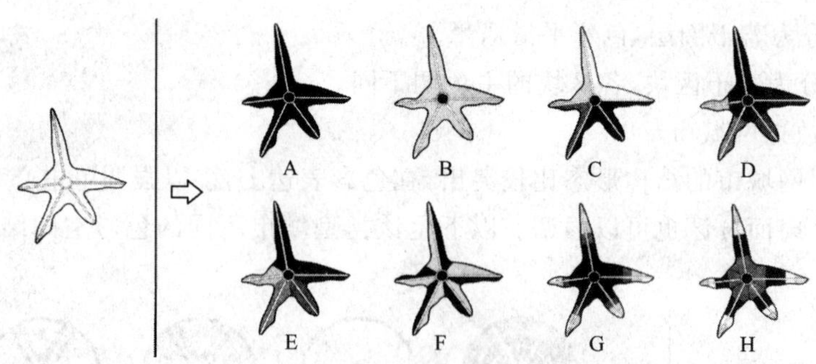

图 4-17 指状城市总体色彩空间结构示意图

(4)带状城市

带状城市的形成一般是受地形或者主要交通轴的影响，如两山夹一川的谷地城市，或沿铁路和公路发展起来的城市，例如中国兰州等城市。该类型城市的色彩以强调城市主轴线为主，当然，也会有不同的变化。以下是该类型城市不同色彩方式的示意图(图 4-18)。

A:全城采用某一种颜色作为主色调。

B:交通轴将城市分成南北两个区，两个分区采用不同的主色调。

C:沿交通轴规划色彩主轴线。

D:城市中心区与外围区的主色调形成鲜明对比，交通轴单侧分成不同的色彩区域，每个分区的主色调不同。

E:垂直于交通主轴方向，将城市分为多个不同的色彩区域，每个分区内有一种主色调；不同分区主色调不同。全城色彩由中心区向外围区呈现平滑退晕的效果。

F:不同色彩分区的色彩跳跃变化。

G:纵向色彩分区的色彩跳跃变化。

H:色彩在横向的分区内跳跃变化。

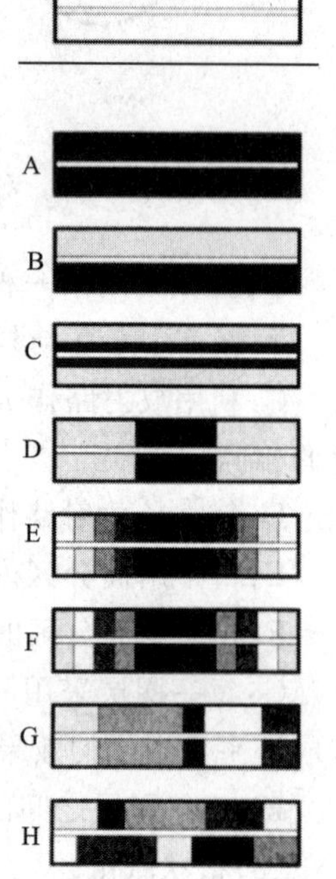

图 4-18 带状城市总体色彩空间结构示意图

(5)组团城市

在组团城市中，布局模式依据自然地形条件会产生不同形态，这里选择其中的三类来阐述其空间结构，分别是平行组团城市、临山组团城市和自由组团城市。其中，临山组团城市也可以说是平行组团城市的一种，其临靠的山体，也可以变换成大海或者江河等线性界面。

①平行组团城市

平行组团类城市的形成主要受地形和交通轴的影响，例如苏州。该类型城市的色彩以强调各个组团自身的“点、线、面”关系为主；当然，也可以通过巧妙的组织，使各个组团的色彩不仅形成一个有机的整体，又具有多样性。

以下是该类型城市不同色彩方式的示意图(图 4-19)。

A:全城采用一种颜色作为主色调。

B:各个组团的主色调不同。

C:各个组团的中心区或历史街区的主色调一致,而其他街区的色调不同。

D:各个组团中心区连成一条色彩横轴。

E:每个组团内规划一条色彩纵轴。

F:每个组团内规划色彩十字轴。

G:全城分为色彩分区,每个分区的色彩不同,整体呈现色彩多样化的效果。

H:全城分为若干圈层,色彩由城市中心逐步向外平滑退晕。

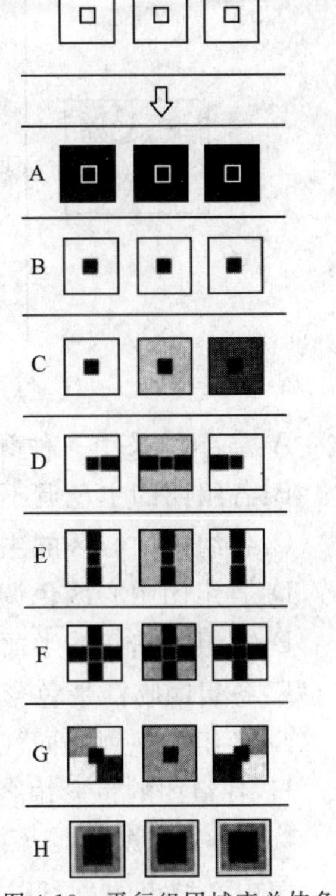

图 4-19 平行组团城市总体色彩空间结构示意图

②临山组团城市

临山组团城市的总体色彩以突出临山面或者各自组团核心为多,需要充分考虑地形特点,如组团天际线与山体的关系、爬坡建筑的整体色彩与山体绿化背景的关系等。此外,在通常情况下,其形态结构与平行组团城市比较类似。以下是该类型城市不同色彩方式的示意图(图 4-20)。

A:各组团的主色调相同。

B:各组团的主色调不同。

C:各组团中心区的主色调相同,背景色也相同,主色调与背景色形成对比。

D:各组团中心区的主色调相同,背景色不同。

E:各组团滨江带的主色调相同,靠山一侧的主色调相同。

F:各组团设置从山到水的色彩主轴。

G:各组团靠近组团间绿带的部分的主色调一致,从水边到山体的城区的主色调分段平滑退晕。

H:各组团的色彩由中心区向外围平滑退晕。

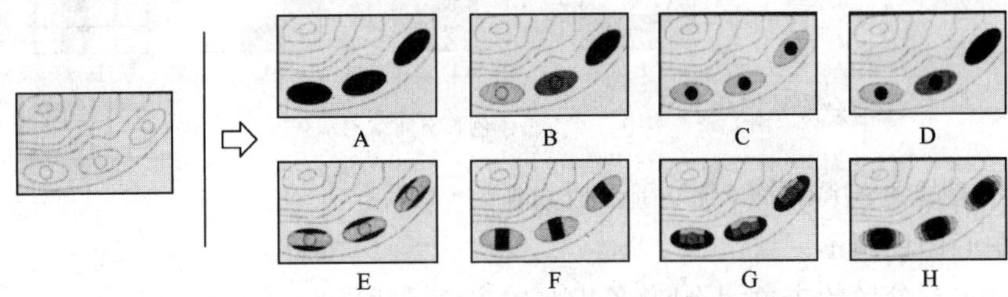

图 4-20 临山组团城市总体色彩空间结构示意图

③自由组团城市

这里的自由组团城市以跨江组团城市为例,来展示色彩空间结构的重点。跨江组团城市的总体色彩以突出各自组团的滨江面或者各自核心为主。以下是该类型城市总体色彩空间结构示意图(图 4-21)。

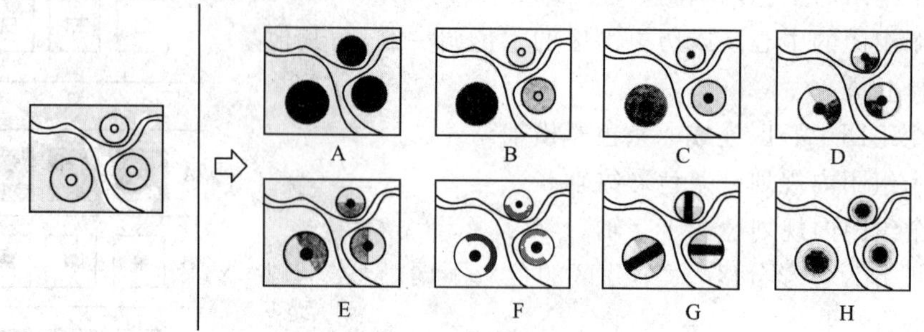

图 4-21　跨江组团城市总体色彩空间结构示意图

A:各组团采用一种颜色作为主色调。

B:各组团的主色调不同。

C:各组团中心区的主色调相同,而外围色不同。

D:各组团中心区色调相同,各组团内又分为若干分区,各分区的主色调不同。

E:各组团临江的半面色彩相同。

F:各组团临江带色彩不同。

G:各组团规划通向江边的色彩主轴。

H:各组团的色彩由各自中心区向外围平滑退晕。

(6)多中心城市

多中心城市的色彩以强调各个中心为主;此外,也可以在各个分区、分区中心之间取得某种组合关系。以下是该类型城市总体色彩空间结构示意图(图 4-22)。

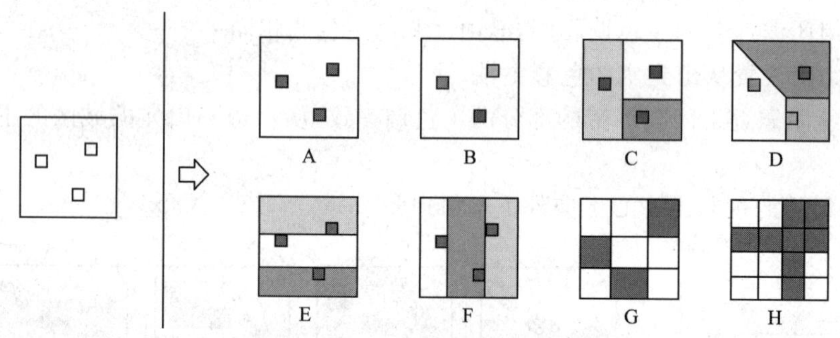

图 4-22　多中心城市总体色彩空间结构示意图

A:各中心的主色调一致,与外围形成对比。

B:各中心的色调不一致。

C:不同色彩分区的主色调不同,各中心的主色调相同。

D:不同色彩分区的主色调不同,各中心的主色调不同。

E:各横向分区的主色调不同,各中心的主色调相同。

F:各纵向分区的主色调不同,各中心的主色调相同。

G:方格网结构,各中心的范围扩大且主色调相同。

H:方格网结构,各中心相互连接且主色调相同。

在进行城市景观色彩规划时，必须先明确城市总体色彩空间结构的框架，从而明确城市各景观分区的网络结构体系。因此，首先要考虑城市的自然属性，如城市是海滨城市、滨江城市、山地城市，还是平原城市？该城市空间的结构形态是集中式还是组团式？山体、河流水系、绿地的分布如何？中心区、外围区、历史街区、滨水区的位置关系如何？色彩景观轴线和主景点的位置如何？在分析现状的基础上，再来确定城市色彩总体空间结构。

4.2.3 城市片区色彩空间结构

1. 城市片区色彩空间结构规划的目的与内容

(1)规划目的

城市片区色彩空间结构规划的主要任务：以总体色彩空间结构或分区规划为依据，详细规定片区内各个节点色彩的重要性等级和类型。

城市片区色彩空间结构规划的目的和作用包括两个方面：一是对城市色彩总体空间结构进行深化，使规划便于操作；二是对具体地块色彩方案起到控制和引导作用。具体来说，就是深化色彩总体空间结构，主要体现在街区的尺度和规模大小上，色彩总体结构的街区规模较大，其边界是城市次干道；而片区节点控制的街区规模较小，其边界是城市支路，再者，片区色彩控制还需进一步深化到单个街坊内多个地块的组合关系等，需要把色彩总体结构确定下来的总体色彩空间结构作为规划的依据，并进一步细化。

就引导具体地块的色彩方案而言，片区控制确定了各个街坊和街坊内各个地块的组合关系，如“点、线、面”结构关系，是具体地块色彩方案的依据。

(2)规划内容

城市片区色彩空间结构规划内容包括三项：

①明确规划区内色彩的各个层次节点的布局；

②明确各个轴线的布局；

③明确各个街坊的色彩重要度的级别。

2. 不同规模城市片区的色彩空间结构规划方法

(1)城市片区的色彩空间关系

城市片区的划分，是为了便于在控规的规划区内，首先明确总体的色彩空间结构布局，而后在具体的街坊上进行细化，将各等级色彩空间的节点和轴线进行落实。对多个街坊组成的城市片区来说，在进行色彩规划时，首先要明确城市总体空间结构，以明确该片区在色彩总体空间结构中的地位，并进一步明确其空间结构的“点、线、面”关系。

如图 4-23 所示，在该大街坊中，有东西向和南北向两条轴线垂直相交于街区中心处，该焦点是整个街区的 1 级色彩节点；另外，两条轴线的端头，也即街区的主要出入口处，为街区的 2 级色彩节点；两条轴线将整个街区划分为 4 个街区，即 A 区、B 区、C 区、D 区。其中，每个街区内又包括若干个独立街坊。

在城市片区内部进一步分区，便是街区。其包括若干个街坊和各种等级不同的城市道路，规模相对较小。在对街区进行色彩规划时，需要明确该街区在整个城市片区色彩空间格局中的地位，如是否位于重要的节点和轴线上，该街区色彩重要性等级的高低等。

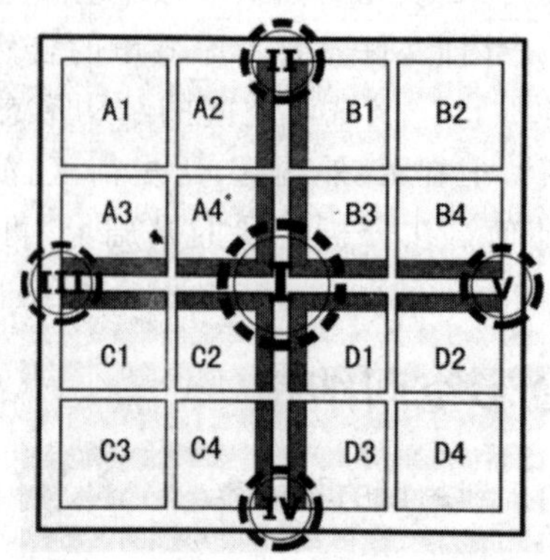

图 4-23　城市片区节点色彩控制示意图

如图 4-23 可看出，A 区位于整个城市片区的西北角，城市片区中的东西向和南北向两条轴线从边缘处贯穿 A 区，且有 3 个节点也位于 A 区的各个角上。如果单独从 A 区(图 4-24)出发来看，这些位置都是 A 区中最边缘的地方，但是，当结合城市片区的色彩整体空间布局时，这些边缘位置却又是需要重点处理的地方。因此，在进行色彩规划时，明确上级色彩规划所确定的整体色彩空间布局就显得尤为重要。

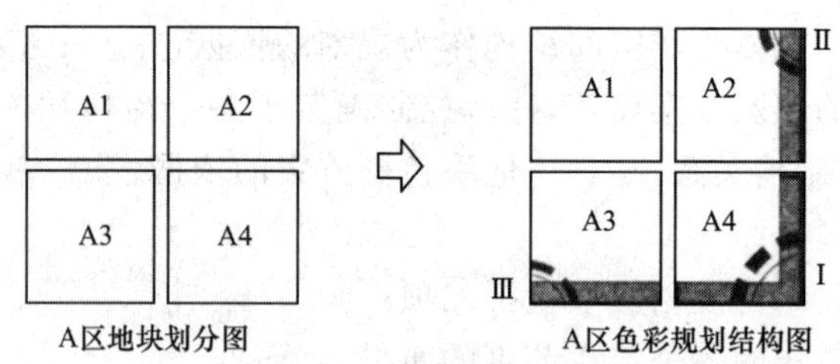

图 4-24　街区节点色彩控制示意图

(2)"面"的划分

在图 4-25 中，对该街区的"点—线—面"色彩空间结构进行了划分。"面"(街坊)的主要内容是确定各个街坊的重要性等级。图中列出 4 种不同等级的划分方式。根据不同的位置关系和规划思路，街区内 4 个街坊的等级不同。

在 A 种划分方式中，东南角的街坊最重要，因为其位于两条色彩轴线的交叉点附近，又有 1 级色彩节点位于其中；东北角和西南角的街坊为 2 级，因为其邻近该城市片区所确定的色彩轴线；西北角的街坊为 3 级，因为相对于其他三个街坊来说，其位置最偏远，距离重要的节点和轴线最远，故其重要性程度也较低。

在 B 种划分方式中，4 个街坊的重要性等级均为 1 级，即同等重要。

在 C 种划分方式中，只有东南角的街坊重要性等级为 1 级，其余三个街坊均为 3 级；这意味着在该方案中，只强调东南街坊。

在 D 种划分方式中，4 个街坊的重要程度均不同；其排列顺序需要根据各个街坊具体情况来确定。

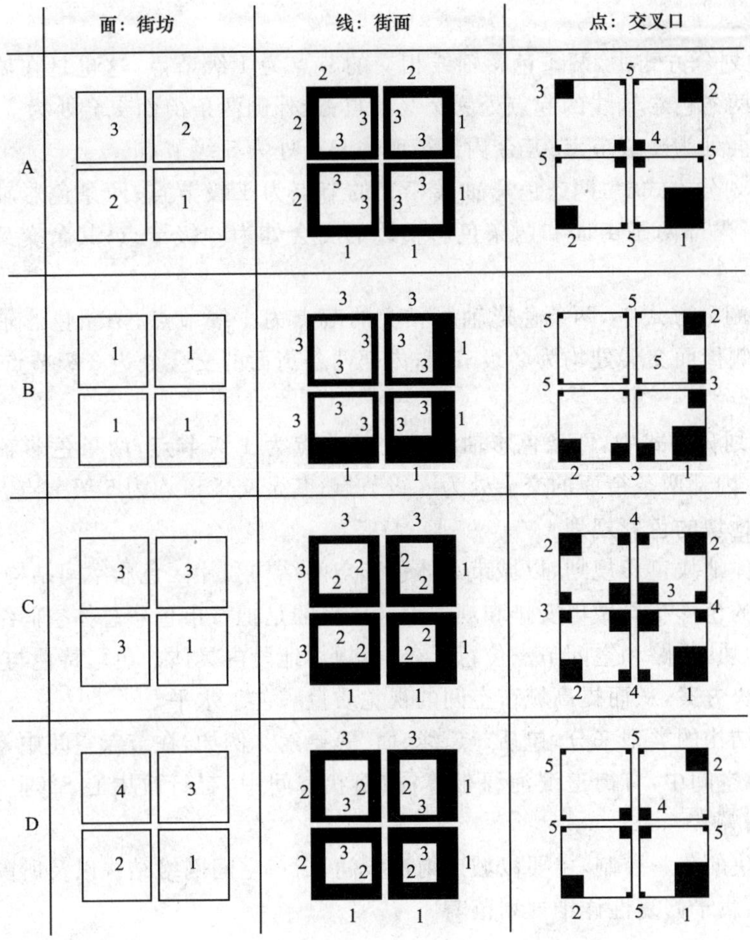

图 4-25　街区色彩空间结构示意图

(3)“线”的划分

“线”(街面)的主要内容是确定各个街面的重要性等级。如图 4-26 所示,列出 4 种不同的等级划分方式。根据不同的位置关系和规划思路,街区内 4 个街面的等级不同。

在 A 种划分方式中,位于色彩轴线上的两条街面的等级为 1 级,需要重点强调;最外侧两条街面为 2 级;内部的两条街面为 3 级。

在 B 种划分方式中,位于色彩轴线上的两条街面的等级为 1 级,需重点强调;其余所有街面均为 3 级。

在 C 种划分方式中,位于色彩轴线上的两条街面的等级为 1 级,需重点强调;内部两条街面为 2 级,可以强调;而最外侧两条街面为 3 级,不必强调。

在 D 种划分方式中,位于色彩轴线上的两条街面的等级为 1 级,需重点强调;此外,两条纵向的街面为 2 级,可以强调;两条横向的街面为 3 级,不必强调。

(4)“点”的划分

“点”(交叉口)的主要内容是确定各个交叉口的重要性等级。如图 4-25 所示,列出 4 种不同的等级划分方式。根据不同的位置关系和规划思路,街区内 4 个交叉口的等级不同。

在A种划分方式中，两条色彩轴线相交的节点为1级节点，这也是在城市片区规划中确定的。两条色彩轴线的起点处为2级节点；最外侧两条街面交会处为3级节点；内部两条街面交会处为4级节点；其余内部街面的起点处为5级节点。

在B种划分方式中，两条色彩轴线相交的节点为1级节点；两条色彩轴线的起点处为2级节点；内部两条街面和两条色彩轴线的交会处为3级节点；其余交叉口均为5级节点。

在C种划分方式中，两条色彩轴线相交的节点为1级节点；两条色彩轴线的起点处和两条最外侧街面交会处均为2级节点；内部两条街面的交会处为3级节点；其余交叉口均为4级节点。

在D种划分方式中，两条色彩轴线相交的节点为1级节点；两条色彩轴线的起点处为2级节点；内部两条街面的交会处为4级节点；其余交叉口均为5级节点。

3. 具体地块的色彩规划

城市具体地块色彩规划，以城市总体色彩空间结构和片区色彩空间结构规划为依据，对具体地块的色彩布局做出安排和规划设计。目的是把城市色彩总体空间结构落实在具体的街坊、地块、道路和空间节点位置上，寻找规划地段内具体的色彩特色与色彩问题，提出合理的解决方案，从而提高城市空间的视觉质量和艺术水平。

从空间结构的类型来分，包括“点、线、面”等要素。例如，在节点空间中，有交叉口、广场等；在线性空间中，有街道滨河绿带等；在面状空间中，有行政中心、商业中心、居住小区、城市公园等。

具体地块的色彩控制，主要以城市街道空间、街道空间网络结构以及所围合的街区形式体现出来，属于修复性详细规划范畴。

4.3 城市景观色彩设计的方法

本节结合城市景观空间色彩规划阶段的点、线、面的空间组织手段，分别在面状空间、线性空间、节点空间、建筑高度等方面提出解决方法。最后对城市景观色彩组织的基本原则和基本手段做出简要的阐述。

4.3.1 方法概述

1. 规划对象

从上述章节可知，城市色彩空间结构体系包括城市总体色彩空间结构、片区色彩空间结构和具体地块的色彩空间结构等三个层面。从空间构成要素上来看，具体地块的街道构成要素比较多样，例如，街道一定有交叉口，可能还会有广场；当多条街道组成城市空间网络时，情况就更加复杂。结构形式包括了“点、线、面”的完整体系。从空间形态的类别上来看，街区、庭院、城市公园是“面”状空间，其规模范围相对较大；街道、滨水绿带、铁路等是“线”状空间，其具有边界性和轴线性；交叉口、街道转角、广场、重要建筑等是“点”状空间。

由此可以明确城市色彩的规划对象应包括：

(1)道路两侧建筑围合的空间,包括街道线性空间和街道立面色彩。

(2)街道上具有交往功能的场所和节点空间的色彩,包括广场、交叉口、转角、庭院、公园等。

(3)道路与道路共同构建的街道网络,即街区的色彩。

2. 规划内容

在制定城市景观色彩规划之前,需要明确该城市是否编制过城市色彩总体规划和城市色彩控制性详细规划。若有,则需要以它们为依据,落实色彩空间结构的详细布局;若无,则需要补充这方面的主要内容,即本规划区内的"点—线—面"色彩空间结构关系。

在城市景观色彩规划层面,主要的规划内容包括4项:

(1)明确景观色彩规划区内街道的各个层次节点、轴线、街坊("点、线、面")的布局。

(2)明确城市街道空间中各个建筑的色彩关系。

(3)明确城市景观空间中需要强调的各个节点和界面。

(4)明确城市景观空间中具体建筑的色彩(建筑主色和强调色)。

4.3.2 城市景观面状空间色彩规划

1. 城市景观街道网络体系

街道网络体系构成了一定范围的城市街区景观,其空间结构同城市空间结构已经重叠。此时,必须按照城市总体色彩空间结构或节点色彩控制等规划确定的色彩空间结构来进行具体的落实工作。

在由多条街道组成的城市街道网络体系中,需要明确的是各条街道的主次关系,哪些街道是轴线型街道或者主要街道,哪些街道是非轴线型街道或者普通街道,以及各个节点的等级关系。图4-26给出了三级节点的位置关系、轴线街道与普通街道的位置关系等。该图与城市总体规划中城市色彩空间结构理想模式图应是一致的,是大的结构在具体街道上的落实,只是更加明确、细致。

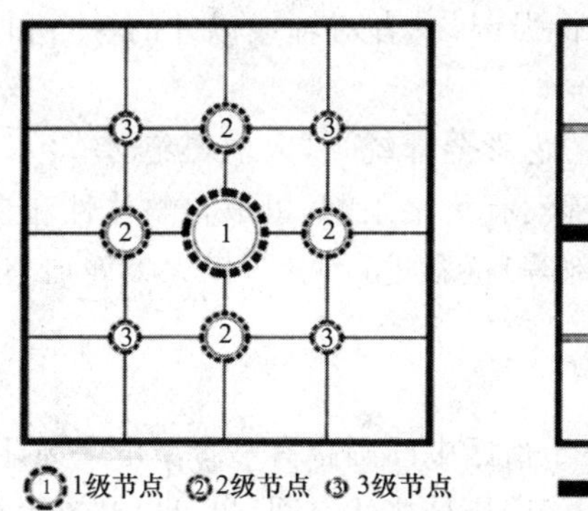

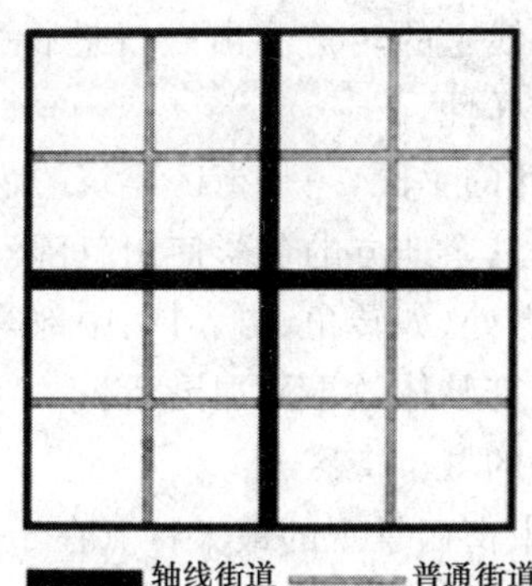

图4-26 街道网络色彩空间结构示意图

2. 城市街区色彩规划

(1)普通城市街区

该种类型的城市街区在城市中最为普遍,具有相当大的代表性。如何寻求此类型城市街区景观的色彩布局特色，将对全城或者大片区景观的色彩有着举足轻重的作用。

图4-27列出了4种基本模式。

图4-27　多层普通街区色彩空间结构示意图

A：整个街区的建筑色彩全部一致，取得绝对的统一性。

B：只强调每个街坊转角处的建筑色彩，其他地方色彩一致，以取得对比。

C：只强调每个街坊出入口处的建筑色彩，其他地方色彩一致，以取得对比。

D：只强调街区内轴线上的建筑色彩，其他地方色彩一致，以取得对比。轴线的确定，需要根据实际情况来具体分析。

此外，也可以对各个街坊的转角和出入口同时强调，以取得多样性；也可以在强调轴线的同时，对轴线上的转角和出入口进行强调，或者对轴线以外的转角和出入口进行强调，也能取得多样性。

取得整体性的手段，一是街区建筑的色彩全部统一，以取得绝对一致；二是统一某些轴线上的色彩，其余地方的色彩使用范围没有严格限制，以取得整体性和多样性的均衡；三是对某些节点处(如转角、出入口、中部等)色彩进行调整，以大大增加整个街区色彩丰富的多样性，使其整体效果更加灵活。

(2)有广场的城市街区

该类型城市街区景观的最大特点在于街区中间围合有一个城市广场，因此，对广场界面色彩的处理将是本类型街区的关键。该广场是块状空间，也可以换成街头绿地、公共活动场地、空地等。

图4-28列出了4种基本模式。

A：整个街区的建筑色彩全部一致，取得绝对的统一性。

B：只强调围合广场每个界面的建筑色彩，其他地方色彩一致，以取得广场色彩的完整性，并同时与周围色彩形成对比。

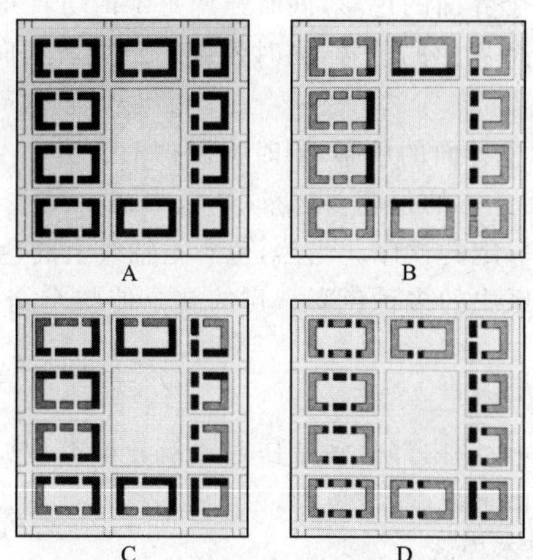

图 4-28 多层有广场的街区色彩空间结构示意图

C:强调围合广场四条道路的界面色彩，使广场的色彩与周边建筑的色彩融为一体。

D:强调围合广场的某一个界面的色彩，其他界面色彩与周围环境相同，同时突出每个街坊出入口的色彩。

对城市街区来说，重要的是强调各个地块建筑的外界面色彩组合关系。例如：首先，强调主要街道界面色彩的连续性；其次，关注各个地块转角的色彩，对转角处色彩加以变化，可以加强界面色彩的多样化和丰富性。

(3)有绿带的城市街区

该类型城市街区的最大特点在于街区中间贯穿一条城市绿带，因此，该类型城市街区色彩规划的重点是对绿带界面色彩的处理。该绿带也可以换成一条河流、铁路、高架桥、高架轻轨等其他线状空间，此类线性空间的界面是城市中重要的景观带。

图 4-29 列出了 4 种基本模式。

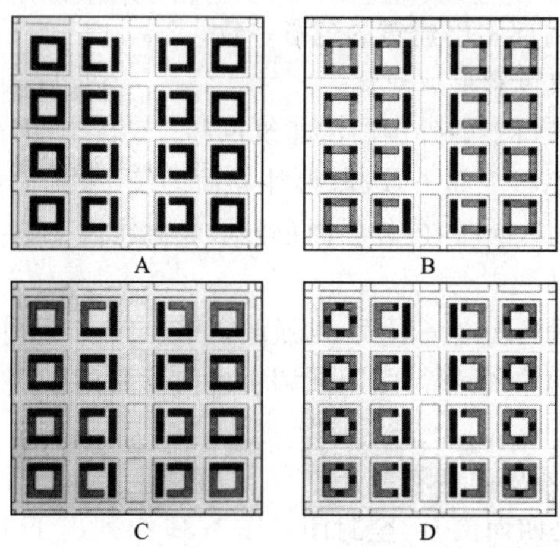

图 4-29 多层有绿带的街区色彩空间结构示意图

A:整个街区的建筑色彩全部一致,取得绝对的统一性。

B:强调面向绿带的两个界面的色彩,同时强调每个街坊转角处的色彩。

C:强调面向绿带的两个界面的色彩,同时强调每个街坊通向绿带的横向街道的建筑色彩。

D:强调面向绿带的两个界面的色彩,同时强调每个街坊出入口和中间处的色彩。

此外,对主要绿带界面色彩的强调,将使该街区形成一条主要的色彩轴线,使该街区各个建筑的色彩关系取得一定的秩序。当然,色彩主轴线上的色彩不一定是单一颜色,也可以是相似色或者一个色系中的多种色彩。目的就是使整个街区的色彩既有秩序,又具有丰富性。

(4)高层建筑城市街区

外围沿街是高层建筑,街区内部是多层住宅建筑。该类型城市街区对于进行大规模城市内城改造的我国大城市来说,非常典型。

图 4-30 列出了 4 种基本模式。

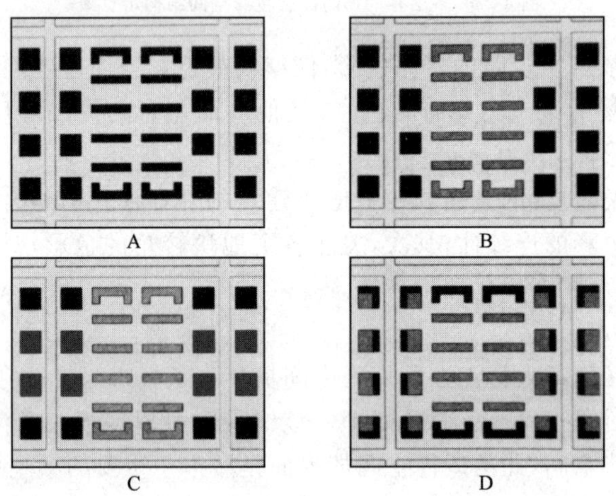

图 4-30　高层建筑街区色彩空间结构示意图

A:外围高层建筑与内部多层建筑的色彩一致。

B:外围与内部的建筑色彩形成对比。

C:强调位于道路交叉口上的外围高层建筑色彩。

D:沿街所有建筑的色彩全部一致,取得外界面的统一性,而内界面与内部建筑色彩一致,内部的整体性也较强,同时,内外界面色彩形成对比。

3. 城市庭院色彩规划

在城市景观设计中的庭院这一层面,也强调转角、出入口,并同时开始规划内、外界面的色彩,以及内界面中的不同色彩。空间强调对内向庭院的围合,因此,需要特别注重对内界面色彩的组合处理。

(1)四面封闭庭院内外界面色彩组合

该类型庭院的特点是四面围合,全封闭。图 4-31 中列出了 12 种该类型庭院的基本形式,并对每种形式都给出了 4 种色彩组合。

图 4-31　四边围合庭院色彩空间结构示意图

0:庭院原型。

1:各内界面色彩一致。

2:强调主景面,另三个内界面色彩一致,并与主景面形成对比。

3:相对的两个内界面色彩一致,并与另一对色彩不同。

4:四个内界面色彩各不相同。

此外,对于四边围合的庭院来说,高层建筑庭院是一种变形。图 4-32 列出了 5 种色彩空间模式。

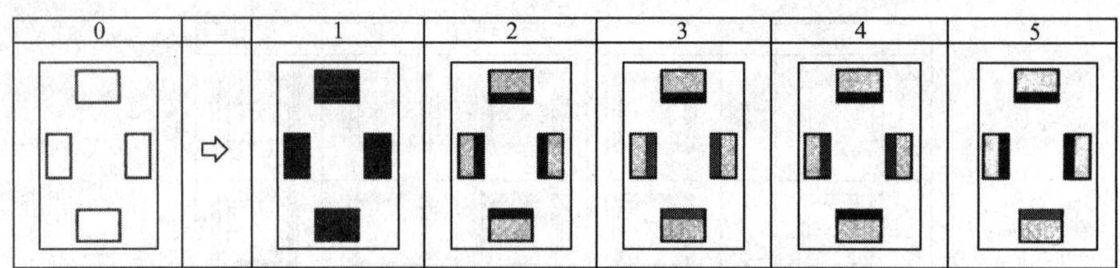

图 4-32　四高层建筑围合庭院色彩空间结构示意图

0:庭院原型。

1:四个围合建筑的内外界面色彩全部一致。

2:四个内界面色彩全部一致,并与外界面色彩不同。

3:主景面与其他三个内界面的色彩形成对比,强调主景面。

4:相对的两个内界面色彩一致。

5:四个内界面色彩全部不一致。

(2)三面封闭庭院色彩组合

三面封闭庭院的特征是有一个方向是开敞的,半封闭、半开放;强调空间内向性,突出内界面的色彩,内界面的色彩要加强内向空间的围合感。

图 4-33 列出了 3 中类型庭院的基本模式,并相应地给出了 4 种色彩空间的组合方式。

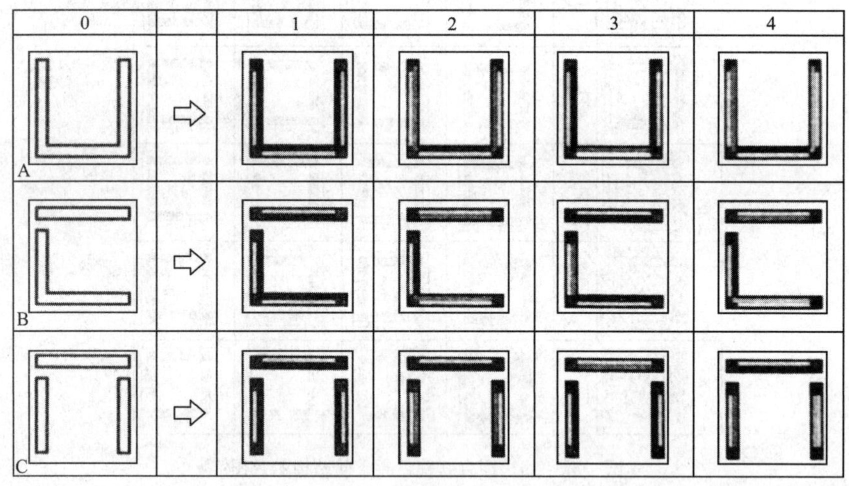

图 4-33　三面封闭庭院色彩空间结构示意图

0:庭院原型。

1:三个内界面色彩全部一致。

2:主景面与两个侧面的色彩形成对比,强调主景面。

3:主景面与两个侧面的色彩形成对比,强调侧面。

4:三个内界面色彩全部不一致。

同时,三个高层围合庭院也是一种变体,其色彩空间组合方式如图 4-34 所示。

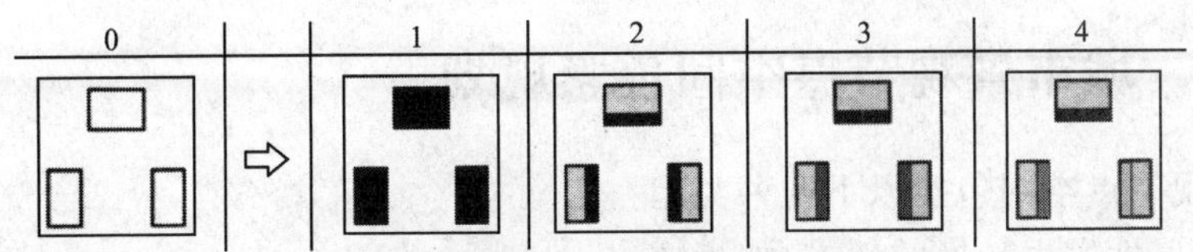

图 4-34　三高层建筑围合庭院色彩空间结构示意图

0:庭院原型。

1:三个围合建筑的内外界面色彩全部一致。

2:三个内界面色彩全部一致,并与外界面色彩不同。

3:主景面与其他两个内界面的色彩形成对比,强调主景面。

4:三个内界面色彩全部不一致。

(3)单体建筑内外界面色彩组合

对于城市庭院景观,有了内、外界面的区别,其单体建筑的每个立面的意义就更加明确,是内、外界面,还是山墙面(侧面),位置不同,其起到的作用也不同。

在图 4-35 中,A 代表外界面;B 代表一侧山墙面;C 代表内界面;D 代表另一侧山墙面。如图所示,不同立面有十种色彩空间的组合方Z式。

1:A、B、C、D 四个面色彩全部相同。

2:A、B、D 三个面相同,即两个侧面与外界面色彩相同;C 面(内界面)不同。

3:B、C、D 三个面色彩相同,即两个侧面与内界面相同;而外界面(A 面)不同。

4:A、C、D 三个面色彩相同,即内外界面与一个侧面相同;另一个侧面(B 面)不同。

5:A、C 两个面色彩相同,即内、外界面相同;而两个侧面(B、D 面)相同。

6:A、C 两个面色彩相同,即内、外界面相同;而两个侧面(B、D 面)各自不同。

7:两个侧面(B、D 面)色彩相同;而内、外界面(A、C 面)各自不同。

8:外界面和一个侧面(A、D 面)色彩相同,而内界面和另一个侧面(B、C 面)相同。

9:外界面和一个侧面(A、D 面)色彩相同,而内界面和另一个侧面(B、C 面)各自不同。

10:四个界面色彩完全不同。

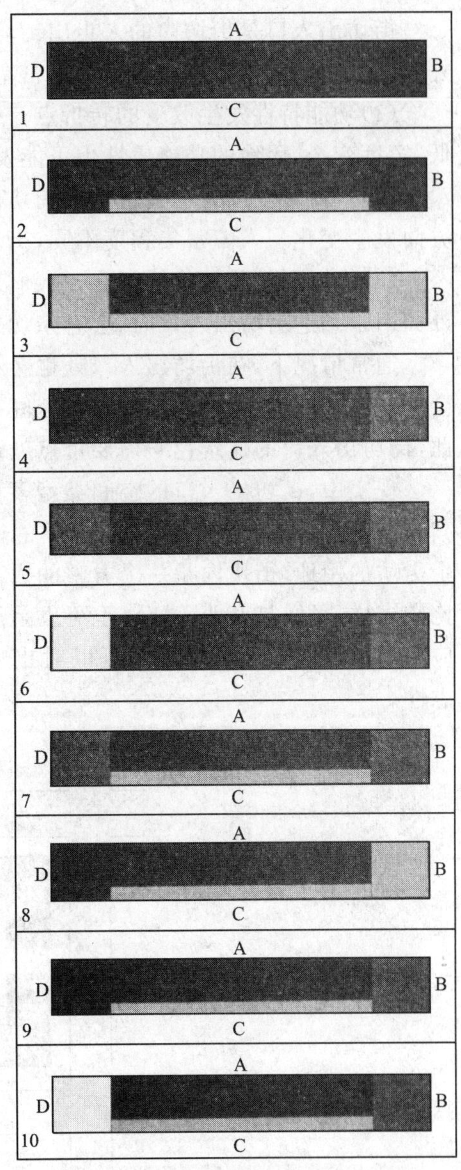

图 4-35　单体建筑内外界面色彩布局示意图

4.3.3 城市景观节点空间色彩规划

城市景观节点空间包括以下五种类型：

(1)空间属性发生转换的地方，如街坊出入口。

(2)街道空间尺度发生较大改变的地方，如街道与广场的连接处，多为街道交叉口。

(3)道路线型以及人流行走方向发生较大变化的地方，如街道转角。

(4)街道上有大量人流集散的地方，如广场。

(5)有重要建筑的地方，如历史建筑或市政厅等。

1.街坊出入口色彩规划

街坊出入口是街坊内的人走出街坊、街坊外的人走进街坊的城市空间节点，也是城市外部公共空间和内部半公共—半私密空间的转换点。街坊出入口具有以下属性：

(1)功能特性发生改变的转折点。街坊内部街道与外部城市道路相交，道路的等级降低，宽度变窄，用地的功能属性也可能发生变化，例如由商业功能转变为居住功能。

(2)人流密度改变的转折点。街坊内部道路通常与外部城市道路垂直相交，人的行走方向发生变化。人流密集程度不同，街坊内部人流相对较少，而街道上的人流相对较多。

(3)人对空间感知的转折点。人们对空间的感知也发生变化，居住在街坊内部的人从外面回来到达街坊出入口时，会有亲切感、归属感和领域感。

通常情况下，在街坊出入口处也会有大量公共设施的布局，是人们日常生活使用和社会交往频繁的场所，人们容易在此处驻足停留，同时，也是人们视觉重要关注点之一。因此，街坊出入口的建筑色彩需要重点处理。

现实中，街坊出入口的空间类型多种多样，下面选取几种有代表性的空间类型，说明其色彩处理方式。图4-36是最简单的街坊类型，该街坊建筑沿街周边式布局，占据了整个街坊的用地，街坊内是一个方整的内部庭院，沿街有两个出入口。此类街坊的功能性质比较多样，可以是商业、办公，也可以是居住。如果该建筑不是重点建筑，那么街坊出入口应是沿街色彩处理的重点。可以对出入口部分的建筑色彩进行强调，以增强空间的标志性。

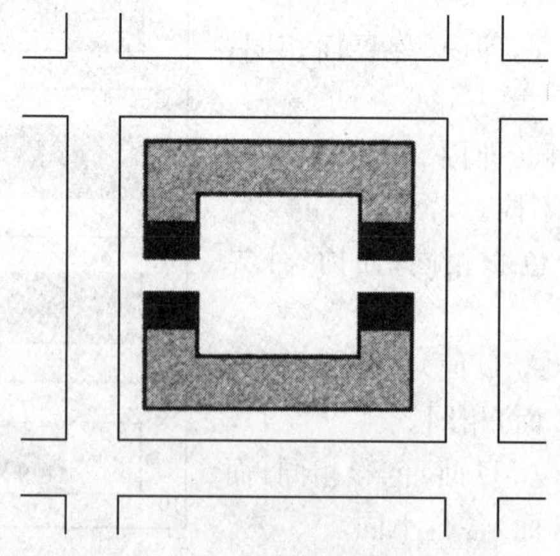

图4-36 出入口色彩空间结构示意图

图 4-37 和图 4-38 都是典型的居住类街坊。在图 4-37 中,把街坊出入口处的建筑作为一个整体来强调,1 级强调是出入口的建筑,2 级强调的是街坊内部建筑,3 级强调是出入口旁边的沿街建筑。

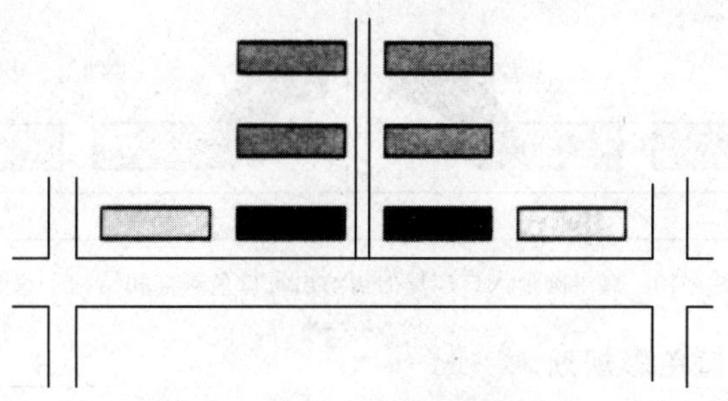

图 4-37　居住类街坊出入口色彩空间结构示意图 1

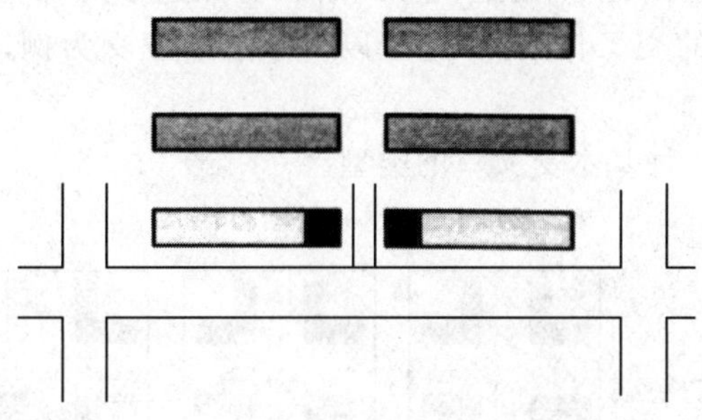

图 4-38　居住类街坊出入口色彩空间结构示意图 2

在图 4-38 中,色彩强调的位置是街坊出入口处建筑的一部分,如三分之一、四分之一等,街坊内部建筑色彩与外部沿街建筑形成对比。从强调的等级秩序上来说,1 级强调的是街坊出入口建筑的一小段,2 级强调的是街坊内部的建筑,3 级强调的是街坊出入口建筑的剩余部分以及周边建筑。

图 4-39 中的街坊出入口处设置了一个小型的入口广场,其周围布置建筑来围合。此时,确定强调对入口广场的围合是色彩处理的重点。A 方案是 1 级强调出入口建筑的一小部分,该建筑的剩余部分为 2 级强调,其他沿街建筑色彩弱化,以突出街坊出入口。B 方案中,1 级强调的是正对入口广场的建筑界面,该建筑侧面最弱,该建筑旁边的建筑为 2 级强调。这样,强调的重点是围合入口广场建筑的正立面。在 C 方案中,把街坊出入口的建筑作为一个整体进行强调,而旁边的沿街建筑弱化,直接突出出入口。

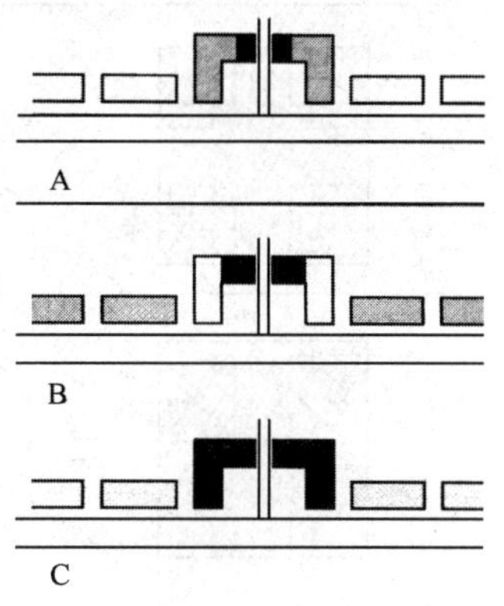

图 4-39　有方形入口广场的街坊出入口色彩空间结构示意图

图 4-40 与图 4-39 的空间类型相似,都有一个小型入口广场,不同的是:一个是方形,一个是半圆形;一个由两个直线形界面来围合入口广场,一个由一个弯曲形界面来围合入口广场。色彩强调

的方式也可采用类似图 4-39 的 C 方案，用色彩的连续变化或者整体性来加强对入口广场的围合。

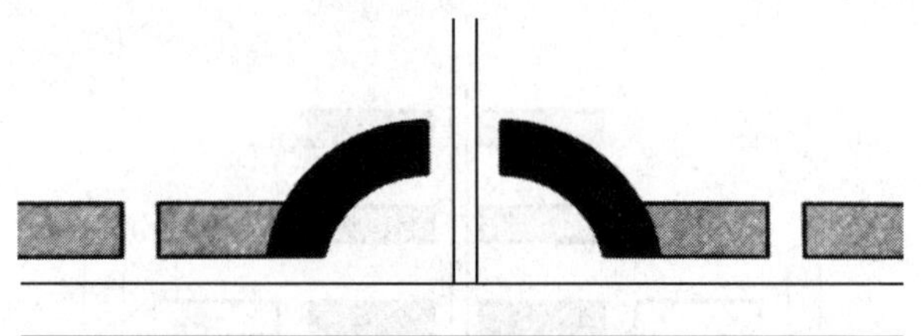

图 4-40　有半圆形入口广场的街坊出入口色彩空间结构示意图

2. 城市街道交叉口色彩规划

(1)“十”字形路口

交叉口色彩规划的目的是取得某种色彩倾向，避免过于混乱和过于单调。“十”字形路口是城市中最为普遍的交叉口类型，这里以四条道路正交为例，列出不同的色彩组合方式。

如图 4-41 所示，有 4 种基本交叉口的类型。

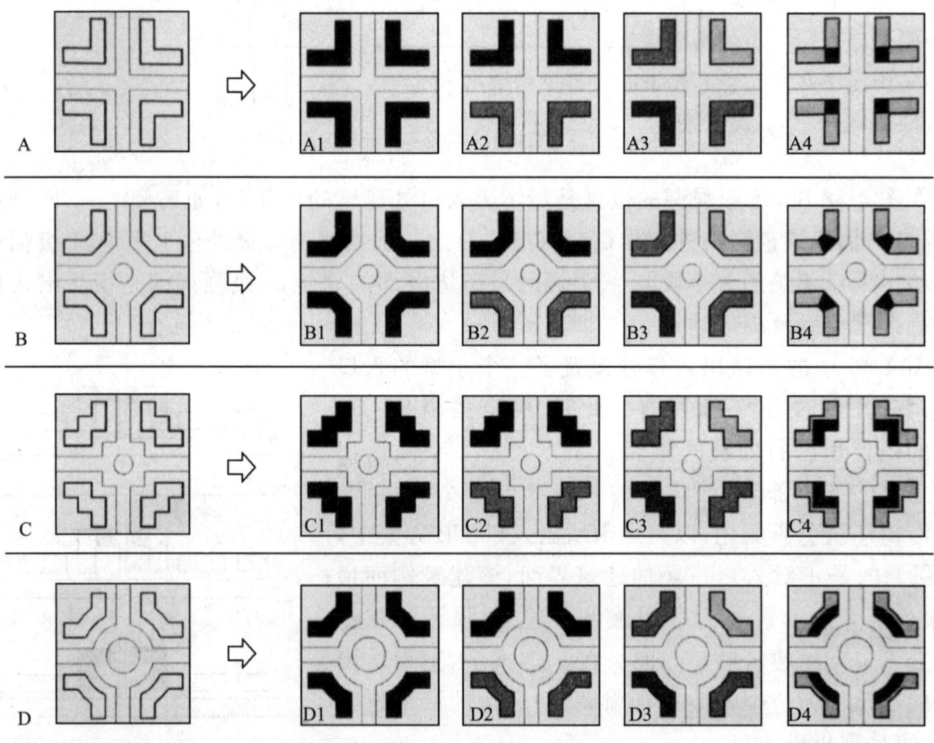

图 4-41　“十”字形路口色彩空间结构示意图

A：十字交叉口。

B：菱形交叉口。

C:方形广场交叉口。

D:圆形广场交叉口。

对每一种交叉口类型,给出了 4 种基本的色彩组合方式。

1:交叉口四个建筑的色彩全部相同,取得整体色彩的一致性。

2:交叉口一侧的两个建筑色彩相同,取得整体的对比。

3:交叉口各个建筑的色彩相似,取得整体性与多样性的均衡。

4:强调各个建筑面向交叉口的立面色彩。

(2)"丁"字形路口

"丁"字形路口的色彩处理重点是加强此地的标志性和导向性,如图 4-42 所示。

A:突出交叉口一侧的主体建筑,强调从短街方向上的视线对景。

B:突出交叉口周边的三个建筑,以加强该路口的色彩整体性。

C:突出交叉口一侧的两个转角建筑或者公共设施,将人的视线或者人流向短街上引导。

当然,如果路口某一侧有重要的建筑或者公共设施,也可以对该侧路口上的建筑色彩进行强调,以引导人流。

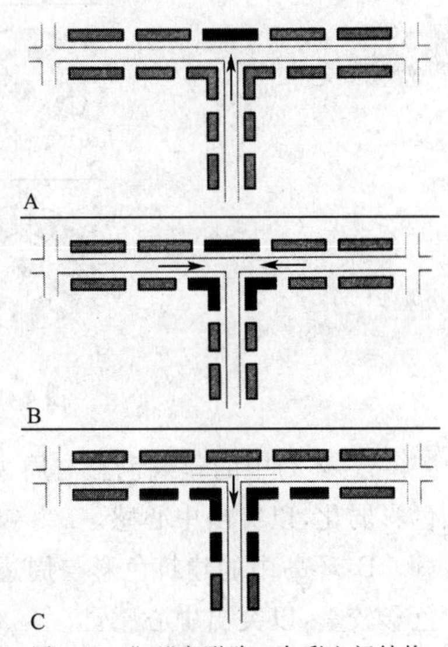

图 4-42 "丁"字形路口色彩空间结构示意图

(3)"Y"字形路口

"Y"字形路口与"丁"字形路口在道路的线型上基本类似,其色彩处理方式也相同,如图 4-43 所示。

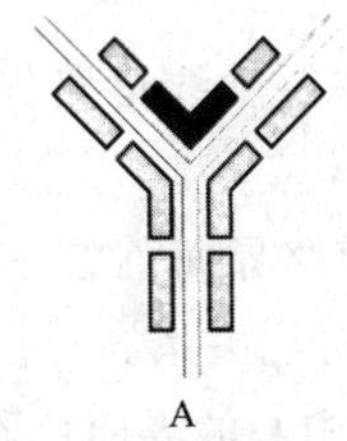

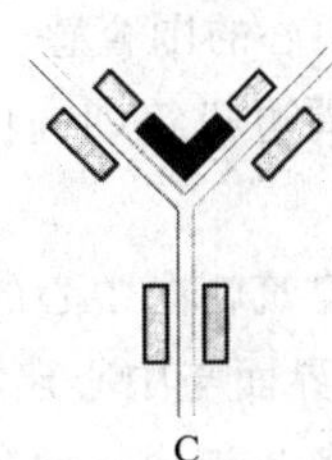

图 4-43 "Y"字形路口色彩空间结构示意图

A:突出交叉口的主要视线的对景建筑色彩。

B:突出交叉口的主要轴线上的建筑色彩,使对景建筑的色彩与之形成强烈的反差。

C:突出交叉口的主要视线对景建筑色彩,另两个转角建筑次之。

D:突出交叉口的三个转角建筑色彩。

(4)"米"字形路口

"米"字形路口在有着环形放射路网的城市很普遍,由于道路组织形式的关系,该路口对视觉的引导性非常强,此处的建筑也比他处的建筑更容易受到大众的关注。例如巴黎的凯旋门。

此类交叉口的色彩处理重点大体有三处：一是交叉口中心建筑；二是围合交叉口的建筑界面；三是各条轴线形街道的建筑界面。具体方式如图 4-44 所示。

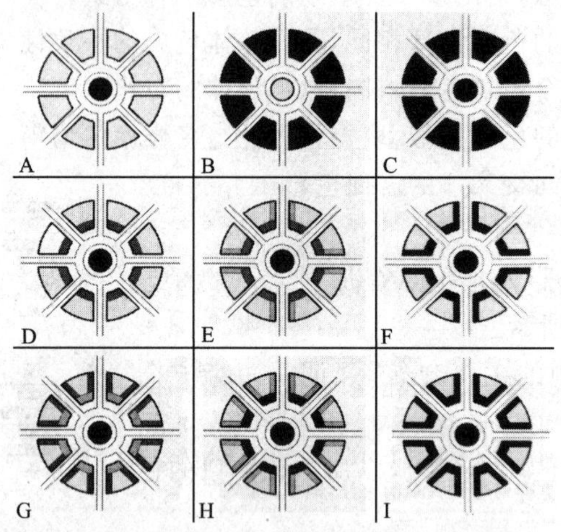

图 4-44 “米”字形路口色彩空间结构示意图

A：环岛中的建筑色彩与周边建筑色彩形成对比，中心建筑的色彩较重，周边建筑的色彩弱化，以突出中心感。

B：环岛中的建筑色彩与周边建筑色彩形成对比，中心建筑的色彩较弱，周边建筑的色彩较重，以突出中心感。

C：环岛中的建筑色彩与周边建筑色彩一致，以形成较强的整体感。

以上 3 个方案强调中心与周边的对比关系，以强调整体性为主。

D：中心建筑色彩最重，周边建筑朝向中心的界面色彩次之，其余界面色彩较弱，通过围合界面色彩的统一，加强中心的围合感。

E：中心建筑色彩最重，周边建筑朝向中心的界面色彩次之，主要轴线道路界面色彩再弱，其余界面色彩最弱。

F：中心建筑色彩、周边建筑朝向中心的界面色彩与主要轴线道路界面色彩一致。

以上 3 个方案强调围合界面与中心建筑以及四条轴线的色彩对比关系。

G：中心建筑色彩最重，各条街道界面色彩次之，周边建筑朝向中心的界面色彩次之。

H：中心建筑色彩与周边建筑朝向中心的界面色彩一致，均为最重，而各条街道界面色彩次之。

I：中心建筑色彩、周边建筑朝向中心的界面与各条街道界面色彩一致，突出整体性。

以上 3 个方案强调各条街道界面色彩与周边建筑朝向中心的界面、中心建筑色彩的对比关系。

3. 城市街区的街道转角色彩规划

城市街区的街道转角的平面形式有直角形、钝角形，也有锐角形，但是较少出现；多数情况为直角形，即“L”形转角。这里以“L”形转角为例进行说明。

在街道转角处进行建筑色彩规划时，需要考虑的重点是街道转角的色彩整体性、标志性以及对人流的引导性。在图 4-45 的 A 中,街道转角无重要建筑和广场,这种情况非常普通。通常,设计重点对象的转角处位于外侧的建筑色彩,因为它位于人流来向的视线对景处,是主要的视线关注点。而街道转角内侧的建筑,由于视线方向与人流行走方向一致,受关注的程度不如外侧建筑高。因此,可以对内外侧建筑的色彩分别考虑,以强调外侧为主,内侧为辅。

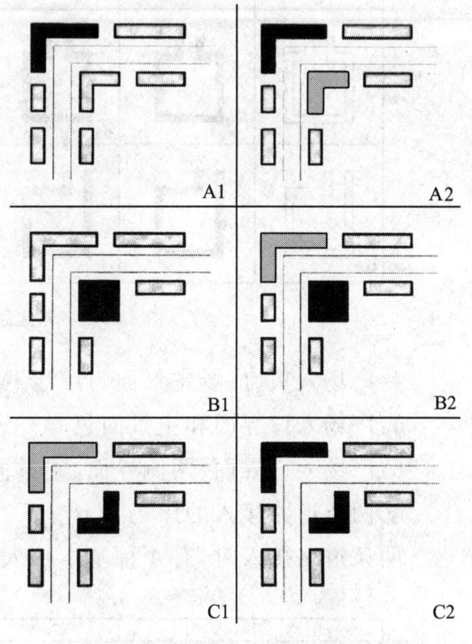

图 4-45 街道转角色彩空间结构示意图

在图 4-45 的 B 中,街道内侧有重要建筑。应该强调重要建筑的色彩,可以内侧建筑为主,外侧建筑为辅。

在图 4-45 的 C 中,街道转角内侧出现小广场。小广场出现造成内侧建筑界面向内收缩,在街道上不太容易受到关注,因此,需要把内侧建筑界面色彩与外侧建筑一同强调。

图 4-46 是两个街道转角相连接的方案。强调重点是每个转角外侧的建筑色彩,以突出街道方向的转折,引导人流。对转角内侧建筑的强调,需要视具体情况来定。

4. 城市广场色彩规划

广场是城市街区中的重要节点空间,在这里,街道的宽度得到放大,尺度感觉大不一样。广场的空间形态多种多样,这里对广场的划分来自 R. 克里尔对广场的分类方法,即从道路接入的数量多少和接入方向来划分。在其形态方面,是以正方形广场为主题,对于其他形态(如三角形、圆形、椭圆形、长方形、梯形等)的广场,不做过多阐述,因为其色彩组合原理是相似的。

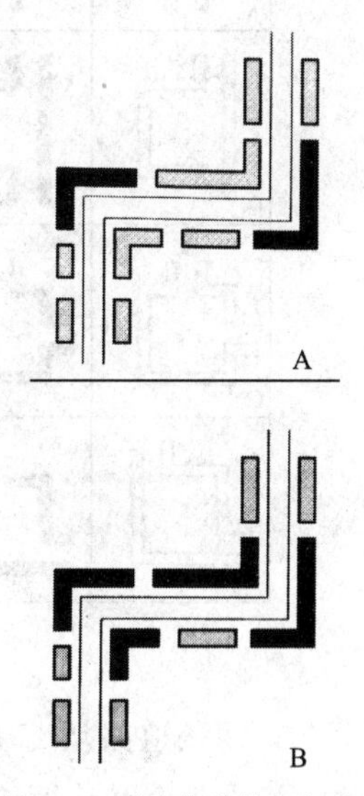

图 4-46 两个街道转角相连接的色彩空间结构示意图

(1)独立式广场

①一条道路接入的广场。

一条道路接入时,有两种基本接入方式,如图 4-47 所示。

A:一条道路从街坊中间处接入。

B:一条道路从街坊转角处接入。

对这两种广场形式,有 6 种基本色彩组合方式。

0:广场原形。

1:围合广场的所有界面色彩全部一致。

2:广场界面与入口界面的色彩形成对比。

3:广场入口、广场主景面与广场两侧界面的色彩形成递进关系。

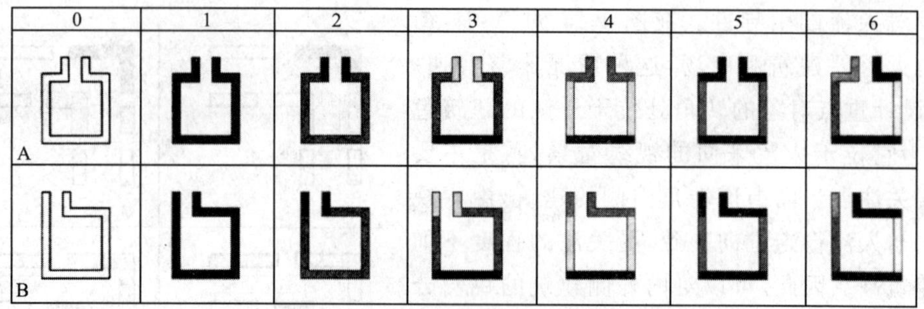

图 4-47 一条道路接入的广场色彩空间结构示意图

4:广场入口、广场主景面与广场两侧界面的色彩形成对比关系。

5:广场入口界面和主景面色彩一致,而两侧界面色彩不同。

6:广场入口界面、两侧界面、主景面色彩各不相同。

②两条道路接入的广场

两条道路接入时,有 4 种基本接入方式,如图 4-48 所示。

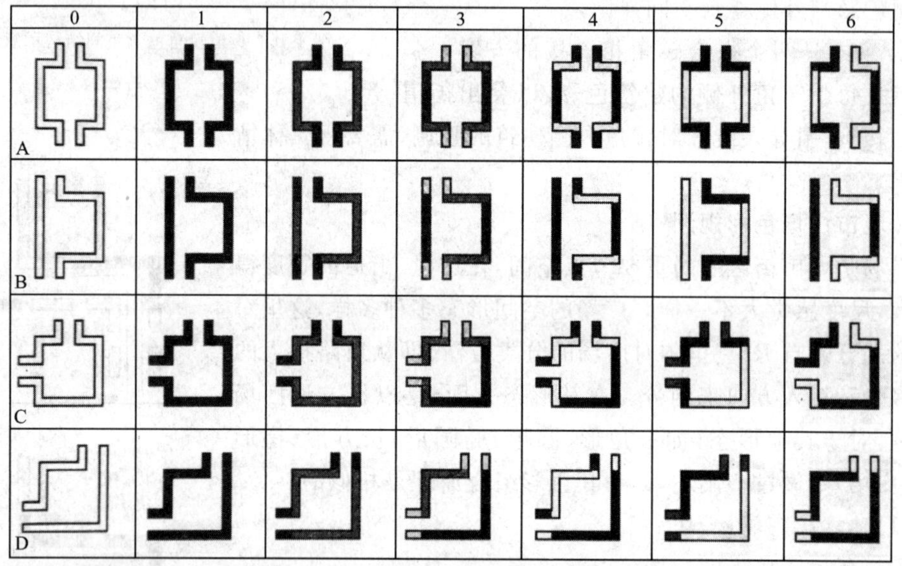

图 4-48 两条道路接入的广场色彩空间结构示意图

A:两条道路从街坊中间处接入,两条道路贯通成一条道路。

B:两条道路从街坊转角处接入,两条道路贯通成一条道路。

C:两条道路从街坊中间处接入,两条道路垂直相交于广场中心。

D:两条道路从街坊转角处接入,两条道路垂直相交于广场一角。

上述广场形式均有 6 种基本色彩组合方式。

0:广场原形。

1:围合广场的所有界面色彩全部一致。

2:广场各个界面色彩一致,且与入口界面的色彩形成对比。

3:广场入口、广场主景面与广场两侧界面的色彩形成递进关系。

4:广场入口、广场主景面与广场两侧界面的色彩形成对比关系。

5:相对的两个广场入口界面色彩一致,而两个侧界面色彩也相同,但与入口界面色彩不同。

6:广场入口、广场主景面与广场两侧界面色彩各不相同。

③三条道路接入的广场

三条道路接入时,接入方式较多,这里列出 4 种基本接入方式,如图 4-49 所示。

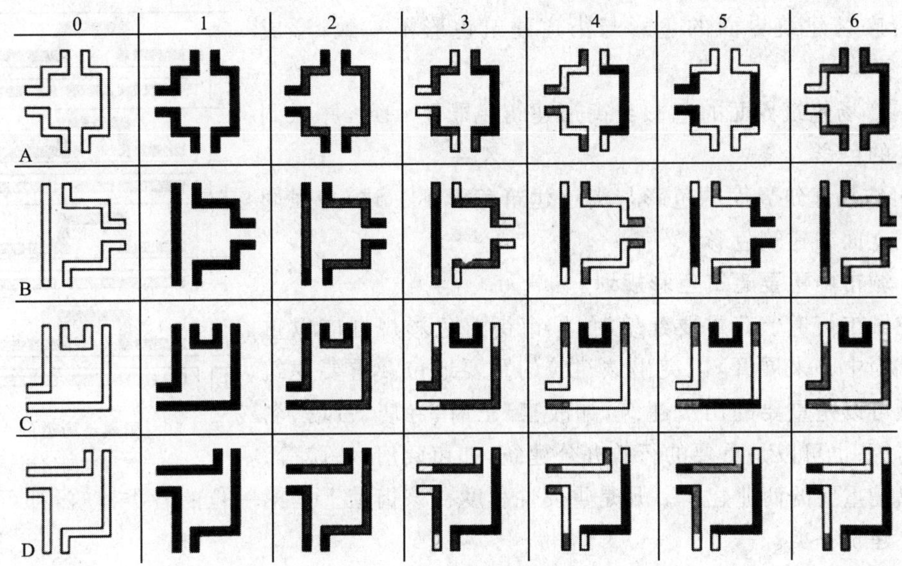

图 4-49 三条道路接入的广场色彩空间结构示意图

A:两条道路从街坊中间处接入,两条道路贯通成一条道路,且与第三条道路垂直相交于广场中心。

B:两条道路从街坊转角处接入,两条道路贯通成一条道路,并与第三条道路相交于广场边缘,第三条道路从街坊中间处接入。

C:三条道路从街坊转角处接入,相邻的两条道路平行,并与第三条道路垂直相交于广场边缘。

D:三条道路从街坊转角处接入,相间的两条道路平行,并与第三条道路垂直相交于广场边缘。

对这些广场形式,列出了 6 种基本色彩组合方式。

0:广场原形。

1:围合广场的所有界面色彩全部一致。

2:广场界面与入口界面的色彩形成对比。

3:广场入口、广场主景面与广场两侧界面的色彩形成递进关系。

4:广场入口、广场主景面与广场两侧界面的色彩形成对比关系。

5:广场入口界面和主景面色彩一致,而两侧界面色彩不同。

6:广场入口、广场主景面与广场两侧界面色彩各不相同。

其他多条道路接入的广场色彩规划,与上述方法相似,可以此类推。

(2)附属于街道的小广场

该类型城市空间的重点是处理好广场界面与街道界面的色彩关系。如图 4-50 所示,列出了 4 种基本模式。

A:广场建筑界面的色彩与街道建筑色彩一致,取得整体统一性。

B:广场建筑界面的色彩与街道建筑色彩不一致,形成对比。

C:广场建筑界面的色彩与街道建筑色彩不一致,并强调转角处的色彩。

D:广场建筑界面的色彩与街道建筑色彩不一致,并强调广场正立面的建筑色彩。

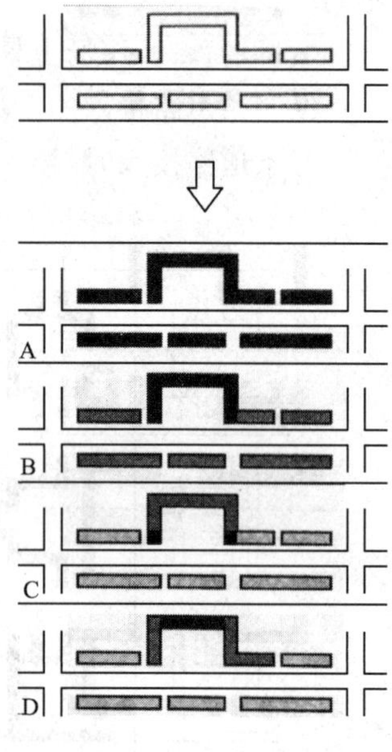

图 4-50 附属于街道的小广场色彩空间结构示意图

5. 城市中重要建筑色彩规划

在城市街道上有重要建筑时,城市街道色彩规划应以重要建筑为中心来展开,以突出该建筑的重要地位。重要建筑的类型可以是重要的历史建筑,如故宫、王府、寺庙、古塔、名人故居等;也可以是重要的行政办公建筑,如市政府、法院等;还可以是重要的商业建筑。凡是重要性程度在该街道上是第一位的各类建筑,都可以归到重要建筑一类。

A 方案:整个街道色彩分为两个等级,重要建筑为一级强调,其他沿街建筑为下一个等级的色彩,两个级别之间有很大的差距。B 方案:以重要建筑为中心,色彩重要性程度依次向外弱化,形成渐变。

在一条街道或者至少是一个路段中,若有重要建筑,则该重要建筑的色彩应是本街道的色彩强调点,其他建筑的色彩不应超出其应有的公共重要性。

4.3.4 城市景观色彩组织的基本原则和手段

色彩组织是针对城区色彩规划的补充。色彩空间组织的原则有两个,即整体性和多样性(表 4-2)。能够形成城市街区色彩空间整体性和多样性的基本手段包括:统一、均衡、韵律、强调、秩序等。需要指出的是,这些手段并不是固定不变的教条,需要根据具体情况使用,很多情况下,手段并不是单一的,而是多种手段综合的结果。

1. 基本原则

(1)整体性

某种色彩组合方式在整个城市街道空间中占主导地位,给人以整体统一的印象,其色彩有统一的系统结构,条理分明,组织严谨,具有整体性。与整体性相对应的形容词有整体的、整齐的、统一的、有序的、均衡的、清晰的、干净的、温馨的等。

表 4-2 街道色彩空间组织的基本原则

色彩空间组织的基本原则	空间效果	色彩组合方法	要素特征
整体性	空间整体性良好，结构严谨，条理分明	相同	色相相同
			明度相同
			纯度相同
		相近	色相相近
			明度相近
			纯度相近
		渐变	色相渐变
			明度渐变
			纯度渐变
		相反	色相对比
			明暗对比
			纯度对比
		均衡	色相比较
			明暗对比
			纯度调和
			面积大小
			位置安排
多样性	—	对比	色相对比
			明度对比
			色度对比
			冷暖对比
			补色对比
			同时对比
			面积对比
		韵律	有方向
			有顺序
			有高低
			有强弱
			序列
			重复
			色度对比

达到色彩整体性可以统一色彩或者统一色系，甚至是应用对比色彩。例如北京民居建筑与宫殿建筑的强烈色彩对比，给人的感觉是具有很强的整体性。其关键在于色彩使用的位置、频率、形式与面积对比关系。

色彩整体性所达到的空间效果是空间结构严谨，条理分明；有主题，有节奏；可以避免街面色彩过于混乱、连续性不够、缺乏秩序与特色等问题（图 4-51）。

图 4-51　阿尔及利亚：以黄色为主的立面，穿插了蓝绿色系，构成整体而富有变化的色彩空间

(2)多样性

多样性是指在城市街区空间中给人的色彩印象是丰富多样、五彩缤纷、绚烂多姿，没有哪一种色彩占据主导地位。与多样性相关的形容词有多样的、丰富的、有趣的、活泼的、温暖的、欢乐的、愉悦的、连续的、跳跃的、有规律的、有序的、有层次的、有节奏的等。多样性往往能形成十分有趣的城市色彩空间。

多样性能形成动态呼应的、有生命的、有韵律的平衡；各个色彩空间要素能形成良好的美感、层次感、尺度感、节奏感、韵律感；可以构建富有意味、充满活力和特色的城市景观色彩环境(图 4-52)。

图 4-52　巴西伯南布哥：多种色彩组成的街道

2. 城市景观色彩组织的基本手段

城市街区色彩获得整体性或多样性效果需要通过一定的色彩组织手段来实现。这些手段包括统一、均衡、韵律、强调、秩序等。

(1)统一

统一意味着平衡、和谐，包括色彩同色彩、色彩同结构、色彩同材质，以及色彩同意境等方面的协调一致。

色调、彩度和明度上的差别越小，越能构成统一的色彩效果。统一不是单调，街道界面用色往往通过微弱的色相或色度上的差别，获得丰富而整体的色彩效果。这种处理方式对色彩使用的细微变化十分考究，既要避免颜色差别过大，又要避免过于雷同和单调（图 4-53）。

图 4-53 德国波茨坦：同一色系的黄色通过深浅变化，构成统一

(2)均衡

对于城市街道空间来说，除了横向的呼应，均衡的色彩组织原则主要体现在立面布局上，以获得视觉上的平衡状态。色彩均衡可以从面积分布、位置关系和色彩的强弱中得到。

在城市景观中同一个建筑立面，不同的色相、明度或饱和度的色彩在位置上的变化，可以构成均衡的色彩效果。如果这种变化只在同一色系或邻近色系中发生改变，则可获得更为宁静的均衡效果（图 4-54）。

(3)韵律

韵律通常体现为色彩的节奏感，也就是城市街区建筑的不同色彩在空间位置上，通过一定的手法形成的类似音乐的节奏。这种节奏可以通过反复、渐变、强调、减弱等组合方式，通过明暗对比、纯度调和、色相比较、面积大小、位置安排、色调轻重的变化获得。

韵律手法往往在建筑开间较小、街道界面连续的情况下最易获得（图 4-55）。对于较大体量建筑则可以分段获取。这种分段不仅包括横向，也包括纵向的手法。

(4)强调

在一定范围内，以某一种色彩为主，以其他色彩为背景或衬托，则构成强调。对于城市景观的街道空间来说，作为强调的色彩可能不仅仅是 1 个，而有 2～3 个，这要视具体情况而定。但是，强调是有等级的。也就是说，明确 1、2、3 级强调，分清重点和主次，才能构成功能和视觉意义上的有效性。

对于城市景观空间界面来说，色彩对比中更为常见的是色相对比、明度对比、冷暖对比、位置对比、面积对比等等。其中，位置对比指同一种颜色在不同位置上的色彩效果。需要指出的是，这些对比关系并不是孤立存在的，在同一街道界面上，往往存在多种对比因素。在具体使用上也没有太多的限制，一般来说，冷暖对比往往能获得更为活泼的视觉效果;近似色相对比能使空间变得温馨宜人。不同位置和不同面积之间的对比关系,往往在街道色彩空间中起着至关重要的作用,一般由单体建筑体量决定。

图 4-54　蓝色和紫色通过位置的变换构成均衡

图 4-55　巴西:冷色和暖色构成韵律

色彩的强调往往具有引导和暗示性,需要结合建筑和街道形式进行考虑。强调包括色相、明度、饱和度、面积、位置等方面。很多时候,这些手法并不是单纯和绝对的,而是综合使用的,需依据具体城市空间的情况进行选择(图 4-56)。

(5)秩序

与韵律所获得的轻快节奏感不同,秩序强调色彩空间的严谨和序列。秩序离不开比例,如长短、大小、高低、内外、上下、左右等,通过色彩的明度、纯度和面积,建立一定序列。

色彩秩序体现了街道空间的局部与整体的关系,也就是局部空间色彩组织服从整体空间色彩组织原则。一个单体建筑的色彩组合关系,不是孤立存在的,而是城市建筑空间组群中具有特定角色的一分子,单体建筑色彩空间组织必须让位于整个城市景观或城市街区的整体色彩秩序。

这种秩序可以更为局部地缩小在单体建筑的局部构成和整体关系之上,也就是局部色彩的处理必须服从整体建筑的功能、材料和风格处理的需求(图 4-57)。

图 4-56　德国波茨坦:灰色相间强调了入口节点

图 4-57　德国波茨坦:从中心往外,颜色间插递减

第5章 城市景观设计中的无障碍设计

在城市景观环境中，还有一个特殊的组成部分，就是城市的无障碍空间。所谓城市无障碍空间，主要针对城市无障碍设施而言的。城市无障碍设施，就是主要为保障残疾人等弱势人群的安全通行和使用便利，在城市公共建筑、住宅建筑、居住小区、城市道路、地铁车站、城市铁路车站、城市旅游景点等城市建设工程中配套建设服务设施。如城市应有盲人使用的盲道；在有高低差的台阶上，必须设置适合轮椅的坡道，在坡道的两侧必须设置扶手；公共设施必须有符合残疾人使用的特殊部分，如厕所、售票窗口；在无障碍设施显著的地方设置标志，告知残疾人可以使用；等等。无障碍设施比较完善健全的城市空间，可以称之为城市无障碍空间。

5.1 城市景观无障碍设计的概念及意义

5.1.1 无障碍设计的概念

障碍是指一个人由于损伤或残疾造成的不利条件，限制或妨碍这个人正常完成某项任务，并有碍于他与物质环境或情感世界进行相互交流。

对于无障碍概念应以创造充满人情的空间环境为宗旨，使每个人的人格都受到尊重并能健康长寿；在方便舒适的室内环境里工作、生活、娱乐等，以各自的能力对社会做出贡献。

因此，大家都希望建设有利于发挥这些人才优势的室内环境。的确，我们每一个人都希望成为有能力的人，可是，现实却不是这样的。无论谁作为一个人都不可能成为“完全的人”，所以，以概念性的“完全人”为基准的室内设计建设是错误的。而应以多数人的平均值制定假设的“平均人”标准，建设适合这一标准的室内环境。这样的说法得到多数人的赞同，称之为一种科学的、合理的主张。但是人们没有想到距离“平均人”的标准越远就越被这种标准室内环境排除在外，就越难融入室内环境中工作与生活，特别是对那些能力不足的人们来说就越不利。由于这些受到不利待遇的人们一直被社会无视，社会只是过分适应一部分“平均人”，因而城市人群逐渐出现了反比例。受到不利待遇的人数逐渐增多，使得这些人的利益变得不可忽视起来(图 5-1)。

5.1.2 无障碍设计的意义

城市景观无障碍空间的塑造，并不是仅仅为了一小部分人的利益，也不是付出很大成

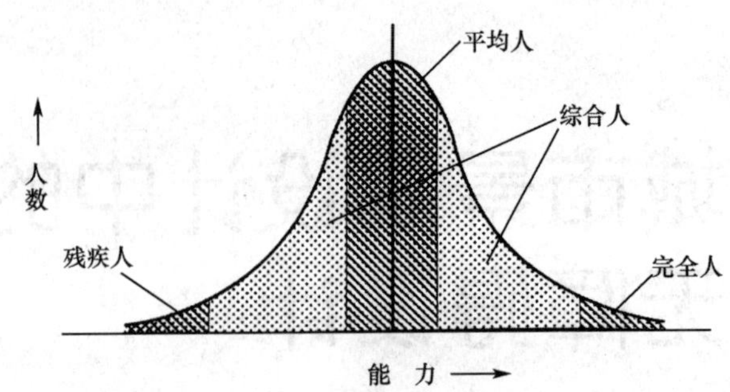

图 5-1　完全人、平均人、残疾人、综合人关系图

本而收益甚微，事实上，它的社会效益是无法用金钱来衡量的。不仅如此，城市景观无障碍空间反映了一种空间理念：即以人为本的城市空间，是一种"雪中送炭"的空间，而并不仅仅是"锦上添花"的空间。

1. 城市景观无障碍设施不是只为少数人修建的

城市景观环境中构建无障碍设施，在有些人眼中是一笔不必要的投资，因为与偌大的城市相比，残疾人只是微不足道的一部分。为这一小部分利益而大兴土木，似乎没有这个必要，这个观点是一种误解。首先，从残疾人绝对数量角度看，世界上目前共有超过 5 亿的残疾人，约占世界人口的 10%，而且每年还要新增 1500 万，也就是说每天世界要新增残疾人约 4 万人，这是一个触目惊心的数字。其次，从现代社会风险性来看，现代社会科技发展日新月异，但科技的发展带给人们的并不都是福利，也意味着风险性的增加，高科技的社会同时也是个高风险性的社会。每个健全人都潜伏着成为残疾人的危险。为残疾人修建无障碍设施，对健全人来说，并非事不关己。再次，无障碍空间并不独为残疾人所享，还为儿童、老年人以及伤病人员享用。基于以上，可以这样说，无障碍设施与我们每一个健全人是息息相关的，并不只是为少数人所建。

2. 城市景观无障碍空间收益是巨大的

关于城市无障碍空间，还有另外一种误解，那就是从经济学角度来讲成本太大，而收益太小，是一笔沉重的经济负担。其实，这种观点是片面的，无障碍设施的成本并不是十分昂贵，同动则上亿的城市建设大手笔相比，无障碍设施的支出只是杯水车薪。美国全国城市联盟都市研究部在 1967 年所做的一项研究报告显示：三座符合美国无障碍建筑设计国家标准的建筑物，每座额外付出的经费不超过工程总造价的 0.1%。由此可见，无障碍设施并不是十分昂贵。

城市景观中的无障碍设施的收益是十分明显的，如果缺乏无障碍设施，替代成本也是要付出的，要从许多方面支出成本来支撑残疾人的相关活动，由于是分散支出的，实际上这些成本之和要远远大于城市无障碍设施的成本，这是得不偿失的。另外，对城市景观中的无障碍设施的成本与收益，不应仅仅只算经济账，作为一项公共事业，它的社会效益是巨大的，以至于难以用单纯的经济数字来衡量，它对维护社会稳定、维护经济社会的可持续发展有着不可替代的重要意义。

3. 城市景观无障碍空间反映了以人为本的空间理念

城市景观无障碍空间的塑造，还牵涉到一个实质性问题，那就是我们研究要建设一个什么样的城市空间。城市空间是一个城市精神内涵的体现，正如伊利尔·沙里宁所说的那样，“让我看看你的城市，我就知道这个城市的人在追求什么”。城市空间的建设实际上具有深刻的内涵。

一个好的城市空间应该是以人为本的。以人为本的城市空间是一种关心人、尊重人、陶冶人的城市空间，这其中有一个重要的前提条件是人人都有享受城市空间的公平使用权，不分种族、不分贫富、不分职业，这是城市景观设计的基本理念。公平的城市景观空间，让那些弱势群体有同样的机会参与并享受。只有这样，这个空间才能充满尊重和关心，才能真正陶冶人们的心灵。

5.2 城市景观无障碍设计应注意的一般事项

5.2.1 行动特性的障碍分类及特点

1. 残疾人的分类

残疾人大致分为：下肢、上肢、感觉、精神的残疾，以及在这些方面有综合征的残疾人。下肢残疾人是在步行方面有缺陷，其中有使用拐杖的人和使用轮椅的人。上肢残疾人是手或臂膀等存在缺陷，或不能自由支配的人。知觉残疾者是在知觉上发生障碍的人，主要是指视觉障碍者和听觉障碍者。精神残疾人指精神薄弱者和其他精神障碍者，这方面的研究成果很少，没有过多涉及。老年人随着年龄的增加身心机能开始减退，会出现几种综合性的障碍，特别是对高速的东西不适应，也被包含在残疾人之列。幼儿对于为成人生产的东西难于使用，有时也被包含到有使用障碍者中。产孕妇或持有大件行李的人等，在一段时间里也被认为是有障碍者。多数建筑物或城市都是以健壮者为目标而设计的。尽管如此，健壮者面对很多楼梯和复杂的设备有时也会不知所措。特别是感到疲劳或身体不舒服时，意想不到的东西有时就成为障碍而不能使用。

因此，无障碍设计不只是以一部分残疾人为对象的建筑和城市的设计，而应是，无论是谁、无论在哪里都要使大家使用方便的设计。但是，要想设计出任何人都使用方便的建筑和城市，就必须了解老年人、残疾人、婴幼儿的特点和需求。如果不这样就难免生产出他们不能使用的产品。这里主要是以轮椅使用者和视觉残疾者为基准，因为在城市环境中轮椅使用者和视觉残疾者的要求是最难以达到的。在城市环境中活动，如果他们感觉使用方便，那么其他的残疾人也会感觉使用方便。

2. 各种行动特性的障碍特点

(1)步行

一般来说，正常人走一点路是不会感觉疲劳的。可是近些年来，人们的室外活动依赖交通工具过多，坐车的时间多于行走的时间，我们的腿脚因为缺乏锻炼而疲于行走。

①在上述情况下，即使是健康的人长时间在硬质地面上或非常光滑的地板上也不容易行走。

②幼儿边玩边走路，所以需要周围的人注意或跟着他一起走。

③老年人腿脚不方便，容易摔跤。

④使用拐杖的人，体重是加在很细的拐杖尖上，容易滑倒。另外，拐杖要两边张开着行走，所以，行走时所占空间较大。

⑤轮椅直行时比较容易，转弯时需要一定宽度。

⑥视觉残疾者比较容易直行，行走时需要更多的参照物，有时会用导盲犬等来领路。

(2)上下楼梯

上下楼时一般使用楼梯，楼梯过长就会使人感觉疲劳，如果有电梯或自动扶梯就方便得多。但是，乘坐电梯、自动扶梯时应加以注意。

①正常健康的人上下楼梯有时也有摔倒的危险。

②幼儿有时在楼梯上玩耍。

③对幼儿、老年人、行走困难者等需要设置楼梯扶手。

④对轮椅使用者来说，上下楼梯以及有高差的地方不易出行，需要设坡道或电梯。

⑤视觉残疾人不容易发现楼梯、台阶以及有高差的地方。在台阶中间的踏步，其高度和宽度尺寸有所改变时，会给他们带来不便。多方向旋转的楼梯会使他们迷失方向。

(3)换乘(车)

乘车出行时，换乘(车)如果很顺利的话，其行动范围就会扩大。但有时换乘(车)会较复杂。

①正常健康的人跳跃式移动有时会有危险。

②幼儿则喜欢乘坐新的乘坐物(车)。

③老年人、产孕妇等不能够匆忙地换乘(车)，需要有缓慢的辅助乘车装置或可以抓的扶手等支撑物。

④对轮椅使用者来说，如果换乘(车)与地面存在不适当的高差就非常麻烦。

⑤对视觉残疾人来说，预先不了解被换乘(车)的情况，就不方便行动。

(4)坐

人的坐法有很多，一般来说，坐在高位的地方可以看得远些，但不太安稳。坐在低的地方，比较安稳，但又不易活动。

①现在人们的体格越来越高大，过去的椅子显得有些低，长时间坐着工作的情况较多，人们希望设计出可以长时间坐而不累的椅子。

②幼儿不能安静地坐着。

③老年人从较低的座位站起来时比较困难，需要有扶手一类的东西。

④轮椅可以就椅而坐，但桌子或其他装置不配套就会出现问题。从轮椅往其他座席移动时很不方便。

⑤视线残疾者不容易找到座椅的位置。

(5)进门、出门

如果不能看到门，不能开关门，也就无法进出门。

①正常健康的人对复杂的锁也有不好打开的时候，手持很多东西时进出门也比较不容易。

②对幼儿来说，门的把手过高、门过重都会给他们带来使用上的不便。

③对老年人、使拐杖者来说，有时开关门都有很多不方便。

④轮椅使用者在开关门时，需要将轮椅接近门的位置。而旋转式门容易夹住轮椅，使其难于通过。为使轮椅方便通过，门的宽度应在80厘米以上。

⑤视觉残疾人容易撞击在走廊或通路一侧敞开着的门上。

(6)下雨下雪时

刮风下雨下雪等恶劣天气时，人们就更不方便行动了。

①正常健康的人在打着伞的情况下会影响视线。

②幼儿有时会被大风刮倒。

③如拄着拐杖打伞就更不方便。

④使用轮椅者在雨天外出更加困难，雨天打伞就无法使用轮椅，淋湿后的路面容易使轮椅打滑，所以只能使用小汽车。因此，建筑物的出入口处要设置大一点的雨篷。

⑤对视觉残疾人来说，在天气不好的情况下，难以听到周围的反射声，不容易掌握方向，有时还有掉到水里的危险。

(7)交通安全

在步行道、车行道等没有安全分离的道路上行走时，防止交通事故，保护自身的安全不是一件很容易的事，特别是横穿马路时更加危险。

①正常健康的人也不能麻痹大意。

②幼儿经常是不顾周围的情况，随意跑到车道上，很危险。

③老年人和拐杖使用者等横穿马路时走得很慢，所以交通信号有必要延长时间。

④听觉有障碍者听不到汽车声或警笛声，有时会做出错误的行动。

⑤对轮椅使用者来讲，人行道与车行道之间的高差是一个很大的障碍。需要将其做成坡道，长的坡道宜做成蛇形。

⑥对视觉残疾人来说，需要有声音信号和起诱导作用的点字地砖。

5.2.2 不安全环境中的无障碍设计

对普通人没有任何问题的地方，对老年人、残疾人、婴幼儿来讲，就有可能成为一种障碍，或不能够简单通过，或有可能受伤甚至丧失生命，我们一般把它称作不测事故。这种不测事故是人们的不安全行为与环境不安全状态相互作用的结果。以前我们对依据老年人、残疾人和婴幼儿等使用情况而建设的城市和建筑考虑得很少，所以这部分人群受到伤害的情况较多。应找出所有人与环境之间不协调的因素。首先，必须要努力改善环境；其次，改善环境后仍存在不安全的地方，就要从人的角度出发学习处理危险的技术来维持安全。只是口头喊注意安全，是不会消除不安全因素的。

对城市环境使用者——“人”来讲，无论如何强调要注意安全，要一直持续不断地集中注意力是不可能的。即使出现了问题也能确保安全，就需要有两道、三道安全对策才行。特别是要想确保所有残疾人的安全，没有多方面的安全对策是不行的。

1. 城市景观设计中的不安全因素

(1)正常健康者

①平时很谨慎的人，疲劳以后注意力也会出现不集中的情况。

②慌张或不安全的姿态也会招致交通事故。

③在人多拥挤的时候，按正常健康者的情况设置标准就很不安全，应该以人群中的弱者情况为准。

④违反集体行动规律的行动，有时会使交通事故的事态扩大。

⑤醉酒或自暴自弃的行为会降低安全性。

(2)幼儿

①很活跃，随地跑、跳、游乐，容易撞车。

②身体的重心偏高，所以很容易从窗台、阳台翻身掉落。

③判断力尚未成熟，不知道药品、煤气、烟火、热水等的危险性，随意做一些危险的事情。

④感觉到有危险的时候，有时会钻到空洞里。

(3)老年人、拐杖使用者

①认知周围情况的能力较差，不容易预知危险。

②对复杂的东西不宜理解，错误地使用现代化设备会出现危险。

③行动缓慢，对速度快的东西跟不上。

④平衡功能较差，容易摔倒，摔倒后易骨折，而且不易治愈。

(4)轮椅使用者

①只能从水平方向避难。

②高低不平的地面，容易摔倒。

③轮椅在较长的坡道上前行时，容易速度失控。

④在人多拥挤时，容易出现碰撞，而不能前进。

⑤使用正常健康人站立时所用的器具，会出现不适的姿势，容易发生危险。

(5)视觉障碍者

①对障碍物、危险物难于预知，特别是这些东西在移动时，就更加难于预测。

②手持的探物拐杖只能探知地面的状况，而对墙面、顶棚的突起物不容易发现。

2. 不安全环境中无障碍设计的安全设计

(1)摔倒事故

摔倒是指滑倒、绊倒而失去平衡所引起的。对拐杖使用者来说，体重加在拐杖头时容易滑倒。视觉残疾者难于认知障碍物，而容易绊跤。老年人是因为平衡功能减退而易摔跤，而且摔伤后难以治愈。具体安全设计的方法如下：

①地面有倾斜的地方，都应采取防滑措施。高差或高低不平也容易绊跤。电线或煤气管线不要铺在地板上。

②地面材料要使用防滑材质，或使用人摔倒后所受撞击比较小的材料。

③地面上的水、冬季冰雪路面都会使路面易滑，对这些情况要特别注意。

④平衡功能有障碍者需要有支撑身体的扶手等支撑物，支撑物要支撑人的体重，所以要安装结实。

⑤下肢残疾者在电扶梯的终端，脚的速度跟不上扶手的滑动速度会使人跌倒。在其延伸处设置固定扶手为好。

⑥摔倒时，如果碰到尖锐的棱角或破碎的玻璃会加重伤势。在地面上最好不要放置这类东西。

(2)跌落事故

跌落事故，主要危险来自加速度。从二楼跌落时，有时只是摔伤而已，如果从三楼以上跌落，就会有夺走生命的危险。周围有高低差的地方，要特别注意防止跌落事故的发生。具体安全设计方法如下：

①注意在城市道路设计上不要设计不加盖的道路旁沟和没有扶手的楼梯，即使高差很小的楼梯也要设扶手。

②楼梯、坡道、阳台等处应设侧壁或扶手，扶手下面的栏杆柱的间隔，在有幼儿使用的地方要小于 10 厘米，否则，幼儿会钻过去发生危险。扶手下面的横档有时会被当作脚蹬，蹬越上去会发生跌落的危险。

③视觉残疾者踩空楼梯的风险很大。特别是要注意在楼梯的始、终端的被知觉性设计，在材质上或在表面加上点字盲文，使他们便于预知楼梯的状况。

④楼梯歇脚平台设有高差，或踏步的宽度、高度不一致时，容易造成绊倒摔跤。

⑤弱视者容易将下楼梯的台阶误看成是一块板，所以，需要有防滑的设计或者在踏步面上加上颜色等来提醒他们注意。

⑥城市路面宽幅 15 毫米以上的水沟槽，会使轮椅的轱辘或拐杖头掉进去。

(3)碰撞事故

①听觉残疾者听不见汽车驶近的声音或喇叭的声音，所以无法躲开。在城市景观环境(如小区庭院、公园、广场等)入口处或停车场出入处也需要“人车(行)分离”(图 5-2(a))。

②轮椅在下坡时会出现很快的速度，下坡后的端点距离墙面需要留有 3 米以上的水平地面(图 5-2(b))。

③弱视者不容易看清大的透明玻璃面而发生碰撞。所以在与人眼高度相同的位置贴上让人注意玻璃的条形标志是很必要的(图 5-2(c))。

④对视觉残疾者来说，当有比自己身高略低的突出物、障碍物等情况出现时，用自己的拐杖不容易探到而容易撞上(图 5-2(c))。所以，在城市路面设计时，路面以上 220 厘米以内注意不要有突出物、障碍物。

(4)被夹伤的事故

在城市景观环境中有时会出现身体的全部或部分被移动的物体夹住的情况，有时也有被很窄的缝隙卡住的情况。

①有时在 15～20 厘米的缝隙空间，经常出现幼儿等被卡在里面的情况。注意在设计上不要留有这样的缝隙空间，或者在缝隙空间外侧加上防护栏。

②开门关门有时也会出现夹手的情况。如果是在敞开着的门合页一侧夹住手，经常会使手受重伤。所以，需要做一些防止夹手的处理。这样的事故多出现在婴幼儿和儿童身上。

③老年人或视觉障碍者往往动作缓慢，经常会发生被电梯门等挤住的情况。应将门的开合速度设计得缓慢一些，或者使用光电管感应装置等，以防止类似的事故发生。

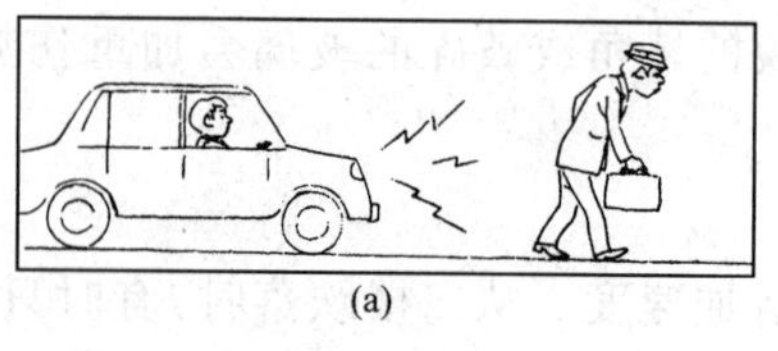
(a)

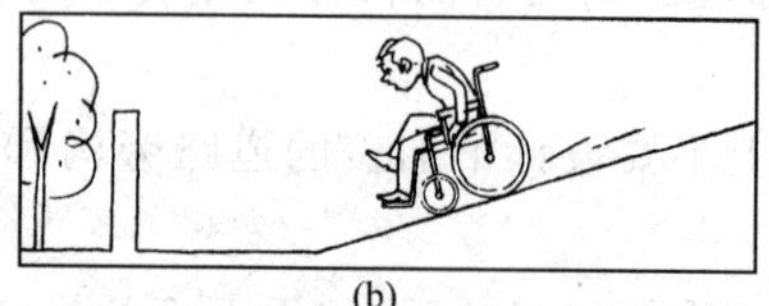
(b)

(c)

图 5-2 碰撞事故

④经常有轮椅被旋转门夹住难以进出的情况发生。在设计旋转式出入口时，一定要在其旁边同时设置另外的出入口。有时轮椅在通过较窄的走廊过道时，经常有轮椅的侧边蹭住墙面而挤伤手指的情况发生。为防止这些情况的发生，需要将侧墙下边的踢脚板做厚一些，或加上防护杆等处理。

(5)危险物接触事故

我们接触到很粗糙的墙壁或尖锐的东西就很容易受伤。在接触旋转着的机器、热水、火炉，或者药品以及有毒气体等危险物时，有时甚至会有生命危险。

①在容易触摸到的墙壁(地上 150 厘米以下的墙面)处理上，应使用不容易蹭伤皮肤的材料。视觉障碍者往往通过手的触摸来感知墙面的存在，所以容易发生这方面的受伤事故。

②在危险的机器类物品周围应设置防护栏，并将它旁边的通道设计得宽一些。

③婴幼儿、精神弱智儿、视觉障碍者等不容易察觉热水或加热的火炉等危险情况，最容易出现碰倒火炉上的水壶，以及弄错水温而被烫伤的事故。

④视觉障碍者在自己家中等熟悉的地方可以较安全地使用火炉，可是需要考虑他们经常是通过手的触摸和声音来判断火的强弱等情况，因此，火候调节旋钮最好设计成带响的档级旋钮。

⑤嗅觉减退的老人等不容易发现煤气泄漏的情况，需要给他们设置煤气保险或煤气警报装置。

(6)发生火灾时的逃离措施

在发生火灾等危险时刻，容易出现不安、恐惧、精神错乱、失神等非正常情况，人们往往会做出平时难以理解的判断和行动。这时老年人或残疾人会感到自己能力差，而采取放弃逃离，或无神状态，甚至采取钻到洞孔状的地方或角落处等不正确的行动。在危险时刻，如果当事者本人不积极地逃离现场这就很难办了。错误的逃离行动就等于自杀，应充分考虑到这一点来进行安全设计。

在人群聚集的地方发生恐慌现象时，由于其中有残疾人的存在，其危险程度、受害程度会有所扩大。在人群中，不管多么健壮的年轻人，如果有一位残疾人摔倒，其他的人也可能会在那个地方被绊倒而酿成惨剧。因此，在容易发生人群恐慌的地方，应按残疾人的标准制定安全措施。

残疾人遇难时，逃离速度迟缓，需要在材料的不可燃性、防烟措施、灭火措施等方面多做努力，以便争取更多逃离现场的时间。

(7)准确传达信息和确保避难通道畅通

①准确传达信息。将正确的信息尽快地传达到位，可减轻灾害程度。

a. 对于听觉障碍者，应考虑安装听觉以外的报警装置，有通过光线的闪烁和接触物(就寝时的枕头等)的振动等方式。

b. 对于视觉障碍者，需要发挥听觉报警和其他诱导装置的作用。

c. 对于幼儿、老年人、病人等，则需要考虑配置适当的看护人来解决报警和诱导避难。

②确保避难通道畅通。通往安全地带的通路越短越好。

a. 无论城市建筑内与外都要考虑双向逃离现场的问题。

b. 垂直方向的避难有很多不便，应注意只进行水平避难移动即可脱险的方法。此外，注意有效地使用屋顶、阳台、城市广场、公园空旷地带等来进行避难。

c. 防火门的自动关门装置，应考虑即使轮椅也可通过的方法。

d. 应设置非常情况下使用的电梯(救护用电梯)。

e. 在避难途中应设置滑梯、救助袋，但这对残疾人几乎没有作用。

f. 在避难途中，应考虑设置各种残疾人的引导标志。

g. 非常出入口，应注意设计为从内侧可以方便推开的形式。

5.2.3 城市景观无导向环境中的无障碍设计

1. 无导向城市环境中存在的无障碍问题

(1)正常健康者

①经验告诉我们，人们对第一次所到的地方是不熟悉的，往往要根据在其他地方的经验来判断、行动。但是，在情况复杂的地方还是容易发生判断错误。

②连续出现相同的形状、造型，会使人难以识别，需要设置易辨认的路标等。

③在黑暗中有时不容易辨认，需要有照明。

(2)幼儿

①生活经验很少，不容易做出正确判断。

②对不常用的字或语言不容易看懂。

③宜用有色彩的或容易辨认的图形(花或动物)来做标记。

④兴趣变化快，调皮、东玩西跑不容易顺利地到达目的地。

⑤喜欢做模仿行动，宜编成小组，由看护人诱导着行动，效果较好。

(3)老年人、视觉障碍者、拐杖使用者

①不容易听到声音的诱导，因警笛警报不易听到，有时会出现生命危险。用大声或醒目的文字告知为好。

②不愿意向人多打听，复杂的地方需要有人进行引导。

③总有不放心的感觉，总想反复确认，因此，在每一个路口都需要设置诱导标志。

(4)轮椅使用者

①轮椅使用者的视点较低，过高或过低位置的小字不容易被看到。

②在轮椅不能通行的路段，要在路口设置预告标志。现实中轮椅不能通过的路段很多，因此应将可以通行的道路标记在导向图上告知大家。

③轮椅使用者可以使用的公共卫生间，应标明其所在处。

(5)视觉障碍者

①对全盲者来说，需要通过声音、脚感(地面的变化、点字砖等)、手感(扶手、浮雕文字、有凹凸的地图、点字盲文等)来导向。如果空间过大就不便掌握，需分开标记为宜。

②对弱视者来说，诱导文字要大、明暗分明，对标记的东西要有照明。

③色盲、色弱者对色彩的标记难以辨认。

2.无导向城市环境中的无障碍设计

(1)标示设计

如果在山上被大雾包围，就会寸步难行。那是因为你不知道自己在哪里，想去的地方在哪里，去自己想去的目的地应该走哪条道路，如果错走一步，甚至会出现生命危险。因此，城市景观环境中的信息交代，在城市景观无障碍设计中是必不可少的重要环节。

而这些信息应该是用谁都可以理解的、尽可能简单的语言来表达，如果有可能的话，最好用视觉的、听觉的、触觉的手段重复地告知来访者。诱导信息如果不可以预知到达地点，途中就会使人有一种不能安心的感觉，或者担心自己的行动是否出现错误。

(2)地点所在处的标志设计

在城市景观环境中如果把握不了与周围环境相对位置的关系(即指不知自己在哪)，目的地在哪儿就无法得知。最好是有像地图或分布图那样可以让人详细地把握周围状况的标志。如果有像记号一样的标志，也就可以让人知道大概位置和情况。

①地图尽量用图解的方式使小学生也能看明白。视觉障碍者用手摸也可以把握其内容。其设计要大些，要有凹凸的文字，要使轮椅使用者也很容易看到，不要设置得太高。

②可以列举出城市环境中最易识别建筑、设施等的标志，如从任何地方都可以看到教堂的尖塔或街口小卖店的标志。这是因为其形态、材料、亮度、色彩、声音等都与周围有很大不同的缘故。而复杂的地下就不容易找到有标志性的事物了。

③地名、车站名、房间名等，如果不采用大些的文字或者标记性字体，或者不用清楚的声音告知，就难以起到它们的作用。当标示有凹凸或有点字显示的时候，要注意将其设置在手可以摸到的高度范围。

(3)提醒危险所在的标志设计

在不安全的环境中，通过预先的安全设计来避免不安全因素。但是，如果在避免不了的情况下，应告知大家危险的地方在哪里，使大家不要靠近这些地方，避免发生危险；或者用提醒大家注意安全的做法来保障人身安全。如交通信号禁止入内的“红色信号”和进入时要注意的“黄色信号”两种标志。在危险性较大需要大多数人避开的地方，只是立一个标志还远远不够，还必须添加防护栏杆。

①危险标志如没有被看见，或者被看错就容易发生生命危险，因此，必须是容易看到的和内容容易理解的东西。文字或设计的标志要大一些，用闪烁光或声音的形式重复传达，对于安全问题要加倍注意。特别是对视觉或听觉有障碍的人做出提醒是不能够缺少的。

②虽然有危险需要注意，但如果传达方法使人们惊慌失措，或陷入恐怖，有时会发生适得其反的效果。要特别注意火灾、地震等异常情况下的危险标志。

(4)城市无障碍设计的标志和基础条件

①城市无障碍设计的标志

这些标志是表示残疾人使用的建筑和设施的标志，是由国际残疾人康复协会会议通过的。通过广泛的使用，使得残疾人可以减弱在建筑上以及其他方面的障碍。

残疾人标志的大小应在10厘米以上，45厘米以下为宜。色彩应有明显的对比，蓝色或黑色的底，加白色的标志，或者相反色调也可。图5-3、图5-4是轮椅使用者可以使用的设施或设备的标志。

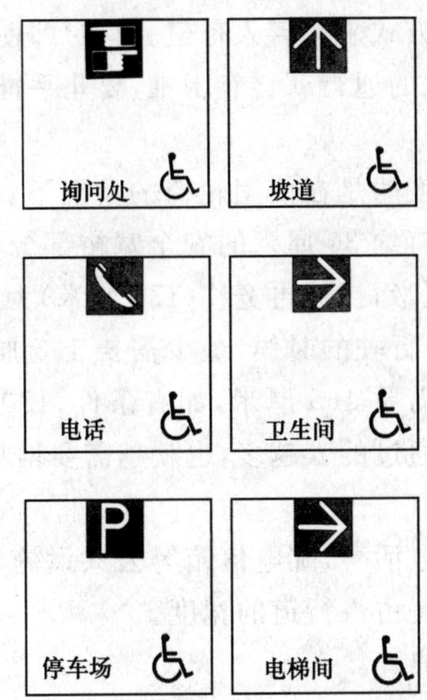

图5-3　各种轮椅实用者可使用的设施或设备的标志

图5-4　各种象征标志

②城市无障碍设计的基础条件

a.建筑物大门。与地平面在同一个高度，或者设置台阶的同时也必须设置残疾人坡道。

b.出入口。应有80厘米以上的有效宽度，在设置旋转门的地方，要同时设置另外的出入口。

c.坡道。坡度应在1/12(4.5°)以下，在室内外，不论有台阶与否，都应设置坡道。

d. 过道、走廊。都应有130厘米以上的有效宽度。

e. 公共卫生间。应设置在方便残疾人使用的地方。应设置向外开的门扇，内部宽大，同时设有扶手。

f. 电梯。入口有效宽度应在80厘米以上。

5.3 城市景观无障碍设计

5.3.1 人行道、入口、大门周围

1. 人行道

道路多是以汽车行驶为前提铺设的。为了确保车道的宽度，往往将电线杆、标志牌、邮筒信箱、交通标志等设置在人行道上，有时违章停放的车辆也停在人行道上，在商业街有时也有将商品陈列在人行道上的情况，还有很多不设人行道的道路。为了避免交通事故发生，需要采用人车分离的方式来完善人行道。有时即使有人行道，也有被汽车的出入口隔断的情况，这样轮椅、盲人的通行就会有困难，婴儿手推车也难以使用。

(1)人行道有效宽度

通过人行道时，最需要宽度的是在使用轮椅的情况下。轮椅的宽度大约在65厘米，在规划道路时，两侧要考虑设有约30厘米的安全宽裕部分(轮椅是直行的情况下)，通过一台轮椅需要的宽度是120厘米，当然再宽些(135厘米)为最好。

轮椅使用者与步行者错身行驶的时候，最少需要135厘米的宽度。轮椅之间或婴儿手推车错身行驶的时候，最少需要165厘米，如有条件，180厘米为最好。应加上其他条件来确定有效宽度，如车站前通过的人越多，也就越需要增加与之相符的宽度。

(2)道路的附属设施

道路一般附设有电线杆、电话亭、邮电信箱等公共设施，这些设施应设在车道与人行道之间的公共设备区，而不要侵占人行道的宽度。

(3)人行道与自行车道分离

人行道与自行车道分别设置的地方很少，自行车是有速度的，步行者希望能悠闲地散步，而两者的要求有所不同，应该分开设置。有的地方用色线区分两者，但从安全方面考虑，还是应该用绿化带将两者明确区分开来。

(4)人行横道

横穿马路的人行道也要考虑轮椅可以通行，因此不能设置高差。如果是很窄的人行道，其坡道的坡度很陡就需要改进。如果不区分人行道和车行道，对视觉障碍者来说是非常危险的。因此，应该使用点字地砖等明确地划出其界限。

为了视觉障碍者的方便，要使用声音式信号机。在交通量不大的人行横道处可以使用按键式信号，但是，其高度位置要合适，应该用点字地砖等来告知其位置所在。在视觉障碍者没有同伴或伴行者的时候，可能出现不注意横穿马路的现象，必须充分考虑这些因素。

对视觉障碍者只要没有声音等指示，就很难直行，往往产生偏离人行道的情况，这是

很危险的。在人行道上用点字地砖显示出其范围，或者将人行横道的线纹做得高些，可以用脚的感觉来判断其范围。

道路的宽度越大对步行困难者等在较短的信号间隔内通过马路就越困难，因此途中就需要歇脚的安全岛。此种情况下也要注意地面不要设高低差。

在国外有采取拓宽横穿位置的宽度、设置雨篷等方式来方便等待信号的人们。

(5)人行道的边石

在人行道与车道交叉的位置处所用的边石应做得低些。为了便于轮椅通行，高低差应在 2 厘米以下，做成可方便上下的形状。为了使视觉障碍者通过拐杖或脚感来区别人行道和车道，应稍做一点高低差为宜。

(6)网状地沟盖

为了避免轮椅的小轮或拐杖头掉入人行道地沟盖的空隙里，其角孔应在 2 厘米以下为宜，格子杆的宽度在 1.3 厘米以上。

(7)点字地砖

在横穿地点和横穿途中一时歇脚的安全岛，以及公共汽车站等重要的地方都需要用点字地砖等来显示其位置的所在，以方便残疾人。

(8)路面铺装

路面砂石铺地等凹凸多的铺设不利轮椅通过，应尽可能铺得平坦一些。如果路面有横向坡度，轮椅的行进就难免呈蛇形。

2. 入口、大门周围

从道路到建筑物门厅之间也应遵守人车分离的原则。入口的路应平坦无高低差，以延续到门厅雨篷下为宜。但是，若用地条件等使之不能实现，建筑门厅直接接着道路或道路与门厅之间有很大的高低差时，残疾者不能直接进入该建筑，只能返回。这样的建筑施工和外部道路的连接部分往往容易被忽略，应该特别注意。另外，从停车场到建筑物之间也同样需要特别注意此类问题。

(1)门扇

城市景观环境中的门扇应设置在从公共道路到红线 100 厘米以上的地方。如达不到要求，幼儿突然跑出来，有被自行车撞伤的危险。此外，轮椅使用者开门的时候也缺少临时停车的地方。门扇应向内开，开门的一侧需要留出空地，门的宽度应在 90 厘米以上。

(2)高低差

一层地面水平高度应尽量与外部入口地平高度相同。如不能完全消除高低差，当然要做出坡道。坡道过长时应同时设置台阶。坡道的坡度应在 1/12 以下，尽可能低缓，坡道长于 9 米时应设置休息平台。在坡道过长的情况下，还可以设置室外电梯。

(3)雨篷

门厅周围容易被忽略的是雨篷的设计。雨具折叠、按门铃时还要充分考虑遮风挡雨等，这些都需要雨篷的存在。给坡道或台阶也加上防风雨的设施，对于残疾人来说就更好了，雨篷在设计时不应该只注重美观。

(4)表面材料

道路铺设石子会使轮椅难于行动，所以应避免这种情况出现。铺设石板或地砖也要注意选择表面凹凸少的材料。接缝处要注意不要使拐杖或轮椅的小轮子卡在里面。在坡道上设置防滑的材质。在台阶或楼梯部分也要注意考虑不要使视觉障碍者踩空或摔倒，要在起点和终点铺设点字地砖或改变其材质等。

(5)导向设备

在大多数视觉障碍者经常进出的建筑物(公共设施或医院等)中，在入口人行道处也要铺设点字地砖。为了要显出门厅的位置，最好设置诱导铃等。但是，它要持续鸣叫，所以要注意调好其音量、音色、间隔、时间段等。如出现与周围的噪声不能区分的情况，也就难以起到作用。在住宅区、医院等环境中音量过大会使人感觉耳朵不舒服，特别是夜间会影响他人休息。

(6)扶手

诱导路、坡道、台阶、楼梯等处要设置适当的扶手，支撑残疾者身体或起导向作用。扶手的粗细和形状要设计得安全，方便手握(图 5-5)。

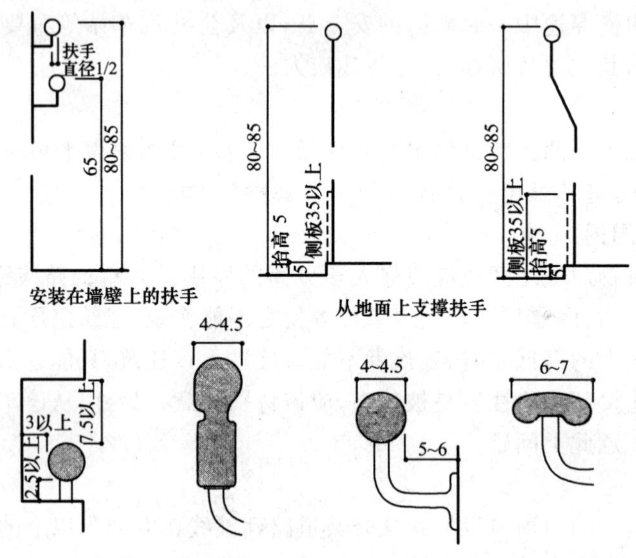

图 5-5　扶手(单位:厘米)

(7)出入口周围

在入口处设置挡风室，有利于室内的空气调节和防止风直接吹入室内。这种情况下，在建筑出入口内外两门之间的空间要想使轮椅进入，必须要有足够的空间来使轮椅在其中能够自由活动。两门之间的距离需要 130 厘米以上。在建筑图上看似很宽的位置，但其中还要放置伞架、设备箱、通知板等，因而要特别考虑该部分空间的大小。

(8)门的开合方式

门的开合方式选择自动式的推拉门最为合适。设置自动式推拉门时，入口和出口要分别设置，始终将门向行进的里边开着，就容易发生撞击的危险。在设置门的把手时，以竖向拉杆式和推板式为宜。旋转式的门对于轮椅使用者来说是不方便的，视觉障碍者或步行困难的人也难于使用，幼儿有夹住手指的危险。

在门上安装玻璃门扇可以看到对面情况当然很好，但要注意其下方容易被轮椅的前挡板撞上，因此应在玻璃门扇的下方装上踢脚板。

在设置全透明玻璃门时，需注意在与人眼部位同高的位置设横条，使出入者不会因错看而撞在玻璃门上。透明玻璃门从暗处看明处过于清楚，就是说，白天从建筑内部向外行走时容易搞错，误认为没有玻璃而撞在门上。

门上有自动关门装置当然很好，可以省掉人们关门的麻烦，但如门上关门装置的弹簧过硬，对于步行困难者来说就不容易推开门。

(9)门周围的尺寸

轮椅使用者开关门或等待他人通过时，在门的周围需要有 150 厘米×150 厘米以上的水平空间。门的进出有效宽度，手动式为 90 厘米以上，自动式为 100 厘米以上。

门槛会给轮椅使用者造成障碍，不宜使用。如必须使用，其形状要能使轮椅容易通过，高度在 2 厘米以下，槽宽在 1 厘米以内为宜。

5.3.2 停车场、车库

现代的公共交通工具对残疾人的考虑非常不够。因此，他们外出时依靠小汽车的情况较多。需要在城市所有景观环境中设置残疾人使用的停车场。

轮椅使用者或拐杖使用者只使用上肢就可驾驶小汽车。因此，有残疾驾驶员和正常驾驶员两种情况，设计时两者都应该考虑。

1. 停车场位置选择

停车场的位置尽可能选在建筑物的主要出入口不远的地方，要设置残疾人可使用的上下车位置与停车位。在停车场用地面积紧张的情况下，应在一般的停车场内设置残疾人专用车位，或残疾人优先车位(图 5-6)。

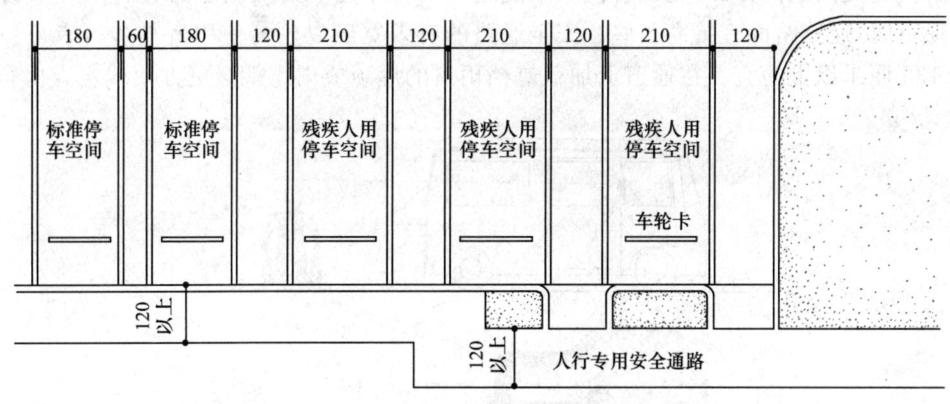

图 5-6　停车位的标准(单位:厘米)

2. 残疾人专用停车位面积

依据可供轮椅使用者使用来确定的车位面积，应该有当在汽车门全开状态下，轮椅使用者可以安全地从轮椅上换乘到汽车上的宽度。另外，重度残疾人需要考虑护理人员的空间，所以最小需要 330 厘米×500 厘米以上的空间平面尺寸(图 5-7)。轮椅在靠近汽车时，应与汽车在同一高度，不要有高低差。车位如果不是在 1/50 以下的水平面时，轮椅就难以停住，轮椅使用者也就难以换乘到汽车上。

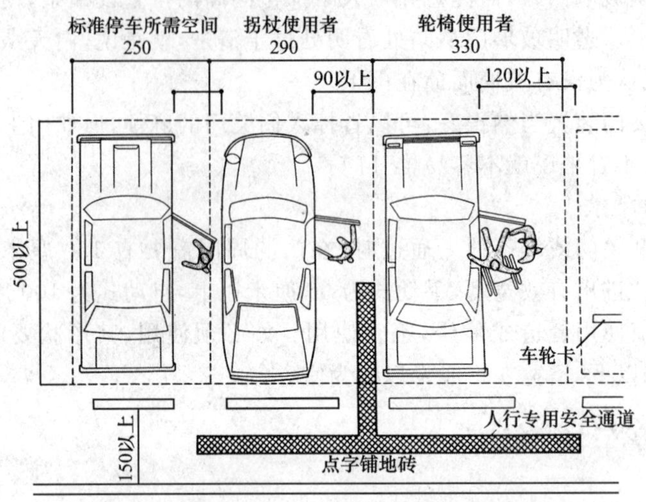

图 5-7　停车区和车库面积的标准(单位:厘米)

3. 通往城市公共场所、建筑物的通路

从车位通往城市公共场所(如广场、公园、海滨等)、建筑的通路如果不是水平或坡道，轮椅就不能通行。在设计停车场内步行过道时，要注意使驾驶员能够看清过往的行人。轮椅使用者的高度较低，有时驾驶员通过反光镜也难于发现，在移动车的后部不宜设置过往通路，这对于幼儿也是同样重要的。在城市车道或停车场中经常有儿童突然跑出来，或在停车场内玩耍，容易出现危险。

解决这类问题的办法，是设置汽车不能越过的有车轮卡的安全通路(图 5-8)；在设计步行通道时，通路路面宜抬高一些。安全通路的有效宽度以轮椅使用者与步行者可以错身的 135 厘米以上为宜。在通道上加盖遮挡雨雪的屋顶或雨篷就会更方便残疾人出行。

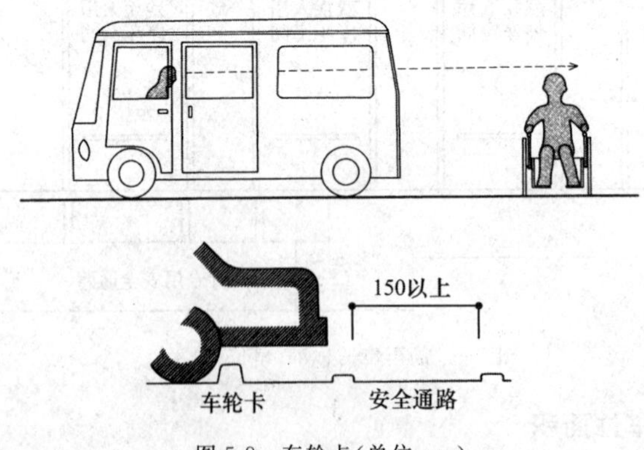

图 5-8　车轮卡(单位:cm)

4. 专用停车场的标志

残疾人专用停车场与正常停车场应有区分，在铺设的地面上涂上标志或另设置标志，其字体的大小,应该以在驾驶室内可以看清为标准(图 5-9)。

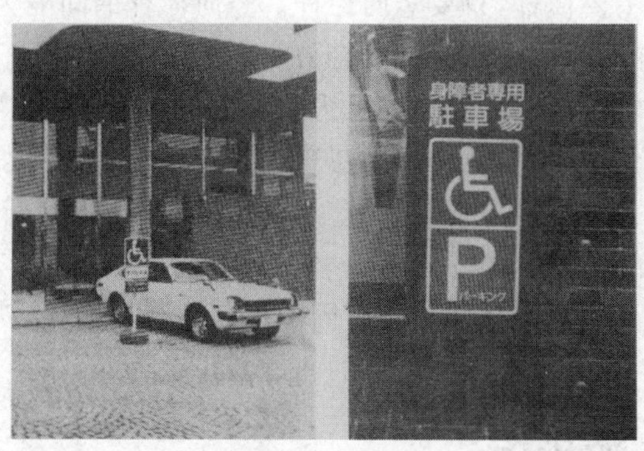

图 5-9 残疾人专用停车场标志实例

5. 专用停车场设施

针对残疾人专用的停车场和地下停车场等,如前所述,在无障碍设计方面,从停车场通往建筑内或城市户外公共场所的通路上,需要在交通流线的处理、升降设备的设置、残疾人用厕所的设置等方面进行精心的设计。

5.3.3 屋顶、平台、阳台

残疾人和老年人容易经常不在室外活动。如果设置一个与室外相连的、能够远望的、可以观赏绿化等的屋顶平台或阳台,就会给他们的生活带来快乐。此外,当火灾发生时,残疾人只需水平移动就可做一时的避难。从室内到阳台时,尽可能不要设置高低差,可以通过电梯上到屋顶(非常用电梯)。在屋顶花园设计时还需要注意,不要使火燃烧到这里,同时还要考虑设置可将避难残疾人能够安全送到地面的措施。

1. 面积

屋顶花园可以比较容易得到宽敞的空间,而阳台却不容易做大。轮椅需要 180°的活动空间才可以转身,所以转弯处需要以有半径为 150 厘米的半圆弧,且有 170 厘米×135 厘米的空间平面可以内接室内环境为条件。如果加上排水沟和放置物品的空间,就需要做得更宽松些。

2. 室内外的接合部分

考虑室内与室外阳台及屋顶花园的接合部的轮椅出入,门的开口有效幅宽需要在 80 厘米以上。高差加上门槛也只能在 2 厘米以下,但这样雨水容易进入室内,所以室外地面需要设计成可排水的坡度,在外端设排水沟。在室外阳台或屋顶花园设置雨篷或侧墙可以减少雨水的进入量。

3. 扶手

建筑基准法规定,栏杆扶手的高度应为 110 厘米以上。这是因为考虑人身体的重心位置不至于移到栏杆外而掉落下去制定的。栏杆扶手要安装结实,人身体靠上去也不会使其变形。在设计中要注意,不要有能上到扶手或登上女儿墙上面的把手一样的东西。为此,以做成一个大的曲面,或向内侧倾斜的栏杆为宜。当步行困难者需要扶手时,可在

80～90 厘米高度处设置一个另外的扶手。扶手的竖向杆设计也要注意不要使小孩在攀登时有脚踩处，也就是不要横杆，只要竖向栏杆。竖向栏杆的间隔为了不使小孩的身体能够钻过去，应设计在 10 厘米以内。此外，也要注意扶手的竖向栏杆不要挂住拐杖。栏杆与地板相接处的立墙高度应在 35 厘米以上为宜。扶手内侧有突出物时就不容易攀登了，因此，在阳台扶手的内侧做一个架子，放上花草，既安全又美化环境。

如果在栏杆扶手的旁边放置可蹬踩的台状东西就非常危险。不要在栏杆扶手旁设计可以倚靠的像座椅一样的东西。

对旧有建筑，时常要检查其扶手是否牢固。木制品容易腐坏，铁制品根部也容易受腐蚀。这就需要在设计上充分考虑方便维修的问题。

5.3.4 公园、游乐场

残疾人也愿意接近海河山川等自然环境，如果能和正常健康人一样接触到这些，他们就会感受到幸福。

不仅是在公园中散步，还有野营露宿、郊游活动，也都是残疾人喜欢的活动。滑梯或秋千等设施对于有残疾的儿童来说，也具有很大的魅力，使用这些娱乐设施会增强运动神经的发育，对儿童创造力的培养也有着重要的作用。无论哪种公园或游乐场都应该考虑残疾人的使用，而需要为残疾人特制游具设备或场所。

1. 出入口

使残疾人也能接近公园或游乐场等场所当然很好，但是，在出入口处往往设置许多为了不使汽车进入的挡车栏杆等设施，这些东西有时会妨碍轮椅或婴儿车的进出。出入口的宽度应在 120 厘米以上，两边加棱的坡道坡度应在 1/10 以下，应采用防滑材质的材料。在不得已必须设置高差时，其高差应在 2 厘米以下。挡车桩标准间隔以 90 厘米为宜，其前后设置 150 厘米的水平面，以便轮椅等通过（图 5-10）。

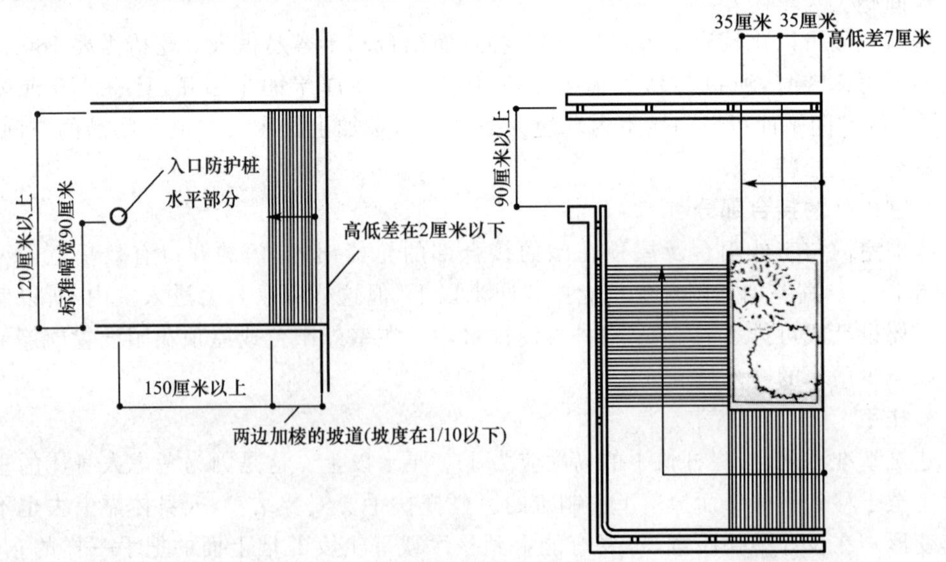

图 5-10　公园的出入口

2. 游园路

公园内的任何设施都应便于轮椅者使用,至少有一条路要满足以下条件:首先是无高差,路面宽度在120厘米以上;其次,纵向断面坡度在1/25以下,这种坡度持续50米以上时,要设置150厘米以上水平部分地面,作为轮椅者休息之用,铺地应采用防滑材料,地面需要平坦没有凸凹,不宜铺设石子路(图5-11)。

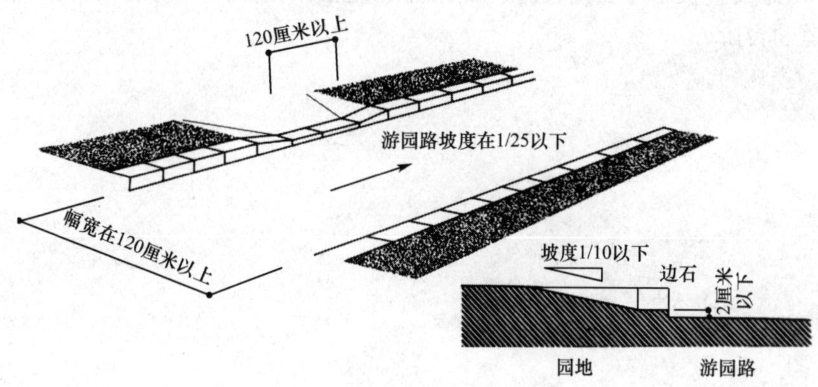

图5-11 游园路

3. 坡道

在坡道的始端和终端设置180厘米以上的水平部分,最大纵向断面坡度在1/17以下,在受条件限制必须设高差的情况下,坡度也不能高于1/12。纵向断面坡度在1/27～1/25时,每隔10～50米设置150厘米以上水平部分以便于人休息;当坡度在1/17～1/12时,至少每隔10米就应设置150厘米以上水平部分以便于人休息。坡道的两侧应做起5厘米以上的边缘,以防止轮椅的轮子滑出路面。

坡道至少要单面设置扶手,始点和终点扶手应水平延长30厘米以上,尽可能不要中间断开。

4. 台阶

踏步面的宽度应在30～35厘米,踏步级高应在10～16厘米,每级踏步的踢入部分应在3厘米以下,幅宽应在90厘米以上。台阶的起始终点应有120厘米以上的水平延长部分,踏步面材料应选用防滑材质。两侧设扶手,需要特别注意设置台阶的夜间照明。

5. 排水沟和集水井

游园路的排水沟与集水井应有盖子。设置的网格盖应与路面在同一水平高度,排水孔不得大于2.5厘米,以2厘米以下为最佳。

6. 扶手

扶手的标准高度为大人80厘米,幼儿60厘米。如有需要都加以考虑时可同时设置两种高度扶手。为了扶手容易攥握,应距离墙面3.5厘米以上。扶手的断面应为圆形或椭圆形,直径以3.5～4.8厘米为宜。扶手的端部设计应注意做成即使人不小心碰到上面也不容易受伤的形状,最好做成圆头或做成弯曲状等。为诱导视觉障碍者,在参观线路的始终都应设置扶手,并在扶手的上面或外侧注上盲文点字说明。

7. 座椅

公园中，在设置座椅、小桌、饮水处、垃圾箱的公园小品时，也要考虑能使轮椅使用者等容易接近，便于使用，同时，其位置又不应妨碍视觉障碍者的通行。

8. 水边

对于可供游船停靠或钓鱼的水边，为了使残疾人也能靠近，地面材质需要做成硬质铺地效果，要注意设置扶手等安全设施。游泳池也应根据残疾人可蹲着出入水面而设置带扶手的坡道和台阶。

第6章 城市景观分类设计

6.1 城市和城市建筑

建筑是城市中最为重要的物质构成体和景观要素，建筑与城市空间彼此影响、相互制约。在历史发展的不同时期，它们都是城市建设和发展的两个主题。回顾西方城市建筑的发展历程，它们不但反映出社会的发展状况，也实践着当时的建筑和城市建设的理论和理想。

6.1.1 城市建筑概述

1. 城市建筑的分类及意义

城市建筑的分类是非常多样的。功能、形式和建造是建筑的 3 个基本要素，而它们又会受到经济、政治、文化和哲学观念或是自然条件、材料、技术条件等影响，表现出不同的时代性和地域特征。同时，建筑总是以某种物质的、外在的形式存在着，这都使得人们对建筑的认识更多在于建筑自身随时间和地域不同而表现出的不同形式和风格，这一点在建筑史中更为突出，如古典的希腊式、文艺复兴、巴洛克以及现代建筑等。而对于建筑设计者来说，不同类型的功能能够产生不同的空间使用方式和外观形式，从而决定了他们不同的工作态度和工作方法，如居住建筑、工业建筑、商业建筑和博物馆等。

20 世纪 60 年代意大利建筑师罗西在其《城市建筑学》一书中针对欧洲城市的问题提出了城市建筑类型学的概念，试图以此在城市和建筑之间架起桥梁，解决现代城市带来的种种问题。德国建筑师昂格尔斯将城市形态归纳为公共要素和个人要素，并认为公共要素具有统治地位。因而，公共性建筑在类型上多样而复杂，而个人性建筑应当是普遍和单一的。一方面，在城市图底关系中，大多数建筑应作为背景出现，而不作为突出的形象来考虑，其形态应由城市空间和文脉决定；另一方面，公共性建筑要考虑水平延伸和垂直方向对城市整体性的影响，明确点与面的关系。

罗西的城市建筑类型学建构在对传统城市的历史记忆之上，传统的城市元素有街道、广场、邻里、公园、纪念物、立面等。这些都传递着传统城市的信息，构成了一个完整的系统。然而，新的城市元素正在不断地取代原有的城市元素，如高速公路、快速大道、超级购物中心、金融办公中心、停车场、机场，但是它们的形式在传统城市景观中显得格格不入。按照传统的建筑类型和分类，我们将无法了解和掌控这些新元素的价值和意义。

2. 城市建筑的性质

(1)建筑功能

按照建筑的功能，城市建筑可以被分为居住建筑、商业建筑、办公建筑、交通建筑、文化娱乐建筑、医疗建筑、工业建筑等，广义的建筑还包括基础设施或相关的构筑物。一般来说，公共性强的建筑容易成为标志性建筑，而公共性较弱的居住建筑通常作为城市背景。但是值得注意的是，具有相同功能的同一类建筑在外部形态上也会存在非常大的区别。

(2)建筑体量和高度

从体量上，不同性质的建筑可以分为大型、中型和小型；按照建筑高度，可以分为低层、高层和超高层建筑。一般来说，体量大、高度高的建筑对人们的视觉影响力更大，容易成为标志性建筑。高层建筑的外形在某种程度上更像一个巨大的雕塑体，因其高度而具有显而易见的引导性和标志性，即使不同的视角都可以成为某地区的典型象征。高层建筑的出现标志着城市空间和景观构成开始发生新的变化。

(3)建筑承载的意义

纪念性建筑和历史性建筑指那些有着深厚历史文化积淀的，或者有特别纪念意义的建筑形式(或构筑物)。它们往往成为该地区最有人文气息的代表性建筑，甚至成为城市形象的"代名词"，因而容易成为标志性建筑。这类建筑面临的最大问题就是保护与更新，即如何将自身的历史价值融入城市日新月异的不断更新之中，既能保持自己的风貌又可以顺应城市的发展变化。

(4)建筑群体形态与城市空间的关系

城市建筑可以独立式、周边围合式、伸展式等方式占满整个街区。而建筑群体可以某种形式组合起来，形成特定的城市景观，最为常见的是住宅区。住宅可以周边式、行列式、点群式等排列(图 6-1)。不同性质的建筑还能以某种方式形成一定形态的公共空间，并相互协调地组织起来，如围合广场、限定街道、形成视觉序列等。

3. 城市建筑的景观分类及其特征

城市建筑的景观特征——建筑自身因素、建筑及群体的构成形态、建筑景观轮廓线，同时也把"景观"作为城市建筑或建筑群对城市公共空间与视觉环境产生的影响范围。在这里可以暂时抛开建筑风格本身，按照建筑的性质、建筑群体的构成形态、建筑与城市空间的关系，即按照建筑对城市公共空间的特性与品质产生影响力的不同，把城市建筑分为地标建筑(即标志性建筑)、界面建筑和肌理建筑。这种分类非常明确地把建筑群体的平面和空间特征，与它们对城市景观的影响直接地联系起来。这三者基本涵盖了城市中建筑的全体，共同构成了城市物质结构的主体(图 6-2)。

(1)地标建筑——点性景观

由建筑构成的城市景观中的"点"，并不仅仅指一座独立的建筑。作为人感觉识别城市的重要参照物，它还可能是一组建筑，甚至一个雕塑，局部出现的重点和标志能够打破均匀体系易产生的单调感。因此，这是从建筑对城市景观的影响范围和影响方式界定的。借用凯文·林奇对"标志物"所做的描述："标志物是另一类型的点状参照物，观察者只是位于其外部，而并未进入其内。"地标建筑应该具有以下特征：

①可以被视为城市中的一个点，并且建筑的外部形态有着远超出其内部功能的意义。

②一般来说，地标建筑应该位于城市中相对重要的位置，如位于城市广场、重要的道路路口等位置的建筑比较容易成为地标建筑。

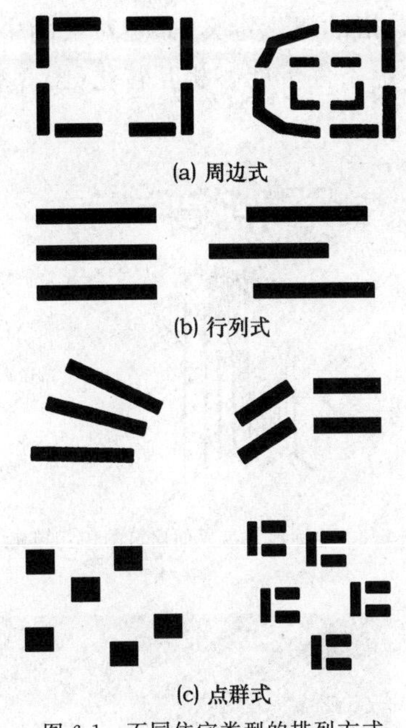

图 6-1 不同住宅类型的排列方式

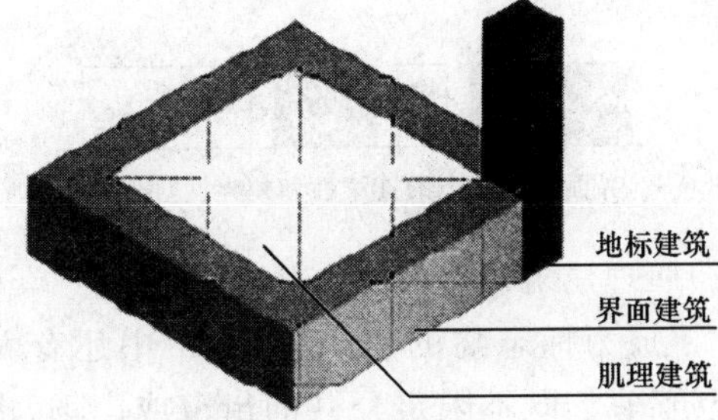

图 6-2 城市物质结构的主体

③地标建筑相对于它周边的其他建筑来说应该有比较显著特点。可能是空间尺度上的,也有可能是建筑形式和风格上的,甚至有可能来自建筑物蕴藏的某种内涵。但无论是何种因素,它都应该是明显而易于识别的。

地标建筑不仅仅代表区域或者城市的主要意象,更能凭借其自身的魅力对周围环境产生一定的辐射影响作用。地标建筑的显性标识性是它的外在形式、体量等具有视觉价值的物质要素,而隐性标识性则是蕴涵在其中的象征性,包括文化特质和独特的地域风格。

(2)界面建筑——线性景观

城市中的线性景观空间多指街道,其空间具有方向性,有运动、延伸、增长的特性。街道由临街建筑的立面限定或围合,因而建筑的组合方式也是线性的排列。除了空间限定,界面建筑还具有相当的公共性,连续的街道立面能够反映出有关建筑的丰富信息,包括建筑的功能、高度、厚度、透明性、展示橱窗和标志、材质的组合、建筑风格以及建筑装饰细部的处理等。这也是界面建筑具有的与街区内部建筑不同的特征。

我们把它们称作界面建筑而不是临街建筑,是出于建筑对城市景观所起作用的考虑。我们仍然以凯文·林奇在《城市意象》中对"边界"的一般特性所进行的描述为基础,认为界面建筑应具有下列一些基本特征:

①作为城市边界的线状要素的一部分,最常见的界面建筑就是临街商铺。

②作为城市边界要素的一部分,一幢建筑应该与共同构成边界的其他建筑具有一定程度的、视觉可识别的共性。这种共性可以是各个方面的,包括建筑的高度、体量、形式、风格甚至是其内在的文化或历史内涵。

③界面建筑应与共同构成城市边界要素的其他界面建筑之间保持足够的视觉连续性。过于松散的边界在视觉上是很难被识别的(图 6-3)。

同时，地标建筑和界面建筑的划分方式并非基于严格的概念定义，而是对人的主观视觉感受的总结。因此，两者之间并无明显的界限，在一定条件下能够相互转化（图 6-4）。

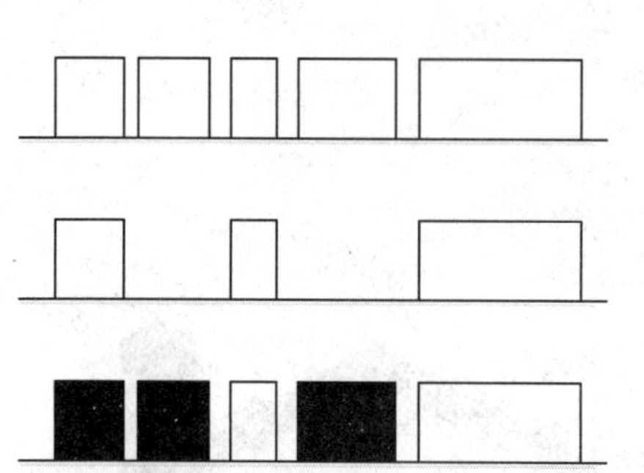

图 6-3　界面建筑形态的连续性和差异性对界面的影响

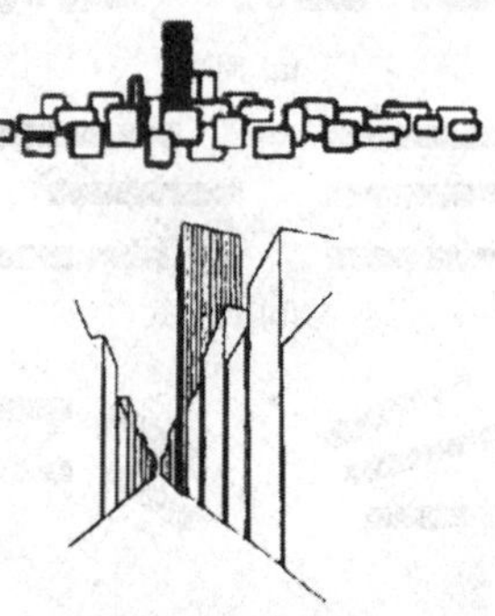

图 6-4　地标建筑与界面建筑的相互转化

(3)肌理建筑——面性景观

除了成为标志物的建筑，在城市中还有大量这样的建筑：它们既不限定公共的街道或广场，也没有特别的高度或体量；既不在重要的位置，也没有特殊的形式和意义；在一个街区或更大区域里，它们还可能以相似的面目不断重复出现。然而，事实上，它们却是城市景观中最常见的建筑形态，例如居住建筑，它们数量最多、面积最大、分布广泛，它们的尺度和造型与人们日常生活息息相关，这种面性的景观均匀且大量的分布在城市中，形成最为稳定，最为整体的城市肌理。由此，我们把这种建筑及其群体组合称为肌理建筑（图 6-5、图 6-6）。

图 6-5　圣马可广场

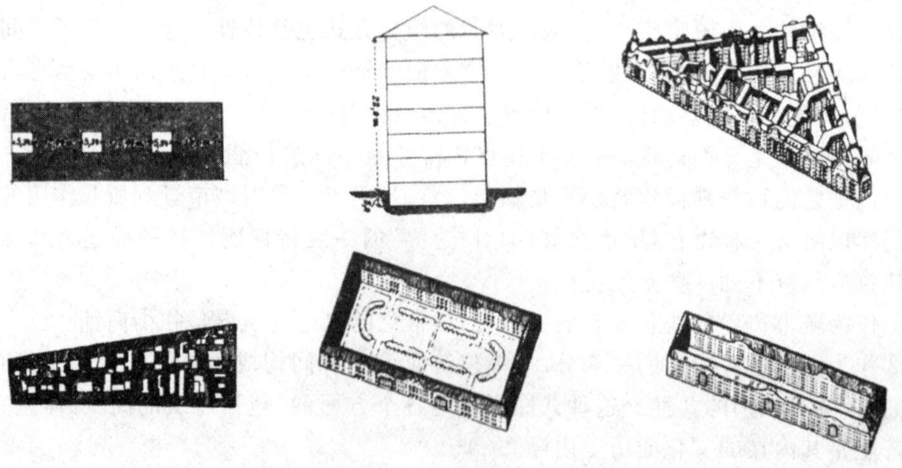

图 6-6　不同城市街区建筑类型比较

地标建筑是城市形态中最显要、最为人所瞩目的部分。它们是城市空间展示其独特个性的重要手段之一，并且往往是城市中特定场所能够被识别和记忆的线索。对于城市中的区域甚至对整个城市来说，重要的地标建筑能够成为具有象征意义的视觉形象代表。中世纪的教堂，往往是一个城市的代表；同样，在现代城市中，悉尼歌剧院、纽约世贸双子塔楼、巴黎埃菲尔铁塔，仍然可以代表一个城市的形象。而界面建筑和肌理建筑则是城市中基本的景观背景。就建筑的单体来说，它们在城市中并不具有显著的地位，但是，大量的界面建筑和肌理建筑一起构成了城市视觉环境的基本架构，它们是整个城市的景观背景，反映出城市的物质尺度、人们的生活方式和文化色彩，在很大程度上直接决定了一个城市的外部空间的整体景观品质。

6.1.2 城市建筑设计导向

1.设计原则

(1)城市对建筑的要求和控制

通常，建筑设计构思是一个"由内向外—由外向内"的反复思考过程。由内向外的过程表现为建筑物的内部使用功能、建造方式等对设计中的建筑物造型的要求和限制；而由外向内则是外部环境对建筑形态和组合的要求和限制，不仅仅包括形体要素内容，还必须结合特定的社会、文化和环境背景、城市公共生活等因素。

城市的总体规划和设计要考虑建筑形态构成和城市空间的整体性，通过城市设计导则对建筑设计全面地进行引导和控制。城市设计导则是一套驾驭城市开发建设的弹性、动态的框架，并且是从空间艺术要点入手的。综上所述，城市对建筑的要求和限定包括以下几个方面：

①交通组织。城市对机动、非机动交通、人流、货流路线、步行路线进行统筹组织。它要求合理确定建筑物与设计范围内的周边场地的关系、确定出入口位置，对城市交通体系做出适当的衔接或延伸。

②建筑物之间的关系。除了留出必要的安全、卫生、防火和景观方面的间距，单体设计还必须考虑建筑物之间的关系，如果新建建筑处于古建筑保护区或重要建筑的影响圈内，为了取得与相邻现有建筑物之间的和谐统一，要考虑新建建筑与现有建筑有良好的视线空间关系，创造统一协调的城市环境。

③城市公共空间和城市景观。城市结构决定城市空间及建筑的功能和空间的形状、大小、尺度，提出作为空间界面的建筑物的功能性质组合、建筑物高度和造型等方面的要求。有时，还提出作为视觉构图中心的建筑物的体形设计要求。其具体内容包括建筑体量、高度、容积率、密度、外观、色彩、沿街后退、风格、材料质感等。这一部分是城市建筑设计中最重要的设计依据。

④人在城市空间中的行为和心理。城市景观是人们创造的物质文明和精神文明的共同反映。建筑设计往往要对人在城市公共空间中的行为方式、心理特征进行调查分析，从而使得空间能够适应人的各种活动和心理要求，为人们提供舒适的城市环境。

(2)遵循模式和塑造城市空间形态格局

任何城市都是在不断发展的。在其发展历史中，总会表现出一定时期相对稳定的特征，形成某种模式。这种模式在建筑形式上通过造型语言、装饰符号、材料、色彩、结构、营造技术等方面表现出来。而城市结构、标志物、城市肌理以及建筑和公共空间的尺度和相互关系，成为城市景观方面的重要特征。

凯文·林奇认为，城市的形象由点（交通枢纽、交叉路口、市中心、区中心、象征性或特征性标志点）、具有连接和分隔双重性质的线（道路、边界线、轮廓线等）以及面（某一边界范围内均一性建筑区域）组成的拓扑系统来体现，建筑外形应根据它在这一拓扑系统中的位置和所应起的作用而决定。面临广场建筑、临街建筑、位于轴线上或街区内的建筑都应根据所处位置不同而采用不同的建筑形式（图 6-7～图 6-9）。

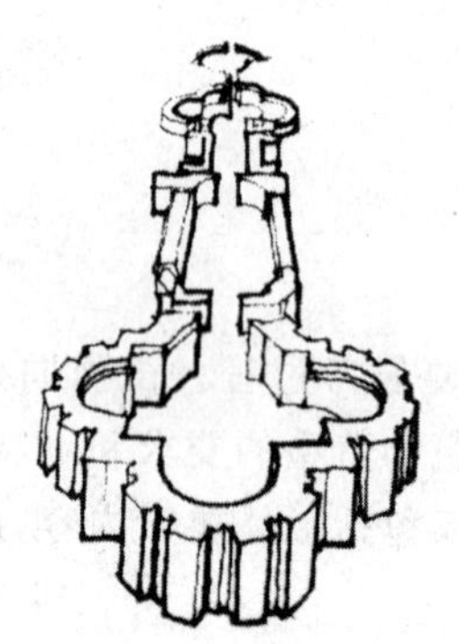

图 6-7　法国某公寓群，创造出线性的巴洛克空间形式

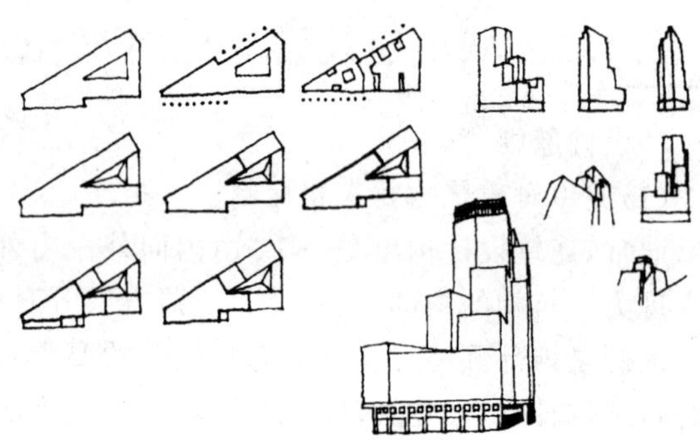

图 6-8　交叉道路形成的三角形用地上进行的建筑设计研究

（3）建筑和城市空间的和谐

建筑创作尊重原有城市和建筑的特征，意味着城市空间和建筑空间的和谐，它的意义不再仅限于一幢单体房屋，而是意味着与人们生活设施相关的一整套形式，是整个城市的有机组成部分。

那么，如何理解“和谐”这个概念？其可以分为两类，即统一协调和对比协调。强调统一协调，就是注重城市文脉，以获得新建建筑与原有城市景观的和谐统一，取得新的整体性。通常是通过相似的形体、相近的尺度、协调的材料、统一的模数与对位关系、立面构图的抽象等手法达到的。与此不同的是，对比协调是谋求“新”与“旧”之间具有明显区分，运用现代材料和创作手法，通过对比来对话。常见做法是形态体积的抽象和具象，材料材质以及细部的烦琐和简化的对比。这种对比同时增加新、旧两者的鉴赏力度，最终达到整体的协调。

实现城市和建筑的和谐包含着两种含义：一是形式和谐；二是空间融合。形式和谐是对城市的形式、秩序、文化的关注，通过视觉途径对城市和建筑特征进行理解与把握，包括三个方面：①建筑的主要语言（如屋顶、基座）、构件、符号；②建筑的形状、轮廓、组成几何元素、虚实关系、比例、节奏、韵律；③建筑的用材、用色、肌理、质感。空间融合则更加关注空间对城市活力的促进。通过把城市公共空间引入建筑，使建筑成为城市空间系统的有机组成部分，关注人们的生活、行为对空间产生的影响，从而产生新的场所并促进城市

(a) 低层的顶层房屋
46个单元 / 1个分支(支线)
或2个分支(支线)

(b) 露天阶梯看台
12个单元 / 0个分支(支线)或1个
分支(支线)或2个分支(支线)

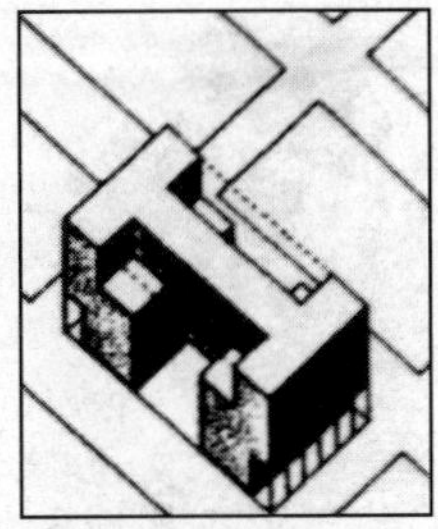

(c) 平台屋顶
16个单元 2个分支(支线)
或3个分支(支线)

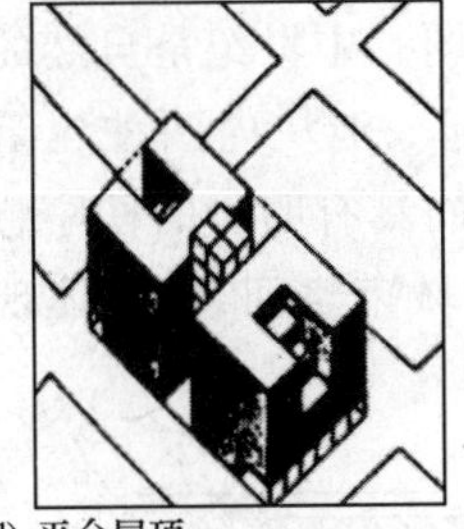

(d) 平台屋顶
20个单元 2个分支(支线)
或3个分支(支线)

(e) 阁楼空间 / 灵活的
生活(固定的分支)

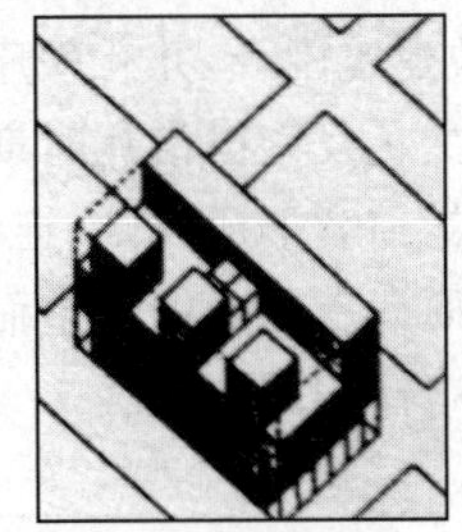

(f) 顶层的房屋 / 平台
25个单元 1个分支(支线)或2个
分支(支线)或3个分支(支线)

图 6-9 平面网格中的独立式建筑类型组合研究

活力。如贝聿铭的美国华盛顿东馆的中庭空间即是美国国会大厦前面林荫广场空间的扩展和延续。设计者并不把中庭孤立在室内人流集散这一层功能意义上,而将这一意义拓展到了与城市广场空间、人们的交往活动密切相关的层次上。

2. 设计内容和设计指导

建筑形式有赖于它们自身与城市空间的关系,这样才能成为真正意义上的城市景观。

(1)伸展式建筑

现代主义建筑强调建筑个体自身的完整性,而对于建筑之间,仅仅看作合理而必要的间距,以获得充足的空气、阳光和必要的交通系统。因此,相对于传统城市,现代城市中的建筑通常是相互独立的,建筑周围保持较大的、开放的空间。但是这样却破坏了原先完整而连续的城市空间,使城市景观效果面临考验。人们逐渐意识到,城市空间的形体塑造与建筑的形体塑造同样重要,城市空间的流动必须与建筑限定结合起来,才能获得良好的景观和心理效果。

因此,除了独立的集中式建筑,建筑师还采用伸展式建筑,即化整为零地分散各个体积,并通过水平方向的伸展,将城市空间融入建筑体积内部或间隙中。它们可以在相同的容积率下,伸展到基地的每一个边缘,缩小与相邻建筑之间的距离,增强与相邻建筑的联系,以此创造更多、更丰富的城市空间。伸展式建筑分为三类:线形、放射形和围合形。它们适宜与其他形式的建筑配合使用形成角度,产生半开敞空间或是产生封闭、半封闭的院落式空间(图 6-10)。

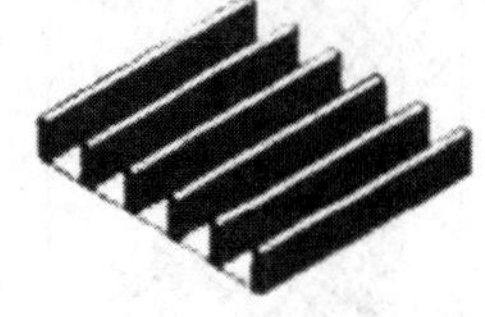

图 6-10 相同尺度下独立形建筑与围合形、线形建筑的空间特征

(2)建筑形态构成和城市空间形式

空间的感知在于它的连续性,即流动性。围合是城市空间产生的首要因素,连续的围合体使空间产生形体,如方形、圆形等。工业革命前,城市空间自身具有非常明显的形体,它们被建筑围合,并有秩序地联系和组合起来,成为城市设计的主题。中世纪是自然的组合,而文艺复兴巴洛克时期是规则的、戏剧化的组合。图 6-11 是同一地块内两种建筑组织形式,前者形成规则、连续的城市空间,建筑形体不规则,城市空间具有明显的秩序感和形式;而后者则通过完整而规则的建筑实体排列,形成一定形式的城市空间,秩序体现在建筑本身及其排列上。

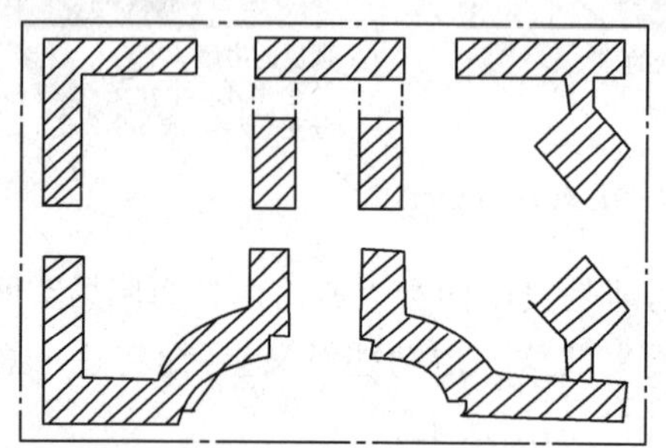
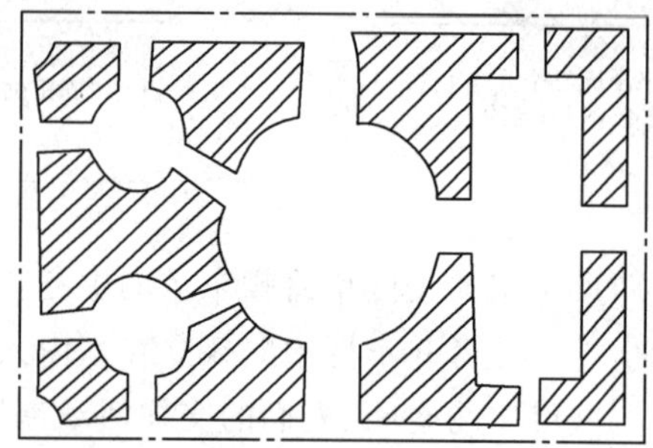

图 6-11 同一块地内两种建筑组织形式

组成空间序列的要素主要包括建筑、广场、街道、中庭、院落、边界等。对城市的围合既可以是一般常见的建筑物和构造物,也可以是其他界面,如水面、高差、植物和地面材质变化等。

(3)建筑边界空间

在城市景观设计中,城市空间经常需要分割产生空间层次,或易于感知的局部小空间,尤其是在建筑的周边和边界位置。从心理学角度的边界效应来讲,人们更喜欢逗留在边界地带。边界空间的产生首先要有一个依靠面,西方的修道院和神学院的后花园中,常有这样一种形式:一条廊道、一面墙,一面朝向远方,因为这样的场所被认为适合教士们思考。经观察发现人经常逗留的地方更多为局部隐蔽的、有站立支持物的门廊、柱廊以及建筑物的凹处、台阶、栏杆等处(图 6-12)。

(4)中介空间

现代城市的超级购物中心、金融办公中心、博物馆、停车场、快速大道和机场等,往往具有巨大的体量和规模、多种功能且商业价值很大,或是拥有众多的使用人数和复杂的交通系统。这使它们成为集多功能于一身的建筑综合体,成为现代城市的标志和重要的景观。

图 6-12　威尼斯总督府下的柱廊

原来解决一座建筑的问题逐渐转化成为多个建筑群体之间的关系，建筑综合体通常采用群体组合方式来分配各个功能和组织交通。运用城市空间的设计方法，引入城市公共空间各种景观要素，也是一个非常行之有效的方法，如将广场和街道等引入建筑，让周边环境进入实体内部，共同形成有活力的建筑。

这样，建筑综合体内部就出现了一种建筑群体之间的空间，即中介空间。可将中介空间看作媒介，充当“连接器”的角色。它是一个包容多样形态的环境综合体，具有双重意义——建筑和城市、室内和室外、公共和私密、使用和景观等。它处于建筑和城市相交或相接关系密切的地带，通常是建筑入口空间、临界面等处，亦内亦外的特质使空间更为流动和立体化。除了建筑入口、中庭和临界面，中介空间还常常采用底层架空与连续廊柱的处理手法，打破传统建筑界面呆板僵硬的封闭线性。

(5)建筑立面

建筑立面限定城市空间，其组合原则是统一和变化的。当空间形体十分突出而空间狭小难以观赏立面的时候，立面应尽可能简单，能够突出空间效果；在宽阔的街道和广场中，人们可以有足够的空间自然而舒适地观赏建筑物，此时，使立面完整的展现出来就变得非常重要。圣马可广场与其四周的建筑被认为是世界上最佳的组合，这里有韵律与变化、主与次、水平与垂直、实与虚、平面与体积、光滑与凹凸等不同形式的和谐的尝试。其中的规律是在空间的连接、转折和轴线起止等重要位置设立视觉中心；明确的空间形体要求四周界面相对整洁并富于整体感，这可以将人的视觉重心引导到空间本身；而整洁的界面可以通过韵律、图案、质感等因素发挥自身的丰富性(图 6-13)。

除了建筑实体和城市空间，建筑的视觉因素还有材料、质感、颜色等，这些因素要考虑是在群体的参照下。对建筑外观的控制包括：色彩、材料和样式。很多城市都有自己特定的城市色彩，它们指导建筑外观，形成城市的整体基调。在特定的历史街区，还会对建筑的材料、开窗面积、招牌形式做出详细限制(图 6-14～图 6-16)。

传统建筑的立面具有限定城市空间的作用，因而显得封闭，对于建筑内外空间的联系和沟通，其作用是非常有限的。后现代主义时代，建筑师借用玻璃的透明性来呼应周围的景观，使建筑内部空间与周围环境连续和流动起来，包括视觉上的连续和行动上的连续。随着新技术和新材料的不断发展，尤其是商业社会的影响，当代建筑师采用的材料和工艺更为多样化。建筑立面开始具有越来越多的信息，如广告、标示物、橱窗、灯光、展示等设施，甚至完全脱离与建筑内部的联系，还有的立面被当作生态调节的技术装置。这些变化使我们逐渐认识到，建筑立面的作用随着它们的功用、材料、技术措施和信息含量等的不同发生了巨大的分化，它们不仅成为一种媒介，而且对城市景观具有更大的意义。

图 6-13　圣马可广场的建筑立面

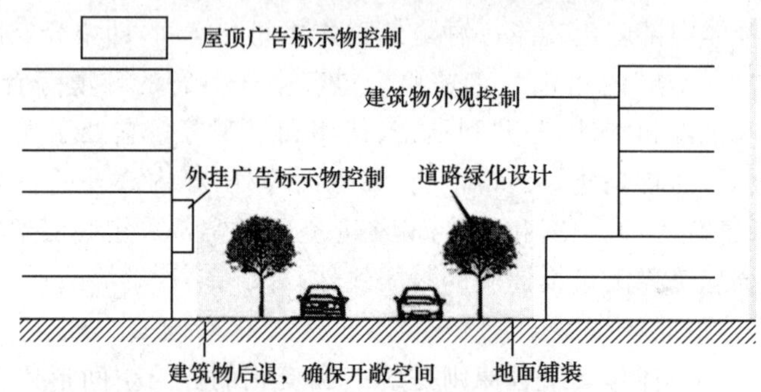

图 6-14　城市对街道建筑的控制内容

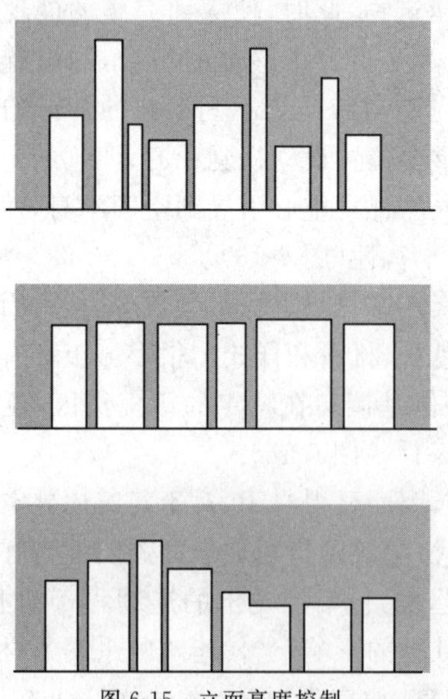

图 6-15　立面高度控制

图 6-16　立面高度与街道宽度控制

(6)建筑群体轮廓线

城市建筑群体的轮廓线是城市总体景观特色的重要组成部分,反映城市的文化特质和城市的发展水平与状态。对其整体的认识控制应注意以下几点。

①层次。即以人的尺度,反映人和景物的距离关系。前景、中景反映的是人置身其中的景观体验,表现为对三维形态、质感和尺度的感知;而远景则反映建筑群体的外层面貌。对于远景,人的感知主要是二维的,如同一幅画或平面构图。从景观角度上讲,充分认识到建筑群体轮廓的层次特征,每个单体都应考虑到其与群体之间的这种层次关系,对不同层次综合考虑是塑造建筑群体景观的必要条件。

②抽象。城市建筑群体的轮廓线的形成是一个意向表现,单体建筑并不能对轮廓线起决定作用,好的单体建筑并不一定形成好的轮廓线。因此重要的是,考虑组合在一起的建筑整体形象及其与城市现状的关系,这个抽象的意向决定了建筑群体的轮廓特征及形态特征。美国旧金山市中心区的城市设计导则,根据其地势特点,制定了"山形主导轮廓线"的建筑群体控制原则,指出"低层建筑布置于山脚下,高层建筑布置于山顶,以加强对山势的表现",力求突出山地城市的特色(图 6-17)。

③和谐与变化。建筑群体的和谐关键在于对个体关系的重视,松散的个体只有通过建立起某种秩序才能为整体的和谐统一打下基础。另一方面,还应注意建筑群体轮廓的节奏性表现。"实空有致""高低有序",在有序中求变化。轴向关系改变了两座建筑各自为政的局面,形成统一的整体。

④高层建筑的影响。高层建筑是 20 世纪科技发展的产物,它使原有的城市面貌产生日新月异的变化,城市的轮廓线被不断地更新替代。它在给城市带来活力和新形象的同时也带来了视线及与历史性建筑的关系等诸多问题(图 6-18)。为了加强对城市高层建筑的管理,旧金山规划部门多次制定有关建筑高度、容积率、城市建筑高度分区以及城市建筑体量分区图等法则,从而对城市的整体景观进行了有效控制。

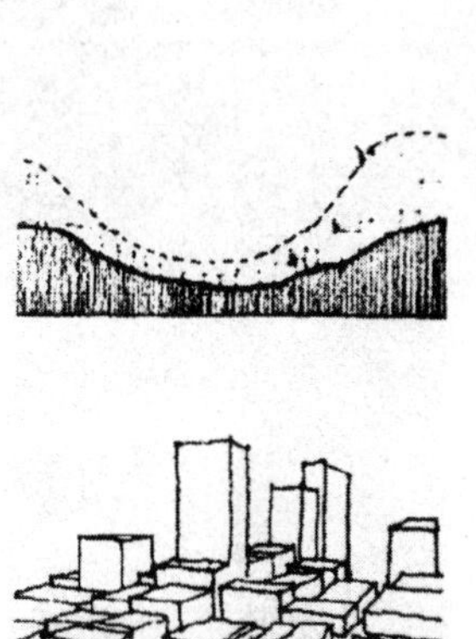

图 6-17 旧金山市中心区的"山形主导轮廓线"的建筑群体控制原则

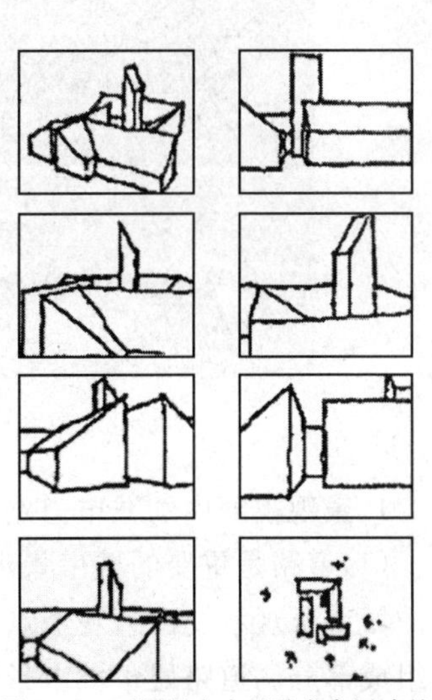

图 6-18 不同视点中的城市高层建筑

查尔斯·柯利亚认为,城市和建筑的关系就像"机器和零件","要设计零件应该先了解整台机器，反之将是什么形”。城市建筑和城市空间相辅相成、互为依托，城市空间通过建筑来界定，建筑通过城市空间来连接。建筑形态和城市空间的统一形成了场所，当它们相互协调的时候，场所的个性就增强，城市就能更好地发挥作用。

城市建筑及其形态构成是城市空间最主要的决定因素之一。一方面，建筑的体量、尺度、比例、空间、功能、造型和材料等对城市景观具有极其重要的影响；另一方面，城市景观设计虽然不直接参与建筑物设计，却在一定程度上决定了建筑形态的组织方式和外部空间的优劣，并能够通过城市层面的协调，合理、积极地引导和组织建筑形态。这就意味着在更大范围上进行城市活动、城市形态和城市景观的研究，能够对建筑与其他景观要素的概念有新的认识，发掘它们的关联和意义，由此能够带来新的设计依据、方法和内容，并产生新的空间和形式，同时也扩展了城市景观的内容和含义。

6.2 城市道路景观

6.2.1 基本概念

城市道路是城市交通系统的重要组成部分，是城市发展的基本骨架，也是城市公共空间的一项重要元素。从功能层面上看，道路连接了起点和终点，是城市机动性得以实现的重要物质载体；从景观层面上看，道路是城市景观结构的重要组成要素，是体验城市形态的景观廊道，甚至可以成为城市的象征（图 6-19、图 6-20）；从社会层面上看，道路又是各种社会活动展开的舞台，是城市精神的重要体现。

图 6-19 巴黎香榭丽舍大街

1. 景观视野中的城市道路

（1）道路是重要的城市景观廊道

城市景观系统由景观节点、景观轴线、景观区三个部分组成，作为城市景观体系的重要组成部分。道路属于城市景观中的“线”要素，是城市空间的组织框架与基本线索，承担着景观轴线的重要作用。在巴洛克式城市设计中，城市道路作为景观廊道的概念体现得尤其明确，道路串起了城市中重要的建筑物或广场，成为具有强烈指向性的城市景观轴线。由于城市道路具有景观廊道特征，因而道路的线形、尺度、空间特征、道路两侧城市要素的布置、展开方式等均成为构成城市特征的重要方面，也是展开道路景观设计所必须予以考虑的组成部分。

图 6-20 北京长安街

(2)道路是体验城市景观的基本路径

城市如同一本书，汇集了丰富多彩的历史、人文与自然要素。城市景观同样需要慢慢阅读，而道路则是城市景观阅读的展开路径，是城市景观展开所依托的基本框架，道路两侧的建筑样式、布局特征、行为活动等均从一个侧面展现了城市的历史和文化，成为构筑城市特色的重要组成部分。鉴于道路的这种特征，在城市道路景观设计时，景观序列的安排显得非常重要，比如妥善处理景观序列的起承转合等景观节奏、景观设计与人的行为心理特征相配合等，以使得人们能够在一种轻松、舒适，富有节奏的氛围中完成对城市的体验过程(图 6-21)。上海南京路、北京长安街、天津五大道、深圳深南大道等城市道路，由于具有丰富的历史人文景观积淀，因而已经成为各自城市的典型标志，也是阅读这些城市的重要路径。

图 6-21 英国设计师戈登·卡伦所做的连续视景分析

(3)道路是组织城市景观要素的基本框架

中国传统城市中，往往以南北、东西大街作为整个城市的基本组织线索，然后结合次一级的城市道路来组织街区，布局街坊；接下来再由巷弄、胡同等小型道路来组织家庭居住单位，这种三个层次的道路系统形成了城市的基本框架。在城市景观体系中，作为线形要素的城市道路，承担着组织其他景观要素的重要作用。道路框架决定了城市道路如何组织街区街坊布局，接下来再由巷弄、胡同等小型道路来组织家庭居住单位，这种三个层次的道路系统形成了城市的基本框架。

举例来讲，在美国首都华盛顿的规划中，方格网式加放射式路网的叠加构成了城市布局的基本框架，并借此突出城市的主要景观节点：白宫、国会大厦、立法院等，并使华盛顿的城市景观富于可识别性。另一个典型的例子是明清时期的北京，从城市平面布局可以发现，典型的方格网式路网构成了城市的组织途径和土地划分的主要方式，同时通过局部道路尺度的改变强调出了城市的政治中心——紫禁城(图 6-22)。

2. 道路与街道的概念辨析

一般来讲，道路是一个相对宽泛的概念。广义上的道路包括了两种类型：一是主要以步行为主要交通方式的街道，二是以机动车交通为主要特征的狭义上的道路。道路和街道在意义上有着明显的差别，进一步细分，街道包括大街、胡同、巷弄、林荫道、步行街等；

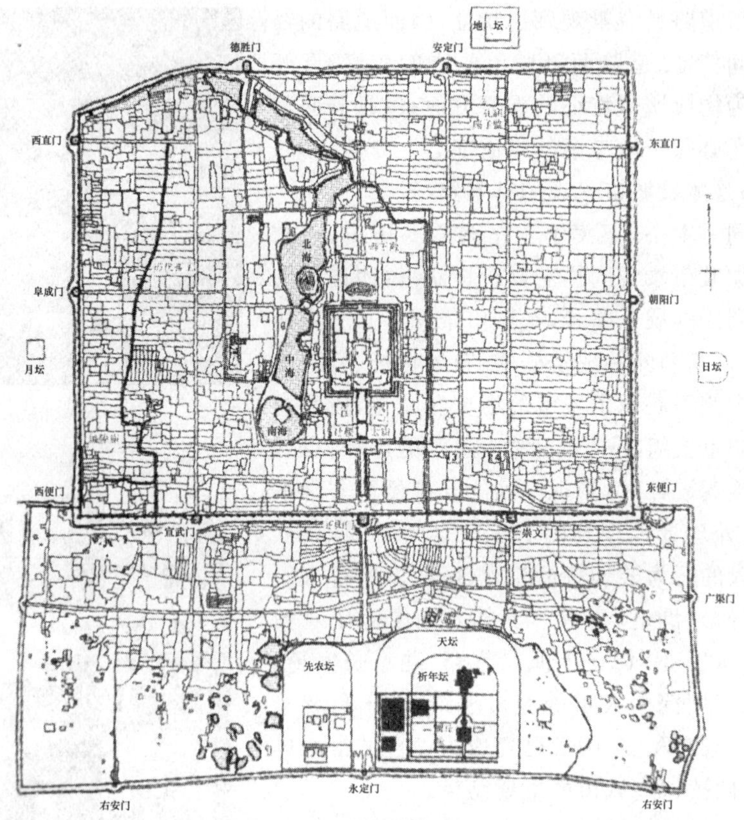

图 6-22　明清时期北京城平面图

道路包括高速公路、城市快速路、公交专用道、轻轨专用道、自行车道等多种类型。本书中，道路采用广义的概念，综合上述各种道路类型，为描述准确起见，在论述某种具体类型的道路时，采用具体的类型名称。

3. 道路的物质和社会属性

(1)道路的物质属性

道路的物质属性包含两方面的意义，即景观性和空间性。景观性是指道路作为构成城市交通系统的载体，具有自身独特的形态，并且道路是与周边的地景、建筑、人、路灯、环境要素密不可分的；道路的空间性体现在容纳了各种各样的人流、物流、信息流及水、电、暖等各项基础设施。

(2)道路的社会属性

除了道路的物质属性之外，道路还是一种社会因素。道路的社会属性表现在建造它的目的及它的社会和经济职能之间的互相转变，还表现在它是重要的公共空间，是人们日常活动、社会交往展开的重要场所，包括进行娱乐、对话、表演、集会和举行各种仪式。

4. 典型道路景观格局

道路是城市的当地居民在漫长的历史中建造起来的，其建造方式同自然条件和人类活动有关，因此世界上现有的街道与当地人们对时间、空间的理解方式有着密切的关系。

历史上，城市道路景观呈现出各种形态。归纳起来，主要有格网形、放射形、环形和不规则形、复合形等(图 6-23),不同的道路景观格局源于不同的文化传统和习俗,不同道路形态也给人以不同的视觉感受,并渲染出城市的文化性格。

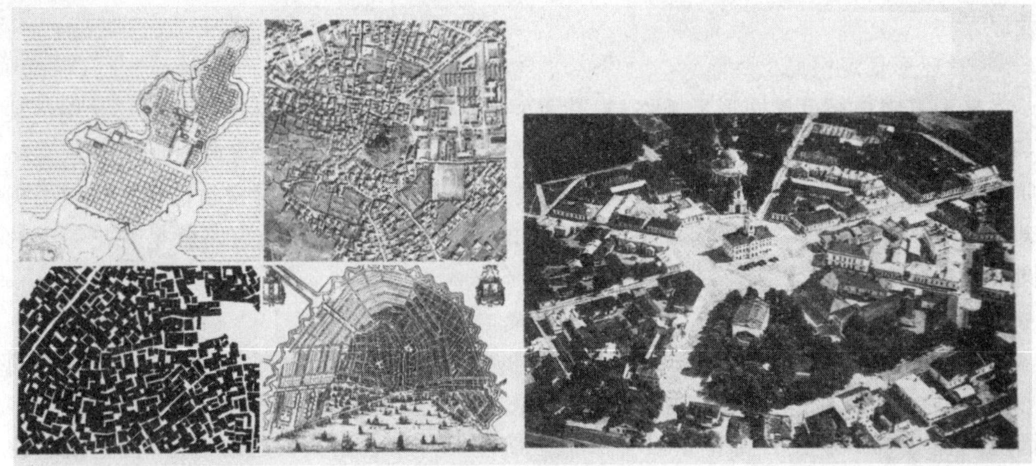

图 6-23 各种道路形态比较

(1)格网形景观格局

格网形景观格局也被称为格栅形景观格局,其基本特征在于道路呈现出明显的横平竖直的正交特征,这种景观特征具有很大的优势。例如便于安排建筑与其他城市设施,利于辨认方位,城市富于可生长性等。

中国传统城市大多以格网形道路格局为主要景观特征(图 6-24)。由于大多数传统城市是由里坊制演化而来的,因而城市道路形态往往是规划粗放的大街轮廓网格和自由生长的小街巷的双重叠加,并且由于早期严格的等级制度方面的原因,对于道路的宽度、布局、使用以及两侧景观都有明确的规定。

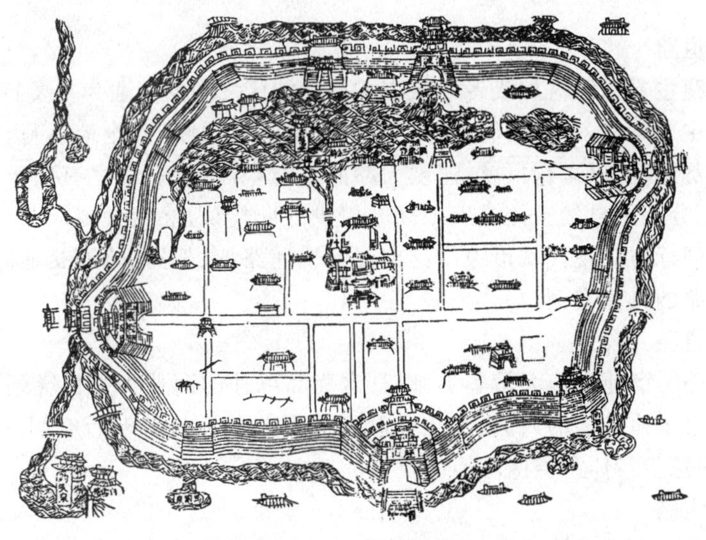

图 6-24 明朝济南府城图

(2)放射形景观格局

文艺复兴时期,对理想城市的探讨成为一种时尚,与理想城市形态相配合,道路系统为环形与放射形两者叠加,道路形式呈现出强烈的向心特征,勾勒出明显的中心性和秩序。

(3)环形景观格局

环形景观格局也称圆形景观格局,其主要特征在于,道路系统呈现明显的环状围绕某一中心区域逐步展开,从而形成具有明显向心性的圈层景观形态。与放射形道路景观格局类似,圆形道路景观格局也具有明显的核心,因而此类道路景观常常被应用于需要明确突出城市核心的场合。在早期关于理想城市的设想中,很多提案的道路就呈现出明显的圆形景观形态格局。

(4)不规则形景观格局

在自下而上的城市生长模式下发展起来的城市中,城市道路较多地体现出不规则的形态特征很好地结合了城市的地形特征,并呈现出一种随机、自然的特点。道路形态大多因地制宜,例如从伊朗古都伊斯法罕的卫星航片上可以看出其街道的形态:住宅沿着狭窄、多变的街道密密麻麻地排列在一起,也可以说是不规则的街道穿过紧密排列的住宅之中。住宅全都朝着内院展开。面向街道的是一个个砖坯墙面;这种街道形态密切呼应了当地干燥的风土特征。

(5)复合形景观格局

美国首都华盛顿的道路形态采用方格网与斜向对角线状道路相叠加的方式,斜向道路连接城市最为关键的场所:国会大厦、白宫和立法院,形成具有鲜明对景的景观大道。这种道路形态很好地诠释了当时美国开国者的精神价值和政治追求。

5. 道路的景观学分类

(1)基于景观属性的分类

根据景观属性的不同,可以分为四种道路,即交通性道路、商业性道路、生活性道路和游览性道路。

①交通性道路

交通性道路主要指以对外或者以城市主要功能区之间的交通为主要特征的道路。交通流量大是其主要特征,主要功能是保证各种交通方式通畅、安全地运行,并在此基础上提高通行者的舒适度,以车行尺度、速度为参照进行空间组织,使之有助于展示沿途区域的景观形象,充分利用自然水体或人工标志提供方向指认,绿化种植应强调其个性,形成各具特色的景观标志。现代城市中广泛出现的快速路、高架路、轨道交通路、城市环线等均是交通性道路的典型实例。

②商业性道路

商业性道路是商业设施大量集中,以日常商品以外的商业为主且交通功能为次要的街道。由于聚集了比较多的人流,因此应设置足够宽的步行道,步行空间的设计要具有引导性,同时要注意步行休憩空间环境的设计。

③生活性道路

生活性道路的主要设计目标是满足城市公众的日常生活和工作需要。道路两侧分布较多个性化的小型日用商品商业和日常公共服务设施，且交通功能为次要的街道。例如城市居住区中的道路、城市步行商业街就属于此类型。此类道路的设计应注重对人性化的街道小品和休憩空间的强调。

④游览性道路

游览性道路主要是供城市本地和外地人游览的道路，游览性道路通常拥有良好的天然或人工景观，因而具有很强的观赏游憩功能，有时会辅以休闲娱乐功能，设计中需注重绿化配置的景观效果和街道设施的标志性。游览性街道通常是设在历史性城市中的古老街道、风景区中的游览路线、滨水绿地区域中的散步通道等。

(2)基于景观具体特征的分类

根据景观具体特征不同，城市道路可以分为景观大道、宅旁街道、步行街、自行车道等多种类型。

①景观大道

景观大道或大街通常指具有一定景观特性和景观规模的城市主干道。作为城市道路系统的骨架，负担城市的主要客货运交通，联系城市主要地区、交通枢纽、主要公共活动中心，以及交通和市外交通干线。同时作为展现城市特色形象的景观廊道。车道数一般不少于四条，道路两侧一般不设吸引大量人流的公共建筑。

景观大道较早出现于西方，如巴洛克式城市设计。奥斯曼爵士对巴黎的改造中就开辟出了若干条景观大道，用以连接城市中重要的场所和公共建筑。而在之后的美国“城市美化运动”中，景观大道也成为改善城市环境、展示城市形象的一种重要途径。在后期，许多城市效仿城市美化运动的做法，纷纷把城市中某些主干道路定位为景观大道，并施以精致全面的景观美化，借此强化城市空间的景观品质和氛围。比如，浦东新区的世纪大道、北京的长安街、深圳的深南大道(图 6-25)等，均是具有较大影响的景观大道实例。

图 6-25 深南大道

②宅旁街道

宅旁街道更加契合街道的原意，即两边有房屋的比较宽阔的道路。作为三级、四级城市道路的一般干道和支路都属于宅旁街道。

一般干道在城市中数量较多，用于联系沟通主干路与支路；而支路又是次干路与街坊路的连接线，以服务功能为主，用于补充干道网的不足或解决城市局部交通问题。一般干道负担主干道上的交通集散和区域内主要客货运交通，两侧虽设有公共建筑和商业网点，具有一定的服务功能，但原则上不能形成商业街(图 6-26)。

诸如商业街、住宅区道路和胡同(里巷)则由支路来承载，为保证人流的安全出入，一般以进出性交通为主。根据具体交通状况，也会有少量机动车和较多的自行车混合行驶，但车流密度不大。此外，根据市民的生活、生产需要，还可单独列出一些专用性道路，诸如只为公共交通和行人服务的居住街坊、商业街坊、绿地、小型公园、运动场地等，沿街设有大量文化商业设施，通常支路由主要支路和一般支路构成(图 6-27)。

图 6-26　属于一般干道的宅旁街道

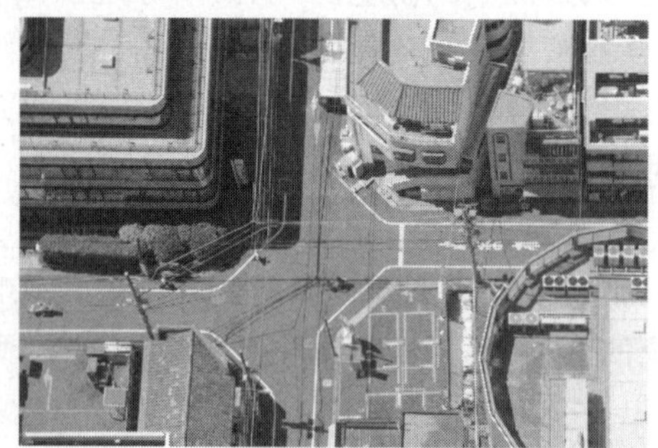
图 6-27　属于支路的宅旁街道

③步行街

步行街是指专门为步行者设计准备的道路，它是基于对日益增加的机动车带来的种种弊端而产生在汽车出现后的，原先流通模式相对简单的道路变得复杂起来，机动车与步行之间的矛盾随之而来，步行街成为解决这种矛盾的一种有效途径。

步行街有多种类型，例如全封闭步行街、半封闭步行街、人车共存步行街等。由于步行街的特殊设计，可以很好地支持步行活动，有助于创造舒适的商业、休闲环境，因而对于改善城市环境，提升道路景观品质起着积极的作用。步行街与城市的历史街道重合时，更能够借此体现出道路景观的文化特征。这对于城市历史景观的保护也具有重要的意义。步行街的设置需要一定的前提条件，主要条件之一是在步行街的外围应当具备一定容量的机动车道路，来疏解因步行街开通而转移出去的车流。因而有可能会给周边地段带来机动车量增长的压力。

近来，有学者提出重新回归人车共行的交通模式，但其前提是通过对道路的独特设计，对机动车的行驶提出特定的限制，降低车速，以保证行人的安全。

④自行车道

专用自行车道是较晚出现的一种道路类型，具有很强的人文主义特征，也是现代景观设计经常使用的一项元素。由于自行车运动本身的生态环保特征，自行车道也是城市绿色交通体系的重要组成部分。自行车道可独立设置，也可结合机动车道设置，为了明确区分自行车空间，往往对道路的基面材质进行特别处理，以增加其标识性(图 6-28)。

(3)基于景观尺度的分类

根据道路景观尺度的不同，城市道路可以分为快速路、主干道、次干路、支路等四个等级。对于中国的城市来讲，由于多数城市是在“里坊制”的基础上逐步发展出来的，因而城市道路结构呈现出较为明确的二级结构，即规划粗放的城市大街与自由生长的小巷的双重叠加，主要干道布局稀疏、相距较远，街巷胡同弯曲狭窄，不便通行。

自从“里坊制”在唐末宋初取消之后，重要商业区开始在相对宽直的干道或者次干道上布置。商业沿着街道布置成为街市中的常见景观，街道除了承担起最初的交通功能之外，还承担了组织日常活动的任务，成为城市主要的公共交往空间(图 6-29)。

在南方，城市中小型的街道被称为“巷弄”。如上海传统城市中，弄堂成为组织城市空间的一条重要脉络；在北方，人们更愿意把小型街道称为“胡同”。巷弄和胡同成为人们日常生活展开的重要舞台，街头巷尾也成为人们重要的生活场景，是最贴近人们生活的街道形态。

图 6-28 上海同济大学和复旦大学之间的自行车专用道

图 6-29 清明上河图(节选)

6. 城市道路景观设计的前景和基本趋势

随着景观设计学科的发展和社会生活发展带来的公众对高品质城市环境质量的迫切要求，道路景观设计越来越得到学术界和城市建设实践的重视。关于景观设计方面的理论、范畴、方法等各方面也出现了较多的新动向。

(1)道路景观的地位日益提升

作为城市交通和城市生活开展的重要载体，一种重要的城市公共领域，以及体验城市环境景观的重要路径，道路景观的地位得到了更多重视，城市道路景观设计成为多数城市进行城市建设的重要内容。许多城市在道路规划的初期就有景观设计师与城市规划师、道路工程师协同工作的尝试。

(2)道路景观设计的实践领域逐步拓展

城市道路的景观设计范畴被逐步拓宽,原先城市道路景观设计主要集中在城市主干道及步行商业街的建设上;近年来城市的一般街道、城市历史型街道、快速路、轻轨道路等类型的景观设计成为新的研究内容,高速公路两侧的景观设计也日益得到重视。除了道路景观设计类型的拓展,城市景观设计的理论范畴也得到了扩大。主要表现在:从单纯的环境美化过渡到对美学、人文、环境、生态等各方面的综合考虑;从功能型景观设计过渡到舒适型景观设计;城市历史型道路景观整治与复兴成为人们关注的理论热点之一;街道家具、街道广告的景观设计控制成为道路景观设计的专项,并得到了细致深入的探讨;对道路景观设计方式及其实现机制也开始了进一步的研究,"街景设计导则"等成果成为重要的景观设计成果。

(3)道路景观设计日益成为凸显地方文化的重要途径

随着经济全球化的到来,人们开始反思现代主义思想指导下所建设的城市特色,成为城市建设的重要目标之一。在城市发展过程中,地方文化的维持和进一步强化成为各个城市在发展中不可忽视的体验廊道,道路景观设计承担了凸显城市特色的重要职责。当一个人想到一座城市时,首先想到的便是街道。如果一个城市的街道看上去很有意思,那么这个城市也会显得很有意思;如果一个城市的街道看上去单调乏味,那么这个城市也会显得单调乏味。通过街道景观地合理控制与引导,反映地方文化特征、体现地方风土精神的道路景观成为实现城市特色发展的重要途径。如云南香格里拉市街道景观整治、西藏昌都路商业步行街、湖南常德市常德大道景观设计等都是对这方面富有意义的探索。

(4)道路景观的生态环境影响日益得到重视

随着环境意识在世界范围的兴起,尊重环境成为当代城市景观设计的一个基本原则。很多学者对于道路建设和景观设计的环境影响进行了深入研究,并对景观设计的本质和意义进行了研究讨论。有学者提出"反规划"的景观设计理论,这反映了当前景观设计界对环境和生态问题的重视。

在道路景观设计中,环境因素成为其一个主要的切入点,也成为景观设计评价的标准之一。道路景观设计倡导风土化的设计理念,运用乡土植物进行绿化种植,倡导尊重环境因素、顺应环境特征的设计策略,所提倡的"白话"景观和寻常景观都是环境生态因素在道路景观设计中的重要体现。

(5)道路景观的社会学意义日益得到重视

道路具有社会性,道路的景观设计也应当以形成良好的社会环境为目标,这一观念也是当前景观设计的一个发展方向,"以人为本"的设计理念则是其重要体现。

早在1961年出版的经典著作《美国大城市的死与生》中,简·雅各布斯就呼吁街道的社会学意义,倡导公众对步行街道、小街道、街道功能复合化,以及对街道安全等方面的重视。然而后续的城市建设却似乎并没有认真听取这位老人的忠告,而是更多地把重点放在街道景观的美观整洁、交通顺畅等方面,并没有或者很少考虑街道承载的生活性,及其作为社会学意义上功能的完善,因而在每次道路景观整治之后,视觉景观是漂亮了很多,但道路的丰富性、有机性及生动性却消失了,街头没有小商贩的叫卖,以及修鞋店、修车店、酱油店等尺度宜人的公共交流场所,有的只是越来越多的车辆和越来越危险的步行者。

随着人们对这些代价巨大的城市建设教训的反思，当前的景观设计者逐渐意识到功能性并不是展开设计的唯一准则，从而开始了对道路景观社会学意义的重视，并开始付诸实践。

(6)道路景观设计成果从“蓝图型”向“控制引导型”转变

早期的街道景观设计，往往采用“蓝图型”设计方法，即采用大量的设计图纸详细绘制道路的整体形态、空间节奏以及街景店面等具体形态，对应的设计成果多是总平面图、街景临街建筑立面图、总体以及局部设计效果图等，把道路作为类似建筑设计的方法进行景观设计，这种方法具有清晰、具体、形象的优势，但并不能够反映道路建设的复杂性，忽视了诸如利益分配、建设周期、市场的不确定性等因素，结果难以很好地指导道路的实际景观建设。

近年来，人们认识到景观的塑造必须基于人文-社会-自然的相互作用，景观的创造是一个动态的过程而非一步到位的完美画面。在此基础上，道路景观设计逐步突破了终极蓝图式、景观形象一次性皆赋予的设计方法，转向制定一系列景观控制导则，以简明的文字条文与图示相结合，建立发展控制框架来指导景观建设的途径。即更加注重“规则”在景观设计中的作用，设计成果也由“蓝图型”向“控制引导型”转变。

6.2.2 道路景观基本构成要素

根据道路景观的性质，道路景观要素分为自然景观、人工景观和历史景观；根据景观与人的距离，道路景观要素分为近景、中景、远景、对景等。

自然景观包括保持自然性的山体、水体和植物，山体往往处于远景位置，如果没有建筑物的遮挡，将构成道路景观中优美的轮廓线。人工景观包括沿街建筑物、建筑小品、雕塑、灯具、广告牌、休息椅等。建筑物由于体量大，往往会遮挡一部分远景，形成道路空间的主要界面，因而对道路景观轮廓线的影响最大。历史景观是道路要素中具有历史价值的人工构筑物、建筑物和道路设施；在西方城市中，具有宗教意义、纪念意义的教堂、纪功柱、凯旋门等作为历史景观，常常成为道路的视觉焦点。

为了进一步展开讨论以及展开景观设计的方便，我们可以对道路的景观要素进一步细分，在前文论述的基础上，道路景观可以被视为由基面、街道墙、顶面、设置物及绿化等五项要素组成。这五个方面勾勒出了道路的景观轮廓，也是道路景观规划设计时的主要设计对象；道路景观风貌的丰富多彩，主要通过这五项内容中的某一项或者某几项的不同特征予以体现。

1. 基面

早期的中国城市，街道基面主要采用夯土材料，并且采用人车混行的交通模式。西方城市，早在古罗马时期，街道即采用人车分置的交通体系，道路基面两侧设置路缘石和人行道。随着社会的发展，西方城市较早地采用柏油和水泥基面材料，甚至采用了更高级的花岗石、条石、铁力木等材料，并且街道基面具有排水设计、铺设路灯等设施。

根据了解到承担的活动不同，基面必须采用与之相应的材料和宽度，机动车通行的街道，要求基面具有坚实的耐压强度和平滑的表面特征；适用于步行的街道，基面则要求具有特殊的肌理、视觉的美感和不可忽略的细节(图 6-30)。

图 6-30　水泥路面、石材路面、柏油路面肌理比较

随着环境意识的加强和生态设计在城市景观中的运用，对于基面材料的选择也逐步倾向于生态化，许多新型绿色材料得以运用，特别是透水性基面材料得到越来越多的应用。在道路景观设计中，通过对基面的特别设计，可有助于塑造特殊的景观效果，限定空间、标志空间、增强可识别性，也可以通过对基面的处理改善道路的尺度感，或通过对一块基面的特殊处理使室内外空间与实体相互渗透。

道路基面的铺装图案可以给人以尺度感，在步行商业街道中，通过基面铺装图案将道路上的人、树、设施与建筑联系起来，以构成整体的美感，而一块平坦的场地就使人感到这里的一切都是散漫无序、毫无关系的。再如在一条长而直的道路上，如果在基面处理上采用一些横向线条，则在视觉上就会使人感到距离缩短(图 6-31)。

道路基面质感的变化可以有助于标识道路的不同功能，例如不愿意让人们踩踏的地面可以采用粗糙纹理的材质；另外，一些城市步行商业街中设置了供特殊情况下使用的紧急车道，可采用不同的材料来装饰基面，以此加以区分，但标高仍旧与步行道保持一致。道路基面还可以表达某种意义，或引起人们的联想。某些有历史价值的古街石板路面，由于长年行人的磨踏和马车行驶留下的车辙，能引发人们对古代社会生活场景的联想(图 6-32)。

2. 街道墙

由于街道空间一般由两侧建筑物限定出来，面临街道的建筑物立面形成了侧向界面，对于界面采取适当的控制有助于提升街道的空间属性、景观质量和视觉感染力，我们常把此种界面称为街道墙。

由于文化特征与气候条件的差异，不同国家和地区的街道墙往往呈现出独特的景观风貌。比如荷兰濒临运河的大街，为了求得面向街道的均等性，临街建筑普遍采用大进深、小面宽的方式建造，面向街道连续展开的街道墙大多窄而高，街道墙的轮廓形状各异，色彩也丰富，街道整体氛围和谐而不呆板，多样而不乏统一。再如中国皖南古村落渔梁，贯穿整个村子的主街道，两侧街道墙采用木结构、坡屋顶、白色主墙面的形态连续展开，街道墙面向主街还有若干进退，形成空间多变、尺度宜人的优美街道景观(图 6-33)。

从形态学的角度来看，街道墙的形态由主墙面、门窗洞口和顶际轮廓线构成，其中主墙面构成了主背景，其尺度、材质、肌理、色彩形成了街道墙的主风格；门窗洞口表征了街道墙的密闭程度，并暗示了地域风土特征，也是视线交织的焦点；顶际轮廓线的起伏与连续是街道生动性的重要源泉之一。因而，在道路景观设计中，可以通过对街道墙这种要素的控制和引导来创造街道墙的独特景观特征(图 6-34)。

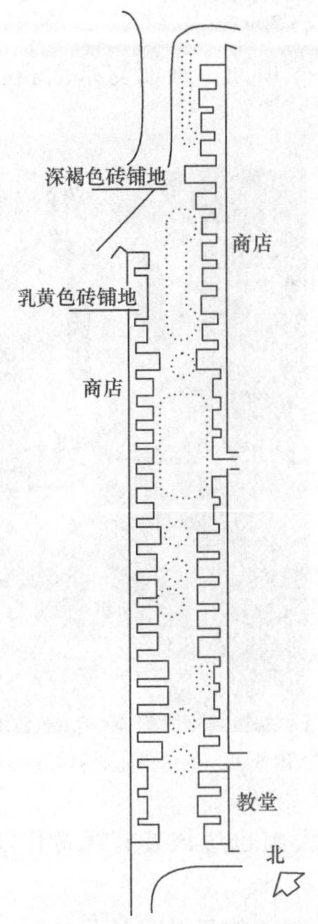

图 6-31　悉尼科索步行街上水平向的基面铺装改善了平直的道路景观

图 6-32　澳门街头用天然块材铺设的条形地纹

图 6-33　古村落渔梁街道形态

图 6-34　上海外滩

3. 顶面

街道墙顶部轮廓限定出了街道空间的第三个层次——顶面。顶面与基面相呼应，其形态揭示了街道的尺度、宽度和性格特征。

在传统聚落中，街道顶面的宽敞程度与地域气候特征密切呼应，南方日光充足、气候潮湿，遮阴、防潮问题的解决是生活环境舒适的一个重要前提。在这种风土型特征下，狭窄的街巷成为遮阴和拔风的重要措施，狭窄、形态多变的街巷使得顶面明显有别于其他地方（图6-35）。

图6-35　皖南民居典型街巷空间形态

4. 设置物

设置物也称街道设施、街道家具、景观家具等，是构成街道完善功能的不可或缺的重要内容，同时也具有很高的美学景观属性，街道设施的完善与否对于街道景观的完善意义重大。

归纳起来，街道设施可以分为三种类型，即功能性设施、信息性设施和观赏性设施。功能性设施包括座椅、电话亭、书报亭、候车亭、休憩亭、垃圾桶、邮筒和灯具等；信息性设施包括导游图牌和指示牌等；观赏性设施包括花坛、喷泉、水池和雕塑等。功能性设施和信息性设施也应该具有观赏性，其造型和色彩是同样重要的。

按照日本设计师细泽健在《街道家具——室外环境要素的构思及设计指南》一书中的分类方法，街道设施可以分为下面的类型：

(1)休憩类，包括座椅、室外桌椅、凉亭（或类似于凉亭的遮蔽物）等。

(2)环境卫生类，包括垃圾桶、烟灰缸、饮水器、公厕等。

(3)商亭类，包括商报亭、自动售货机、小吃亭、临时性摊贩等。

(4)信息类，包括指示牌、广告招牌、信息牌、公用电话亭等。

(5)照明类，包括道路照明、步行商业街照明、一般街巷照明、街头绿地照明、建筑物投光照明等。

(6)交通类，包括公共汽车站、自行车停放设施、人行天桥、步行廊道、限制汽车行驶的设施、地面铺装等。

(7)景观类，包括绿化植物、喷泉、雕塑、门、展示橱窗、广告塔等。

(8)游戏类，主要指供儿童玩耍的各种游戏器具和场地。

(9)管理类，包括电线杆或者灯柱、电力电信控制设施、消防设施、管理亭以及井盖、排水口、通风口等基面上的管理设施。

(10)无障碍，主要指供残疾人使用的盲道，声音引导系统，电梯等升降系统，各种供轮椅使用的电话亭、厕所等。

(11)室外活动类，主要指供开展各种室外活动、集会等使用的场地、露天舞台、旗杆、电源等必要的设施。

图 6-36 大理古城街道家具：带有广告的灯柱

街道设置物的设计应考虑下面几项因素：①地域特点；②街道性质定位；③功能；④周围环境特征；⑤生态与气候特征。在历史文化名城大理，街道家具的设计独具匠心，采用了与古城历史文化风貌相协调的风格，使现代的道路景观与古城的氛围有机结合为一体(图 6-36)。

5. 绿化

道路绿化是构成道路景观的重要内容，它为原本生硬的城市道路增加了软质的效果，并对道路的特性进行了补充和强化，也是道路景观生态性的一项重要体现。同时，绿化对道路交通的安全性也起着重要的作用，如防眩作用以及隔音、防噪声污染等。

道路绿化应当强化道路的特性。采用不同的绿化方式有助于加强道路的特性，使不同的道路区分开来，道路要求具有连贯性，而绿化则有助于加强这种连贯性，同时也有助于加强道路的方向性。为了创造道路的舒适特征，道路绿化的强调显得很有必要。

绿化树种应尽可能采用地方乡土树种。采用乡土树种作为道路绿化的首选有着诸多优点，一是可以强化地方特征，使道路景观具有可识别性；二是与当地风土环境相适应，容易成活，可以降低后期维护费用。

道路绿化应与其他景观元素相协调，即应当将道路性质、沿路建筑及气候、地方特点要求等作为道路环境整体的一部分来考虑，单纯作为行道树而栽植的树木往往收不到很好的效果。

6.2.3 道路景观设计导向

城市道路有诸多类型，不同道路类型具有不同的空间属性要求，并且要求有特定的景观风格与之相适应。因此，在进行道路景观设计时必须认真考虑道路的种类属性，提出具有针对性的景观设计概念和策略。

道路景观规划设计应当与道路规划同步进行，理想的道路景观规划设计应当是在道路交通规划师开始选线选形时就介入，而不能等到道路线形定位之后，甚至是在道路路基施工完毕再开始考虑道路景观规划的设计。在这一方面，美国的做法具有典型的借鉴意义。从 20 世纪 20 年代开始，美国的许多道路，尤其是在城市之间穿越风景区或乡村旷野区域的道路和州际公路，在规划设计时，甚至是由景观规划师先选线定形，然后才由道路设计人员进行技术性匹配，所以，美国才有举世闻名的公园道路、景观道路。身临其境，沿线可以观赏到许多优美的景色。发展至今，这种以景观为导向而规划设计的道路已经遍布全美。

1. 道路景观设计要素

总的来说，道路的景观设计要素包括实体、空间、视线三个方面的内容，具体来看，道路的路面(供车行的交通路面)、道路边界(路缘石)、道路两侧的人行道、绿化带、道路两侧的建筑景观，从道路望过去的近景、中景、远景，这些都是景观设计要考虑的范围，除此之外，道路的交叉口以及交叉口处形成的扇面区域，也是道路景观规划设计中的重要内容。

(1)实体景观

实体景观要素主要指限定道路空间的物质性要素，比如基面、建筑、地形、绿化、街道家具等。在此需要强调的是道路景观的实体要素特征应与道路所在地方的自然、文化、气候特征相适应，道路景观的特色应植根于当地具体的风土特征。

另外，道路的各种实体要素内在要求多样，形态特征差异较大，因而如何统合诸多道路实体要素的形态是道路景观设计中的一项主要内容。

(2)空间景观

道路本身属于城市空间的一个类型，道路正是由于其“空间”特性才能发挥其人流、物流、信息流走廊的作用，道路的空间景观是道路景观设计所不可回避的重要方面。

道路的空间要素主要包括用于通行的流动空间，用于停留、休憩的静态空间，用于内外过渡的中介空间三种类型，这三类空间要素对景观设计及道路整体景观品质的形成具有重要的作用。

用于人流、物流、信息流通行的流动空间景观属性对流通的效率具有一定的影响，特定形式的流动空间形态会促进或者阻碍某项流通的进行。根据这一原则，我们可以把道路的空间景观和流通功能协同起来进行设计。例如，对于鼓励步行的道路，我们可以通过使道路车行空间曲线(如蛇形、折线形)化，车行空间基面材质粗糙化(例如采用粗糙石材铺面)，或者在车行空间基面上设置限速设施(如车挡、驼峰)等途径，降低车行速度或者提醒车辆减速，减少对步行者的干扰；同时，在步行空间精心布置花台、座椅、灯具等步行支持设施，以鼓励步行交通模式地顺利展开(图 6-37)。

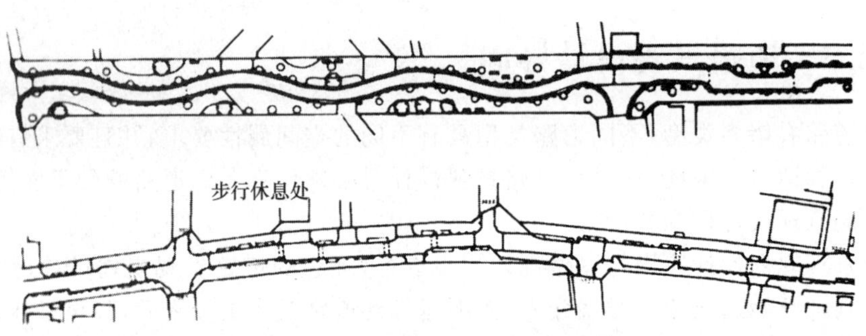

图 6-37　日本居住区步车共存道路

道路上用于停留、休憩的静态空间主要指街头广场、街道局部扩大形成的活动场地等，在道路景观设计中，有意识地创造出一定数量的此类静态空间，会有助于形成舒适、美观、充满生活气息的道路空间，并增加道路景观的层次感与感染力。

用于内外过渡的中界空间是指临街的建筑入口处的道路局部空间，这类空间的景观质量有助于建立道路与临街建筑之间的有机联系，使道路景观与建筑景观形成有机整体，同时也可增加道路的景观层次。如图 6-38 所示，云南大理喜州古村落的街巷空间，街道与院落入口之间往往具有一个凹形空间作为过渡，这样，院落入口不直接开向街道，而是经过了一个缓冲空间，从而增加了居住的私密性，同时街道的景观层次也因此而变得更为丰富多彩。

(3)视线景观

道路的视线景观包括封景、障景、对景、近景、中景、远景等。对道路视线景观的特殊设计可以很好地挖掘道路的景观潜质,形成道路的特色,并使道路景观富有感染力。

①封景

当一个空间向外看的景物和向内看的景物被封闭时,产生的空间包围感最强烈。一个一直望过去通透的景观不能诱使人在行进时停留下来;相反,一个封闭的街景意味着是一个停止点,而且方向上必要的调整可以诱使减速,这种封闭性的效果可以通过把入口和出口错开来获得。另外,使一条道路从拱门中穿过也是一个有效的、使人到达一个特殊场所感的方法。

图 6-38　云南大理喜州古村落的街巷空间

封景的具体方法多种多样,比如T形结合、曲线布局、拐角布局等(图 6-39)。

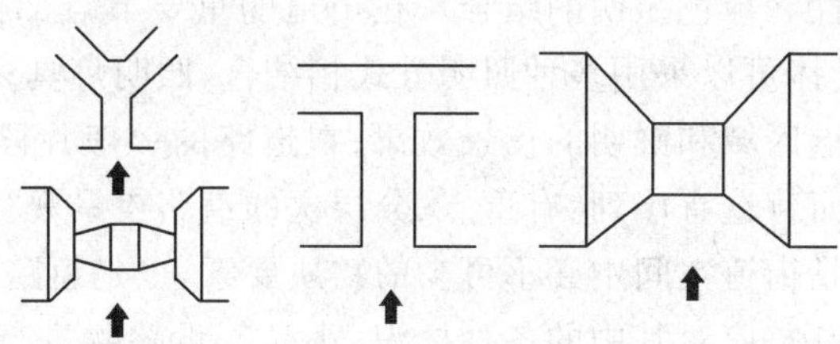

图 6-39　封景的常见类型

②障景

在著名造园家计成的著作《园冶》中,有这样一句精辟的论述:"佳则收之,俗则屏之。"意思是说,对于好的景物,应想办法把它纳入视线中来;对于不好的景物,则应当在设计时想办法予以一定的遮蔽。

障景在古典造园设计中经常用到,在道路景观设计中它也是一个很好的方法,主要是通过设置景观属性高的要素来遮蔽其他景观效果差的道路要素。比如,在道路景观改造设计中,对于临街景观品质差的建筑,可以采用种植绿化的方式来予以遮蔽,使绿化成为道路景观的前景,靠绿化的作用来形成障景,从而优化道路景观的品质。

③对景

对景是指在道路景观设计中,通过有意识的视线引导,使得道路的方向或者道路附属空间的方向直接向某一特殊的自然或者人文要素展开,这些特殊的人文或自然景观往往具有一定的标志性,从而建立道路景观和标志物的视觉联系,增加道路景观的感染力。例如,巴黎的香榭丽舍大街就以凯旋门为对景;华盛顿的第五大街分别以白宫和国会大厦为道路对景;上海福州路东端以东方明珠为道路的对景。这些对景手法地运用,极大地激发了道路景观的视觉感染力,并赋予道路较强的标识性。

④近景、中景、远景

近景、中景、远景的考虑主要在于，通过有意识地对景观要素的安排，使得在道路的某些特定视点，在人的视线范围内能够形成一幅层次丰富、具有一定视觉景深的优美画面，从而达到提升道路景观品质的效果。所谓特定视点，主要指道路的重要节点、能够聚集较多人流的场所、街头广场等，这些场所是人们体验城市景观最为经常的地点。

2. 道路景观设计原则

(1)功能性原则

道路景观的设计目的在于创造舒适、愉悦的通行空间，对道路功能的考虑是进行道路景观设计时必须予以重视的内容。

道路是城市交通系统的主要组成部分，联系着城市的各个功能用地。日本土木学会认为，道路的实际功能包括交通和空间两大部分，交通是道路的第一功能，它是指人们能够方便、准确、及时地通过特定的道路到达目的地；空间功能主要是指道路作为城市空间的一部分，集中了上下水道、电力电信、燃气等公共设施，保证城市的通风和道路两侧建筑的采光，为人们提供休息、散步的场所，在灾害到来时还具备避难的功能。

道路的功能还体现在照明和街道设施等方面。照明分为功能型照明和舒适型照明。照明景观设计应注意区分重点，有选择地适度用光，避免光污染，并注意使用节能光源，使用新型能源，达到景观性和绿色照明的结合。在街道的重要节点部位与人流活动密集的场所，采用重点照明，具体可以采用多种照明方式相结合，照明灯具多样化，照明效果复合化，着意刻画出照明重点区域和鲜明的夜景效果；在道路的一般片段，应以功能性照明为原则进行普通照明，从而营造有序列、有重点、分层次的道路夜景观。

完善的街道设施，是街道空间中必不可少的物质要素，也是道路功能得以顺利展开的必要条件。在景观设计中，应对其中的各种标识、小品等设置物进行统一的考虑，起到点缀、美化环境、标定场所特征、提供信息、指南、说明，以及提供等候、休息、饮水、照明、通信、垃圾回收、如厕等功能性设施的作用。

(2)生态性原则

道路景观的设计不仅仅是对街道环境要素的美化，更是一个融合了美学、环境生态、地形地貌等自然背景的复合设计。随着世界范围内环境运动的兴起以及对建设项目环境影响的重视，生态原则愈加成为道路景观设计的一个重要原则，这一原则可以细分为与当地气候特点的协调、通风日照条件的满足、环境生态影响最小、绿色材料的使用、可再生能源的使用等生态策略。

(3)文化性原则

随着现代主义的设计理念受到越来越多的质疑，在设计中如何体现当地文化特征受到越来越多设计师的重视，在全球化的社会背景下，在现代化进程的发展过程中保存和强化地方文化特征已经是当前世界各地政府的一项重要议题。

道路景观应当能对地方文化做出敏锐的回应，凸显文化特色，并成为展现地方文化的重要窗口，景观设计构思的一个主要源泉即对地方文化风土特征的仔细研究与巧妙体现。

(4)形态美原则

是否合乎形式美的原则是衡量道路景观设计品质的重要标准之一，除上文中介绍的比例、尺度、色彩、韵律、节奏等形态构图方面的准则之外，美学视角下的道路景观还包括多样统一的整体景观形象、强调视野内的视觉空间范围与道路的景观对景、鲜明清晰的道路景观序列以及精心设计的道路景观节点等方面。

3. 道路景观设计的方法与步骤

(1)现状景观调研与分析

现状景观质量分析是景观设计的第一步，也是展开设计的一项重要依据。景观质量分析一般包括：建筑质量与风貌分析、自然要素分析、文化特征分析、地形地势地景特征分析、现状街道空间使用状况分析五个方面的内容。

(2)明确问题与潜力

在上述研究的基础上，对道路景观进行 SWOT 分析，明确其优劣势，找出现存问题，挖掘景观潜力，为下一步采取恰当的景观设计目标和策略提供重要的参考依据。

(3)确定景观设计目标

在现状调研与 SWOT 分析的基础上，结合道路所在城市区域的未来发展方向和功能景观格局，确定道路景观规划的总体目标，为后续具体的设计建立合理的基础条件的景观发展目标是道路景观设计的灵魂。

(4)制定景观设计策略

景观设计策略的制定是景观设计的核心内容，其目的在于针对现状问题和潜力，提出针对性的设计概念，解决问题，保持并强化现有特色，挖掘并体现潜力。景观设计策略往往由总体设计策略和分项设计策略两部分组成。

(5)确定景观序列

街道景观序列是街道景观富于感染力的一项重要条件，也是街道不可或缺的景观需求之一。街道景观的展开，应有“起承转合”的转换过程，使街道空间层次丰富多变，景观形态丰富多彩。

景观序列的确定应当在满足交通功能要求的基础上，宏观上有意识地将视野所及范围内的自然景色(大型山体、水面、绿地等)、标志性物质要素(大型公建、历史遗迹、高层建筑、高耸构筑物等)贯穿于一体，并注意对道路沿线局部景观段、景观点的强调，力求景观序列具有节奏并富于对比。

(6)精心设计关键景观节点

街道景观节点主要指街道空间中具有战略标志意义的局部空间片段，比如起始点、道路主要公共空间、主要道路交叉口、主要公建周边环境等。在凯文·林奇看来，街道是被一系列节点所激活的路径。景观节点的整体化设计有助于提升整个街道的空间感染力，并使街道整体景观序列变得起伏有序，是街道景观设计的重要组成部分。

(7)景观设计成果构成

一般来说，完善的街道景观设计成果主要由下面几项内容构成：

①规划设计说明书。

②位置与区位分析图。

③现状建筑质量评析图。

④现状景观风貌分析图。

⑤现状用地功能分析图。

⑥规划设计目标与理念。

⑦规划设计专项研究——功能结构图。

⑧规划设计专项研究——建筑性质图。

⑨规划设计专项研究——绿化与景观系统。

⑩规划设计专项研究——交通与停车。

⑪主要节点景观详细设计。

⑫临街建筑平面与立面设计。

⑬路面与铺装详细设计。

⑭街道设施详细设计。

⑮街道绿化详细设计。

⑯街景设计导则。

4. 设计要点

(1)定位

道路的定位研究是景观设计展开的前提。如果对道路的性质定位不准,那么无论其景观如何精致,也难以成为一项优秀的景观设计。

合理准确的定位是展开道路景观规划设计不可缺少的环节,也是道路景观规划设计的灵魂,是道路景观设计质量的评价标准之一。

道路景观的定位需要综合考虑以下因素:①街道在城市结构中的位置与地位;②街道的历史和现状条件;③城市未来发展的目标和方向;④道路的自然条件。

道路具体定位应基于多种标准,关键的一点是要能够准确把握道路在城市结构中的性质和功能景观要求。有的道路属于生活性,有的道路属于交通性,还有的道路属于游览性,不同的道路性质决定了其景观属性的差别,并且直接影响到景观设计的重点甚至是设计程序。

(2)功能

街道的功能是形成景观的一个重要参考因素,在一定程度上,街道的功能决定了景观的特征。道路的功能包括了两层含义:一是街道承担的主导城市的功能,例如居住、商业、办公、行政、文化、娱乐等;二是为了达成街道的良好运转所必须具备的功能条件,例如合理的宽度、断面、完善的街道设施和基础设施等。

第一个层次的功能往往在上一层次的规划中会予以确定,在景观设计中应当遵循上一层次的规划要求,必要条件下可以进行一定程度的修正,街道景观规划所需要解决的功能问题主要指上述的第二个层次;维持街道各种流通运转顺利展开所应具备的基本条件。

(3)空间

在道路景观设计中,路面应当与路旁的景物(建筑、绿化、地形等)共同作用构成一个空间。在这个空间中,路侧景物与路面之间的关系是非常重要的,它暗含了道路的特定氛围与景观特征。

街道的空间要素包括了围合与开放、长与短、宽与窄、直与曲等方面。

①竖向空间景观

日本著名设计师芦原义信详细考察了街道两侧建筑物的高度(H)与街道宽度(W)之间的不同比例所带给人的不同空间感知，按照其研究，当 $H/W>1$ 时，街道的空间感比较封闭，走在其中的人，会有一种穿越峡谷之感；当 $H/W=1$ 时，街道的空间具有一定的围合感，此时，可使道路与其两侧的建筑之间的空间保持完美的平衡状态，形成一个令人感到舒适的空间。人在街道的一侧，其 45°的锥形视野可以覆盖对面建筑从底面到顶面建筑的全部立面，但还不能超越对面建筑物的高度，因而，依然具有高度的围蔽感；当 $H/W<1$ 时，街道的围合感觉比较弱(图 6-40)。在我国南方传统聚落中，街道宽度大多较窄($H/W>1$)，因而走在街道上，街道空间给人的感觉很亲切、幽深，并且街道两侧高起的建筑很好地遮挡了阳光，形成阴影空间，增加了街道的舒适性，这种街道空间形态很好地适应了南方的气候风土条件(图 6-41)，从而达到了景观与气候特征的有机统一。

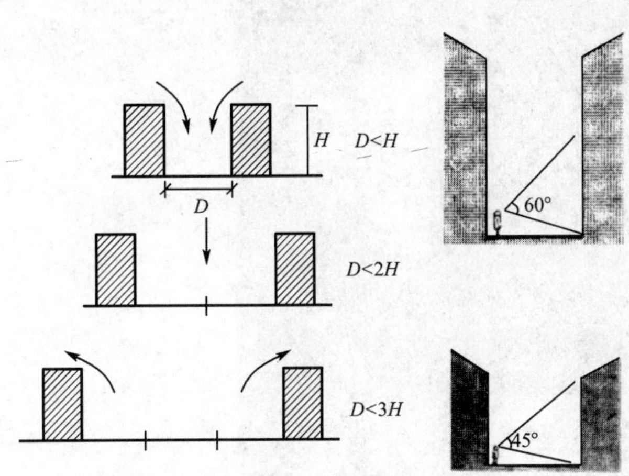

图 6-40 道路宽度比与空间心理感知之间的关系

图 6-41 皖南古村落宏村街道形态

当高宽比 H/W 值为 1∶1、1∶2、1∶3 时，道路两侧的建筑布局通常最为令人满意。芦原义信认为："当宽与高的比值等于 1 时，我们就会感到建筑物的高度和彼此相隔的空间呈均衡状态。"在实际的布局中，H/W 值等于 1、1/2 或 1/3 是属于常用的比值；当 $H/W=1/4$ 时，路侧的成排建筑物在视角锥中成为一条景带，相互的作用就会很弱，此时，若道路上没有有效的绿化、地形等要素的出现，街道就会显得很空旷，围合的感觉会非常弱，因而应用的相对较少。

在具体的景观设计中，我们不能一概而论采用哪一种 H/W 值为最好，这要看设计者期望达到何种空间效果，创造怎样的空间环境。由于日常生活中人们总是要求一种内聚、安定而亲切的环境，所以历史上许多城市空间的 H/W 值大体在 1～3。

综上，在道路景观设计中，设计者可以通过有意识地控制街道的空间形态来达到某种特定的景观效果，比如在商业步行街的景观设计中，为了营造出亲切、热闹、多样的效果，构成商业氛围，可以采取街道 H/W 值大于 1 的设计策略，拉近步行者和两侧商店之间的关系，并渲染一种独特的空间景象。

②水平空间景观

道路空间的水平形态也是形成景观特征的重要方面。一般来讲，直线形的道路具有正规、整齐和严谨的景观特点，显得刚劲有力；而曲线形道路的景观特征往往与柔和、优美有机地联系在一起，通常会显得富有生机。

道路两侧的围合要素如建筑或绿化等的布局特征对于道路空间的形态有着重要作用。举例来讲，当一个人从火车站进入市中心区，如果在行进过程中他所看到的是紧密连续排列的建筑墙面，其高低相似，后退道路距离也基本相同，这样的道路空间感觉是密质、均匀而无疏密变化的，因此给人的感受必然单调。如果在街旁有几处建筑后退，形成凹入空间，露出绿枝摇曳，或有几幢建筑高矮变化，这样一来，人的视线可及便会突破连续的线形模式，从而拓展了视线的方向和层次，空间也就具有疏密、硬软、明暗、轻重的变化。人行走于其中，空间形态显得富有变化，道路的空间感便会生动许多(图 6-42)。

图 6-42　局部建筑的适当后退可以改善道路的空间效果

(4)材质

街道基面与街道墙的主导材质暗示了道路景观的风格。材质包括了材料和质感两个方面，进行道路景观设计时，应根据街道的具体性质、功能以及景观属性的不同，对街道的材质进行合理的设计和引导。

不同的材质对应不同的景观特征，久而久之，也会具有特定的文化内涵。例如粗糙的石材给人以庄重、豪放的视觉印象(图 6-43)；光滑的金属给人以现代、流畅的视觉感受；江南水乡街道两旁建筑的粉墙黛瓦，则给人以静谧、质朴的心理感知(图 6-44)。

对于街道景观来说，材质的控制并不意味着所有的建筑均采用一种材料和质感，而是应当根据道路的性质和景观属性，采用某一种或几种材质作为主导，以突显街道的独特性格，同时材质的选择与应用最好能够与街道所在地区的文化、自然环境相协调，这样能够使街道景观具有鲜明的地方文化的标识性。

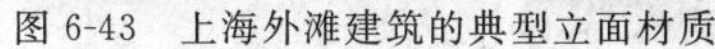
图 6-43　上海外滩建筑的典型立面材质

图 6-44　苏州古城街道景观

(5)色彩

色彩是用来表现道路景观的风格、环境氛围，创造良好道路景观效果的重要手段，同时也是增强道路的可识别性的手段。在道路景观设计中，通过对色彩的合理运用，例如建筑色彩采用相同基调或者道路基面的铺装色彩也采用同一基调，还可以形成和谐、统一的景观效果。

道路色彩包括基面色彩、街道墙色彩以及街道设置物色彩三个方面。色彩的不同暗示了不同的街道景观氛围和风格，也是形成街道景观特色的一项因素。街道一般应具有自己的主导色彩，色彩的选择也应基于当地文化特征和街道的属性甚至是气候条件。

对于步行道来讲，目前越来越多的城市采用彩色铺面材料，使步行成为一项富有情趣的活动，也使得步行空间更具有人情味。

街道两侧建筑的色彩构成了街道的色彩背景，有助于渲染街道的视觉氛围，形成统一的街道景观形象。另外，深色的建筑在蓝天的衬托下显得比浅色的要小一些；暖色的墙面使人感到与之距离较近，冷色的建筑则有一种“后退感”，因而色彩的处理也有助于创造尺度感。

街道设置物属于道路的小品性要素，其色彩一般来讲应与道路的主色调形成对比，以形成趣味点。在某些城市空间中，例如商业街道，由于商业建筑墙面、橱窗、货架、店招等，往往色彩丰富，它能表现出一种活跃热闹的商业氛围，要想既保持这种气氛，又不显得杂乱无章，便可以采用同一色彩基调的铺装地面或者街道家具，从而取得和谐的景观效果。

道路色彩的选择与道路的性质具有重要关系，在商业性道路景观设计中，往往适宜采用多样化的彩色系列为主色调，表现出一种活跃、热闹的气氛，以渲染商业氛围(图 6-45)；而在生活性道路中，色彩选择往往以素雅、清淡的色彩为主。

(6)设施与小品

设施与小品不仅是完善街道功能的必要条件，也是构成街道景观的一项重要元素，在进行街道景观设计时，须从功能和景观角度综合考虑街道设施与小品的具体形态。

从功能角度看，街道设施与小品种类应当完善，满足各种街道活动的需求；同时，布置的位置与数量应当遵循国家相应规范要求，并结合街道的性质、人、车的活动规律及公众的行为和心理特征。

图 6-45　上海南京路

从景观的角度，街道设施与小品的造型设计应当切合具体的功能要求，考虑地方文化习俗并考虑人的视觉心理，综合考虑其材料、色彩、尺度、比例等造型特征。

一般来讲，街道设施与小品的布置和造型设计，应遵循下面四个原则：

①街道设施的布置要具有同一性。采用同一性的街道设施可以强化地域的识别性，但在一些重点或特殊地域，可采用特定风格的街道设施来突出环境特征。例如，城市滨水区可布置简洁明快风格的街具，在城市传统风貌区适合布置具有民族传统风格的街具。街道设施的形式还应该与使用功能相符，如座椅可以分为短时间休息和长时间休息两种类型。

②注重街道家具的不同组合方式以产生多样化的空间效果，而街道设施的组合方式排布应该随着不同的设施和不同的街道功能而有所不同。

在街道空间中，有些设施往往成组布置，如公交车站、座椅和花坛的组合布置（图6-46）；街道设施组合布置的重复往往使街道空间具有很强的节奏感。而观赏性较强的街道设施（如雕塑、喷泉、亭子和钟塔等）适合于独立布置，设立在空间节点处（如公共广场、步行街的交汇处和不同景观区段的交接点），形成局部区域的视觉中心。街道家具的组合或独立设置，不应仅仅从家具本身出发，还应承担街道非绿化开放空间软化的功能。

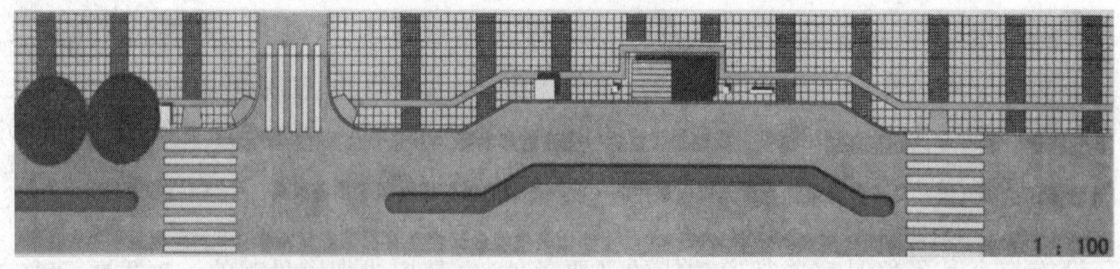

图 6-46　云南香格里拉长征大道街道组合平面

③特殊街道设施如消防栓、垃圾桶等应根据相关规范满足设置间距要求。

④主要的景观性道路和重要节点、门户、街道设施、小品应有专门的、非规格化的设计。

5. 道路景观设计与速度

现代城市道路景观设计，一定要抓住"速度"这一关键问题。速度包括车行的速度、步行的速度、观赏的速度等。速度的不同引出了尺度的变化(表6-1)。客观上要求道路景观的形态包括平面布局、立面设计、沿线植栽。

表 6-1　　驾驶员前方视野中能清晰辨认的距离

车速(千米/小时)	60	80	100	120	140
前方视野中能清晰辨认的距离(米)	370	500	820	820	1000
前方视野中能清晰辨认物体尺寸的距离(米)	110	150	200	250	300

资料来源：刘滨宜. 城市道路景观规划设计. 南京：东南大学出版社，2002.

①道路景观特征与速度

对道路上各种运动的方向、速度加以控制或引导是道路景观设计需要考虑的主要因素。道路景观的每个部分——线条、面积和形状等，均含有暗示驾驶人员可以加速、应该减速、保持速度不变，或者对速度做有节奏地调节等。

例如，当一条道路做成收敛形时，会使驾车者主观上产生速度过快的印象，从而使其减速。不论是路面的宽窄变化还是两侧建筑物的逐渐靠近，均可引起上述效果。逐渐地缩窄路面会使驾车者逐渐减速。有时道路路面突然收缩，在远处就可以看到时，同样可以起到逐渐减速的效果。如果道路的缩窄是暂时的，例如某个建筑的边缘突出街面，而其他建筑均以靠后的位置排列，则会引导驾车者先减速，在通过障碍时再骤然加速。相反，当道路的路面及道路空间逐渐开阔时，会给驾车者带来一种松弛感，随即提高车速。一条道路的宽度一定，两侧建筑后退街面越远，车速就越易增加，否则效果相反。

直线会产生一种紧张的状态感并容易导致高车速的出现，而虚线则暗示车辆的逐渐减速，这一条件可以通过景观设计的手段来达到。例如在一条短的尽端路中，可以采用不同材料、色彩或者纹理的路面来造成交替间隔的路段，从而引导车辆减速。

②基于不同速度的道路景观设计

对应于不同的速度，应配之以不同的景观尺度、不同的景观材料以及不同的景观设计方法。在以汽车为主的情况下，由于车内的人在道路上运行的速度较快，因而，只有靠增大道路宽度以及道路景观区域范围才能保证机动车与道路周边建筑有足够的观赏距离；同时，由于行车速度较快，在这一状态下景观主体(人)对景观客体(道路与沿线景色)的认识只能是整体概貌和轮廓特性，重点在于对"势"的渲染(表6-2)。

表 6-2　　不同车速下清晰辨认路边景物的最小距离

车速(千米/小时)	20	40	60	80	100
最小距离(米)	1.71	3.39	5.09	6.79	8.50

资料来源：刘滨宜. 城市道路景观规划设计. 南京：东南大学出版社，2002.

以步行为主要交通特征的道路，则要求道路景观区域相对封闭，这样才能抓住行人的注意力。同时，由于观赏者是在一种慢速状态下观赏道路景观，因而景观规划设计重点应当放在对“形”的刻画与处理上，如：路体本身的形象、绿化植物选择与造型、场所的可识别性，甚至是铺装材料、质感、色彩、台阶、路缘石等细节，均应仔细推敲、精心设计。

因此，全面的道路景观规划设计，一方面，需要全面考虑现代交通条件下各种速度的道路使用者的视觉特性；另一方面，更需要根据道路的性质与功能，将道路分成若干个等级，选择主导的道路使用者的视觉特性作为道路景观规划设计的出发点。

6.3 城市公园

6.3.1 城市公园的概念及历史发展

城市公园是城市中最重要和最具代表性的绿地，是城市中的“绿洲”和环境优美的游憩空间。它是随着近代城市的发展及社会生活的需求而产生、发展并逐步成熟起来的。城市公园不仅为城市居民提供了文化休息以及其他活动的场所，也为人们了解社会、认识自然、享受现代科学技术带来了种种方便。此外，城市公园绿地对美化城市面貌、平衡城市生态环境、调节气候、净化空气等均有积极的作用。因此，无论在国内或国外，在作为城市基础设施之一的园林建设中，公园都占有极其重要的地位。城市公园的数量与质量既可以体现一个国家或地区的园林建设水平和艺术水平，同时也是展示当地社会生活和精神风貌的橱窗。

1. 城市公园的定义

(1)《公园设计规范》的阐释：公园是供公众游览、观赏、休憩、开展科学文化及锻炼身体等活动，有较完善的设施和良好的绿化环境的公共绿地。

(2)《中国大百科全书(建筑、园林、城市规划)》对公园的定义：城市公共绿地的一种类型，由政府或公共团体建设经营，供公众游憩、观赏、娱乐等的树林。

(3)《园林基本术语标准》定义：公园是供公众游览、观赏、休憩、开展户外科普、文体及健身等活动，向全社会开放，有较完善的设施及良好生态环境的城市绿地。

2. 公园的历史发展

(1)国外城市公园的发展

世界造园已有6000多年的历史，但城市公园的出现却只是近一两百年的事。

17世纪之前，无论是中国还是外国都存在着一些城市公共园林，这些公共园林是城市公园产生的基础。例如，早在公元前9至公元前5世纪，古希腊人便在体育场周围建设了美丽的园地，并向公众开放。这些向公众开放的、园林化的体育场，可以说已具备了现代公园的雏形。古罗马帝国的一些城市中的广场或墓园允许公众进行游憩活动，就具有了一些公共园林的性质。

17世纪中叶，英国爆发了资产阶级革命，武装推翻了封建王朝，建立起土地贵族与大资产阶级联盟的君主立宪政权，宣告资本主义社会制度的诞生。在“自由、平等、博爱”的旗帜下，新兴的资产阶级统治者没收了封建领主及皇室的财产，把大大小小的宫苑和新园向公众开放，称之为公共花园和公园，如英国伦敦的伯肯海德公园(Birkinhead Park)(图6-47)。在意大利还出现了专门的动物园、植物园、废墟园、雕塑园等。

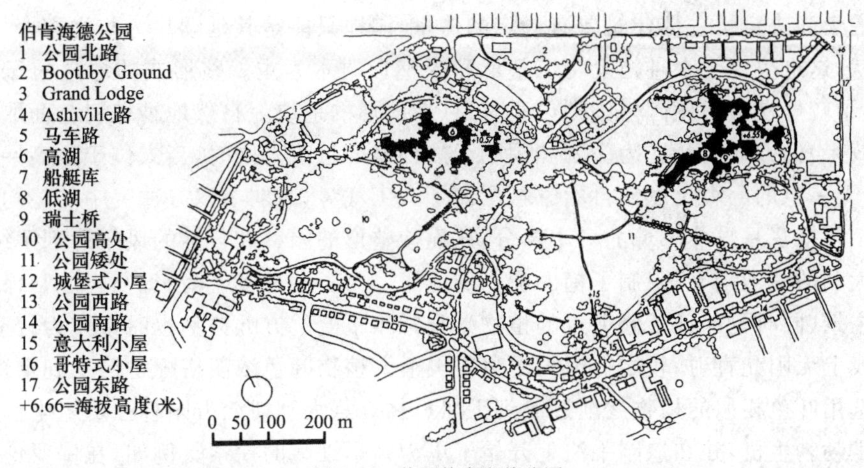

图 6-47 英国伯肯海德公园

1843 年,英国利物浦运用税收建造了公共可免费使用的伯肯海德公园,标志着第一个城市公园正式诞生。伯肯海德公园坐落于伦敦市区的西部,面积有 159.86 平方百米,是伦敦皇家公园中最大、最著名的一个。19 世纪后期,伦敦发展迅速,伯肯海德公园逐渐成为城市中心区域。由于该公园多花草树木,空气新鲜,故被称为“伦敦的肺脏”。

进入 19 世纪,大部分皇家猎园已成为公园,由于城市扩大,原有城墙已失去作用,许多城垣迹地也被改建为公园。19 世纪 30 年代以后,原有的皇家园林已不能满足大众游人的需求,于是各城市都大量建造新公园。

然而,真正意义上进行设计和营造的近代城市公园,始于美国纽约的中央公园,是由美国著名的风景园林师奥姆斯特德(F. L. Olmsted)规划设计的。该公园占地约 340 平方百米,采用了回游式环路和波浪系统相结合的园路系统,有 4 条园路与城市街道立体交叉相连,游人在园内可自由地散步、骑马、驾车、游憩,该园的建设十分成功,利用率很高。据统计,1871 年的游人量达 1000 万人次,平均每天有 3 万人,而当时纽约市的人口尚不足百万。

受纽约中央公园的影响,全美掀起一场城市公园运动,时隔不久的 1892 年,风景园林师奥姆斯特德在波士顿市规划建立第一个公园系统。

英美两国是西方国家中发展城市公园的先驱,进入 20 世纪后,他们在许多城市兴建了公园、动物园、植物园、游乐园等公共园林,且为满足现代工业城市中的人们对自然的需求,建立了更大规模的自然游憩地——国家公园(National Park)。

国外城市公园景观设计的特征:欧洲、西亚、东亚和南亚形成并发展了人类三大宗教——基督教、伊斯兰教、佛教。同时,园林业发展成为西方、西亚、东方三大流派。朱文一指出:城市公园是理想空间在城市中的体现,是一个充满人性的“人的世界”。西方城市公园景观设计的发展大体经过传统园林景观、现代园林景观、后工业景观设计与现代园林景观并存的多元化等几个阶段。

①传统园林景观的特征

西方传统园林景观主要是三大园林传统:一是意大利台地式花园;二是法国的规则式园林;三是英国的自然式园林。

a. 意大利的台地式花园。意大利台地园是具有鲜明个性的。对古罗马人来说,对宏大气魄的崇尚决定了主体建筑要有一定的体量,园地只能是其延续。为与之配合,多采用几何形状,这也决定了在种植上将以整形和半整形树木为主。整形式的绿丛植坛在最下层,获得了较好视角。庄园外围则以半整形(在整形的地块上自然地种植树丛而取得的半自然的效果)的方畦树丛成为庄园和周围天然环境的过渡。同时,当人位于最高层时视线升高,海天一色的巨大尺度使自然气氛压倒了人工气势,减弱了双方冲突中的势均力敌之感。人工环境只是自然环境的一小部分,从而使整形的园林和自然的风景得到了统一。

意大利的强烈阳光,限制了艳丽花卉的应用。为了获得安宁清爽的感觉,常绿灌木成为园中主景,同时也保证了修剪过的植物景观常年不变。方畦树丛也时常作为行道树,使主要路线上无阳光直射,较之行道树更显得灵活。植物叶色浓淡搭配也已受到重视,在建筑旁边选用叶色相似的植物逐渐过渡到天然丛林。意大利使西方园林在历经中世纪劫难后恢复了勃勃生机,并在造园手法上开始了更为精彩细腻的探索。例如,在佛罗伦萨附近的美第奇家族庄园(Medici Villas)中,庭园都是一个个完整的撼体,规整布置,有小水池、台地和观赏植物。后来的意大利的埃斯特庄园(Villa D' Este)、兰特庄园(Villa Lante)、阿尔多布兰迪尼庄园(Villa Aldobrandini)、伊索拉贝拉庄园 (Villasola Bella)和帕拉第奥庄园 (Pulladio's Villas),反映了意大利庭园的文艺复兴理想主义。

b. 法国的规则式园林。法国是平原地区,无法照搬意大利的庭园风格,法国园林风格融合意大利造园思想手法并在法国现状条件的基础上产生。法国大部分位于平原,河流、湖泊较多,地形高差小,气温、阳光与意大利有较大差距。这就使瀑布叠水较少运用,绿丛植坛也只在高大宫殿的旁边布置,占全园很小比重并多以花卉应用于其中,不怕色彩绚烂而唯恐难以得到鲜艳夺目的效果。主体建筑占据统治地位,其前是宽广的林荫大道和广场,满足了人们的心理需要并可供数万人活动。但在各格局中多利用丛林安排出巧妙的透景线,避免了平地上常见的一览无余之弊。17 世纪法国的维孔特庄园(Vaux-le-vicomte)和巴黎凡尔赛宫苑(Versailles)(图 6-48)是这种风格的集大成者。维孔特庄园是当时园林艺术的最高成就。庭园精致、对称,在步道、植物修剪、花坛、大型规则水池和巴洛克样式喷泉的布置上显露出清新的风格。在这一庄园中,庭园师勒·诺特尔意识到

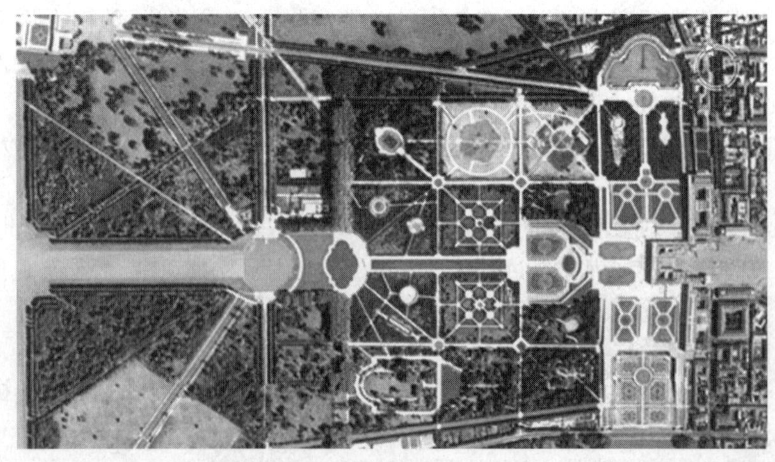

图 6-48 凡尔赛宫苑

意大利巴洛克形式的丰富性与法国平原广阔平坦的宏伟性相结合具有的潜力。勒·诺特尔在凡尔赛宫苑中实现了这一理想，1685 年建成后，凡尔赛宫成为 17 世纪欧洲最壮观、宏伟的庭园，也成为其他国家争相效仿的典范，例如，俄罗斯彼得夏宫、柏林波茨坦无忧宫等。

c.英国的自然式花园。16～17 世纪的意大利与法国造园风格对英国造园影响甚弱，只有一些庄园受到影响，但是，这些庄园环境并不是完全模仿，而只是局部采纳。例如，汉普敦宫之中有荷兰花园，以法国规则园林中"鹅掌型"道路分叉。传统英国庭园风格是英国特定气候环境条件的产物，也是追求精神自由和自然与非对称趣味的结果。在这种审美趣味的引导下，一种以自然的浪漫主义理想为基础的自然风景园(landscape garden)风格形成了。

布里奇曼、肯特和布朗的庭园反映了 18 世纪浪漫主义思想的发展。作为肯特的门生，布朗将自然风景园这一造园形式推向了高潮，并且改造了大量的其他风景园林。但是，布朗缺乏丰富性的改造引起了以瑞普顿和鲁顿为首的设计师的批评。瑞普顿注重对内外空间关系的处理，鲁顿则提倡"如画"的风格，以园艺手法解决园林设计问题，其中包括在公园和植物园中引入外来植物。英国的自然风景园在形式与风格上对 19 世纪与 20 世纪西方的城市公园产生了深远的影响。

②现代景观的特征

现代景观设计首先是对由工业社会、场所和内容所创造的整体环境的理性探求。其次，现代景观设计追求的是空间，而不是图案和式样，现代景观设计第一次将对空间的追求摆在首要的位置上。第三，现代景观是为了人的使用，这是它的功能主义目标。虽然为各种各样的目的而设计，但景观设计最终是关系到人类的使用而创造的室外场所。埃克博(Garrett Eckbo)在 1937 年写道："人，而不是植物，是园林中最重要的东西。每一个园林都是一个舞台，每个拥有者都是一位演员。"这显示出现代主义景观设计师以人为本的设计理念。无论是斯德哥尔摩的公园系统或是德国的城市公园，还是哈普林(Lawrence Halprin)等人的参与理论，都体现了这一思想。第四，构图原则多样化。中轴对称是西方古典美学的基本构图原则。自英国风景园产生以来，西方的园林就在规则式和自然式的两极间摆动。这种规则式基本上以中轴对称为主。现代景观开拓了新的构图原则，将现代艺术的抽象几何构图和流畅的有机曲线运用至景观设计中，发展了传统的规则式和自然式的内涵。现代景观设计是多方面和全方位的。第五，建筑和景观的融合。密斯·凡德罗和赖特的建筑提出了建筑和环境的关系问题。现代景观设计师在设计中也不再局限于景观本身，而将室外空间作为建筑空间的延伸。建筑师和景观设计师双方的努力促使了室内外空间的流动和融合。

③后工业景观设计的特征

20 世纪 70 年代，人们对自身的生存环境和人类文化价值的危机感日益加重，在经历了现代主义初期对环境和历史的忽视之后，传统价值观重新回到社会，环境保护和历史保护成为普遍的意识。麦克哈格的生态主义思想是整个西方社会环境保护运动在景观规划设计中的折射。从那时起，西方出现了一些后工业景观的设计，如美国西雅图煤气厂公园(Gaswork Park)、德国杜伊斯堡公园(Duisburg North Landscape Paek)(图 6-49)以及德国的港口岛公园(图 6-50),这些方案的提出和最终被公众所接受,说明 70 年代以后人们对环境的关注和对社会发展的每一个脚印的珍惜。

图 6-49　杜伊斯堡公园

图 6-50　港口岛公园

(2)中国城市公园的发展

1840 年鸦片战争后,帝国主义纷纷入侵,在我国开设了租界。殖民者为了满足自己游憩活动的需要,把欧洲的"公园"也引入了我国。1868 年在上海公共租界建造的"公花园"(现黄浦公园)就是最早的一个。名之为"公",却有"华人与狗不得入内"的"园规",这不仅是对中国人民的侮辱,同时也说明了当时的"公园"并不"公用"。随后,殖民者又陆续在上海建了"虹口公园""法国公园"(现复兴公园)"极斯菲尔公园"(现中山公园)等,都是供外国殖民者和"高等华人"散步、打网球、棒球、高尔夫球等的休息游乐场所,其风格主要是英国风景式或法国规则式,具有大片草坪、树林和花坛,极少有建筑。这些公园,在功能、布局和风格上都反映了外来的特征,对我国公园的发展建设有一定的影响作用。

1906 年,在无锡由地方筹资兴建的"锡金公花园",可以说是我国最早自己兴建公园的雏形,仿照外国公园,内有土山、树林、草地和小亭。1911 年扩建后,定名为"城中公园",当时曾由日本造园家规划监造,种植大量日本运来的樱花,假山上置有小宝塔等,留下了日本造园的痕迹。

辛亥革命后,孙中山先生下令将广州越秀山辟为公园,当时的一批民主主义者也极力宣传四方"田园城市"思想,倡导筹建公园,于是在一些城市里,相继出现了一批公园,如广州越秀公园、汉口的市府公园(现中山公园)、北平的中央公园(现中山公园)、南京的玄武湖公园(图 6-51)、杭州的中山公园、汕头的中山公园等。这些公园大都是在原风景名胜基础上整理改建的,有的本来就是古典园林,也有的是参照欧洲公园的风格扩建、新辟的。直至中华人民共和国成立,我国公园虽然数量少、园容差,但已有动植物展览、儿童乐园、展览厅、茶馆、弈棋室、照相馆、小卖店、音乐台、运动场等设施,初步具有了一些适于本国活动内容和中洋风格混杂的公园。

由此可见,"公园"是在资本主义社会条件下的产物。我国公园主要是辛亥革命民主思想,如"天下为公""平等""博爱"等在城市建设中的反映。中华人民共和国成立后,我国城市公园发展缓慢,规划设计基本上停留于模仿阶段。

图 6-51　玄武湖公园

中华人民共和国成立后的现代园林发展是在发展国民经济、肃清封资思想、营造大众乐园的思想指导下跃进了十年，而后又是在抵抗自然灾害和整顿提高经济的社会大环境中蹉跎了近十年；紧接着，又在“抓革命和促生产”的政治动荡里沉沦了近十年。在理论方面主要是学习苏联的园林绿地规划模式，即比较强调城市开放空间的游憩功能，它产生于苏联城市休闲生活系统的文化游憩公园建设实践。但是当时由于我国人多地少、经济较落后、科技欠发达等特殊国情，大部分的建制城市难以达到苏联模式所推荐的游憩绿地规划定额指标。

1977～1984 年全国城市公园数量有所增加，质量有所提高，在造园艺术上开始探索民族化与现代化相结合的道路。全国城市公园面积由 15228.6 平方百米增加到 19626.0 平方百米，数量由 579 个增加到 904 个。1979 年改革开放以后，随着经济的发展，造园运动再度兴起，城市公园空间被真正重视。一些新的公园形式开始出现，公园的规划设计开始多元化，造园手法不拘一格，丰富多彩，公园类型也逐渐增多，有满足人们多种需要的综合公园(图 6-52)；有性质比较单一的专类公园，如儿童公园、纪念性公园(陵园)、名胜古迹公园、动物园、植物园、文化公园、森林公园、青年公园、科学公园、体育公园等；还有其他公园要素，如居住区公园、滨水(海、江、河、湖)绿带、街道游园等。在公园内容和设施等方面也不断充实和提高。许多公园设有规模较大的展览室、茶室、纪念馆，有的还有溜冰场、游泳池、划船设施和电动游具、小火车等，以满足不同年龄、不同爱好的游人需要。在规划设计方面，已开始了对继承优良传统，创造中国公园风格的探讨，并比较广泛地应用新材料、新结构和新的施工方法。

1990～1995 年，是我国公园建设大发展的时期，尤其是旅游业的发展直接促进了城市公园的建设发展，使城市公园的数量激增。如北京石景山的雕塑公园，无锡的三国城、欧洲城，深圳的世界之窗、锦绣中华的相继建成。城市公园的范围也扩大到了小城镇。

与此同时，我国城市化进程加快、人口激增、交通混乱、环境恶化、城市公园空间匮乏、景观不佳等问题更加突出。以此为背景，国内规划界、建筑界、园林界开始共同对我国城市综合公园的设计和发展进行积极的探索。在理论上表现为对中国传统园林与西方现代园林思想进行比较研究，探索中国特色的城市公园的设计方法，注重对城市公园中环境与行为科学的研究等。

图 6-52　北海公园

1999 年第 20 届 UIA 大会在北京召开，吴良墉先生在《北京宪章》中阐述了建筑—景观—规划三位一体的观点，并且创造性地提出了“大地景观”的宏伟构想。这有力地推动了国内对“景观”概念进行全面、深刻的重新认识，并进一步促进了城市公园的发展。在实践上具有现代景观意识和时代气息的城市公园相继出现。如俞孔坚的中山岐江船厂公园景观设计，结合旧船厂的景观改造，形成具有现代景观特色的城市公园。

中国园林的特征主要表现在两个方面，第一，顺应自然，因地制宜。园林的风景创造均按自然山水的形成规律进行造园，诸如山石、水、植物，均着重表现它们的自然情趣，不对它们进行过多的干预和约束。同时又充分利用不同的基地条件，有山靠山，有水依水，将自然景色的美为我所用。第二，在强调自然性的同时，中国园林又与传统艺术花圃中的其他艺术门类，如诗文、绘画、雕刻等保持着紧密的横向联系，注重园林景物中诗情画意的镕铸，注重园林意境美的创造。

如果说，西方古典园林自始至终地与建筑艺术保持着鲜明的同一性，那么，中国园林便是在“虽由人作，宛自天开”的原则指导下，综合建筑、绘画、雕刻诸多门类的风景创造艺术。

6.3.2　城市公园的分类及组成要素

公园绿地是城市中向公众开放的、以游憩为主要功能，有一定的游憩设施和服务设施，同时兼有健全生态、美化城市、防灾减灾等综合作用的绿化用地。它是城市建设用地、城市绿化系统和城市市政公用设施的重要组成部分，是体现城市整体环境水平和居民生活质量的重要指标。

各国对城市公园还没有形成统一的分类系统，许多国家根据本国国情确定了自己的分类系统。

1. 国外的公园绿地分类系统

美国城市公园分类系统：儿童公园；近邻娱乐公园；运动公园（包括运动场、田径场、高尔夫球场、海滨、游泳场、营地等);教育公园;广场公园;街区小公园;风景眺望公园;水滨公园;综合公园;林荫大道与公园道路;保留地。

德国城市公园分类系统:郊外森林公园;国民公园;运动场及游戏场;各种广场;花园路;郊外绿地;蔬菜园;运动公园。

日本城市公园分类系统:儿童公园;邻里公园;地区公园;综合公园;运动公园;风景公园;动、植物园;历史公园;区域公园;游憩观光公园;中央公园。

2. 我国的公园绿地分类系统

(1)城市绿地分类

城市绿地(简称"绿地")是指以自然植被和人工植被为主要存在形态的城市用地。它包含两个层次的内容,一是在城市建设用地范围内用于绿化的土地;二是在城市建设用地之外,对城市生态、景观和居民休闲生活具有积极作用、绿化环境较好的区域。这个概念建立在充分认识绿地生态功能、使用功能和美化功能,城市发展与环境建设互动关系的基础上,是对绿地的一种广义的理解,有利于建立科学的城市绿地系统(简称"绿地系统")。城市绿地分类见表 6-3。

表 6-3　城市绿地分类

序号	类别代码	类别名称	内容与范围
1	G1	公园绿地	向公众开放,以游憩为主要功能,兼具生态、美化、防灾等作用的绿地
2	G2	生产绿地	为城市绿化提供苗木、花草、种子的苗园、花园、草园等园地
3	G3	防护绿地	城市中具有卫生、隔离和安全防护功能的绿地。包括卫生隔离带、道路防护绿地、城市高压走廊绿带、防风林、城市组团隔离带等
4	G4	附属绿地	城市建设用地中绿地之外各类用地中的附属绿化用地。包括居住用地、公共设施用地、工业用地、仓储用地、对外交通用地、道路广场用地、市政设施用地和特殊用地中的绿地
5	G5	其他绿地	对城市生态环境质量、居住休闲生活、城市景观和生物多样性保护有直接影响的绿地。包括风景名胜区、水源保护区、郊野公园、森林公园、自然保护区、风景林地、城市绿化隔离带、野生动植物园、湿地、垃圾填埋场恢复绿地等

(2)公园绿地分类

公园绿地并非是公园和绿地的相加,也不是公园和其他类别绿地的并列,而是对具有公园作用的所有绿地的统称,即公园性质的绿地。

对公园绿地进一步进行分类,目的是针对不同类型的公园绿地提出不同的规划、设计、建设及管理要求。《城市绿地分类标准》中将公园绿地按其主要功能和内容分为综合公园、社区公园、专类公园、带状公园和街道绿地五个种类及十一个小类,小类基本上与我国《城市公园设计规范》CJJ48—92 的规定相对应(表 6-4)。

①综合公园:指在市、区范围内的,供城市居民进行良好的游览休息、文化娱乐等综合性功能的较大型绿地。全市性公园面积约 10～100 平方百米,或更大,居民乘车 30 分钟可达,如上海世纪公园区级公园面积为 10 平方百米左右,步行 15 分钟可达(即服务半径为 2～3 千米),可供居民进行半天到一天的活动。一般综合性公园的内容、设施较为完备,规模较大,质量较好。园内有较明确的功能分区,如文化娱乐区、体育活动区、安静休

息区、儿童游戏区、动植物展览区、园务管理区等。综合性公园也可以突出其中的某一方面，以满足使用功能及不同特色的要求。

表 6-4　　公园绿地分类

类别代码			类别名称	内容与范围	备　注
大类	中类	小类			
G_1	G_{11}		综合公园	内容丰富，有相应设施，适合于公众开展各类户外活动的规模较大的绿地	
		G_{111}	全市性公园	为全市居民服务，活动内容丰富，设施完善的绿地	
		G_{112}	区域性公园	为市区内一定区域的居民服务，具有较丰富的活动内容和设施完善的绿地	
	G_{12}		社区公园	为一定居住用地范围内的居民服务，具有一定活动内容和设施的集中绿地	不包括居住组团绿地
		G_{121}	居住区公园	服务于一个居住区的居民，具有一定活动内容和设施，为居住区配套建设的集中绿地	服务半径为0.5～1.0千米
		G_{122}	小区游园	为一个居住小区的居民服务、配套建设的集中绿地	服务半径为0.3～0.5千米
	G13	G131	儿童公园	单独设置，为少年儿童提供游戏及开展科普、文体活动，有安全、完善设施的绿地	
		G132	动物园	在人工饲养条件下，异地保护野生动物，提供观赏、普及科学知识，进行科学研究和动物繁育，并具有良好设施的绿地	
		G133	植物园	进行植物科学研究和引种驯化，并供观赏、游憩及开展科普活动的绿地	
		G134	历史名园	历史悠久，知名度高，体现传统造园艺术并被审定为文物保护单位的园林	
		G135	风景名胜公园	位于城市建设用地范围内，以文物古迹、风景名胜点(区)为主要形式的具有城市公园功能的绿地	
		G136	游乐公园	具有大型游乐设施，单独设置，生态环境较好的绿地	绿化占地比例≥65％
		G137	其他专类公园	除以上各种专类公园外具有特定主题内容的绿地。包括雕塑园、盆景园、体育公园、纪念性公园等	绿化占地比例≥65％
	G14		带状公园	沿城市道路、城墙、水滨等，有一定游憩设施的狭长形绿地	
	G15		街道绿地	位于城市道路用地之外，相对独立成片的绿地，包括街道广场绿地、小型沿街绿化用地等	绿化占地比例≥65％

②社区公园：指为一定居住用地范围内的居民服务，具有一定活动内容和设施的集中绿地。包括为居住区配套建设的居住区公园和为居住小区配套建设的小区游园，不包括居住组团绿地。居住区公园服务半径为0.5～1.0千米，小区游园服务半径为0.3～0.5千米。在《城市公用地分类与规划建设用地标准》中，居住区公园归属公共绿地，而小区游园归属居住用地。为保证统计资料的准确性和延续性，在城市用地统计时，从本标准的公园绿地中扣除小区游园项之后，可替代原公共绿地，参与城市用地平衡。在进行城市绿地统计时，小区游园已计入公共绿地，故可不再计入附属绿地中。

③专类公园：具有特定内容和形式，有一定游憩设施的绿地。

a. 儿童公园：具有特定内容和形式、其服务对象主要是少年儿童及携带儿童的成年人，用地一般为5平方百米左右。园中一切娱乐设施、运动器械及建筑物等首先要考虑安全，有合适的尺度，明亮的色彩，活泼的造型，栽植无毒无刺的植物。其位置应接近居民区，并避免穿越交通频繁的干道。如上海海伦路儿童公园、哈尔滨儿童公园、广州儿童公园等。

b. 动物园：是集中饲养和展览种类较多的野生动物及品种优良的家禽、家畜的城市公园的一种。主要供休息游览、文化教育、科学普及、科学研究之用。大城市一般独立设置，中小城市常附设在综合公园中。动物园根据展出动物种类的规模又分为以下几种：

全国性动物园——用地面积在60平方百米以上，展出品种近千种。如北京、上海、广州等动物园。

综合性动物园——用地面积在20～60平方百米，展出品种可在500种左右。如天津、哈尔滨、西安、成都、武汉动物园。

特色性动物园——用地面积在5～20平方百米，展出以本地特产动物为主，或按动物特征展出专类动物的动物园。展出品种宜在200～500种，如海洋生物动物园、鱼类水族动物园。

小型动物园——用地面积在15平方百米以下，展出品种在200～300种。一般指中小城市在综合性公园内附设动物展览区，也称附属动物园或动物角。

c. 植物园：是广泛收集和栽培各类植物，并按生态要求种植的一种特殊的城市绿地。植物园的主要任务是收集多种植物材料，并可进行引种驯化、定向培育、品种分类、环境保护等方面的研究工作；另一个任务是向群众及学生普及植物科学知识，作为城市绿地的示范基地，促进园林事业的发展。如北京植物园、广州的华南植物园、西双版纳热带植物园、杭州植物园、沈阳植物园（图6-53）等。植物园按其性质可分为综合性植物园和专业性植物园。

图6-53 沈阳植物园

d. 历史名园：历史悠久，知名度高，体现传统造园艺术并被审定为文物保护单位的园林。或是一种以革命活动故址、烈士陵园、历史名人旧址及墓地等为中心的景园绿地，供人们瞻仰及游览休息的景园，如南京雨花台(图 6-54)及中山陵(图 6-55)、广州黄花岗、成都杜甫草堂等。或是一种有悠久历史文化，较高艺术水平和一定保存价值，在国内外有影响的古典庭园名胜。

e. 风景名胜公园：位于城市建设用地范围内，以文物古迹、风景名胜点(区)为主要形式的具有城市公园功能的绿地。如北京颐和园、沈阳北陵公园等。

图 6-54 雨花台

图 6-55 中山陵

f. 游乐公园：具有大型游乐设施，单独设置，生态环境较好的绿地。为提高游乐场所的环境质量和整体水平，并将游乐场所从偏重于经济效益向注重环境、经济和社会综合效益的方向引导，特别规定绿化占地比例大于等于 65%的游乐公园才可划入公园绿地。

g. 其他专类公园：除以上各种专类公园外具有特定主题内容的绿地。包括雕塑园、体育公园、盆景园和纪念性公园等，其绿化占地比例也应大于等于 65%。

④带状公园：结合城市道路、城墙、水滨等建设，是绿地系统颇具特色的构成要素，承担着城市生态廊道的职能。带状公园在宽度上受用地条件的限制，一般成狭长形，以绿化为主，辅以简单的设施。带状公园在宽度上虽无规定，但在带状公园的最窄处必须满足游人的通行、绿化种植带的延续以及小型休息设施布置的要求。

⑤街旁绿地：指位于城市道路用地之外，相对独立成片的绿地，包括街道广场绿地、小型沿街绿化用地等，要求绿化占地比例不小于 65%。

6.3.3 城市公园规划设计导向

1.规划布局

公园的规划布局要综合体现实用性、艺术性、科学性、经济性。所谓分区就是将整个公园分成若干个小区,然后对各个小区进行详细规划,常见的有依据景色分区和依据功能分区。

(1)满足功能合理分区

公园的规划布局首先要满足功能要求。公园有多种功能,除调节温度、净化空气、美化环境、供人观赏外,还可使城市居民通过游憩活动接近大自然,达到消除疲劳、调节精神、增添活力、陶冶情操的目的。

功能分区理论是20世纪50年代受苏联文化休息公园规划理论的影响,结合我国的具体实际而逐步形成的一种规划理论。强调宣传教育与游憩活动的完美结合,公园用地是按活动内容来进行分区规划的,通常分为六个功能区,即公共设施区、文化教育设施区、体育活动设施区、儿童活动区、安静休息区、经营管理设施区。

不同类型的公园有不同的功能和不同的内容,所以分区也随之不同。作为城市公园主体的综合公园,应根据多种游憩活动的要求,分为安静休息、文化娱乐、科普教育、儿童活动等区并具有配备的设施。也有的附设名胜古迹区、动物展览区、小植物区、体育活动区等,如上海长风公园,分为水上活动区、青少年活动区、大型电动游具区、文娱活动区、安静休息区、花卉苗圃区、办公管理区等。专类公园中的动物园、植物园则按动植物的生态环境和科普教育的特定要求来分区,如上海植物园展览区大部分是按进化系统采取"园中园"方式布置的,但杭州植物园则是根据浙江植物群落和西湖风景的特点,分为观赏植物区、分类植物区、经济植物区、竹类植物区、树木园和山水园,两者各有特点。滨水绿带、街道绿地、居住区级公园等,功能较单一,分区不明显,如沈阳浑河的五里河公园、上海江西中路街道游园。一般来说,专类公园的功能分区特性和地方性较强,综合公园则大同小异。

功能分区还要善于结合用地条件和周围环境,把建筑、道路、水体、植物等综合起来组成空间。如公园入口与城市要有合理的关系;人流较集中的露天剧场、展览厅等宜靠近主要园路;阅览室、陈列室宜环境幽静、另居一隅;亭、廊、榭等点景游憩建筑,需选择有景可赏,并能控制和装点风景之处;餐厅、小卖部等服务建筑则要交通方便,不占主要景观地位;办公管理区宜有专用出入口,处于僻静之地。

两种分区方式各有所长,前者侧重于艺术性,后者侧重于实用性,因此一个好的公园规划应当力求达到功能与艺术这两方面的有机统一。

(2)园以景胜巧于组景

景色分区是我国古典特有的规划方法,在现代公园规划中仍时常采用。景色分区是将园地中自然景色与人文景观突出的某片区域划分出来,并拟定某一主题进行统一规划。公园以景取胜,由景点和景区构成。景色杂乱无章或是荒芜零散,则不能称为环境优美的游憩空间。因此,景观特色和组景是公园规划布局之本,即所谓"园以景胜"。就公园规划设计而言,组景应注重意境的创造,以自然美为主,辅以人工美,充分利用山石、水体、植物、动物、天象之美,塑造自然景色,并把人工设施和雕琢痕迹融于自然景色之中

(图 6-56)。其手法除应符合一般造型艺术的基本构图规律,如统一与对比、主体与配体、主调与基调、节奏与韵律、体量与均衡等外,还应从空间组织、时间因素、游人动观静观所产生的视觉感受和心理活动诸方进行综合研究。空间景色还要区分层次,开放与封闭、外向与内向、季相与日相、对景与借景(图 6-57)、分景(包括障景、隔景、渗景)与框景等,以组成各种不同的连续画面,并与各种功能的游憩空间相结合,组成连续的景观展示程序,使之有起景—展景—转景—高潮—转景—结景;游人随着景观的变化而心潮起伏,趣味无穷。如广州越秀公园,就是利用越秀山的地形,形成山峦起伏、景观多变、游赏内容丰富的公园;厦门万石植物公园,建筑沿着山势融于岩石湖溪和亚热带植物之中,景色分外优美;马鞍山雨山湖公园远借雨山、佳山;南京玄武湖公园远借雄壮的紫金山,邻借古老的城垣,都是组景的佳例。

图 6-56 南京瞻园

图 6-57 西湖

将公园划分为具有不同特色的景区,即景色分区,是规划布局的重要内容。景色分区一般是随着功能分区不同而不同,如杭州花港观鱼,鱼池是古迹,供游客游赏怀古,大草坪供集体活动,红鱼池可观鱼取乐,牡丹园是植物山石造景精华,是观花赏景的佳处,密林区是安静休息区,新花港是茗茶坐赏湖色的地方。又如南京莫愁湖公园的鸢尾园则是游人观赏鸢尾的好去处(图 6-58)。然而景色分区往往比功能分区更加细致深入,即同一功能分区中,往往规划多种小景区,使游人"步移景异",既有统一基调的景色,又有各具特色的景观,使动观静观均相适宜。

图 6-58 南京莫愁湖鸢尾园

(3)因地制宜注重选址

公园规划布局应该因地制宜，充分发挥原有地形和植被的优势，结合自然，塑造自然。如上海长风公园结合低地与河湾，理水叠山，水以聚为主，以分为辅；山分主峰、次峰，高低错落，相互顾盼，效法自然，形成以铁臂山、银锄湖为主体的江南人工山水园。上海杨浦公园则以土坡绿化，自然地分隔开动物展览区与其他景区的空间，取得了卫生防护和景观的良好效果。广州越秀公园利用山谷低地建游泳池，挖湖划船，在岗顶建有五羊塑像。杭州动物园顺应自然山势，建造虎山、熊山、鸣禽馆、游禽湖、熊猫岭等。这些根据基地条件，进行公园地形设计和造景，再现自然，胜似自然，兼顾功能景观的设计方法都是可取的。

因地制宜还体现在根据公园用地大小，周围环境不同，而采取不同的规划布局方式。如大公园将全园划分为多个景区和“园中园”。如无锡锡惠公园中有寄畅园、愚公谷、杜鹃园、儿童园、动物园等，都是园中园，内容非常丰富；而小公园、小游园则可适当运用多方借景的手法以开拓空间的局限性，如桂林袱波公园面积仅 1.1 平方百米，借景漓江，并利用山体分隔景点，内容多样，不觉其小。南昌广场花园位于市中心，面积仅 0.8 平方百米，将花园分为南苑和北庐两个庭院，院中巧置多样景色，闹中取幽，深受游人欢迎，同时也提高了用地效益。

为给公园功能和造景提供地形、植被和古迹等优越条件，公园选址具有战略意义，务必在城市绿地系统规划中予以重视。因公园处在人工环境的城市里，但其造景是以自然美为特征的，故选址时宜选有山有水、低地畦地、植被良好、交通方便、利于管理之处。有些公园，如厦门万石植物公园、马鞍山雨山湖公园、南昌八一公园、武汉中山公园、汕头中山公园等，在城市中心，对于平衡城市生态环境有重要作用，宜完善充实。其次专类公园，如动物园、植物园有特殊要求，除满足以上条件外，还要注意卫生防疫、安全隔离以及土壤性质等。杭州动物园选址在西湖风景区，毗邻虎跑，与花港观鱼、烟霞三洞、六和塔等景点紧密相连，距市中心仅 6 千米。园址内山峦起伏、丛林茂密，又有一定水源，邻借玉皇山，这种山林基地为动物园建设创造了得天独厚的条件。

我国历史悠久，名胜古迹繁多，分布面广。为了利于名胜古迹的保护和使公园因有名胜古迹而增色，让人们在游憩中受到生动的历史教育，所以公园与名胜古迹相结合，是很好的方法之一。如南京莫愁湖公园，历史上是金陵名胜之一，中华人民共和国成立前已辟为公园，其后又进行了修复、改建、扩充，现已成为颇具特色的游憩场所。20 世纪 50 年代末新建的常州红梅公园，采取了这两个选址原则，将文物古迹组成景区，有北宋的文笔塔，晋代的玄妙观、红梅阁，并借景唐代的天宁寺，使得公园颇具特色。

(4)组织导游路成系统

园路的功能主要是作导游观赏之用，其次才是供管理运输和人流集散。因此，绝大多数的园路都是联系公园各景区、景点的导游线、观赏线和动观线，必须注意景观设计，如园路的对景、框景、左右视觉空间变化，以及园路线型、竖向高低给人的心理感受等。如纪念性公园或陵园的纪念区(图 6-59)，为了给人以肃穆敬仰之感，一般园路都采取对称布局，且以台阶踏步逐渐向上，如长沙烈士公园和广州起义烈士陵园等。

图 6-59　中山陵石狮

园路除供导游之外，尚需满足绿化养护、货物燃料、苗木饲料等运输及办公业务的要求。其中多数均可与导游路线结合布置，但属生产性、办公性及严重有碍观瞻和运输性的道路，往往与园路分开，单独设置出入口。如杭州动物园饲料运输专用出入口，上海植物园盆景园生产区专用园路，上海动物园有为办公管理设置的专用园路及独立出入口。

为了使导游和管理有序，必须统筹布置园路系统，区别园路性质，确定园路分级，一般分主园路、次园路和小径。

主园路是联系分区的道路，次园路是分区内部、联系景点的道路，小径是景点内的便道。主园路基本形式通常有环形，如上海南丹公园、上海中山公园；还有呈“F”“田”字形，如广州起义烈士陵园和湛江儿童公园等，是构成园路系统的骨架。主要园路的交通量和游览量都很大，路面宽度为 4～7 米，道路纵坡需＜10％，路旁应有景可赏。景点与主园路的关系基本形式有串联式，它具有强制性，如长沙烈士公园主园路与烈士纪念碑的关系；并联式，它具有选择性，如上海植物园植物进化区的布置；放射式，它将各景点，以放射型的园路联系起来，也有选择型的，如武汉解放公园。一般园路规划常将以上三种基本形式混合运用，但以一种为主，把游人出入口和管理用的出入口组织成一个统一的园路系统。

次要园路是连接景区内各景点道路，在主要道路不能形成环路的公园中，常以次要园路构成环路，以补其不足。地形起伏可比主要园路大一些，路面宽度为 2～4 米。坡度大时可以以平台、踏步等形式处理。

游憩小路是景区内通往各景点的散步、游玩小路。布置自由，行走方便，安静隐蔽。

路面宽度一般为 1.2～2 米，也可更窄。路旁景观较好的小路可配合环境做相应的路面铺装。

(5)突出主题创造特色

公园规划布局应注意突出主题，使之各具特色。这就要在调查园址的基础上，明确规划指导思想，进行方案设计比较。如上海虹口公园扩建规划时，为了体现鲁迅先生平易近人和“横眉冷对千夫指，俯首甘为孺子牛”的主题，采取了将纪念馆、墓地分散布置于公园边缘的方式，仅在纪念亭和墓地之间设有一条不明显的轴线，公园的主要部分仍是广大群众游憩的山与水。又如南京梅花山，山上遍植梅花，每逢花开，便是山上游客如云之时。

主题和特色除与公园类型有关外，还与园址的自然环境与人文环境(如名胜古迹)有密切联系。要巧于利用自然和善于结合古迹，一般综合公园的主题因园而异。无锡锡惠公园以山景为主题，锡山为主体，惠山为陪衬，是个典型的山麓园。广州流花湖公园因古有流花桥而得名，就地挖湖，水面占 3/5 以上，有东西、南北向两湖堤，将水面划分为三，植物为配体，建筑仅是点缀而已，水上流花成为主题。有的古迹还成为公园特色的标志，如广州越秀公园的镇海楼，南京玄武湖公园的玄武门(图 6-60)和古城墙，无锡锡惠公园的龙光塔 。所以主题可有山水、建筑、动物、植物等，但长江以南地区，多以山水为主。实践证明，主题与空间构图中心两者并不一定是一致的，如上海动物园是以动物展览为主题的，其构图中心却是服务性建筑天鹅轩餐厅，主题内容成点式环状布局。这种实例在专类公园中是常见的。

图 6-60　玄武门

为了突出公园主题，创造特色，必须要有相适应的规划结构形式。我国因继承自然式古典园林的优良传统，除纪念性公园的纪念区为规则式外，多数属自然式。如南京的玄武湖公园、常州的红梅公园、杭州的动物园、南昌的人民公园。也有自然式中的人工群落式，很多公园根据园址条件和功能要求采取混合式布局，如南京雨花台烈士陵园北大门至烈士群雕和纪念区是规则式，其余景区为自然式。上海外滩绿带中的黄浦公园和苏州河畔一段为自然式，其余数段则为规则式。

由上可知，主题和立意是决定规划形式、创造特色的依据，然而同样的主题内容由于布局组景手法的不同，可以造出不同的形式，尤其是自然式公园更是千变万化，其特色也是无穷的，这就有待于我们因地制宜地去开拓创造。

2. 建筑设计

建筑是城市公园的组成要素，在功能和观赏方面都存在着不同程度的要求，虽占用地的比例很小（一般约2%～8%），但在公园的布局和组景中却起控制和点景的作用，即使是在以植物造景为主的点景中，也有画龙点睛的效果，如南京瞻园中的亭、廊、榭与山水、植物自然融合。所以，公园在选址和造型上，务必慎重。

公园建筑类型繁多，从功能和观赏出发，既有展览馆、陈列室、阅览室等文化宣传类建筑，也有游艺室、弈棋室、露天剧场、溜冰场、游泳池、划船码头等文娱体育类建筑；以及餐厅、茶室、小卖部、厕所等服务性建筑，还有亭、廊、榭等点景游憩类建筑和办公管理类建筑。至于植物园的观赏温室，盆景园（图6-61）的陈列设施，动物园的禽兽笼舍，纪念性公园的馆、墓、碑、塔等特殊性建筑，更是不胜枚举。

图6-61　江阴盆景园

公园建筑设计的基本原则应是“巧于因借，精在体宜”，要结合地形，“随基势高下”，并要在基地上做风景视线分析，“嘉者收之，俗者摒之”。装饰与色彩要得体，注意建筑与山水、植物等自然材料的联系过渡，做到融于自然，成为自然环境美中不可缺少的有机体。如南京玄武湖公园内的梅苑春深亭，体量与环境相融合；美国赖特的流水别墅与山体、小溪的相融（图6-62），无不体现这一鲜明的特点。

图6-62　赖特流水别墅

公园建筑造型，包括体量、空间组合、形式细部等，不能仅就建筑自身考虑，还必须与环境融洽，注重景观功能的综合效果。一般体量要轻巧，不宜太大太重，空间要相互渗透。如遇功能较复杂，体量较大的茶室、餐厅、展览馆等建筑，要化整为散，按功能不同分为厅、室等，再以廊架相连，花墙分隔，组成庭院式建筑，可得到功能、景观两相宜的效果，如杭州花港观鱼茶室，上海虹口公园“艺苑”，广州流花园的绿园茶室等。公园建筑形式既要满足其屋顶、平面的功能要求，又要简洁活泼、空透轻巧、明快自然，并服从于公园的总体风格。如上海动物园金鱼廊平面采取厅廊榭相结合，其间穿插山水盆景、竹石小品、泉池庭院；杭州动物园金鱼廊亭既与西湖建筑风格相协调，又在结构材料上进行了革新；桂林杉湖的蘑菇亭榭和上海南丹公园的组合伞亭水榭均高低错落有致，大小变化恰当，与自然环境浑然一体。

公园中除了各种有一定体量和功能要求的建筑之外，还有多种小品设施，如跨越水面的桥、汀步、供人坐息的椅凳、防护分隔的栏杆、围墙、上下联系的台阶、指示牌、园灯等。除了它们自身的使用功能外，也都是美化和装点景色的园林设施，在造型、材料、色彩等方面都需要精心设计，既应与周围环境相协调，也要为公园添景增色。较好的例子如南京白鹭洲公园不同形式的园桥，广州流花湖公园的树形坐凳及湖岸塑石蹬道，上海植物园的导游指示牌等。

公园建筑的细部装修设计需要特别重视，如天花、门扇、窗格、漏窗、洞门、空窗、屋脊、花饰、隔断、博古架、壁画等。通过这些细部设计，可组织框景、丰富景观，使空间有流动感，景色有层次感。如桂林盆景园的壁画、陈列架，广州流花公园的景门，扬州个园的漏窗和洞门(图 6-63)等。

公园中还有雕塑作品，有纪念性的，如上海虹口公园的鲁迅塑像，南京雨花台烈士陵园的烈士群雕。也有主题性的，如广州越秀公园的五羊塑像、杭州儿童公园的“雷锋与红领巾”、上海动物园中的“草原英雄小姐妹”。还有装饰性的，如厦门万石植物公园松杉园的仙鹤雕塑、南京莫愁湖公园莫愁女雕塑(图 6-64)等。这些雕塑既可起到教育作用，也有点缀景色的功能。

图 6-63　扬州个园的漏窗

图 6-64　南京莫愁湖公园内的莫愁女雕塑

3. 绿化配置

公园是城市中的绿洲。公园绿地设计中植物配置占有重要地位，它是公园绿地设计中重要的组成部分；植物分布于公园的各个部分，占地面积最多，是构成公园绿地的基础材料。作为一个公园绿地可以没有地形，没有水景，也可以没有园林建筑等，但不能没有植物，因为植物能使公园绿地充满生机，它有净化空气、调节气温、防护遮阴、美化环境、组织景观、供人游赏等重要作用。自然界的绿色多来自植物，绿色是地球上生命的源泉，植物配置就是利用植物材料结合造园的其他题材，按照植物的生长规律和基地条件，采用不同的构图形式，组成不同的园林空间，创建各式的园林景色，以满足人们游玩观赏的需要。

植物的生长与所处的自然地理条件密切相关。我国长江以南地处北纬约 19°～ 33°，气候属温带、亚热带、热带，具有全国最丰富的植物资源，多常绿阔叶、针叶乔灌木和草本植物，另外，又有丰富的落叶树种，因而植物季相景观有较多变化，为公园植物配置提供了良好的条件(图 6-65)。

图 6-65　上海世纪公园内广阔的水面种植多种水生植物——多姿的垂柳

公园植物种类繁多，观赏特性也各有不同，有观姿、观花、观果、观叶等区别，要充分发挥植物的自然特性，以其形、色、香作为造景的素材，以孤植、列植、丛植、群植、林植作为配置的基本手法，从平面和竖向上组合成丰富多彩的人工植物群落景观。

植物配置要与山水、建筑、园路等自然环境和人工环境相协调，要服从于功能、组景主题要求，注意气温、土壤、日照、水分等条件，适地适种。同时，植物配置还要把握基调，注意细部。要处理好统一与变化的关系，空间开敞与郁闭的关系、功能与景观的关系。如杭州花港观鱼以常绿观花乔木广玉兰为基调，统一全园景色；而在各景区中又有反映自身特点的主调树种，如上海中山公园以植物为基础材料组织公园的景区空间，其展示程序为：郁闭(密林花径)—开敞(大草坪)—郁闭(假山树木园)—半开敞(疏林草地)—郁闭(假山密林)。

植物配置要选择乡土树种作为公园的基调树种。同一城市的不同公园可视公园性质选择不同的乡土树种。这样植物成活率高，既经济又有地方特色，如湛江海滨公园的椰林、广州晓港公园的竹林、长沙橘洲公园的橘林、武汉解放公园的池杉林、上海复兴公园的悬铃木，都取得基调鲜明的较好效果。

植物配置要利用现有树木，特别是古树名木。上海松江方塔园充分利用和保护了古银杏，成为园林一景，也反映了历史的特征。常州红梅公园的天宁寺老树林是公园八景之一。汕头中山公园、广州流花湖公园保护利用了大榕树，体现了南国风光。

植物配置要重视景观的季相变化。如杭州花港观鱼春夏秋冬四季景观变化鲜明，春有牡丹、迎春、樱花、桃李；夏有荷花、广玉兰；秋有桂花、槭树；冬有蜡梅、雪松。在牡丹园中，还应用了我国传统的“梅边之石宜古，松下之石宜拙，竹旁之石宜瘦”的造园法。

(1)植物配置设计要遵循的原则

①因地制宜的原则

《园冶》中开始就谈到“相地合宜，构园得体”，造园者首先因地制宜。植物配置也是这样，首先根据不同的环境条件，不同的公园绿地性质、功能和造景要求，或同一个公园绿地的不同景区特点，合理地选择植物材料，采用不同的种植形式及种植距离，组成各式各样的园林空间，供人们游憩观赏。

小游园、街头绿地等，植物配置要求活泼明快，四季有景可赏。在植物配置时除常绿树和落叶树的基调树种外，应当先用一定数量的花灌木，种植一定数量的草坪，才能达到美的效果。

另外，在同一个公园绿地中，不同的地点、不同的空间，对植物材料的选择及种植方式也有着不同的要求。例如，把松柏植在沿墙边缘，冬夏常绿是很好的背景树，再如，在草坪透视线的中心，种植树群或灌木丛，营造以植物为主体的园景，这些方法都会达到很好的绿化效果。总之，用不同的材料，采用不同的栽植形式，因地制宜地创造出不同的优美的园林空间是植物配置中最重要的一点。植物配置因地制宜所起的功能性作用有以下几个方面：

a.遮挡不利于观景的物体，以达到封闭空间，以及分隔不同功能景区等效果。

b.修饰和完善建筑物组成的空间，以及将不同的、孤立的空间及景物连接在一起，形成一个有机的整体，植物配置可以使不协调变得协调，使互相有关系的零散的景点或建筑物统一起来，这在街道绿化中表现得最为突出。

c.植物配置具有框景作用，即植物配置可以形成某个景物的框景，来装饰以这个景物为主景的画面。

d.植物配置的强调作用，即利用植物的不同形态及色彩作为建筑物的背景或装饰，从而使观赏者的注意力集中到相应的位置。

e.植物配置具有遮阴、防风、防噪声及水土保持的作用，这就要求我们在配置过程中应该注意全面地、充分地发挥和利用其特性。

总之，根据不同的需要，选择不同的植物材料，采用不同的种植方式和距离。因地制宜地解决功能问题，这是植物配置中因地制宜原则运用的第二点。

②因时制宜的原则

植物配置中的长期效果和近期效果的结合，应注意以下几方面问题：

a.注意速生树与慢生树的比例。植物配置要想在期取得较好的绿化效果，还要保持园林景观的相对稳定，就要考虑速生树种和慢生树种的比例，这是达到满意绿化效果的比较重要的方法。

b.注意常绿树与落叶树的比例。常绿树四季常青、寿命较长既能美化冬季园林景观，又能达到持久的绿化效果，所以掌握好常绿树与落叶树的比例不仅可以使近期绿化效果好，还能使园林景观相对稳定。

c.注意草坪及地被植物的应用。草坪和地被植物都有浓密的覆盖度，而且有独立的色彩及质地，植株低矮可以使地面上不同形状的各种植物有机地结合到一起，它是各种植物的衬景，同时又具有防冲刷、稳定土壤、调节气候等作用，而且其生长快、易繁殖、好管理，又能迅速达到绿化效果(图 6-66)。

图 6-66　杭州公园内草坪及地被植物的运用

d.株行距也是影响绿化效果的因素之一。从长远考虑，应依据树冠大小来确定种植距离，如槐树龄 50～100 年生者，干径约达 50～100 厘米，冠径约 20 米，种植距离以 10 米左右为宜。这样的种植距离虽然在较长时间内能充分生长，但会显得稀疏，近期效果不好。如果想在近期取得较好的绿化效果，就要适当密植，几年后间伐移植。

e.注意大小苗木的比例。想在近期取得较好的绿化效果，可全部选用大苗，使之一步到位，但是造价高，苗源困难，施工复杂，这就要求我们考虑好大小苗木的比例。重点地区的孤植树、树群、树丛可选用大苗木；边缘地区、非主要景区及成片种植的林木可选用中小苗木。

植物配置中的季相变化。园林景物季节的变化取决于植物的季相变化，这就要求不同的公园绿地，或同一个公园绿地不同的景区，都要有丰富多彩的季相变化，使四季有景可赏。

一是注意抓住植物材料的色彩变化，创造不同的园林景色。如榆叶梅、连翘、丁香同时开放，粉红色、深粉色和黄色配在一起非常美丽，再加上一些树的叶子早春是绿色或嫩黄色而夏天变为翠绿或深绿，秋天又变成红色、黄色，正如诗人杜牧所咏“霜叶红于二月花”。

二是不可忽视植物材料的形态变化。植物材料是随着时间的增长而改变着形态。

总之，园林景物的特点是随着时间的变化而变化，这是因为园林植物是有生命的，它们随着时间的增长而生长发育，逐渐地改变着形态，这就要求我们在植物配置时既要考虑长期效果又要考虑近期效果，也就是要保持园林景观的相对稳定性。另外，园林植物是随着季节的变化形成不同的季相变化。我国北方的气候特点是四季分明，植物的季相变化非常丰富，我们应当充分利用这一点来创造优美的园林景色，所以因时制宜是植物配置的第二个原则。

(2)植物配置中常用的几种艺术手法

①利用植物的不同气质、不同情调制造不同的园林空间气氛，使人们通过联想产生优

美动人的园林意境，但是这一点常为人们所忽略。植物美除形态、色彩美以外，还包含一种比较抽象的极富思想情感的美，可以说是含蓄美、意境美。

②利用植物的不同体形和不同姿态来创造不同的园景。树木的体形姿态是多种多样的，如油松虬枝枯干，显得苍劲古朴(图 6-67)，而垂柳如烟似雾，有潇洒、柔和、平静、安详的感觉。

图 6-67　南京雨花台公园植物造景——植物的形态对比

③利用不同植物的色彩变化来创造不同的园林景色，前面在季相变化中已谈到，不再多赘。

④利用植物的芳香来创造园林景色，也是植物配置中常用的手法。不少树木花草能散发出芳香，使人们闻到后感到愉悦，如丁香、芍药、玫瑰、茉莉等可使游人心旷神怡，达到两全其美的目的。

(3)公园植物配置设计程序

第一，植物的配置应和公园的规划设计、总体规划同时考虑。根据设计原则及苗木来源，确定全园的基调树种及各景区的侧重树种。根据总体规划平面图及功能、要求，确定不同地点的种植方式。例如，哪些地方应成片成林种植，哪些地方该成丛成群种植，哪些地方适宜孤立及散点种植，哪些地方种花种草等。与此同理，要确定最好的景观位置，即透视线的位置，按这些内容轮廓性地表示在总体规划方案图上，形成树木规划图。

第二，树木规划方案确定以后，在施工总图的基础上画出植物配置设计平面图或立体图。首先考虑片状栽植和带状栽植的配置。根据各景区的内容、特点、功能要求及所处的位置重要与否确定，用哪些常绿树、落叶树、花灌木、花卉等，如何将其搭配，做到心中成图。其次考虑重点地区的植物配置，如林缘的点缀、透视线上框景树的分布、道路交叉路口、大门两侧、草地中间、建筑物座椅四周、河湖、池岸、石阶、水边植物的配置都需仔细地根据树木规划中确定的基调树种及每个区域的特点，按照前面谈过的配置原则及配置手法加以斟酌确定。

第三，上面两条在心中有了雏形后，开始着手画配置设计平面图，先确定基调树种的位置后再确定灌木、花卉的位置。

第四，一个公园植物配置作品的好坏，建成后的效果如何，单靠设计是解决不了的，必须设计、供苗、施工、养护管理四位一体，一环扣一环才能达到预期效果。

6.3.4 各类城市公园设计

1.综合公园规划

综合公园是城市公园绿地的核心，它不仅有大片的种植绿地，而且有各种游憩活动的设施，是城市居民共享的“绿色空间”。此外，综合公园对城市面貌、环境保护、居民的文化生活都起着重要的作用。

(1)类型

综合公园在城市中按其服务范围可分为：

①全市性公园

为全市居民服务，是全市公园绿地中面积较大，活动内容最丰富和设施最完善的绿地。用地面积随全市居民总人数的多少而不同，在中、小城市设1～2处。服务半径约2～3千米，步行约30～50分钟可达，乘坐公共交通工具约10～20分钟可达。如北京朝阳公园(图6-68)。

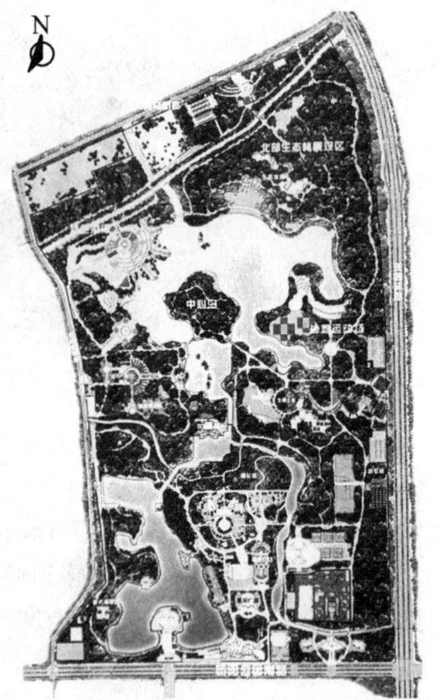

图6-68　北京朝阳公园平面图

②区域性公园

在较大的城市中，为一个行政区的居民服务。区域性公园的面积按该区域居民人数而定，园内应有较丰富的活动内容和设施完善的绿地。一般在城市各区分别设置1～2处，服务半径约1～1.5千米，步行约15～25分钟可达，乘坐公共交通工具约10～15分钟可达。如北京的海淀公园、沈阳的劳动公园等。

(2)选址及面积

①选址

综合公园在城市中的位置，应在城市绿地系统规划中确定。在做城市总体规划时，应结合河湖系统、道路系统及生活居住用地的规划综合考虑。公园用地应保留一定的发展备用地，以此使其拥有可持续发展的空间。

②面积

综合公园有较多的活动内容和设施，用地面积较大，一般不少于10平方千米。另外，城市的规模、性质、用地条件、气候、绿化状况及公园在城市中的位置也是确定综合性公园面积的相关条件。在节假日里，公园游人数量会增多，一般在50万以上人口的城市中，全市性综合公园至少应能容纳全市居民中10%的人同时游园。

(3)总体规划

①公园出入口规划

公园出入口位置的选择和处理是公园规划设计中的一项主要工作，不仅会影响游人游览及城市街道的交通组织，而且在很大程度上还会影响公园内部的规划结构和分区。

公园入口一般分为主要入口、次要入口和专用入口。主要入口是大多数游人出入公园的地方，它的位置要求面对游人的主要来向，设在城市主要道路和公共交通方便的地方。出入口前后应留有足够的集散场地，附近设停车场。次要入口是为方便附近居民使用或为园内局部地区或某些设施服务的。专用入口是为园务管理需要而设的，不供游览使用，其位置可稍偏僻，以既方便管理，又不影响游人活动为原则。

②分区规划

综合公园为满足各类游人的不同爱好，常常采用多种方式进行游乐和文化教育活动。由于公园中安排的内容较多，且不同的活动对于用地条件、周围环境和服务设施均有不同的要求，为了给各种活动创造较好的条件，就要求对公园用地按不同的活动内容进行分区规划。

a. 文化娱乐区

此区域主要通过游玩的方式进行文化教育和娱乐活动，因此，可设置展览馆、展览画廊、露天剧场等。由于园内的一些主要建筑设置在这里，常位于公园的中部，且是人流较为集中的地方，设计时应避免区内各项活动的相互干扰，可利用树木、山石、土丘等加以隔离。群众性的娱乐项目常常人流量较多，而且集散的时间集中，所以要妥善地组织交通，需要接近公园出入口或与出入口有方便的联系，以避免不必要的园内拥挤，理想用地达到30平方米/人。区内人员密度大，要考虑设置足够的道路广场和生活服务设施。文化娱乐设施应有良好的绿化条件，与自然景观融为一体，尽可能利用地形地貌特点，创造出景观优美、环境舒适、投资少、效果好的景区景点。

b. 安静休息区

供人在此安静休息、散步、练气功和欣赏风景。安静休息区内每个游人所占的用地定额最大，希望能达到100平方米/人，它在公园中占地面积最大，是公园的重要部分。安静活动的设施应与喧嚣的活动相隔离，以防止受到声响的干扰，又因这里无大量的集中人流，可距离主要的出入口远些，区域可根据地形分散设置，选择有大片的风景林地、较为复杂的地形和丰富的自然景观(山、谷、河、湖、泉等)。区内景园建筑和小品的布局宜分散，密度要合理，体量不易过大，应亲切宜人，色彩宜淡雅不宜华丽。

c. 儿童活动区

公园中专供儿童游戏娱乐的区域，相对独立，不可与成人活动区混在一起，位置应尽量远离城市干道，避免汽车尾气和噪声的污染。区内建筑、设施的造型和色彩应符合儿童的心理，色彩艳丽，形象逼真。区内应以广场、草坪、缓坡为主，不宜有容易产生危险的假山、铁丝网等伤害性景观。

d. 体育活动区

可距主要入口较远些，依据活动内容设置各种场地，也可靠近水面，可供游泳、划船、垂钓等。

此外，还有观赏游览区、老人活动区、小动物园、小植物园、专类花园等。当然，作为综合性公园不可能应有尽有，可以有选择地按照客观需要加以安排。

2. 社区公园规划

社区公园是人们日常休闲散步、娱乐、交往、体育运动的场所，同时兼有室外避难的作用，其包括居住区公园和小区游园。规划时通常与居住区的公共服务设施结合设置，以形成居住区居民共用的共享空间。

(1)居住区公园

它服务于一个居住区的居民，具有一定活动内容和设施，为居住区配套建设的集中绿地。服务半径为0.5～1.0千米。面积一般不小于4平方百米。设计首先要满足功能要求，有明确的功能分区，根据居民各种活动要求布置休息、文化娱乐、体育锻炼、儿童游戏及人与人交往所需的各种活动场地和设施，将活动方式及内容相近的分区布置在一起；园路的组织同空间的安排有机地联系起来，园路要使居民感到方便和有趣，园路设计直接影响绿地的利用率和使用效果；满足儿童活动的需要，设置老人、儿童活动的场地和设施，还要设有夜间照明设施(图6-69)。

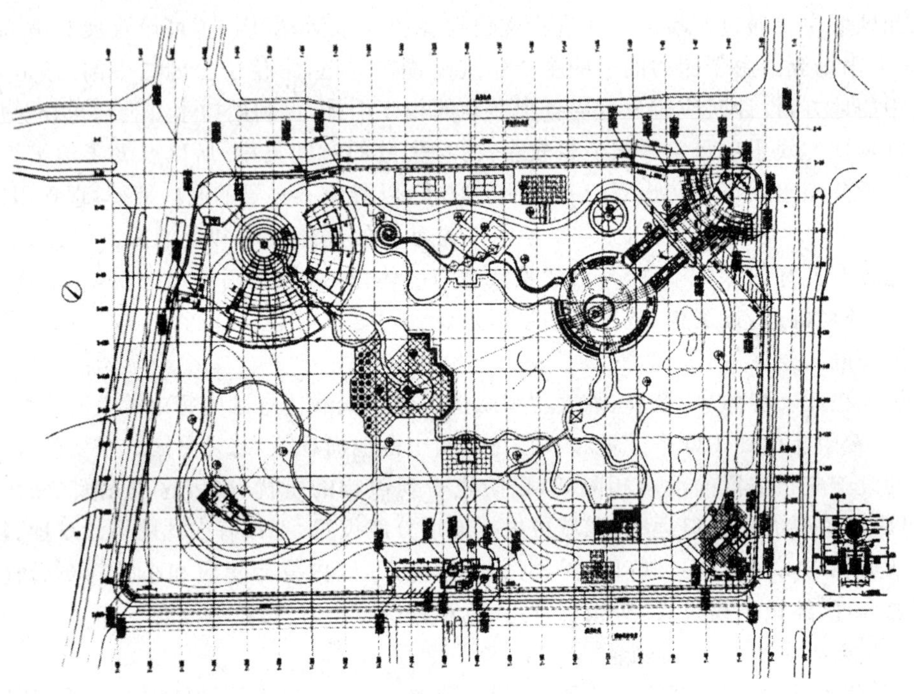

图6-69　北京回龙观文化居住区中心公园平面图

(2)小区游园

小区游园应与小区级道路相连，集中反映了小区绿地的质量水平。小区游园服务半径0.3～0.5千米，面积一般为2平方百米，一般应包含儿童、青少年活动场地、老年人活动场地、居民游憩活动场地等。

小区游园规划设计应与小区总体规划密切配合，妥善处理小区与周围城市园林绿地的衔接，要充分利用自然地形和原有绿化基础；尽量方便居民的使用，尤其是注意出入口的安排；尽可能与小区的公共活动中心结合布置，以形成一个完整的居民活动中心；供人们活动及游憩的道路广场应占一定的比例；处理好居民区各种管线、建筑地下出入口与景物关系。

3. 专类公园

(1)儿童公园

儿童公园的服务对象是幼儿和学龄前儿童。主要目的是为儿童创造以户外活动为主的良好环境,使儿童通过娱乐、游戏、体育活动等方式达到锻炼身体、增长知识、热爱自然、热爱科学、培养良好品德的目的。

儿童公园要有丰富的内容,同时,儿童在不同年龄段有不同的体力及活动方式。因此,儿童公园内要规划出适于不同年龄段儿童活动的场地及设施。需要注意的是,幼儿的体力有限,需要家长照顾,活动场地以草坪、铺装形式为主,设施要适合幼儿活动特点的需要。

①儿童公园的类型

a. 综合性儿童公园,内容比较全面,能满足多种活动要求,可设有各种球场、游戏场、小游泳池、露天剧场、少年科技站、障碍活动场、戏水池、阅览室、小卖部。综合性儿童公园有市属和区属两种,市属儿童公园如杭州少年儿童公园,区属儿童公园如西安建国儿童公园。

b. 特色性儿童公园,以突出某一活动内容为特色,并有着较为完整的系统。如哈尔滨儿童公园,布置 2 千米长的儿童小火车,绕公园运行一周,深受儿童喜爱。

c. 小型儿童乐园,通常设在城市综合性公园内,作用与儿童公园相似,特点是占地较少,设施简单,规模较小,如城市公园中的儿童乐园。

②儿童公园的总体规划

a. 儿童公园的规划设计要点。

Ⅰ. 儿童公园面积不宜过大,宜选日照、通风、排水良好的基址。

Ⅱ. 公园用地要根据不同年龄儿童的活动特点进行划分。

Ⅲ. 道路网应明确简单,便于儿童辨识。路面宜平整,主要园路通常不设台阶,以便于童车和儿童骑小型自行车的通行。

Ⅳ. 幼儿活动区宜靠近出入口,面积不宜太大,设施布置宜紧凑,同时要考虑儿童活动的安全性,要有良好的自然环境。

Ⅴ. 儿童公园的建筑和小品应用鲜明的色彩、生动的形象,比例尺度适合于儿童的使用。

Ⅵ. 活动场地和儿童活动设施,是儿童公园中重要的组成部分,要合理分区布置。儿童公园功能分区一般可以分为幼儿活动区(图 6-70)、学龄儿童活动区、青少年活动区、体育活动区、娱乐活动区、科普活动区和管理办公区(表 6-5)。

图 6-70 幼儿活动场地设施

表 6-5　　儿童公园活动内容及设施

功能区	主要活动内容及设施	备　注
幼儿活动区	休息亭廊、游戏小屋、草坪、沙坑、铺装场地、玩具、学步用栏杆、梯架、跳台、跷跷板、绘画板、涉水池、转盘、滚动电瓶车和摇马等	学龄前儿童活动的场地、活动设施的尺寸要符合该年龄段的儿童使用
学龄儿童活动区	休息亭廊、集体活动场地、水上活动设施、戏水池、障碍活动场地、大型攀登架、秋千、科普游戏室、电动游艺室和图书阅览室等	可设小型动物角、植物角(区)等
青少年活动区	高架滑梯、攀登架、障碍和索桥等	小学高年级及初中学生的活动场地,还可设置青少年培训中心
体育活动区	健身器械、球类活动、游泳、射击、竞赛场地和障碍活动区等	
娱乐活动区	小型表演厅(场)、电影厅、演讲厅和游艺厅等	两区可结合布置,达到寓教于乐的目的
科普活动区	展览馆、小型植物园和动物园等	
管理办公区	管理办公用房等	与各活动区之间应设有一定的隔离设施

Ⅶ.儿童公园的水系,可以带来生动活泼的景象和活动内容。可选择设置戏水池和小游泳池。同时要保证各种活动设施的使用,在有活动设施的场地要有良好的排水。

Ⅷ.各种活动场地要设置必要的座椅和休息设施,供带儿童来的成人使用。

Ⅸ.应根据儿童的人体尺度设置卫生设施,如儿童使用的厕所、洗手台等,尺度要符合儿童身高要求。

Ⅹ.电动游戏设施及游艺机,应符合国家《游艺机和游乐设施安全标准》(GB 8408—2000)的规定。根据条件和需要设置游戏的管理监护设施。

b.儿童公园的植物配置。

儿童公园周围需要栽植浓密的乔灌木作为屏障。园内各区也应有绿化进行适当分隔,尤其是幼儿活动区要保证安全,少种占用儿童活动空间的花灌木。注意园内夏季遮阴和冬季对阳光的需要,种植落叶乔木为行道树和庭荫树。儿童游戏器械场地,要种植高大落叶乔木进行遮阴和不影响游戏器械的正常使用。

儿童公园绿化种植忌用以下植物。

Ⅰ.有毒植物。花、果、叶等有毒植物均不宜选用,如凌霄、夹竹桃等。

Ⅱ.有刺植物。易刺伤儿童皮肤和刺破儿童衣服,如枸骨、刺槐、蔷薇。

Ⅲ.易生病虫害及结浆果的植物,如柿树、桑树。

Ⅳ.有刺激性气味和奇臭的植物及会引起儿童过敏反应的植物,如漆树等。

(2)动物园

动物园指城市范围内的笼养式动物园,一般动物园应有较大的规模(图 6-71)。

①类型。城市中,动物园的规模划分有以下几类。

a.全国性大型动物园:用地面积在 60 平方百米以上,展出品种近千种,如北京动物园、上海动物园。

b.综合性中型动物园:用地面积在 20～60 平方百米,展出品种可在 500 种左右,如西安动物园、成都动物园、哈尔滨动物园等。

c. 特色性中型动物园：用地面积为 5～20 平方百米，以展出本省本地区产动物为主，或按动物特征展出的专类动物园。展出品种宜在 200～500 种，如杭州动物园、南宁动物园及海洋生物动物园、鱼类水族动物园等。

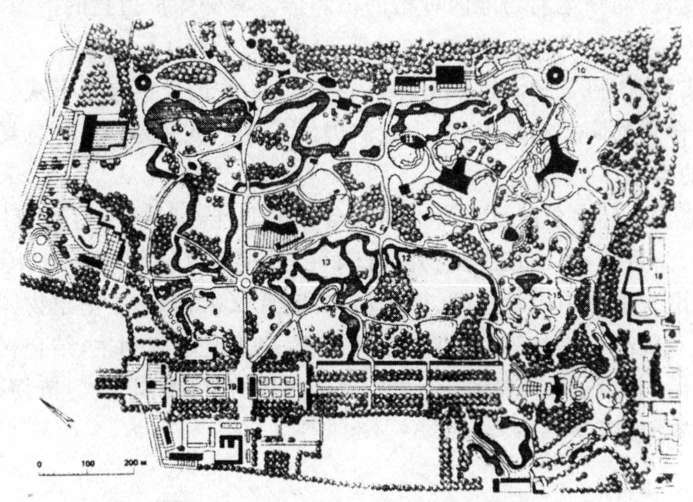

图 6-71 柏林动物园规划方案平面图

d. 小型动物园：用地面积在 15 平方百米以下，展出品种 200～300 种。一般指中小城市附近设在综合性公园内的动物展览区，也称为附属动物园或动物角。如南京玄武湖菱洲动物园、西宁市儿童公园内的动物角、咸阳市渭滨公园的动物区等。

②规划布局

a. 综合性动物园的布局和组成。

• 科普、科研活动区：一般在靠近出入口处布置，主要由动物科普馆组成。也有动物园还设有科研区，从事对野生动物的生态习性、驯化繁殖、寄生病理、遗传分类等方面的研究，通常不对游人开放。

• 动物展览区：由各种动物笼舍及活动场地组成，用地面积最大。

• 服务休息区：包括休息亭廊、接待室、餐厅、茶室、小卖部等服务设施及休息活动场地。应较均匀地分置于全园，便于游人使用，多随动物展览区协同布置。

• 管理区：包括行政办公室、饲料站、兽疗所、检疫站等。应设在隐蔽处，单独分区，有绿化隔离，与动物展览区、动物科普馆等有方便的联系，设专用入口以方便运输和对外联系。

• 生活区：为了避免干扰和卫生防疫，一般设在园外。

• 动物园的道路系统：动物园一般面积较大，园路宜简捷地引导游人直达动物展览区（点），各展览区（点）附近的园路放宽，自然转化为参观场地。

b. 种植规划。动物园及综合公园动物展览区的绿化设计应符合下列规定。

• 创造适合动物生活的绿色环境和植物景观。

• 不能造成动物逃逸。

• 有利于卫生防护隔离。

• 植物品种的选择，应有利于展现模拟动物原产区的自然景观。

• 动物运动范围内植物品种的选择，应种植无毒、无刺、萌发力强、少病虫害的慢生树种。

• 在动物笼舍、动物运动场地内种植的植物应该考虑保护植物的措施。

(3)植物园

植物园是集科研、科普和游览于一体，以科普性为主的公共绿地形式。植物园以丰富的植物景观，多样化的园林布局形式，为人们提供了一个良好的游览休息场所。

①植物园的类型

a. 综合性植物园。综合性植物园指其兼备多种职能，即科研、游览、科普及生产的规模较大的植物园。目前，我国这类植物园有归科学系统，以科研为主结合其他功能的，如北京植物园(南园)、南京中山植物园、庐山植物园、武汉植物园、华南植物园、贵州植物园、昆明植物园、西双版纳植物园等；也有归园林系统，以观光游览为主，结合科研科普和生产的，如北京植物园(北园)、上海植物园、青岛植物园、杭州植物园、厦门植物园、深圳仙湖植物园、石家庄植物园(图 6-72)等。

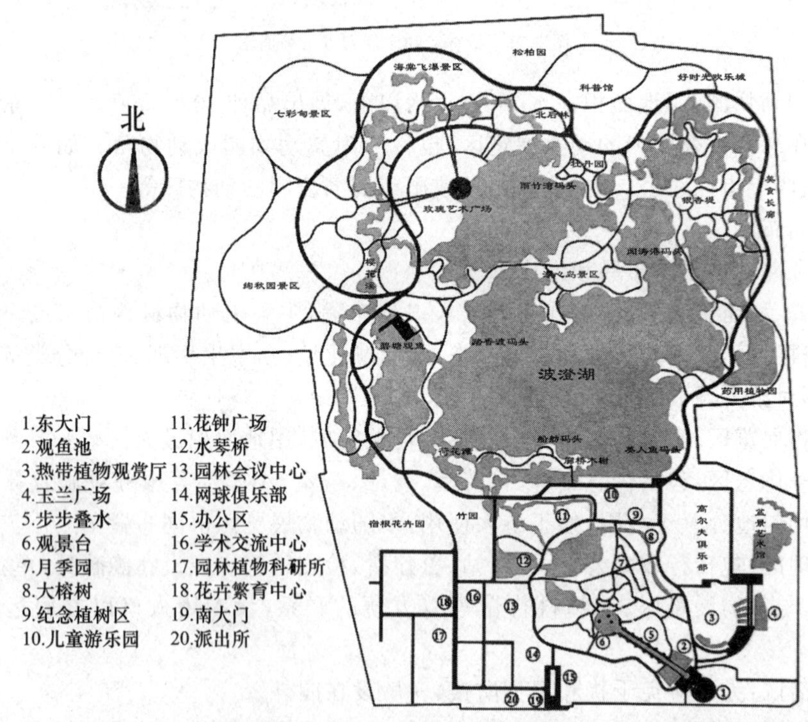

图 6-72　石家庄植物园平面布局图

b. 专业性植物园。专业性植物园是指根据一定的科学专业内容布置的植物标本园、树木园、药圃等。如浙江农业大学植物园、武汉大学树木园、广州中山大学标本园、南京药用植物园(属中国药科大学中药学院)等。这类植物园大多数属于某大专院校、科研单位，所以又可称为附属植物园。

②植物园的规划布局

综合性植物园主要分两大部分，即以科普为主，结合科研与生产的展览区和以科研为主，结合生产的苗圃试验区。此外还有职工生活区(图 6-73)。

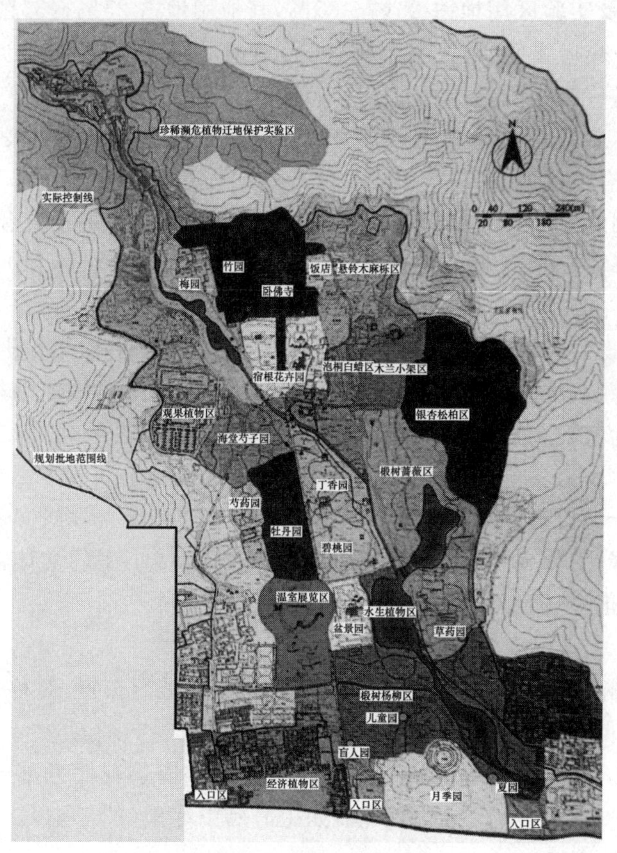

图 6-73　北京植物园分区规划

a. 科普展览区：主要展示植物界的自然规律。

b. 植物进化系统展览区：按照植物进化系统分目、分科布置，反映出植物由低级到高级的进化过程。

c. 经济植物展览区：展示收集来的经过栽培实验，属于有价值的经济植物。

d. 树木园：植物园中最重要的引种驯化基地，是展览本地区和引进国内外露地生长的乔灌木树种的园区。

e. 水生植物区：展示水生、湿生、沼泽生等不同特点的植物。

f. 温室区：展示本地区不能露地越冬，必须有温室设备才能正常生长发育的植物。

g. 专类园区：将具有一定特色、品种及变种丰富、用途广泛、观赏价值高的植物分区集中种植。

h. 苗圃实验区：专门进行生产和科学研究的用地，一般不对游人开放，仅供专业人员参观学习。

i. 生活区：为满足职工生活需要，设置的宿舍、食堂、供暖处、商店等。

③规划设计要点。

a. 确定植物园性质、任务。

b. 确定用地面积、分区及各部分的用地比例。一般展览区用地可占全园总面积的40%～60%，苗圃及实验区用地占25%～35%，其他用地占25%～35%。

c. 展览区应该交通方便，游人易于到达；用地地形富于变化，能满足不同生态要求的植物生长，创造丰富的景观。

d. 苗圃试验区是进行科研和生产的场所，不向游人开放。应与展览区隔离，设专用入口，与城市交通有方便的联系。

e. 确定植物园展览性建筑、科学研究用建筑及服务性建筑的位置和面积。

f. 植物园道路系统的布局一般也分为三级：主路（宽度在4～6米）、次路（宽度在2～4米）和小路（宽度在1.5～2米）。

g. 植物园的排灌工程一般利用地势的自然起伏，采用明排水或设暗沟，使地面水排入园内水体中，如距水体较远或排水不顺的地段，须铺设雨水管，辅助排出。一切灌溉系统均以埋设暗管为宜，避免明沟破坏园林景观。

(4)街旁绿地

街旁绿地位于城市道路用地之外，主要利用街道交叉点、桥畔、倾斜地或城市其他不规则的用地加以绿化，供人们休息、交流、锻炼及进行一些小型的文体活动的相对独立成片的绿地，包括街道广场绿地和沿街绿化用地等。

①布局形式。

a. 规则式。园路、广场水体等依据一定的几何图案进行布置，对称的规则式则有明显的主轴线，布局均衡，给人整齐、明快的感觉。

b. 自然式。布局灵活，活泼自由，充满自然气息。依景观序列展开，再现自然精华，采用自然式植物种植，有良好的植物景观，如上海延中绿地（图6-74）。

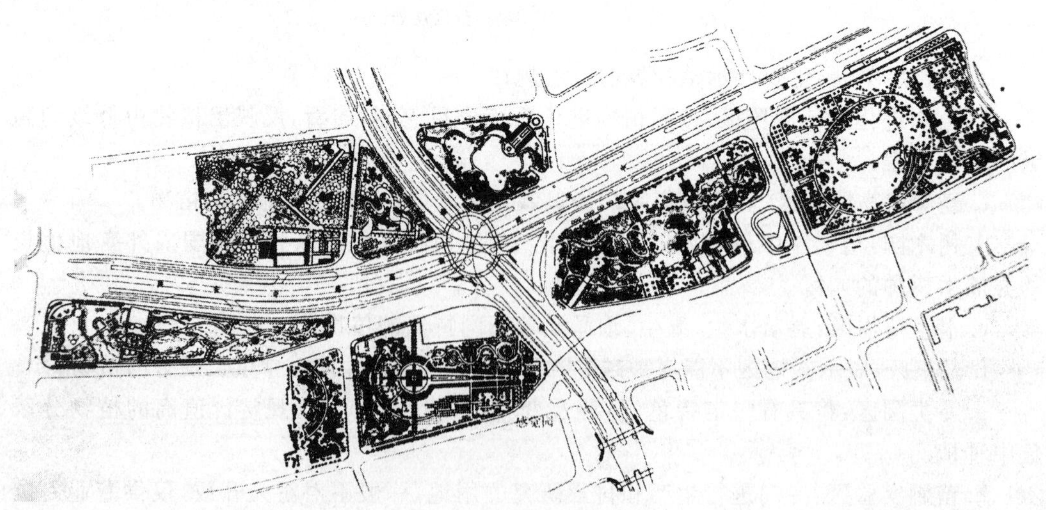

图6-74　上海延中绿地平面图

c.混合式。规则式与自然式的结合，既有自然灵活的布局，又有规则整齐的场地，既能与周围的建筑环境协调，又能营造自然景观空间。

②规划设计要点。

a.街旁绿地布局不宜复杂，亦简洁明快，特点突出。

b.根据设计地段的自然环境条件，因地制宜，在与周围环境的协调中力求变化。

c.充分发挥绿地的作用，提高土地利用率，空间层次要丰富。

d.园路设计要将不同目的的人流分开，穿行人流不要影响绿地中活动、休憩的游人。

e.道路、铺地、座椅等设施，要满足游人的使用功能需要，建筑小品设计以小巧取胜。

f.设计要满足不同人群的活动需要，考虑公共性和私密性空间，有相对安静的区域，也要有适合人群聚集的场所。

③植物配置

a.植物选择应与建筑形体相称，符合场地性质要求。

b.要结合城市面貌，展现地方风格，体现特色。

c.要充分考虑城市气候季相变化。

d.乔灌结合，创造多层次、多空间的植物景观效果。

6.4 城市广场

6.4.1 城市广场的概念

1.城市广场的定义

从语言学角度来理解认识城市广场的概念。拉丁语“Platea”原本指房屋与房屋之间“宽阔的空间”，是一种关于道路与内庭院的表达用语，古希腊的“Agora”是“集中”的意思，表示人群的集中或人群集中的地方，后来常被用来表示广场；现代用语中表达广场的用词“Square”首先是“方形”“方正”的意思，暗示着广场“方正”的空间形态；从各种语言表述中，我们可以观察到有关广场的概念共性，即具有一定空间开阔性。

从使用功能上来理解城市广场的概念会更直接。城市广场起源于原始社会人们的庆典、祭祀、氏族会议等活动。由此可见，广场出现之初就是人群集中的地方，具有明显的公共活动场所的特征。“广场是由于城市功能上的要求而设置的，是供人们活动的空间。城市广场通常是城市居民社会活动中心，广场上可组织集会、提供交通集散、组织居民游览休息、组织商业贸易的交流等。”这强调的是广场的功能作用。

我国学者李泽民在《城市道路广场规划与设计》一书中把城市广场定义为：“城镇广场是指在城市(镇)总平面布置上，一般未被房屋占有，而与城市道路相连接的社会公共用地部分。”其强调的是城市中与道路关系紧密的城市空地。

日本芦原义信在《街道的美学》中则认为：“广场是强调城市中各类建筑围成的城市空间。”一个名副其实的广场，在空间构成上应该具备以下四个条件：

(1)边界线清晰，能成为图形，此边界线最好是建筑的外墙，而不是单纯的遮挡视线的围墙。

(2)具有良好的封闭空间的“阴角”,容易构成图形。

(3)铺装面直接到广场边界,空间领域明确,容易构成图形。

(4)周围的建筑具有某种统一和协调,D∶H(宽∶高)有良好的比例。

在这里,芦原义信强调的是广场空间的构成。

综合以上定义,城市广场是为满足人们多种社会生活需要而建设的具有一定规模的节点型城市公共开放空间,它是物质要素(硬质景观和软质景观)与非物质要素(人的活动)的复合物。城市广场既是一个重要的城市景观要素,也是组织居民多样活动的社会功能场所。它是现代城市空间环境最具公共性、最能反映都市文明和气氛的开放空间,是城市的“起居室”。

2. 城市广场与城市的关系

城市景观的实质是城市公共开放空间,它由广场、公园绿地、住宅区环境与道路共同构成。城市广场作为城市中供人们集会、交通、休憩和文化交流的重要职能空间,往往位于城市的节点上,其设计的好坏直接影响城市整体景观风貌,而且对城市空间结构的组织起到一定的控制作用。

历史上,欧洲的传统城市大都以一个城市广场控制着整个城市,广场就是城市整体空间结构的中心。随着城市结构的不断复杂化,城市空间也出现了分级现象,城市广场也因此随着城市结构的变化而出现了分级。根据广场在城市结构中的位置和扮演角色的不同,大致分为城市中心广场、城区广场、街道广场、社区广场。不同级别的广场相互间起着重要的互补作用,共同作用于城市空间结构,并使城市公共生活得以在不同空间展开。城市广场在对城市景观环境产生影响的同时,也高度依赖于城市生活状态与城市的空间结构,城市是赋予城市广场以营养的温床。因此,必须将城市广场的设计放在城市设计的高度去研究。

6.4.2 传统城市广场的发展过程

城市广场的发展至今已经有数千年的历史。本节主要从我国与西方国家的城市广场发展来探索其发展历程。

1. 西方城市广场的发展过程

在西方一般认为真正意义上的城市广场源于古希腊时代,古希腊早期的广场是人们自由交谈的场所。最初雅典城市的中心是雅典卫城,随着卫城中神庙和雕像的增加,使空间变得拥挤,促使卫城的行政职能逐渐转移到卫城脚下的雅典宪法广场周围。后来,伴随城市重要建筑物的建造,衍生出商业、司法、行政和宗教等活动场地。这样,雅典宪法广场一步步地取代了雅典卫城。由于当时浓郁的政治民主气氛和适宜的气候条件,人们喜爱户外活动,这也是促成当时室外交往空间产生的重要原因。

雅典宪法广场是城市中最重要的公共活动场所。该广场体现着古希腊人本主义的设计思想,以人的视觉尺度为标准,注重非对称的平衡,用建筑物围合广场空间,建筑物的形体和细部均按照人的尺度来决定。

古罗马的城市广场受到古希腊的影响,闻名于世的共和广场是城市社会、政治和经济活动的中心。罗马市民在此接受教育、举行庆典、进行宗教和商业活动。共和广场沿着一条大约 300 米长东西向线形的开敞空间逐渐发展起来，周围散乱地布置着神庙、行政管理建筑、商场和集会建筑，建筑物之间在形式上缺少相互关系。伴随罗马政治权力的增长，广场上新建筑规模越来越大，罗马人逐渐认识到，重要建筑群的设计方法不在于夸大建筑单体的体量和细部，而应以建筑群体组成的城市空间为设计重点。至帝国时期，随着政治权力的集中，城市广场性质产生了变化。商业功能转移到比较小的广场上；庆典和体育活动改在圆形竞技场内进行；法律和经济事务转移到大会堂内处理。统治者们兴建广场不再是为了集会和日常使用，而是为了纪念自己的功绩，为自己树碑立传。广场的形式逐渐由自由转为规整，由开敞转为封闭，建筑形体设计也服从广场空间创造的需要，以巨大的庙宇、华丽的柱廊来彰显各代皇帝的业绩，皇帝的雕像开始出现在广场中央的主要位置上。

中世纪的城市广场具有宗教、行政和商业三大功能。这个时期意大利的城市广场是城市空间的“心脏”。几乎每个城市都拥有空间均匀的广场，这些广场大多位于城市中心，并结合修道院、教堂、市政厅而建设。当时欧洲有着统一而强大的教权，教堂常常以庞大的体积和超出一切的高度，占据城市的中心位置，控制着城市的整体布局。围绕教堂布置的宗教广场是进行各种宗教仪式和活动的地方。有些城市还有市政广场和市场广场。许多中世纪的广场周围往往设有宗教和行政两种权力机构，形成了一个城市空间。中世纪的广场体现着人的现实生活和宗教精神的结合，空间的尺度重新回到人的尺度，平面多采用不规则形，具有较强的围合特性，周围的建筑物有良好的视觉、空间和尺度的连续性，从而创造出“如画”的景观效果。

15 世纪文艺复兴是欧洲历史的转折点，掀开了近代文化发展的新篇章。人文、理性和科学是文艺复兴的精神核心，广场设计方面运用美学原理、透视原理和比例法则，追求人的视觉秩序和庄严宏伟的效果，设计过程亦由中世纪的“渐进式”改变为“自上而下”的有计划的“决定论式”。早期的广场受中世纪传统的影响，周围建筑布置得比较自由，空间具有较强的围合性，雕像多设在广场的一侧。后期的广场布局规整，并常常采用柱廊形式，空间较为开敞，雕像往往放在广场中央，以强化轴线和空间，丰富广场的层次，与广场四周的建筑风格协调，建筑形体完美。著名的威尼斯圣马可广场是在这一时期完成的。

巴洛克风格城市广场的特点是，把广场空间最大程度上与城市道路体系联成一个整体，强调动态视觉美感和道路对景效果，形成一种自由流动的连续景观空间。如意大利罗马圣彼得广场。

随着绝对君权的建立，在 17 世纪的法国形成了古典主义文化。它体现了有序的、有组织的、永恒的、王权至上的要求，追求抽象的对称和协调，崇尚纯粹的几何机构和数学关系，强调构图中的主从关系，突出轴线、讲求对称。这个时期的城市广场是法国城市建设中最突出的成就之一。在巴黎，出现了分布在一条轴线上的广场系统规划。纪念性广场有了很大的发展，开始把绿化、喷泉、雕像、建筑小品和周围建筑组成一个协调的整体，并注意广场周围环境、广场与广场之间联系的处理。

2. 中国城市广场的发展过程

从历史角度来看，中国与西方相比较，城市广场发展相对落后。与欧洲及现代城市广场的概念也有一定的差距，只能称之为似广场。广场类型主要有两类：第一类是由院落空间发展而形成的，这类广场往往出现在按政治、军事统治要求进行整体规划的城市当中，如北京的天安门广场，其平面布局充分体现了中国传统建筑群讲究轴线对称、序列空间及区分尊卑主次的特征，这种布局手法由住宅院落发展而来，到宫殿、庙宇建筑群，再到整个城市的总体布局，各种城市广场可以看作是这种建筑组群的封闭性大空间，不同于古代欧洲城市广场，中国传统广场更多的是体现一种精神意义，有维护封建礼制和等级秩序的功能，还有运气、吉凶等十分玄妙的象征意义；第二类则是结合交通、贸易、宗教活动之需而自由发展起来的城镇空地，没有进行整体规划，但却表现出与城市整体空间良好的拓扑关系，大体有庙宇前广场、商业广场、交通广场和世俗广场，这一类广场多成不规则的自由形态，空间流畅、尺度宜人，利于步行者活动，具有较强的市民性。

现代城市广场设计又有了突破性进展。它已经不再是简单的空间围合、视觉美感问题，而是城市有机组合中不可缺少的一部分。规划建设强调多学科交叉，除了传统的规划学和建筑学科知识外，还必须融合生态学、环境心理学、行为科学的成果，并充分考虑设计的时空有效性和将来的维护管理等。著名的实例有美国纽约洛克菲勒中心广场、日本东京惠比寿花园广场。另一方面，历史遗存的城市广场的保护与改造也取得了令人瞩目成就，许多著名的城市广场及其广场文化得以保存下来，并有了新的意义。如锡耶纳坝坡广场每年 7 月举行赛马活动，至今依然吸引全世界的游客前往参观。

6.4.3 城市广场的分类与景观构成要素

1. 城市广场的分类

城市广场的分类可以从广场的性质和广场的形式两个方面来进行。

(1)按广场性质分类

①市政广场

市政广场一般位于市政府和城市行政中心所在地，与繁华的商业街区有一定的距离，尽量避开人群的干扰，突出庄重的气氛，一般面积较大，能容纳较多人。广场上通常会安排一些活动，如音乐会和政治集会等。由于市政广场的主要目的是供群体活动，所以应以硬地铺装为主，同时可适当地点缀绿化和小品。

②纪念广场

针对某一特定历史事件或某一人物而修建的带有纪念、缅怀性质的广场。常用象征、标志、纪念碑、纪念馆等手段来突出某一主题，创造与主体相一致的环境气氛。主体纪念物应位于视觉中心，并根据纪念主题和整个场地的大小来确定其大小尺度、表现形式、材料质感等。形象鲜明、刻画生动的纪念主题将大大加强整个广场的纪念效果。

例如，华裔建筑师林璎设计的越战纪念碑。与一般纪念碑高高耸立于广场上的效果截然不同，该纪念碑成“V”字形，微微下陷于草地中，由磨光深色花岗岩制成，上面刻着阵亡和失踪将士的名字。它与原有华盛顿纪念碑的关系是起到互补的作用，以对比的手法取得联系，从而与环境协调一致。

③交通广场

它是城市交通系统的有机组成部分，是交通的连接枢纽，以疏散、组织、引导交通流量，转换交通方式为主要功能。交通广场有两类，一种是城市多种交通汇合转换处的广场，如火车站前广场。这类广场要充分运用人车分离的技术，合理组织人流、物流和车流的动线，最大限度地保障乘客安全、便利地换乘和出站。广场要有足够的行车、停车和行人活动面积，并配置座椅、餐厅、小卖部、书报刊亭、银行自动取款机等设施，以更大程度方便游客的出行。

另一类交通广场是城市多条干道交汇处，也就是常说的环岛，一般以圆形为主。由于它往往位于城市的主要轴线上，所以其景观对形成整个城市的风貌影响甚大。因此，除了配以适当树木以外，广场上还常常设有重要的标准性建筑或大型喷泉，形成道路的对景。

④商业广场

商业广场位于商业区的节点，是城市生活的重要中心之一，是人们进行商品买卖和休闲娱乐的集散广场。商业广场以步行环境为主，内外建筑空间应相互渗透，商业活动区应相对集中，这样既便于顾客购物，也易于形成活泼醒目的商业氛围。合理组织流线，避免人流与车流的交叉，并设置休息设施供人们在购物之余休息。

⑤建筑广场

建筑广场是建筑后退形成的开敞空间，其风格形式要兼顾建筑以及道路对景的需要。芦原义信在《街道美学》一书中认为，建筑广场可以大大丰富道路的景观，是建筑物和道路相互联系的过渡空间，往往通过设置室外雕塑、花坛、喷泉、标牌加强引导交通和空间隔离的作用。

⑥市民休闲广场

市民休闲广场是城市中供人们休憩、游玩、交流、聚会以及进行各种演出活动的场所。其平面布局形式灵活多样，可以是无中心、片段式的，即每一个小空间围绕一个主题，而整体是“无”的。由于广场旨在为人们创造一个宜人的休闲场所，因此，广场无论面积大小，从空间形态到小品、座椅都要符合人的环境行为规律及人体尺度，才能使人乐在其中。

(2)按广场的形式分类

广场的形式大致有规则型和不规则型。选择何种形式，主要受地形、观念、文化和设计思想、功能等多种因素的影响。

①规则型广场

该类广场一般用地形状比较整齐，由一个基本几何形构成，有明确的纵横轴线，大都成对称布局，如圆形广场、矩形广场、梯形广场和椭圆形广场等，法国巴黎旺道姆广场就是典型的矩形广场，该广场位于城市道路的两侧，主要的塔形建筑布置在广场正中的纵横轴线的交点上，使塔形建筑物格外突出，成为各条道路的对景。

规则型广场除了单一的几何形态，还有以数个基本几何图形按有序(轴线)或无序(自由拼接)的结构组合成的复合形态广场。相对于单一几何形态广场，复合形态广场往往能够提供更多的功能合理性和景观多样性。例如法国南锡广场群就是运用矩形和椭圆形母题按照纵向轴线组合而成的有序复合广场，在这里，矩形空间的纵轴与椭圆形空间的长轴彼此垂直相交，从而创造空间的大小、开合对比。整个广场群空间收放自如、形状多变但整体统一协调。

意大利威尼斯的圣马可广场则是无序复合广场的典型写照。这类广场基本是以一种非理性的方式将若干几何形母题加以组合，其形成大多具有一定的时间延续过程或受自然条件制约，一般都明确表现出这种客观条件的变化过程，最终形成视觉艺术和整体艺术统一的广场，并往往在自然中呈现出不经意的精致，给人带来不同凡响的空间艺术感受。

②不规则型广场

由于用地条件、环境条件、设计观念和建筑物的形体布置要求，因而出现了一些非规整几何形的自由形态广场。中世纪西欧有许多自发形成的广场，这类广场普遍是在高度密集的城市空间中局部拓展的区域，其布局形式自由，可以与地形地势充分结合，并具有适当的规模尺度。

(3)按照广场的地形分类

按照地形变化，广场可以分为平面型广场和立体型广场。

①平面型广场

广场与地平面处于同一水平面，地势起伏不大，没有明显落差的就是平面型广场，这是最为常见的类型，如上海人民广场、广西北海市北部湾广场等。这类广场交通组织便捷，技术要求低，经济代价小，但缺乏空间层次感和具有戏剧性的景观特色。

②立体型广场

立体型广场是由于广场整体在空间的垂直向度上与城市地平面之间形成高差而得名的。它能解决不同的交通分流，对于密集建筑的中心区，立体型广场更可把自然生态景观重新引入混凝土的城市空间中，给城市中心增添新的活力，立体型广场按其与城市地平面的关系，分为上升式与下沉式两种。

上升式广场高于城市地平面，地势呈上升趋势，只有达到最高点方可了解广场的全貌。广场设施依地势而修建。结合城市设计，特别是城市中心区的改造更新和环境综合治理，上升式广场可以很好地解决人车分流问题。如巴西圣保罗市的安汉根班广场的重建，就是把已被交通占据的广场建成在交通隧道以上面积达 6 平方百米的上升式绿化广场，给这一地区重新注入了绿色的活力。

下沉式广场低于地平面，地势呈下降趋势，在广场最低处是一个大而平坦的区域，这里往往是广场的中心。下沉式广场既可以解决交通分流问题，又在喧嚣的城市环境中为人们提供了一个安静、安全、围合有致且具有归属感的城市空间。下沉式广场大多与城市步行体系相连接，也有的与地下商场沟通，落差处往往结合叠石、水体，使空间充满动感。

最后，值得一提的是，无论是上升式还是下沉式广场，地势的起伏都要适度，不可过高或过低，在丰富广场层次和创造具有特色的景观空间的同时，也要考虑公众的行为心理，并为老人、儿童、残疾人的方便与安全提供相应的便利设施。

2. 城市广场的景观构成要素

费林奇将影响广场历史发展的因素归纳为行为决定因素和自然决定因素，前者包括经济、政治、社会和宗教四种因素，后者涵盖气候、地理、植被、地质以及地形五种要素。按照费林奇的分析，一个活生生的广场概念始终包含了社会和物理两大范畴。或者说，一个完整的城市广场包括人的活动及空间物质实体，两者的有机结合直接影响城市广场的景观环境品质。显然，人的活动方式决定了空间环境的性格，但它同时又受到空间环境的影响和制约，两者密不可分。按照这个理念，城市广场的组成要素包括人文景观要素（人的活动)和空间景观要素(物质实体)两大层面。下面将对两者进行详细阐述,并揭示出两者之间的依赖和互助关系。

(1)人文景观要素:人的活动

阿尔伯蒂在《建筑十书》中写道:“在城市的不同地方应该设置一些广场。一些用于和平时期存放货物,一些用于年轻人的身体锻炼,还有一些用于战争时期储藏食品、木柴、草料和维持长期战斗所需的粮食。”他指明了在城市里设置广场空间的必要性,同时也暗示了在这样的空间里不同事件、不同活动发生的可能性。显然,阿尔伯蒂的理想中包含了多个广场,每个广场可以满足不同的活动类型。由此可见,城市广场是人的活动发生地,这些活动赋予广场空间以性格。城市广场因此而获得它的社会价值。

①人的活动类型

关于人的活动类型有着不同的分类方式。扬·盖尔在《交往与空间》中将人们的户外活动分为必要性活动、自发性活动和社会性活动三种类型,其分类原则基于活动的起因特征,三种类别之间还相互交叉和重叠。费林奇则从历史发展的角度将影响广场空间的社会活动分为经济、政治、社会和宗教四种方式。下面将分析影响和决定城市广场空间的诸多活动并按照其性质将人的活动类型主要归结为四大类,即政治性活动、经济性活动、社交性活动、休闲性活动。

a.政治性活动。费林奇在谈及政治活动对城市广场形态的影响时做过如下描述:“无论是在暴君统治下还是在民主体制下,政治的因素始终干预着建筑的风格、尺度和形式。从雅典的古希腊市场到今天的市民中心,国家的政权形态均给予了城市空间一个轮廓。”可以看出,不同的国家政体有着不同形式的空间造型理念。政治体制对于城市广场的产生和发展起着决定性作用,它同时也直接影响到城市广场的形态。政治对城市空间的影响主要体现在两个方面:一是通过以意识形态为基础的、带有社会学含义的政治理念的普遍影响;二是通过国家机器有意识地直接干预。

作为欧洲民主政体的见证,古希腊市场是城市公共区域的中心,是人们聚会、进行商业和体育比赛的场所。卡米诺·西特认为古希腊市场是“自由天空下议会议政的场所”。古罗马市场继承了古希腊的传统,但从一开始就表现出与前者不同的性格差异:希腊市场的周围,甚至中央常常设置有与广场空间并无太大关联的公共建筑,古罗马市场的中央则完全开放,纪念性建筑沿着广场的边沿而建,但往往被某一特定的建筑物支配着。于是,通过重要建筑烘托得空间轴线的雏形逐渐呈现,广场也因此获得建筑前广场的特征。这一空间变化说明人作为个体在罗马帝国里的角色发生了转变:人必须屈从于中央集权的统治。

宗教礼仪也往往同政治性活动有着密切的关系,出于政治的目的,许多西方早期宗教建筑和广场在城市空间中常常紧密相连,古希腊的奥林匹亚和雅典卫城就是典型的例子。同样,罗马帝国的庙宇也被当作控制性建筑物直接设置在广场的重要位置,宗教信仰作为一种展示政治权威的手段,基本与政治权威合而为一,成为主宰生活秩序的最主要元素。再如举世闻名的威尼斯的圣马克广场,在很大程度上是大型政治宗教仪式的舞台。17世纪贝尔尼尼设计的罗马圣彼得广场更是一个典型的实例,其椭圆形的广场有着明确的象征意义:圣彼得大教堂被看作所有教堂之母,建筑师设置了连续有力的柱廊以象征母亲张开双臂，它们收容所有的天主教徒，拥抱着异教徒并使他们找回信仰，它们也包容着无神论者并给他们照亮信仰之路。利用这样的形式，贝尔尼尼将圣彼得广场建设成为人类历史上最伟大的城市空间之一。

b.经济性活动。人类生活质量的提高依赖于一系列经济活动的保障，包括生产、贸易和交通活动。历史上，城市广场同样是这类经济活动的中心。

例如古希腊的集市广场早些时候被看作政治和社会交往的空间，但随着商业、手工业的不断增长和自由化，许多广场被解放出来兼做集市，成为集市广场，并逐渐发展成为市民活动独一无二的中心。像港口城市米利都甚至拥有两个不同的集市广场："国家集市"，在城市中央作为政治中心；"贸易集市"，一个临海的纯商业性质的集市广场。到了罗马时代，许多市场被散布在城市中不同的地方，并分别服务于单一的经济活动，如进行谷物交易的谷市以及进行水产买卖的鱼市等。

中世纪的欧洲城市，市场常常是城墙里唯一的广场，在那里聚集了几乎所有的经济设施，如面包房、肉店、布店以及其他杂货铺，商会和手工业行会一般也都设置在市场广场的附近。可以说，中世纪的"集市广场"概念是城市广场经济意义最真切的写照，尽管在这些广场上开展的活动远远超过了经济类型。在有些城市，市政厅甚至也成了商场，有些市政厅甚至直接就是由大商场演变而来的，这一发展状况与城市的经济生活密切相关。

今天，随着现代技术的出现，过去难以解决的大空间、室内采光通风等问题都逐步成为现实，于是，户外的商业活动被越来越多地被迁移至室内。另外，在众多城市中，商业和办公挤走了原来建筑物上层的居住功能，于是，与广场密切相关的活动类型减少了，城市公共空间的意义正发生着变化。

c.社交性活动。城市广场是社会公共生活的结果。人在公共空间里的交往既是人的自然需求，也是人的基本权利。"因为人最喜欢的表演就是人自己，而且是他自己认识的人。"相对于个性和私密概念，广场空间的开放特性是集体和公共性的同义词；广场空间的围合特征则是安全感的标志，它象征着人共同的归属。无论贫富、社会地位的高低，人们在那里可以相遇，共同享受蓝天下的空气、阳光和自由。城市广场以此为人提供了一种自我实现的空间，成为公共生活的象征。

因此，城市的公共性广场经常被用来服务于社交活动，在这里，除了日常的聚会，还有许多特殊的活动，如节日庆典、市民集会、婚庆等。意大利锡耶纳坎波广场一年一度的赛马会直到今天还吸引着市民和外来的游客；而佛罗伦萨圣克罗齐广场上一年三次的化装舞会同样声名远扬，这是一种传统，更是一种生活。今天，许多艺术展览被移到广场上举行，这种文化艺术活动也被染上了社交的性质。

随着现代通信技术的发展，人们的社会交往方式也正发生着改变，许多曾经发生在广场上的活动已经成为传统，城市广场似乎出现了危机，变成一种缺乏社会内涵的单纯的空间元素。然而，事实并非如此，正因为现代人日常交流机会的减少，因此人们更渴望公共生活，企盼社会交往。20世纪七八十年代以来西方许多城市的复兴与改造都证明了这一点。但也正因如此，广场空间的意义以及造型的理念和手段发生了微妙的变化。

d.休闲性活动。休闲活动的范围相当广泛，它与社交性活动有相似之处，今天的许多社交活动都具有休闲性质，两者的本质差异在于休闲活动的非功利性、个性化和无组织性;而社交活动常常反映出政治、经济或宗教的目的。因此,休闲性活动在很长的历史时期内都缺少公共性特征。如早期的贵族或其他富有阶层都将自己的休闲活动与城市公共生活分离开来,典型的休闲活动如狩猎、散步、骑马等都发生在城外,这一特点从古至今,不论是东方或是西方都是如此。因此,休闲活动与城市广场并无本源联系,但它在现代城市公共空间中却扮演着举足轻重的角色,甚至成为影响现代城市广场发展的重要动力。

在当今自由、开放、多元的社会中,休闲已不再是一种少数人的奢侈活动,而成为一个时代生活特征的写照。大规模与群众化使休闲活动获得公共性特征,并由传统的贵族式休闲方式变得平民化和城市化。今天,休闲成了广大市民追求的生活目标,休闲时间的多少也成了衡量生活品质的重要砝码。这种城市生活的演变使传统城市广场改变了其原有的性质,获得了新的面目,以适应现代生活的需求。休闲广场也正在逐渐取代城市中心广场,成为城市建设的新的重点。

例如西班牙巴塞罗那的巴索斯・卡塔卢尼亚广场以广场上的构筑物反映出一种空间的休闲气质:轻盈飘逸的钢屋顶、水体和休闲座椅的造型,彻底改变了原有空间的纯交通性质,使这个城市的门户名副其实,体现出巴塞罗那的城市特色。与之相反,法国巴黎的王宫广场则通过一种最简单的设置赋予私密空间以公共休闲色彩:艺术家在原来的内院里设置了纵横交织的网络,交叉点上竖立高低不同、黑白线条装饰的石柱,这些颇具波普色彩的艺术造型改变了王宫内院的庄严,将空间演变成儿童喜爱的游戏场所。

②人的活动对广场活力的影响

以上关于人的活动类型的分析反映出这些活动与城市广场空间的互动关系。人们建造城市广场是为了满足人的各种活动需求,广场上人的活动状态直接体现着广场的活力。因为一个受市民喜欢的、充满活力的城市广场必然引发众多市民长时间逗留,而市民对一个城市公共空间的喜爱程度反映在由这个空间所引发的,并由它提供了行为支持的活动的强度和多样化程度上,它们也是衡量一个城市广场是否具有活力的重要指标。

人的活动强度可以从活动参与者的数量以及活动持续的时间得以体现。它直接反映了市民对一个城市广场的喜爱程度。活动强度越高,市民对广场的喜爱程度越高,说明这个广场活力越高,反之越低。

传统的城市广场一般都具有良好的可达性,而且地面多以硬质为主,可以满足众多市民集会的需求,因此大多具有高效的使用频率。当代城市休闲广场也将吸引人们在广场长时间逗留作为空间造型的首要目标,但是硬质地面常常结合绿化以及其他休闲设施,不大适合大型群众集会,空间也失去了原来的整体性和庄重感。空间完整性的破坏虽然使大型聚集活动受到影响,但绿化和休闲设施成为新的行为支持。因此,空间亲和氛围的创造是现代城市广场建设的新趋向,是当今生活背景下提高活动强度的有力手段。

人的活动的多样化程度也反映着城市广场的活力。活动的多样化程度越高,广场对市民活动的支持程度越高,说明广场活力越强。前面提到的广场上可能发生的活动有政治性活动、经济性活动、社交性活动、休闲性活动四大类,它们也是影响广场空间造型的四大因素。事实上,一个广场要吸引和支持所有这些活动是非常困难的,所以才出现了专门性质的广场,如纪念广场、商业广场及休闲广场等。从城市设计的角度看,它们显然都不是理想的结果,因为大部分时段里它们是不被充分利用的,对于今天土地高度紧张的城市中心来说更是奢侈。同时，活动的分类显然降低了广场的活动强度，因此，追求多样化活动、提高广场活力始终是追求的目标。

(2)物质空间要素——空间与实体

①广场的空间实体要素

广场空间的物质实体分为三种：基面、边界和家具。三种元素的共同作用赋予广场空间形态和景观品质，三种元素的有机组织使发生在广场上丰富多彩的活动得到行为支撑。每一个元素都以自己的方式影响着广场上人的行为活动，它们在空间造型上不可分离。

a.基面

基面是建筑构成的基石，是空间造型的水平元素。缺少基面，广场的边界无从定义，家具也失去根基。在传统城市造型中，广场的基面一般就是地面，但是今天，随着城市空间的立体化，地面的概念逐步模糊，广场的基面可以是地下车库、地下商业街或者其他地下设施的屋顶，甚至可以以下沉空间模式出现。

关于基面的特征，一般从尺寸、形态、肌理、地形4个方面进行分析。

Ⅰ.尺寸。基面的尺寸即广场的大小。尺寸对于广场的空间感具有决定性意义，因为一个大型广场和一个小型广场给人的感受和舒适程度完全不同，太大会显得空旷，太小会有压迫感。正如前面所说，广场的空间造型首先决定于各元素之间的相互关系，因此尺寸大小是一个相对的概念，重要的是适度。

历史上不乏大型的城市广场，例如罗马的圣彼得广场、北京的天安门广场都具有日常活动不能充实的庞大空间，只是偶尔有组织的大型集会才使它们显得具有活力，这些广场不是展示宗教的势力和规模，就是展示新的政治权威，都是规划的结果。相反，意大利坎波广场、圣马克广场、罗马市政广场和旺多姆广场则具有良好的空间尺度规模。

科学发现，根据人的视觉感受，适宜的广场基面的长宽比例介于3∶2与1∶2之间，即观察者的视角为40°～90°。显然，正方形的广场是一种比较理想的选择，因为从各个方向观察它都有较好的视觉感受。例如前面提到的坎坡广场、圣马克广场、罗马市政广场和旺多姆广场都有着良好的比例。

人际交往中，除了视觉感受，距离与人的感情和行为也密切相关，而距离本身也是关于基面尺寸的一个重要概念。一般距离越远，关系越疏远；反之，则关系越亲密。

从上表可以看出，人们在1～2米的距离，可以产生亲切的感觉；两人相距约12米就能看清对方的面部表情；相距25米，能认清对方是谁；相距150米可以辨认对方身体姿态；相距1200米，可以看见对方。因此芦原义信提出了在外部空间设计中采用20～25米的模数，认为“关于外部空间，实际走走看看就很清楚，每20～25米，或是重复的节奏，或是材质的变化，或是地面高差有变化，即使在大空间里也可以有变化，即使在大空间里也可以打破其单调”。

Ⅱ.形态：没有形态的空间是无法感知的，形态赋予空间基本的性格，它与空间是直接对应的关系。一般来说，形态越简单，表现力越强。例如正方形、圆形、三角形、矩形和梯形等。其中，正方形称为理智的、稳定的形态，历来有着特殊的象征意义，常被人与天空的4个方向、四季、十字架等联系起来，如法国巴黎的沃日广场等。

圆形是最简单的形，具有鲜明的向心性，是创造空间围合性的最佳形态，标志着封闭、内向和稳定。与正方形相比,它更加简洁彻底,非常适于人的聚集以及展示,广场中央特别适合设置纪念物。例如建于中世纪的意大利小城卢卡,拥有画一般的圆形集市广场,其完整性堪与任何建于古典主义时期的空间相比拟。

与正方形相比,矩形表现出明显的动感,并且主轴方向十分明确。另外还有三角形广场和梯形广场,其中三角形表现出富有动感甚至侵略性的特征。比较著名的有法国巴黎多菲尔广场。

Ⅲ.肌理。肌理涉及材料的选择,材料表面的处理方式、铺贴原则、色彩以及图案造型等。基面的肌理可以细化或强化空间效果。例如在实践中,大面积的广场基面常常被图案造型所分割,通过采用不同的材料和色彩来获得较小的基面尺度感。视觉研究表明,基面的表面结构越细腻,广场空间就越显得宏大。通过对肌理造型进行处理,人们可以突出空间的轴向性,也可以创造空间的向心性。

Ⅳ.地形。地形是广场基面在竖向上的变化,往往依托现有的自然因素,或有目的地进行设置,它对空间景观具有积极的影响。实践证明,一些非水平基面的广场会因观察者进入的方向不同而显现出不同的空间效果。例如从低处往高处走,空间表现出"权威"感;从高处往低处走,空间表现出"私密"和"安全"感。因此,许多重要建筑物都被设置在地势较高的一端以提升宏伟特征。例如意大利罗马圣彼得广场的椭圆形部分就利用地形变化来突出方尖碑。

b.边界

边界主要是指建筑的立面,即广场空间的轮廓。与基面的水平特征相对应,边界主要是竖向的空间围合元素,对广场空间的封闭性具有决定性作用。下面将从尺寸、形态、肌理、开口等方面对边界进行介绍。

Ⅰ.尺寸。尺寸(高低)决定了空间的封闭程度。一般来说,边界越高,空间封闭性越好;低的边界使广场空间显得宏大,高的边界使之显得狭小。值得一提的是,这种空间感受必须与基面大小结合起来,因为广场空间效果主要取决于其水平与垂直两个维度的比例关系。不同的比例,会产生不同的视觉效应。如作为边界的实体的高度为 H,观者与实体的距离为 D,在 D 与 H 比值不同的情况下可以得到不同的视觉效应。

在日常生活中,人们总是要求一种内聚、安定、亲切的环境,所以历史上许多好的城市广场空间 D 与 H 的比值大多在 1∶2 与 1∶3 之间。例如圣马克广场,如果横向观察它的边界与广场深度的比,视角为 20°,也在这个比例内,因此具有良好的围合效果。

Ⅱ.形态。芦原义信从不同的边界形式中总结出 3 种基本的类型:角柱限定的空间;边封闭、角开放的空间;角封闭、边开放的空间。这 3 种空间类型都有开口。然而第一种情况空间明显是非常开敞的;第二种情况空间显得封闭,但开放的角使它比第三种类型更加开放;第三种情况则具有最佳的围合性。可以看出,加强角部的分量有利于提高空间的围合性。例如旺道姆广场的 4 个角尽管被切掉,但是由于造型的特殊处理,不但没有减弱空间的封闭性,反而极大加强了广场的围合性。

Ⅲ.肌理。肌理是边界的表面造型,因为广场的边界一般是建筑的立面,因此,边界的肌理处理主要是关于色彩、材质、几何构成、划分等不同的立面处理,让它们大多呈现出具有立体或浮雕感的肌理,使广场空间获得一种新的尺度。

Ⅳ.开口。广场与城市结构紧密相关,广场的开口是联系城市与广场空间的桥梁,它决定了进入广场后行动路线的开端。因此开口的位置非常重要,不但要考虑交通的便捷,还要顾及广场的空间品质。例如一个矩形广场,从长边还是短边开口给人们的感受是完全不同的:从长边进入,显现出面阔广场的特性;从短边进入,更像一个纵深广场。从视觉心理学角度看,开口的选择最好能使视线通向某个对景,朝内朝外都是如此。巴洛克和古典主义的城市建设就有意识地利用了这一原理,宽阔的大街从透视上将人的视线引向远处雄伟的建筑。

c.家具

家具的形式较多:喷泉、艺术品、纪念物、路灯、座椅、售货亭、绿化小品等。良好的家具设置,可以将较大的广场划分为不同的活动区域,表现出亲切的、更具人性化的尺度。

家具也是广场活动重要的行为支撑,几乎所有的家具都具有明确的功能目的。传统广场的喷泉不但是艺术品,而且能很好地解决市民的饮水问题,例如圣基米亚诺广场上的水井;路灯解决了广场的夜间照明,同时也有空间美化的效果;座椅的设置方便了活动者的休息;售货亭方便了来往的行人;绿化小品给空间带来自然生气与个性特征。可以看出,家具的设置是人们在广场逗留时间的决定因素,其吸引力非常重要,因此,一个复合、多样的家具设置非常有助于空间活动的多样性,从而提升广场的活力。

②空间实体要素对广场活力的影响

基面、边界和家具这三种实体要素从物质层面上构成了城市广场的空间,它们也以各自的方式影响着广场的景观品质和活力。一般来说,一个广场是否具有良好的景观品质,是否具有活力,很大程度上体现在围合性和方向性这两个方面。具体包括空间的封闭感、开放性、向心性和轴向性四个指标。不同性质、不同功能的广场对空间的围合性和方向性有不同的要求,表现出其各自的性格特征。

综合评价一个城市广场的景观品质和活力,往往需要对基面、边界、家具三方面因素综合考虑。例如坎波广场具有明确的轴向性和较好的封闭感,从基面形态来看,它除了有一条比较明显的短轴外,还有一个较弱的几何中心;但是由于市政厅、喷泉以及基面放射线的汇集点都在短轴上,在很大程度上加强了短轴的效果,明确了空间的轴向性,加强了空间的个性特征。

6.4.4 城市广场景观设计导向

1.城市广场景观设计原则

(1)满足人在广场中的行为心理

现代城市广场是为人们提供更方便、舒适地参与多样性活动的公共空间。因此,现代城市广场的规划设计更要贯彻以人为本的原则,主要就是对人在广场上活动的环境心理和行为特征进行研究。

人的行为心理是人与环境相关关系的基础和桥梁,是空间环境设计的依据和根本,心理学提供了这种空间环境中“人”的观点。根据著名心理学家亚伯拉罕·马斯洛关于人的需求层次的解释,我们把人在广场上的行为归纳为四个层次的需求。

一是生理需求,即最基本的需求,要求广场舒适、方便。

二是安全需求，要求广场能为自身的“个体领域”提供防卫的心理保证，防止外界对身体、精神等的潜在威胁，使人的行为不受周围的影响而保证个人行动的自由。

三是交往需求，这是人作为社会中一员的基本要求，也是社会生活的组成部分。每个人都有与他人交往的愿望，如在困难的时候希望得到帮助，在快乐的时候希望与人分享。

四是实现自我价值的需求，人们在公共场合中，总希望能引人注目，引起他人的重视与尊重，甚至产生想表现自己的即时创造欲望，这是人的一种高级需求。

广场空间环境的创造就需要充分研究和把握人在广场中活动的行为心理，满足上述不同层次的要求，从而创造出与人的行为心理相一致的场所空间。

(2)具有城市空间体系分布的整体性

整体性包括功能整体性和环境整体性两个方面。所谓功能整体性，是指一个广场应有其相对明确的功能和主题。在这个基础上，辅之以相配合的次要功能，这样广场才能主次分明，特色突出。环境整体性同样重要，一方面要考虑广场环境的历史文化内涵、时空的连续性、整体与局部、周边建筑的协调变化等问题。另一方面，也是更重要的方面，要考虑作为城市空间环境有机组成部分的广场，往往是城市的标志，是城市开放空间体系中重要的节点。城市中的广场有功能、规模、性质、区位等区别，每一个广场只有正确认识自己的区位和性质，恰如其分地表达和实现其功能，才能共同形成城市开放空间的有机整体性。因此，对于不同功能、规模、区位的广场应从城市空间环境的角度进行全面把握。

例如城市中心广场，由于其重要的地理位置，往往是属于全市民的，大众共享的公共生活的地方。它是我们感知一个城市的关键要素，是城市生活的缩影，因此必须具有城市中心的意义。这类广场往往尺度较大，具有功能多样化的特点，使人们的活动体现出较高的强度和复合度。例如意大利锡耶纳坎波广场是连接原有3个小镇的枢纽，成为合并后的锡耶纳城市中心广场，它不仅位于3个小镇的几何中心，同时也是3个城区共同的生活中心，高度体现了市民的和谐生活、共同发展的愿望。

再如街道广场，往往与城市道路相联系，大多由街道空间的局部拓展而形成，与城市街道具有自然而紧密的关系，在造型上也不拘泥于严格的几何特性。因此街道广场的城市性特征非常明显，其庞大的数量为城市开放空间体系的完整性和生动性提供有力的支持，使城区空间完整有序而富有变化。

(3)讲究可持续发展的生态设计

城市广场是整个城市开放空间体系中的一部分，它与城市整体的生态环境联系紧密，因此现代城市广场设计要遵循生态规律。

城市生态环境建设主要包括自然景观的生态性和文化的生态性建设两方面。

在自然景观的生态性建设方面，由于过去的广场设计只注重硬质景观效果，大而空，植物仅作为点缀、装饰，疏远了人与自然的关系，缺少与自然生态的紧密结合。因此，现代城市广场设计应从城市生态环境的整体出发，一方面用园林设计的手法，通过融合、嵌入、缩微、美化、象征等手段，在点、线、面不同层次的空间领域内，引入自然，再现自然，并与当地特定的生态条件和景观特点相适应，使人们在有限的空间中得以体会无限自然带来的自在、清新和愉悦。另一方面，城市广场设计要特别强调生态小环境的合理性，既要有充分的阳光，又要有足够的绿化，冬暖夏凉、趋利避害，为居民的活动创造宜人的空间环境。

随着社会文化价值观念的更新，文化的生态性建设也越来越引起社会的关注。一些陈旧、过时的东西不断地被淘汰，一部分有价值的历史文化、建筑文化得以积淀，如保存完好的古建筑、古迹等。这种对传统文化的继承延续着融入人类文化感情的历史文脉。随着信息社会的到来、科学技术的进步，现代城市广场的设计既要尊重传统、延续历史和文脉，又要有所创新。

正如美籍华裔建筑师贝聿铭先生所说："我注意的是如何用现代建筑材料表达传统，并使传统的东西富有时代意义。"他所设计的卢浮宫扩建工程便采用了这一设计手法。为了解决卢浮宫集中出入口的问题，又不对其优美的形体构成破坏，贝聿铭大胆引入"金字塔"，不仅解决了交通进出集中问题，而且在虚与实的强烈对比中完全融入古老、优美的卢浮宫建筑群中。这个"金字塔"既不模仿传统，也不企图压倒过去，它的高度为卢浮宫主要立面的2/3，更衬托出卢浮宫的雄伟、壮丽(图6-75)。

图6-75　巴黎卢浮宫广场

(4)建筑连续的步行环境

步行化是现代城市广场的主要特征之一，也是城市广场的共享性和良好环境形成的必要前提。随着机动车日益占据城市交通的主导地位，广场的步行化更显得无比重要。广场空间和各种要素的组织应该支持人的行为，如保证广场活动与周边建筑及城市设施使用的连续性。在大型广场中，还可以根据不同使用活动和主题考虑步行分区问题。

(5)突出个性特色

所谓个性特色，是指广场在布局形态与空间环境方面所具有的与其他广场不同的内在本质和外部特征。其空间构成有赖于它的整体布局和6个要素，即建筑、空间、道路、绿地、地形与小品细部的塑造。同时应特别注意与城市整体环境的风格相协调，否则广场的个性特色将失去意义。

例如，大连星海广场位于城市新建城区中心，是一个构思新颖、别具特色的现代城市广场。广场面向大海、面积宽阔，在广场的海岸部分做了巨型波浪抽象雕塑，给人深刻的印象。雕塑生动形象，为了与宽阔的广场尺度相吻合，抽象雕塑尺度比巨大，同时还可供游人驻足其上观看海景，儿童也可在其上玩耍，形成艺术与活动共生的生动场景。广场的设计则运用抽象手法，用开阔的场地象征大连地域无边无际的海洋。围合广场的高层建筑作为广场的陆地依托背景，立面处理以淡雅浅色及欧式风格为主，进一步突出了观察的绿色洁净感，形成极富个性魅力的特色空间(图 6-76)。

图 6-76 大连星海广场

(6)重视并融合公众参与

调动市民的参与性，首先要从需求出发，让广场关联到每个人，使更多人从更多方面参与到活动中来；其次是为人留有多种选择的自由性；最后是作为活动的空间载体，要有丰富的文化内涵，使人既感受到文化的感染，又积极参与文化意义的认知和理解活动，使广场具有永久的生命力。

2. 城市广场景观空间设计

(1)广场与城市道路

作为城市中的广场，与城市道路的关系一般有三种：广场本身作为城市道路；广场与城市道路相交；广场与城市道路脱离。

其中，广场作为城市道路大多属于街道式广场的类型，一般这种广场需要容纳较大的交通量，其城市性特征十分明显，广场界面与城市街道界面的连续性处理是设计的关键。

城市中的广场大都与道路呈相交的关系。这样，城市主路带来的较大交通量，使与城市主路直接相交的广场均或多或少受到强烈的过境交通的影响。这对于广场活动和空间的封闭性显然不利。法国旺道姆广场的利用状况非常有力地说明了这一点。在那里，随着城市机动车辆的增多，横穿广场的交通控制了整个空间，除了少量观看商店橱窗或暂时歇息的行人外，很少发生值得重视的公共活动，大大削弱了广场的环境品质和活动。尽管其空间造型考究，但也显得比较冷清。在处理这类道路与广场的关系时，可以考虑将过境交通引导到广场边沿经过，保障广场环境的完整性。

再一种是广场与城市主路是相互脱离的关系，除了直接与道路相交外，许多城市广场的设置使主要道路从广场空间的旁边经过。因为这种方式既保证了广场与城市结构的紧密关系，也避免了过境交通对广场空间和活动造成的负面影响。广场显得封闭和安宁，但是相比与主路相交的广场，可达性略差，与城市道路的关系也相对较弱。

(2)广场与围合建筑

广场作为城市中最重要的开放空间，直观地讲，是通过周边建筑物、构筑物或其他围合要素对空间进行限定的结果。因此，广场周边围合建筑的风格、体量、比例、色彩以及对空间的围合程度都直接影响到广场的空间品质。

首先，周边建筑的风格定位直接关系到广场的形象，例如，欧陆风格、中国古典风格或者现代风格的建筑。那么，在进行广场的具体规划设计时，就要充分考虑与周边建筑在形象上的协调，使之成为联系城市不同建筑的空间媒介。

其次，前面我们分析到，根据人的视觉感受，适宜的广场基面的长宽比例介于 3∶2 与 1∶2 之间，即观察者的视角为 40°～90°。因此，周边围合建筑的体量和比例是确定广场规模大小的关键因素。例如，一个尺度宜人的城市广场，周边围合建筑主要以三层、四层为主，那么同样的广场空间置身于高楼林立的环境中，必然会感觉如坐井底，其空间品质大打折扣。

第三，广场围合常见的要素有建筑、树木、柱廊以及有高差的地形。因此，广场围合建筑在较大程度上影响广场的封闭性和开放性。一般来说，封闭性较好的广场能够给行人提供足够的安全感。在传统城市中较多出现三面或四面围合的广场，围合要素大多是建筑，而且以居住建筑或宗教建筑为主，例如欧洲中世纪的许多城市广场，它们往往具有良好的视觉比例关系，封闭性较好，具有极强的向心性和场所感。两面围合的广场则更多配合现代城市里的建筑设置，例如日本黑川纪章设计的福冈银行入口广场，原广司设计的大阪新梅天中心广场等。值得一提的是，广场围合还与建筑的开口位置以及大小有关，例如在角部开口的建筑与在中央开口的建筑对广场的围合程度有明显不同。

(3)广场景观要素设计

广场景观要素设计主要有地形、绿化、色彩、地面铺装以及景观环境小品设计。

①地形设计

地形不仅影响广场的功能布局，也影响人的动线组织。前面我们提到，广场的地形有平面式和立体式两种，采用什么形式，主要是考虑广场的用途。如果是政治或纪念性广场，或者广场主要用于集会，人流量巨大，地形不宜起伏，一般采用平地广场形式。商业广场和街道广场一般要顺应地形的变化，为了营造层次丰富的空间效果，可以有意识地采取坡地形式。如果土地的地形起伏较大，可以考虑立体式。例如上海人民广场是上海的政治、文化、交通、商业中心，原以大面积硬地为主，主要用于政治集会。1994 年改建为以绿化为主的休闲旅游广场。改建后的广场结合地下街市创造出更富立体层次和多样性的城市开放空间，大大提升了广场的活力。

②绿化设计

绿化是城市生态环境的基本要素之一。作为软质景观，绿化是城市空间的柔化剂。今天城市高层建筑鳞次栉比，街道越发显得狭窄，通过绿化的屏障作用可以减弱高层建筑给人的压迫感，增大空间的人性化尺度，并适当掩蔽建筑与地面以及建筑与建筑之间不容易处理好的部位。

城市广场的绿化设计要综合考虑广场的性质、功能、规模和周围环境。广场绿地具有空间隔离、美化景观、遮阳降尘等多种功能。应该在综合考虑广场功能空间关系、游人路线和视线的基础上，形成多层次、观赏性强、好管理的绿化空间。一般来说，公共活动广场周围宜栽种高大乔木，集中成片的绿地不小于广场总面积的 25%，并且绿地设置宜开敞，植物配置要通透疏朗。车站、码头、机场的集散式广场应该种植具有地方特色的植物，集中成片绿地不小于广场总面积的10%。纪念性广场的绿化应该有利于衬托主体纪念物。

值得一提的是，树木本身的形状和色彩是创造城市广场空间的一种重要景观元素。对树木进行适当修剪，利用纯几何形或自然形作为点景的景观元素，既可以体现其阴柔之美，又可以保持树丛的整体秩序；树木四季色彩变化，给城市广场带来不同的面貌和气氛；再结合观叶、观花、观景的不同树种及观赏期的巧妙组合，就可以用色彩谱写出生动和谐的都市交响曲。

例如，上海人民广场由一轴六面构成，除中心广场以硬地喷泉为主，其余地块均是大面积绿地，绿地主要以大块面的现代设计手法为主，外围的绿色屏障和内部开阔明快的地被花带表现了大手笔、大尺度绿地的魅力，从而取得简洁、大方的效果，广场的休闲游赏特性也随之增加。

③色彩设计

色彩用来表现城市广场空间的性格和环境气氛，它是创造良好空间效果的重要手段之一，处理得当，会给人带来无限的欢快和愉悦。例如查尔斯·摩尔设计的美国新奥尔良意大利广场，那红白相间的同心圆式的地面色彩，加上园中的碧水喷泉，给人们以赏心悦目、清新明快的欢愉感。然而，并不是有了强烈的色彩设计，便会取得良好的广场效果，也并不是所有城市广场都应以强烈色彩来表现。在纪念性广场中便不能有过分强烈的色彩，否则会冲淡广场的严肃气氛。相反，商业性广场及休息性广场则可以选用较为温暖而热烈的色调，使广场产生活跃与热闹的气氛，更加强了广场的商业性和生活性。

南京中山陵纪念广场建筑群采用蓝色屋面、白色墙面、灰色铺地和牌坊梁柱，建筑群以大片绿色的紫金山作为背景衬托。这一空间色彩处理既突出了肃穆、庄重的纪念性环境性格，又创造了明快、典雅、亲切的氛围(图6-77)。

图6-77　南京中山陵纪念广场

最后，恰当的色彩处理还可以使空间获得和谐、统一的效果，有助于加强空间的整体感、协调感。

④地面铺装设计

广场中的地面铺装具有限定空间、标志空间、增强识别性、强化尺度感以及为人们提供活动场所的功能。地面图案设计可以将地面上的人、树、设施与建筑联系起来，以构成整体的美感，也可以通过地面的处理达到室内外空间的相互渗透。如米开朗琪罗设计的意大利罗马市政广场，其地面图案十分壮观，成功强化和衬托了主题；矶崎新在日本筑波科学中心广场的设计中，也引用了与之相同的地面图案，只不过稍加变化，但由于忽略了历史的意义，在文化表现上给人虚假的感觉。

⑤景观环境小品设计

景观环境小品主要包括雕塑、柱、碑、水景、小型艺术品等，也包括经过艺术处理，具有特色的建筑物和构筑物，如具有艺术特点的廊架、垃圾桶、指示牌、报刊亭等，还有一些为人们提供休息和服务的设施，如座椅、路灯等。它们一方面具有点缀、烘托、活跃环境气氛的游赏功能，另一方面为人们提供识别、依靠、洁净等使用功能。如处理得当，可起到画龙点睛和点题入境的作用。

在具体的环境小品设计中，首先要把握设计主题的统一性，即主题要符合广场的氛围。如纪念广场可以在轴线上设置具有纪念意义的碑、柱等，形成视觉焦点。商业广场、街头广场则避免布置主题严肃的景观小品，应以活泼、大众化的题材为主。环境小品的风格要追求统一中富于变化，倘若各种环境小品风格差异较大，会给人们带来凌乱感。一般来说，纪念性广场要控制环境小品的数量，以简洁、稳重、肃穆的风格为主；商业广场应追求活跃的气氛，造型和色彩也要体现商业氛围。小品的摆放位置也要系统化，充分结合人的行走路线和空间的组织，切忌随意摆放。此外，环境小品应尽量面对主要人流摆放，还可以与绿化、设施组合，形成趣味空间。

例如，美国达拉斯喷泉广场就是利用水景进行成功组景的杰出典范。广场大约70%的总面积被水面覆盖，广阔的水面上是数以百计的树木和喷泉。广场的中央是一组由电脑控制的有160个喷嘴的音乐喷泉，可以自动调节喷泉高度，喷水停止时，行人便可自由穿越。440株柏树整齐地排列在路旁或水中，柏树之间有序地分布着263个泡状喷泉，水池也随地形呈阶梯式布置，水池间形成了层层叠叠的瀑布。夜晚来临，喷泉和树木被精心组织的灯光映照，景象壮观。人们在喷泉广场，仿佛置身于极富创意的自然山水间。

6.5 城市水景

缘于“风水学”的理论和对山水构图的注重，我国许多城市，枕山襟水，布局自然，与山林水网浑然一体，具有独特的城市景观。如山峦环抱、湖川偎依，被誉为“龙盘虎踞”的南京及上海外滩滨水景观。上海外滩滨水景观是具有历史纪念意义的建筑，开阔的滨水步道结合适宜的景观小品已使其成为展现城市魅力的一道风景线。

我国古人注重城市水体的观念源于儒家朴素的生态思想和讲求“藏风得水”的风水理论，因此城市的选址、布局多与水息息相关。由于城市依水系而发展，商业贸易随水系而繁荣，沿江、滨海的古渡、水埠，自然地构成人们聚集、交往、贸易、停驻的所在。以此基础发展而来的滨水区逐渐成为城市的诞生地、文明的起源点。

6.5.1 城市滨水区和水景

1. 基本概念

滨水区，意为水边、海滨、湖边的景观，作为城市与江、河、湖、海接壤的区域，它既是陆的边沿，也是水的边缘，一般来说它的空间范围包括“200～300 米的水域空间及与之相邻的城市陆域空间，其对人的诱致距离为 1～2 千米，相当于步行 15～30 分钟的距离范围”。滨水区在城市中具有自然山水的景观情趣和公共活动集中、历史文化因素丰富的特点，导向明确、渗透性强的空间特质，是自然生态系统与人工建设系统交融的城市开放空间。

城市水景是城市景观的组成部分，是依托于城市滨水区对水体所进行的不同艺术形式处理，结合所属领域的其他构成要素形成可供人们驻足、休憩、观赏、参与的城市开放性水景空间，同时满足人的各种感观行为体验和城市整体生态环境的可持续发展。

2. 城市水景的综合价值

人们对水有着与生俱来的亲切感，城市中的水体象征着文明与灵性。它的波光，渲染着城市的生机与艺术的魅力；它的风韵、气势，能给人以美的享受，引起人们无限的联想。较之任何一种自然物，它都更能深刻地显现人类历史文化的内涵和外延。城市不仅起源于滨水区，它未来的发展也直接受到水的制约，可以说，滨水区对于城市的生态、景观、文化及娱乐等方面皆有积极作用。

(1)生态价值

城市滨水区通常由于自然条件较好而成为城市发源地，水陆生态系统交汇是这一地区明显的生态特征，同时受到这两种生态系统的共同影响，因而往往体现出较强的生态敏感性。而且城市滨水区又不同于一般的滨水区，它受人工干扰因素较多，因而是一个多元的人工生态系统。

“水为万物之源。”作为城市的命脉，城市滨水区维护着城市生命的延续，不仅承载着水体循环、水土保持、贮水调洪、水源涵养、维护大气成分稳定的功能，而且能调节温湿度、净化空气、吸尘减噪、改善城市小气候，有效调节城市的生态环境，增加自然环境容重，促使城市持续健康地发展。以杭州西湖为例，它带给人们的不仅仅是西子般的美丽，它如同城市的绿肺，对整个城市的生态环境有很大改善作用。在保护生态环境，提倡生物多样性和可持续发展的今天，对于城市滨水区的保护、合理开发和利用显得尤为重要。

(2)实用功能价值

滨水区之所以会成为城市的发源地，是因为其便捷的灌溉、运输、排涝等功能。在我国传统的构城理论中也早有“依山者甚多，亦需有水可通舟楫，而后建”之说。滨水区对城市的繁荣和发展具有极大的促进作用，我国东部的沿海城市之所以城市化发展较快，除去其他的一些因素和条件，其中不容忽视的一点在于其优越的港口优势。从杭州城市发展过程来看，京杭大运河对杭州的城市发展做出了极大的贡献，虽然近年来其航运功能逐渐衰退，但其历史上的辉煌是不可遗忘的。在城市化进程快速发展的今天，随着城市功能的转变和其他诸如公路、铁路、航空等交通方式的发展，人们对于水陆运输的依赖逐渐减退，但我们也应当看到它有其自身的优势，可以肯定，在今后水路运输中仍将是城市交通运输系统的重要组成部分，或者水上公共交通会随着滨水景观的改善而逐渐受到人们的欢迎。

与此同时，我们也可以切身感受到，随着人们生活水平的提高，人们对生活品质的追求也越来越高。各项社会活动积极展开，其中也包括了很多滨水及水上活动项目，例如垂钓、滑水、游泳等，这些都是滨水区的实用功能价值方面的体现。

城市水系空间格局，以及水体的水质、水量直接影响着城市的生产、生活和未来的发展。滨水区的开发利用、水系的流经路线和水质、水量对于城市设计来说是关键因素之一，也是城市更新与发展的制约因素。

(3)历史人文和景观价值

几乎所有的文明都起源于滨水地区，如尼罗河流域的古埃及文明、地中海流域的古希腊文明和黄河流域的中华文明。孔子曾言“智者乐水”，道尽了对水的理解，可以说水是中国人智慧的催化剂，是中国人精神生活的源头，是中国人一切文明的原动力。凯文·林奇在《城市意象》一书中说：“世界上许多著名城市都苦恼于周边地区的千篇一律，毫无个性的蔓延。”林奇通过对城市意象在物质形态上的理解，将其归纳为五种元素——道路、边界、区域、节点和标志物，这些元素在当今的城市设计中不断重复出现，塑造有特色的城市景观关键在于抓住一个城市最有特色的元素，将它放大，运用到城市设计中，任何物质的元素都可以复制，但是一个城市的历史文化是独一无二的，特别是一些滨水城市往往具有深厚的文化底蕴和丰富的物质文明。其滨水区域多数凝聚着当地的传统建筑文化，因而可以对滨水区域保护并更新利用，使其成为展现当地传统特色文化的窗口。最为典型的是江南水乡——绍兴古城的风貌，现代城市滨水景观设计的灵感多源于此。

城市中的水体以其活跃性和穿透力而成为景观组织中最富有生气的元素。城市滨水区是城市主要开放空间，和其他开放空间相比较而言，它独具魅力，可以说它是城市居民基本的活动空间，是表现城市形象的重要节点，也是外来旅游者观光活动的主要场所。由此可见，城市滨水区对于营造独特魅力的城市景观具有不可忽视的作用。从当今世界上最具吸引力的城市来看，大多数仍是滨水城市，如纽约、悉尼、布里斯班、威尼斯、香港、上海等，它们以其充满活力的生活工作环境和日新月异的面貌吸引着世人的目光。在寻求城市特色化、个性化、经济化、全球化的今天，对滨水区的合理开发和更新，对塑造独具特色的滨水形象具有不可替代的景观价值。

6.5.2 城市水景的发展历史及特点

自古以来，水景就是城市园林景观设计中的一个重要元素，它常常是神秘和宗教信仰的象征，又是人们生活和娱乐离不开的元素，是人类精神文化和生活进步的体现，是城市生机和活力的象征。

1. 中国传统园林水景艺术

中国的传统造园自古就离不开水，水是园林造景不可缺少的重要组成部分。在造园的历史上，早在周文王时期，在先秦宫苑内就有将灵沼作为人造水景园用于养鱼享乐(周维权的《中国古典园林史》中认为灵沼是人工开凿的水体，水中养鱼)。古代园林挖池和堆山常互为因果，在刘向著的《新序》中说：“周文王作灵台，及于池沼……”先秦重祭天、观象，遂因筑高台而就池沼。而明清代的造园者重在挖池，就近堆山，故两者有孰轻孰重之分。秦始皇统一六国后，定都咸阳，又在兰池建兰池宫，引渭水为池，筑土为蓬莱山，又多次派人去东海寻仙未果;后又在长安建章宫的太液池中建蓬莱、流洲、方丈三岛。因此秦汉时期形成的"一池三山"的格局一直影响着后来园林理水的发展,甚至影响了韩国和日本园林的发展。

从中国古代城市建设中我们知道,在古代城市设计建造中都会考虑水系的处理问题,一方面作为生活用水,另一方面要兼顾城市的景观。不管是北方气势宏伟的皇家园林,还是富有文人韵味的江南园林,水都是园林的灵魂与重心。颐和园的昆明湖、杭州的西湖、扬州的瘦西湖无不是因水成景,以水造景,就算是地域有限的私家园林也大多是以水合理布局而取胜的。东方水景追求的是幽静如古筝韵律般的效果,即使是一处动景也是为了衬出静的效果。

中国水景艺术以自然为主,局部人工进行雕琢,旨在再现自然界瀑布、溪流、山涧、跌水等景观。其设计手法多变,理论广博、意境深远、回味无穷。

2. 伊斯兰传统园林水景艺术

水是伊斯兰园林中最重要的造园要素。水不仅使得植物生长茂盛,而且还可以形成各种水景。伊斯兰园林的面积不大,水又十分珍贵,不采用大型水池或巨大的跌水,而往往采用盘式涌泉的方式,几乎是一滴滴地跌落。在小水池之间,以狭窄的明渠相连,坡度很小,偶有小水花。运用陶瓷马赛克装饰在水盘和水渠底部、水池池壁及地面铺砖的边缘。这些陶瓷小方块的色彩和图案效果使得伊斯兰园林别具一格。水景在空间设计上遵循以小制大,达到少即是多的效果,而在精神上运用水产生默想,产生宗教特定的氛围,从而取得"以少胜多"的艺术效果。

印度泰姬玛哈陵在建筑布局上的平面成一矩形庭院,有明显的纵横轴线,在其上设置了窄长的十字形特征水池,并向四方延伸,水池水平如镜,照映出蓝天白云衬托下的白色尖卷拱形大理石建筑,大理石的高雅华丽与水面的柔和明静,表现出完美的素雅,既愉悦又带有几分幽思(图 6-78)。

图 6-78 印度泰姬玛哈陵

在伊斯兰世界中,水是珍贵的象征,具有精神上的敬仰,表现了更高的"水文化",更具有神圣、哲学和宗教的意味。

3. 西方传统园林水景艺术

在古埃及,人们把水看成人类文化生活的渊源,并为生存而建立了灌溉系统。古埃及的宅园采用几何式构图，以灌溉水渠划分空间。园的中心是矩形水池，有的宽阔如湖泊，可供园主在池中荡舟、垂钓或狩猎水鸟。由于水体在园中的重要作用，古埃及园林大多选择建造在邻近河流或水渠的平地上，在总体布局上有明显的中轴线，两边对称布置凉亭和矩形水池，池水略低于地面呈沉床式。

古巴比伦的空中花园，在台层的角落处安置了提水的辘轳，将河水提到顶层，逐层往下浇灌植物，形成活泼动人的跌水。

古希腊园林中，早期的宫廷庭院就布置有喷泉，用于灌溉和市民饮用，在宅园中庭多装饰有大理石喷泉。

古罗马帝国时期，罗马园林受文化影响，以建立优美的水景园而著称。古罗马将花园视为宫殿，在园内装饰着水池、水渠和喷泉等。典型实例如哈德良山庄(图 6-79)，整个山庄以水体统一全园，有溪、河、湖、池及喷泉等。有浅水槽通至厅内，酒杯、菜盘也可顺水槽流动，夏季还有水帘从餐厅上方悬垂而下。园内还有一座建在小岛上的水中剧场，岛中心有亭、喷泉，有小桥与陆地相连。由此可见，在古罗马时期，水景的形式就已经相当丰富而有创意了。

图 6-79　哈德良山庄

文艺复兴中期的意大利，将水景设计艺术和技巧发挥得淋漓尽致。不仅强调水景与背景在明暗与色彩上的对比，而且注重水的光影和音响效果，甚至以水为主题，形成丰富多彩的水景。有水风琴、水剧场等音响效果为主的水景；还有突出趣味性的秘密喷泉、惊愕喷泉等。想出种种办法，以出其不意的游戏方式，达到取悦游人的目的。

法国发展了意大利的水景理念，出现了巴洛克和洛可可的理水手法，华美而反复。它主要运用强烈的轴线和对称的布局来反映统治的权力、财富和超自然的象征(图 6-80)。

在西方水景和理水艺术设计中，主张“人定胜天”的理念，更多的是如何改造自然，显示人的力量。因此在水景设计过程中集中表现对称轴线、极强的装饰效果和人工堆砌的强大水景工程，其设计工艺和技术手法值得我们学习。

4. 日本传统园林水景艺术

日本传统水景理法在前期的平安时代以池岛为水石庭的主题，按照中国“一池三山”的做法称为龟岛、鹤岛和蓬莱岛；到室町时代加入禅宗思想，以白沙象征水面和水池，以石组再现“瀑布”和山峦，以沙纹象征水纹，也称“枯山水”(图 6-81)，这种无水喻有水、无声而借声的理水手法是一种高度的艺术概括和自然再现；明治维新以后，日本学习西方的理水手法，产生了诸多式样的水景及小品。

图 6-80 法国凡尔赛宫中轴线上的阿波罗喷泉

图 6-81 日本园林水景与置石的意境

5. 近现代世界城市水景的发展

19 世纪开始现实主义的觉醒，后半叶“城市公园”出现，公共的水景开始面对市民大众。20 世纪以来，欧洲抽象艺术迅速发展，对水景的设计产生了深刻的影响，设计者开始关心材料组成的线条的流动感，以及不同形体间表现力的平衡感和雕塑感。对色彩的要求开始涉及材料的色彩、纹理等因素的韵律感，不仅仅是季相和光影的色彩；“自由的曲线形”的应用被赋予新的生命力，创造出了清新、轻快、流动、舒展的时代感。20 世纪 30 年代现代派园林在美国崛起，主要设计理念是用不对称的形和线创造空间：以面、流动的线、变化的材质，运用现代的材料（玻璃、钢架、拉膜结构等）创造新风格。21 世纪至今在城市水景处理上更趋于多元化，无论从材质、造型、生态以及可持续性上都得到了快速发展。

6.5.3 城市水景的分类

1. 按其形状、尺度分类

城市滨水区景观的空间类型根据水体的走向、形状、尺度的不同，可以分为线状空间、带状空间和面状空间三种，这一划分方式也不是一定的，可能有些滨水空间在某些时候被归为线状空间，而在有些时候又被归为带状空间，因此要根据划分的标准或者相互间的比较而定。

(1)线状空间

线状空间的特点是狭长、封闭，有明显的内聚性和方向性。线状空间多建构于窄小的河道上，由建筑群和绿化带形成连续的、较封闭的侧界面，建筑形式统一并富有特色。世界上著名的线状水景空间当属意大利的水城威尼斯，城市运河纵横，两岸商店、旅店、住宅相连，景观优美。我国南方的一些城市由于河道纵横，此类线状空间较多。

(2)带状空间

带状空间的特点是水面较宽阔，连接两岸建筑、绿化等构成的侧界面的空间限定作用较弱，空间开敞。堤岸兼有防洪、道路和景观的多重功能。岸线是城市景观的风景线和步行道。如上海外滩黄浦江滨水景观带、沈阳五里河公园的浑河景观带，都是较大河流经过城市，沿河流轴向形成的带状空间，在沿岸的绿化带、建筑群、桥梁和步道的限定下，形成明确的滨水带状景观空间。

(3)面状空间

面状空间的特点是水面宽阔、尺度较大、形状不规则、侧面对空间的限定作用微弱，空间十分开敞。面状空间中水面的背景作用十分突出。

海滨、湖滨的空间常常表现为面状空间，如大连旅顺与其延伸出的半岛隔海相望，使城市空间向海面扩散、延伸，给人以开敞辽阔的感觉。又如杭州西湖，三面湖山一面城，其深厚的人文历史以及优美的自然景观已成为杭州城的名片。

2. 按其形态和主题造景分类

(1)静水为主的水景造型

静水是指成片状水汇集的水面，在城市中以湖、海、池等形式出现。静水是“平静”的，在风的吹拂下，静水会产生微动的波纹或层层浪花，表现出水的动感。

①静水景观的形式类别

a. 自然形水景：以自然和模仿自然静水的形态为景观主体，水域面积宽大。应根据整体环境的风景条件、景观视线、地形关系等因素设置景观，并划分景观区域的主次关系，准确突出水景在区域中的视觉作用，不要喧宾夺主，在水景形态的丰富变化中体现生动、和谐的自然意趣。

b. 规则形水景：以几何形态为主要形式特征的人工水景，便于在城市环境中灵活应用，处理好水景规模的大小，形态的方圆、宽窄、曲直。巧妙地运用规则形与不规则形景观物象对比，如山石、植物等，以及景观物象所呈现的点、线、面等关系，结合周边广场、植物、建筑、街道和其他景观因素构成景观。

②静水景观的营建形式

a. 下沉式：指局部地面下沉，形成蓄水空间，并限定水域范围，水面低于地面，视线做俯视观看，可视水面较为完整，影印关系清晰，因而成为城市水景最为常用的一种形式(图6-82)。

b. 地台式：水景的蓄水空间修筑于地面且高于地面，其景观作用主要是对于水景在视线的立面观赏,分高台式、低台式和多台式三种。地台式水景常常与喷泉水景结合运用,形成动与静、虚与实相互作用的景观主体(图 6-83)。

图 6-82 下沉式水景

图 6-83 地台式水景

c. 镶入式:将水的景观作用由室外环境引入建筑内部,或者穿过建筑空间成为连接室内外环境相互沟通的纽带,使水体灵活地发挥带系作用。

d. 溢满式:是下沉式和地台式水景的延伸形式,水池的水面与边缘或地面齐平,无高差变化,增加人的近水、玩水、亲水的感觉(图 6-84)。

图 6-84 溢满式水景

e.多功能式：是一种传统的造景形式。在农耕时代，水池是集观景、消防、饲养等功能为一体的生活设施，而在今天的城市环境中水景观也常常沿用这种形式。只是功能要求有所改变，将水池的观赏功能与游泳池、冬季溜冰场、养殖水生植物、动物等功能结合，增强其景观作用和生活作用。

(2)以流水为主的水景造型

①流水景观形态

流水景观形态一般呈弧形带状，曲折流动，水面有宽窄变化，以设置不同坡度和恰当的利用水中置石、水边植物等创造不同的景观来表现水流的跃动感，创造欢快、活泼的水流。

②流水景观设计要素

流水因地形高差而形成，形态因水道、岸线的制约而呈现。在流水景观设计中分自然流水与人工流水。

自然流水景观是在水域岸畔环境中，依据设计总体思路，找出其中干扰视觉物象因素进行优化设计，对水岸线、护坡、河道、桥梁、建筑、观景平台、道路、植被等环境因素进行适度整治和建设，虽受其已有河道、沟渠、深浅、高差等方面的限制，但自然的景色与无修饰的流水动态，足以使其具有最佳的风景表现力(图6-85)。

图6-85　模拟自然的现代水景艺术

人工流水则是在无自然河流的城市环境中进行水景设置，需根据设置场所的地形、地貌、空间大小和周围环境情况，考虑水景设计的规模、流量、缓急、河道形态、植物配景以及其他景观设施的相互对应等内容。人工流水景观设计在形式上应更好体现水在环境中的作用，体现巧妙的创意和人工的精致景观作品(图6-86)。

(3)以跌水为主的水景造型

利用天然地形的断岩峭壁、台地陡坡或人工构筑假山形成陡崖梯级，造成水流层次跌落、水幕飘垂的效果，与雕塑配合，艺术效果会更加强烈(图6-87)。

(4)以喷泉为主的水景造型

喷泉是由压力水通过喷头而构成的，造型自由度大、形态优美，是水在受外力作用下形成的喷射现象。喷泉是城市环境中常见的水体景观形式，由于其多变的造型，可调节的喷射方式，因而备受观赏者和设计师的青睐。喷泉的形式种类多样，以喷水形状分类，包括线状、柱状、扇状、球状、雾状、环状和可变动状等；以规模分类，包括单射、阵列、多层、多头等；以可控性分类，包括时控、声控和光控等；以喷射方向分类，包括垂直喷射、斜喷、散喷等（图 6-88）。

图 6-86　人工雕琢的水景艺术

图 6-87　跌水水景

图 6-88　以喷泉为主的水景

3. 按其应用类型分类

(1)城市装饰水景

城市装饰水景强调的是城市公共空间中水对其他景观元素，尤其对建筑、广场等硬质环境起着统一、补充、强调和美化的作用。其设计是在满足水景一般设计原则外注重与周边环境的关系，是作为城市整体空间一部分而存在的。

城市装饰水景具体应用形式如下：①水池；②落水；③造景喷泉；④水渠或水道。

(2)城市休闲水景

城市休闲水景强调的是人与水的互动性，重点是人的行为和水的亲近关系，激发人们对水全方位的感受。水景不仅可以给人以视觉、听觉上的享受，更可以通过触觉来使人了解水的特性，突出水体的趣味性，从而释放人内心的情感，营建出欢乐、轻松的城市水体环境氛围。

其具体的应用形式如下：①儿童戏水池、涉水池；②游戏喷泉，多结合旱水喷泉、戏水广场等；③各类游泳池、冲浪池等；④海洋公园、水族馆等；⑤城市湖体。

(3)城市庭院水景

城市庭院水景是与人的居住环境最为密切的一种水景形式，既有装饰作用，又有一定的休闲性质。在私人住宅的庭院中具有一定的私密性和独享性，在设计形式上灵活多变，风格多样，情趣各异，多体现在现代城市住宅小区中，具有强烈的个性，讲究细部的搭配与情趣。

其具体应用形式如下：①倒影池、家庭泳池、种植池、养鱼池等；②小型瀑布、跌水等；③小型流水景观。一般与喷泉、水池等组合成一个完整的水循环系统。

(4)城市天然水系

在很多城市中，都有各种天然的湖泊、河流或者人工修建的运河、港口等水系，有的是滨海或滨河。这些城市水系一般都较大，具有交通运输、城市排蓄水等实际用途，在城市景观中多作为基底或对其他景观起着衬托作用。在这类水体中，人工的作用多体现在对水岸的改造、修建构筑物，及以现代化的人造景观来美化水陆分界线。发挥这类水体的景观及生态效应，将会有人工水景无法替代的作用。

一般按水系的特性可以将其分为：①城市滨海景观；②城市滨水景观；③城市河道景观，以河道水体为主体带动其周边绿地、地产开发，以此供人们休闲娱乐来提高城市居民的生活质量；④城市湖体景观。

6.5.4 城市水景设计导向

1. 城市滨水景观设计原则

正确认识城市滨水景观，是做好设计工作的前提。而对城市滨水景观的认识，不能仅仅停留在“风景如画”上，应该从更深、更广的层面去理解和把握，这一点已在前文中详细阐述。总之，城市滨水区景观是城市最具生命力的景观形态，是城市中理想的生态走廊、最高质量的城市绿线。在城市滨水区景观设计时应遵循以下基本原则。

(1)自然生态原则

自然生态原则是城市滨水区景观设计所要遵循的首要原则，城市滨水区由于特殊的地理位置，属生态敏感区域，在以往的城市建设中，考虑防洪等因素，滨水区域往往筑起高高的驳岸，水陆分隔明显，加上水体污染严重，水质往往较差，因而滨水区的自然和生态无从谈起。图6-89为京杭大运河杭州段中北桥一带景观，从防洪等因素考虑两侧筑起了高高的驳岸，这无论是从生态角度，还是从景观角度来讲都不太合理。崇尚自然和生态是当今世界的主题，在今天对滨水区景观重新建设的过程中，我们必须依据景观生态学原理模拟自然江河岸线，以绿为主，运用天然材料，创造自然生趣、丰富多样的滨水景观，进一步保护生物多样性、净化水体，从而构架城市生态走廊，实现景观的可持续发展。

(2)文脉延续原则

前文中已经提到一个城市的历史人文是独一无二、不可复制的，在发掘城市个性魅力时，它应该是主角。滨水区是城市发展最早的区域，城市的滨水区域总是隐含着丰富的历史文化遗迹，所以滨水区景观的规划设计应注重对历史人文景观的挖掘。所谓的历史人文景观即人类历史社会的各种传统文化景观。规划设计时要充分考虑区域的地理、历史、环境条件，发掘历史传统人文景观资源，同时满足使用功能和观赏要求，只有这样才能创造出思想内涵深刻、独具特色的滨水景观(图 6-90)。

图 6-89 京杭大运河杭州段中北桥一带景观

图 6-90 杭州西湖边一处地面雕刻着古代杭州版图

当然在遵循文脉延续原则时要注重传统与现代的交流和互动，这其中包括两个方面，一是指传统的历史人文和现代城市中的人文景观相融会贯通；二是指在景观设计和改造过程中要对原有的滨水景观改造利用，对有历史价值的景观要加以延续。景观的表现形式和做法也应该实现传统和现代相结合，例如，将传统的材料结合现代的做法，只有这样才能真正实现文脉的延续，让市民在游憩的同时也能享受历史文化和现代都市文化的双重熏陶。

(3)以人为本原则

“以人为本”是当今以及将来的社会发展所要追求的，城市景观设计的最终目的是服务于人类，因此理所当然要遵循这一原则。当代美国城市景观设计大师哈尔普林曾说过：

我们所作所为，意在寻求两个问题，一为何者是人类与环境共生共栖的根本；二是人类如何才能形成这种共栖共生的关系？我们希望能和居住者共同设计出一个以生物学和人类感性为基础的生态体系。这句话的含义是，景观设计的中心是为了“人”，使人与环境达到高度和谐，这是景观设计的出发点。在不同领域，“以人为本”思想的体现各不相同，即便是在景观设计领域内，设计不同的场所时也存在差异，在滨水区景观设计时主要应加强以下几方面的设计。

①亲水性设计

受现代人文主义极大影响的现代城市滨水景观设计更多地考虑了“人与生俱来的亲水特性”。以往，人们惧怕洪水，因而建造的堤岸总是又高、又厚，将人与水远远隔开。而科学技术发展到今天，人们已经能较好地控制水的四季涨落特性，因而亲水性设计成为可能。

亲水性设计主要表现在驳岸的处理以及临水空间的营造等方面，如何让人与水体进行直接的交流，是处理这类景观设计时应着重探讨的。实现同水体的接触性交流，固然能体现亲水性，但是在设计过程中由于受其他因素和条件的限制，有时不能采取这种方式。所以，我们在设计时应考虑采取其他的手段，如从视觉、听觉、嗅觉等方面做文章，让人同样感受到水的乐趣，而且我们也正需要这种不同角度的多重体验，因为所谓的亲水活动就是指进行以水在身边的感受作为目标之类的活动。从另一个角度来看，并不是说平台越临水，人离水越近，就越能表现亲水性。试想如果水质较差，散发异味，则即便平台再临水，人们也不愿意停留。总之，对于亲水性的设计要综合多方面因素加以考虑才能真正达到设计者的目的。图 6-91 为亲水木平台设计，游人可以在此休息，也可临水而立，面对开阔的水而欣赏远处重峦叠嶂的美景，傍晚夕阳余晖撒满水面，使得景色更为迷人。因此在亲水平台设计时除了要考虑亲水性，也要充分考虑其所处的位置，是否有景可观，反过来其本身也应成为一景。图 6-92 为杭州北山路改造后呈现的水中平台景观。由于道路宽度有限，公交车停靠站空间尤显局促，因此设计者别具匠心地设计了该水中平台，将陆地向水中蔓延，提供给人们“人在水中央”的特殊候车空间，不仅如此，在夏季人们还能感受湖面吹来的伴着藕香的徐徐凉风，这也是“以人为本”原则的综合体现。

图 6-91　杭州西湖湖西景区亲水木平台设计

图 6-92 杭州北山路水中平台设计

②开放空间设计

从我国国情来看，我国人口众多，而城市中的公共开放空间较少，近年来城市广场和公园等开放空间的建设在一定程度上弥补了这一劣势，但同时我们也发现在广场这类开放空间的设计时所表现出的弊端，即其空间形式往往不够人性化，利用率普遍不高。在前文已多次提到滨水区是城市的主要开放空间，建构合理完善的城市开放空间系统离不开滨水区的建设。滨水区景观特色突出，既是市民活动的主要空间，也是外来旅游者观光活动的主要场所。滨水空间往往呈现人流涌动的景象，这一点在很多城市如上海、杭州、南京和香港等得到验证。

滨水区和城市其他空间相比往往呈现带状的空间特点，因而在设计时它更适宜将岸线空间与已建成的环境融合起来，创造各种不同用途、大小不一的开放空间。精心处理开放空间和建筑地区交界的边缘线，使之富有变化，以创造一个充满趣味的空间和生动的滨水环境。滨水区丰富多样的开放空间设计将进一步满足人们休闲和交流的愿望，提高生活品质，从而体现“以人为本”的宗旨。

③无障碍绿色步行系统及自行车道设计

随着社会经济地持续发展，城市人口也逐渐步入老龄化，应扩大老龄化城市中脆弱群体的活动范围和空间，适应脆弱群体的心理及生理需求，将更多市民的活动引向水边。滨水绿地的道路系统组织应同时考虑脆弱群体专用的平滑地面、防滑道以及健康人群步行道。此外，为了满足人们健身和游玩以及环保等要求，应提倡自行车专用道设计，创造真正绿色环保的活动空间。

2. 城市滨水景观空间结构设计

景观空间结构是滨水区景观设计的最终落实点，滨水景观空间结构设计的质量也直接取决于水体与陆地结合的空间环境的品质，以及景点与基地空间形态的适应性。相应的景观设计是通过对滨水区空间形态的分析，驾驭其空间联系，使各种景观要素与空间结构有机结合，以构筑滨水区最佳的景观空间形态。

由于滨水区在城市中多以线型延伸，并展现出边沿的空间形态，从而为人们感知城市风貌，控制城市的天际线提供了良好的条件。在景观布局上，强调将滨水区置于城市的整体环境氛围中，充分发掘水文化的优势，使两岸及水系沿线的文物景点联系起来，以取得综合景观效应，并以此控制岸线、滨水道路、建筑的设计。在滨水区景点、景区的设计中，以滨水区线型的内在秩序为依据，以延展的水体为景线，形成从序曲、高潮直至尾声的景观走廊，在提供感知水景最佳视点的同时，也成为一道滨水风景线，并与水共成佳景，升华水景特色。

在滨水景观空间结构设计时不能忽略观景点的设计。滨水区临水空间通透开阔，不同的观景点如水边的亲水步道、平台、桥头、滨水建筑物等，都可以供游人欣赏水景。其中既有静态观景点（如平台、亲水步道等），又有动态观景点（如人、车、船等）。同时还可分为高层次、中层次、低层次观景点，相互穿插，给市民和游人提供充足的、多方位的观景场所，产生人景交融的滨水景观。

杭州西湖风景名胜区在景观空间结构设计上可以说较为成功，整个景区经过多年的开发和建设，尤其是近几年西湖南线、北线和西线景区的改造，将其以开放式带状公园的形式呈现在世人面前，就如同镶嵌在西湖沿岸的颗颗珍珠，散发柔和、迷人的光彩。整个环湖景区空间序列丰富、紧凑，而且很好地将西湖这一自然景观以及众多的历史人文景观与现代城市景观相衔接，在传统中体现现代，让人们在游玩的同时了解该城市的历史和人文，在浓浓绿意中尽享滨水开放空间的乐趣。

3. 城市滨水景观构成要素设计

城市滨水区景观是由各种景观要素构成的，对滨水区景观构成要素的设计直接影响整个滨水区景观。滨水区的土地寸土寸金，应该在有限的滨水区设置多样化的自然环境、开放空间和各种功能设施，为公众提供多种体验和选择。正如“建筑是一个不断生长、延续、更新、完善的活的有机体”一样，随着经济发展和科学技术的提高，各种新材料和新技术被不断地运用到景观设计中，使得城市滨水区景观更丰富、更具特色，成为很多城市的标志景观。

滨水景观构成要素包括自然景观要素，如地形、地貌、水体、动植物等，以及由历史因素、文化脉络、社会经济等构成的人文景观要素和人工设施要素。对自然和人文景观要素的分析，使得滨水区特色的形成与发展清晰地展现出来，并且为创造明日特色的景观设计找到了创作依据。由于环境因素在很大程度上决定了滨水区的场所性和独特性，因此，相应的景观设计应深刻理解滨水区特定的背景条件，并对环境因素加以提炼、升华和再创造，以建立景观的独特性，使滨水景观反映它所在城市的文化内涵、民族性格，以及岁月的积淀、地域的差异，使其成为城市景观的一大亮点。城市的人文景观要素是特定的，要注重挖掘，并在自然和人工景观设计中展示出来。下面对构成滨水景观的自然和人工要素的设计进行逐项分析。

(1)水体

水——万物之源。古人论风景必曰山水。李清照称：“水光山色与人亲”，描述了人有亲水的欲望，水不仅能给人带来灵性，带来生机，而且水还有很高的生态价值和景观价值。从生态价值角度来讲，城市中的水体能够在一定程度上改善城市小气候，起到缓解热岛效应等作用。至于景观价值则更不可忽视，城市滨水区之所以受人青睐，成为人们向往的场所，就在于其独特的水景。如今，在城市里有多少人渴望临水而居的生活，随着滨水区的开发建设，临水的楼盘总是特别走俏，备受关注。

水有动静之分，无论动水还是静水都各具魅力。静水在给人宁静幽深之感的同时，也能让人尽情欣赏水中景物的倒影；动水则呈现出各种动态，不但可以观其形，也能享其声，波涛起伏，流淌飞溅，呈现其多姿多彩的一面。人们从不同的角度、不同的距离欣赏水景会有不同的感受。

滨水区水体水质对整体景观有很大的影响，因此在设计的同时要采取各种措施净化水体，以便满足人们亲水的要求，更好地发挥水体的生态功能。将生态设计结合在滨水景观设计中，有利于水体的净化、水质的改善，例如，采用生态驳岸或在水中种植适宜的植物等都会对水质起积极的改善作用。

在英国设计师克利夫·芒福汀所著的《街道与广场》一书的滨海、河流及运河一章中将城市水景分为四种类型：第一种类型是点状的水景或者喷泉；第二种类型是静态的池塘；第三种类型是线状水景；第四种类型是作为城市边缘的滨海或滨河景物。城市滨水区由于其滨水的水体性质不同，景观特征也各不相同，平静的湖面和河面应注重岸边景物布置，以形成美丽的倒影，而波涛起伏的海面则恰恰相反，宜营造动感的空间（图 6-93、图 6-94）。此外，水面的形状开阔或狭小都会对景观的设计产生很大影响，因此，在滨水区景观设计时要充分利用该水体的景观特征，创造各具特色的水景，结合周边环境等条件，营造适宜的亲水空间，也可根据水体水质以及水体深度等不同条件开展适当的水上活动。为增加水的动态乐趣，也可通过设计各类喷泉、配合照明等其他条件，营造各类戏水空间。

图 6-93　绍兴东湖景观：在平静中蕴藏着一种气势

图 6-94　青岛海滨景观

(2)植物

滨水区作为城市中的主要公共开放空间，要进行合理的绿化配置，从而营造自然绿意的开放空间。滨水区植物造景要依据景观生态学的原理，保持生态多样性，在绿化形式上，发展丰富的、多层次的绿化体系，增强滨水绿化空间的层次感，使完整连续的滨水绿带既有统一的整体面貌，又有层次分明、季相变化明显的节奏感，增强滨水空间的视觉效果，此外，滨水植物景观尤其要注意林冠线的变化。在树种选择上要遵循自然生态的原则，以乡土树种为主，搭配其他能体现滨水景观特点以及人们喜爱的树种，要注意速生树种与慢生树种、常绿树种与落叶树种的比例，创造出季相变化明显、植物种类丰富、自然成趣、富有特色的植物景观。图 6-95 和图 6-96 为滨水植物景观。

图 6-95　不同冠形的植物形成不同的林冠线，体现出不同的美

图 6-96　滨水植物景观

杭州西湖，湖面辽阔，视野宽广。沿湖景点突出季节景观，如苏堤春晓、曲院风荷、平湖秋月、柳浪闻莺等。春季，桃红柳绿，垂柳、悬铃木、枫香、水杉、池杉新叶一片嫩绿，碧桃、东京樱花、日本晚樱、垂丝海棠、倭海棠等先后吐艳，与嫩绿叶色相映。西湖的秋色更

是绚丽多彩，红、黄、紫、褐色具备，色叶树种丰富，有无患子、悬铃木、银杏、鸡爪槭、红枫、枫香、乌桕、三角枫、柿、油柿、重阳木、紫叶李、水杉等。加上其他的花灌木以及各类地被和草花等，丰富的植物景观将西湖装扮得分外美丽，而且四季景象各不相同，各有韵味。水杉是西湖边的一大特色，正是由于水杉林起伏、细柔的轮廓线将西湖的柔美体现得淋漓尽致，图 6-97 为杭州西湖植物景观。在规则式的线装空间，例如，狭窄的人工挖掘的河道两岸种植高大的乔木，形成“两岸夹青山，一江流碧玉”的意境，使其成为绿色廊道。对于人工砌筑的驳岸可利用藤本类植物藤蔓掩饰，弱化石砌驳岸给人的生硬感。

图 6-97 杭州西湖植物景观

水边的绿化树种要具有一定的耐湿能力。我国常见的耐湿树种有：水松、蒲桃、小叶榕、高山榕、紫花羊蹄甲、木麻黄、椰子、蒲葵、落羽松、池杉、水杉、大叶柳、垂柳、水冬瓜、乌桕、苦楝、悬铃木、枫香、枫杨、三角枫、重阳木、柿、榔榆、桑、柘、梨属、白蜡属、海棠、香樟、棕榈、无患子、蔷薇、紫藤、迎春、云南黄馨、连翘、棣棠、夹竹桃、圆柏、丝棉木、木芙蓉等。

此外，要充分考虑滨水区的特殊性。滨水区是水陆交界线，属生态敏感区域，在未进行人工干预前，总是富有自然气息，能维持陆地、水面及城市中生物链的连续，因此应尽量保留、创造生态湿地。多运用水生、湿生植物，提高水体自净能力，改善河岸的自然状态，为水中、水边生物提供生息的环境，营造自然生态的景观。常用的一些水生、湿生植物有：美人蕉、菖蒲、石菖蒲、黄花鸢尾、玉蝉花、姜花、芦竹、芦苇、茅、芒、莎草、香蒲、野芋、再力花、旱伞草、水烛、菰、水葱、荸荠、慈姑、黄花蔺、水龙、千屈菜、海寿花、灯心草、水蓼、水芹、凤眼莲、睡莲、荷花、萍蓬草、莼菜、海芋等。图 6-98 为一些常见的湿生、水生植物。

(3)建筑

滨水区的建筑包括两类，其一为各类景观建筑，其二为沿岸的各类城市建筑。景观建筑的设计和布置同其他城市开放空间的景观建筑一样，这在前面章节已经谈到，这里主要介绍沿岸城市建筑的规划和设计。

滨水区沿岸建筑的形式及风格对整个水域空间形态有很大影响。滨水区是向公众开放的界面。临界面建筑的密度和形式不能损坏城市景观轮廓线，并保证视觉上的通透性。

图 6-98 常见的水生、湿生植物

在滨水区适当降低建筑密度,注意建筑与周围环境的结合。可考虑设置屋顶花园,丰富滨水区的空间布局,形成立体的城市绿化系统。另外,还可将底层架空,使滨水区空间与城市内部空间通透,不仅有利于形成视线走廊,而且形成了良好的自然通风效果,有利于滨水区自然空气向城市内部的引入。对于建筑的高度应进行总体的城市设计,并在沿岸布置适当的观景场所,产生最佳观景点。保证在观景点附近能够形成较为优美、统一的建筑轮廓线,达到最佳视线效果。在临水空间的建筑、街道的布局上,应注意留出能够快速、容易到达滨水绿化带的通道,便于人们前往进行各种活动。应注意形成风道引入滨水的大陆风并根据交通量和盛行风向使街道两侧的建筑上部逐渐后退以扩大风道、降低污染和高温,丰富街道立面空间。

建筑造型及风格也是影响滨水区景观的一个重要因素。滨水区作为一个较为开敞的空间,沿岸建筑即是对这一空间进行限定的界面。当观赏者在较远的距离观看时,城市轮廓线往往成为最外层的公共轮廓线,是剪影式的,缺乏层次的;而当视距达到一定范围时,建筑轮廓的层次性便显得极为重要,再近一些,观看时往往使观者对建筑物的细部甚至广告、标识和环境小品都能一览无余,城市两岸的景观不再局限于单纯的轮廓线。具体到单体建筑的设计上,要与周围建筑有所统一,如相同高度上的挑檐、线脚等。

(4)驳岸

驳岸是水域与陆域的交界线。驳岸设计的合理与否,对整个滨水景观有很大影响,不同的驳岸形式,可以创造出不同的水际空间,因此在滨水景观设计时,驳岸设计是很重要的一个因素。在以往的滨水地区整治中,对驳岸的设计多从功利价值(如防洪、水运和灌溉等)方面考虑,而较少考虑人的心理和生理需要,因而驳岸往往是截弯取直,采用石砌护坡、高筑岸堤,使整个滨水区景观显得"整洁干净",但在这些现象的背后,会发现很多问题，整齐拉直的驳岸改变了自然形成的江河岸线的自然特征和重要功能，同时由于这样的驳岸垂直陡峭、落差大，没有亲水性可言，使滨水区成为冷冰冰和缺乏生活情趣的堆砌体，其生态价值也无从谈起。

景观设计是全方位的抗体空间设计，人们在其中的目的是游憩而不是停留在某一位置静静观赏，因此，在设计时尤其要注意竖向空间层次上的变化。驳岸的设计要充分注意这一点，只有这样才能让人在观景时产生不同的空间视觉效果。近几年来，驳岸的设计越来越综合防洪、生态、亲水等功能来加以考虑。从目前情况看，驳岸设计根据断面形式、材料、功能等可以分为很多种类。以下从断面形式加以分类：

①直立的断面形式。这类形式的驳岸，往往采用混凝土或块石砌筑，高水位和低水位间落差大，亲水性和生态性均较差，滨水空间较为狭窄，在以往的城市河道驳岸设计中多采用这种形式(图 6-99)。在城市滨水区再开发的今天，要对这种驳岸形式多加以改造，使其变得更亲水、更生态、更能符合人们生活的需求。

图 6-99 生态性和亲水性较差的驳岸

②台阶式断面形式。在综合考虑水位、水流、潮汛、交通和景观效果的前提下，这类台阶式断面形式在目前采用较多，无论是河流、湖泊还是海滨都较为适用。采取这样的断面形式使得人们可以根据不同的水位情况选择不同的活动层面。滨水空间得以扩大，也使得滨水立面层次更为丰富，便于人们欣赏水景，体验亲水的乐趣。例如南京夫子庙滨水带就是采用这类形式，并取得了良好的效果(图 6-100)。

图 6-100 南京夫子庙滨水带台阶处理

台阶式断面形式根据形式的不同还可以加以细分：

a. 外低内高型：低层台阶按常年水位来设计，每年汛期来临时，允许被淹没；中层台阶只有在较大洪水发生时，才会被淹没。这两级台阶可以形成具有良好亲水性的游憩空间。高层台阶作为百年一遇的防洪大堤。各个台阶利用各种手段进行竖向联系，形成一个立体的景观系统。

b. 外高内低型：如上海外滩的断面处理（图 6-101）。

图 6-101　上海外滩外高内低的断面处理

c. 中间高两侧低型：即前两种类型的综合，集中了前两者的优势，而且其各个高层的平台间通过不同形式的台阶和绿色植物覆盖的土堤进行竖向的联系，形成一个立体的景观系统。

d. 综合型：滨水地区的断面处理可以根据所处位置的不同采用多种形式的结合，因地制宜，灵活运用，避免景观单调，取得更好的景观效果。综合型台阶式驳岸处理示例如图 6-102 所示。

图 6-102　综合型台阶式驳岸处理示例

③生态型断面形式。生态驳岸是指恢复后的自然河岸或具有自然河岸“可渗透性”的人工驳岸，它可以充分保证河岸与河流水体之间的水分交换和调节功能，同时具有一定抗洪强度。生态驳岸主要采用自然材料，如植物、块石、卵石、木桩等。生态驳岸主要有以下类型，如植物种植型驳岸、草石间置型驳岸、滩涂型驳岸等，这样既软化了以钢筋混凝土为主的硬质景观，也有利于滨水环境生态植物的良性发展。图6-103为各类生态驳岸做法示例。

图6-103　生态驳岸类型

生态驳岸对河流水文过程、生物过程还有如下促进功能：

滞洪补枯、调节水位：生态驳岸采用自然材料，形成一种“可渗性”的界面。丰水期，河水向堤岸外的地下水层渗透储存；枯水期，地下水通过堤岸反渗入河。另外，生态驳岸上的大量植被也有涵蓄水分的作用。

增强水体的自净作用：河流生态系统通过食物链过程消减有机污染物，从而增强水体自净作用，改善河流水质。

生态驳岸对于滨水区生物的作用：生态驳岸的坡脚护底具有高孔隙率、多鱼类巢穴、多生物生长带，为水生生物提供了栖息、繁衍场所；生态驳岸繁茂的绿树草丛为陆上鸟类、昆虫等提供了觅食、繁衍的好场所。

正是基于以上一些功能，以及人们追求自然、生态的理想，生态驳岸在今天的滨水驳岸设计中越来越占主导地位，也成为滨水景观的一大特色。

(5)铺装设计

铺装是景观设计中一个重要的要素，它在带给人们视觉感受的同时也伴随着触觉感受。和城市其他景观一样，在滨水景观中，无论是对游步道、广场，还是亲水平台等活动空间都要进行铺装，从而满足人们使用的需要。铺装材料、图案设计以及施工的质量都对以后的使用以及整体的景观效果有很大的影响。从中国传统园林中可以看到，铺装材料非常丰富，如青砖、碎瓦、卵石等，而且铺装的图案非常精美，有时常常含有某种寓意，烘托主题和意境，例如，苏州园林拙政园中海棠春坞的铺地图案就如海棠花，和园林主题一致，我们感叹传统园林中的铺装艺术，并冠名“花街铺地”。随着科技的发展，新的铺装材料层出不穷，不断被应用到城市景观设计中来，结合传统的铺装材料，铺装的形式也越来越多样。铺装是门艺术，铺装材料应根据场所的不同具体选择，铺装的图案、色彩等要和周围的环境相协调，形成整体美。

铺装材料可以分为天然材料和人工材料两大类。天然材料主要为石材和木材，石材质地、色彩繁多，可根据设计需要来选择(图 6-104)，随着木材防腐处理技术的提高，在滨水景观设计中防腐木的使用越来越多(图 6-105)。近年来，人工材料由于其透水性好、价格便宜，并可根据设计需求提供相应的颜色等，在环境景观包括滨水景观设计中的应用越来越广泛。总之，在滨水景观的铺装设计时，要从经济、实用、美观等多方面综合考虑，并根据不同的空间场所特征选用不同的铺装材料。

在滨水铺装设计中，要根据不同的空间场所特征选用不同的铺装材料，铺装材料的选择要从经济、实用、美观等方面综合考虑。例如，亲水平台的设计往往采用木质铺装，木材固然能给人以亲切感，但即便是防腐木材，其耐久性也要比石材差，因此在设计时要从各方面综合比较考虑，要谨慎选择材料。

图 6-104　不同色彩、质地的石材铺装

图 6-105　临水防腐木平台

滨水景观以人为本的设计理念同样也体现在铺装设计上，例如，在材料的选择上要考虑防滑处理，以免存在安全隐患。此外，滨水岸线大多有高差，切不可因此而成为弱势人群的障碍，应多注意缓坡、盲道等的处理方式以及材料的选用。

此外，也可以通过特殊的个别铺装来反映城市的历史文化，例如，可以通过在铺装上雕刻能反映历史文化的图案或文字，从而既起到装饰作用，又反映当地的历史文化，起到宣传和教育的作用，可谓一举两得。

(6)照明设计

城市滨水区是市民户外活动和外来游客游览的主要场所，滨水区的照明设计对其夜间景观有很大影响，有些城市景观，如上海外滩的夜景就曾给无数的国内外游客留下深刻的印象，成为上海城市的标志性景观。南京夫子庙夜景流光溢彩，尽显秦淮河的风情。

滨水景观照明设计和其他类型的景观照明设计以及室内照明设计等存在差别，除了都要保证一定的照度并与整体环境氛围相协调外，还要充分考虑水体这一景观要素，利用灯光的色彩以及照射的角度等与水体相结合，创造动静结合、朦胧缥缈的景观效果。滨水景观灯光色的选择和其他景观照明设计一样要统一协调，避免杂乱不一，从而造成“光污染”。

当然，我们也应该看到，我国多数城市的电力资源还比较紧张，一到用电高峰期，很多城市只能采取拉电、限电等措施，在这种时候很多景观灯具就如同摆设，根本不能发挥作用，因此，户外景观照明设计一定要遵循节电的原则。通过采取各种措施，如采用节能灯、降低瓦数等来避免类似问题的发生。但同时，也要保证一定的照度，满足人们的使用要求，特别是在一些驳岸边缘以及有高差的部位，要适当提高照度，引起人们注意。

景观灯具的造型设计要和整体环境相协调，除了满足夜晚的照明需要外，其在白天也是构成景观的艺术小品。例如，在一些滨水区的景观中我们常见到一种庭院灯，其顶部造型就如同飞翔的海鸥，跟滨水环境相协调。

(7)景观小品

景观小品包括雕塑、坐具、电话亭、饮水器、废物箱等，这在前面章节中都有叙述，在此不再具体展开，景观小品的作用显而易见，其造型设计既要美观大方，和整体环境相协调，也要满足实用功能。景观小品是塑造滨水景观不可缺少的要素，经过精心设计，可以演变出各种各样具有艺术形态的空间，其设计要运用富有城市区域特色的语言或符号，并加以提炼，从细节处反映生动的城市文化。

6.6 城市照明

6.6.1 基本概念与术语

1.城市照明

当电光源发明以后，建筑和城市逐步成为宣传这一工业产品的主要载体，光与城市建筑的结合衍生出了一个新的艺术领域:城市照明。简单来讲，城市照明是为了安全和美化的目的，对城市元素进行晚间的亮化处理，城市照明分为功能性照明和艺术性照明两大范畴。

(1)功能性照明。目的在于使照明对象在夜间具有一定的亮度，为公众夜生活的展开提供必要的光照，从而便于公众在夜间辨方正位、亮化路径、标识场所，以及方便生产生活等。

(2)艺术性照明。主要目标在于按照美学和艺术的观点，对某照明对象进行晚间的形象美化。艺术照明的评价标准在于强化对象夜间形象、渲染灯光氛围。属于高层次的照明形式。

城市照明对于城市景观品质的提高和城市环境的改善具有重要意义，不仅可以美化城市，展现城市风采，增加城市魅力，提高城市的知名度和美誉度，而且还可优化城市的夜间生活和投资环境，促进旅游业、商业、交通运输业、服务业和照明行业的发展，并有利于减少交通事故和夜间犯罪的发生，提高人们夜间活动的安全感。因而越来越引起社会各界，特别是城市建设部门和广大照明工作者的高度重视和普遍关注。

2. 城市夜景观

城市夜景观是在城市建设不断发展，人民经济、文化和物质生活水平迅速提高的过程中，蓬勃发展起来的一个新的研究领域。

城市夜景观是按照功能和美学的规律，经过科学、合理、舒适的灯光处理，对城市各组成要素进行夜间的景观规划、设计以及建设。从而形成的高品质城市夜间形象。城市夜景观是城市景观的一种特殊类型，是城市景观概念的补充。

对城市夜景观的重视来自城市生活水准的提高。它并不是简单的白天景观的夜间再现，而是经过了二次创造。

历史上中西方城市对于夜景观大多局限在功能性的单一"照明"范畴，并且多属于自发的、个别的、片段式的灯光照明形式，缺乏城市整体层次的灯光照明，也没有提升到夜景观的高度。

现代的城市夜景观规划设计已经发展成为一门多科学交叉的新兴研究方向，将工程、艺术、人文等多方面有机结合，成为改善城市生活，优化城市空间质量，提升城市形象的重要途径。

3. 城市照明相关术语

(1)光

人们对光的认识，最早可以追溯到17世纪。从牛顿的微粒说到惠更斯的弹性波动说；从麦克斯韦的电磁理论，到爱因斯坦的光量子学说，以至现代的波粒二象性理论。

光的物理性质由它的波长和能量来决定。波长决定了光的颜色，能量决定了光的强度。在电磁波辐射范围内，只有波长在380～780纳米的辐射能引起人们的视感觉，这段光波叫作可见光。

在这段可见光谱内，不同波长的辐射引起人们不同的色彩感觉。英国科学家牛顿在1666年发现，把太阳光经过三棱镜折射，然后投射到白色屏幕上，会显出一条彩虹一样美丽的色光带谱，从红开始，依次是红、橙、黄、绿、青、蓝、紫七色。

(2)光色

光色是灯光照明领域中的一个术语，光色有两个方面的含义：一是指人眼直接观察光源时所直接看到的颜色，即光源色表；二是指光源的光照射在物体上的客观效果(显色性)。

光源的色表又称色温，色温是以绝对温度开尔文(K)来表示的，是将一标准黑体加热，温度升至某一程度时，颜色开始以深红—浅红—橙黄—白—蓝白—蓝的顺序变化。当光源的颜色与黑体相同时，我们称黑体当时的温度为该光源的色温。色温在3000开尔文以下时，开始有偏红的现象，给人以温暖的感觉；色温超过5000开尔文时，颜色则偏向蓝光，给人以清冷的感觉。通常南方较合适的色温在4000开尔文以上；而北方人则喜欢4000开尔文以下的色温。光源对于物体颜色呈现的程度为显色性，也就是颜色逼真的程度。显色性高的光源对颜色的表现较好，我们看到的颜色也就较接近自然的颜色；显色性低的光源对于颜色的表现较差，我们看到的颜色的偏差也就较大。例如，钠灯发出的光主要是黄光，当黄光照射在蓝布上时，蓝布将黄光吸收，虽然蓝布也反射蓝光，但是钠灯发出的光中基本上没有蓝光，所以在钠灯的照射下，蓝布就变成黑布了。而钨丝灯发出的光谱能量分布是连续的，各种颜色都有，因而具有更好的显色性。

人类在漫长的进化过程中，由于对太阳光线的适应，形成了人类视觉器官结构的特殊性，以适应阳光强度的变化。夜晚，人们常利用火光照明，先是用火把，后来发明了蜡烛和油灯，所以，人类特别习惯日光和火光，对这两种光源的光色具有特殊的偏好。光色的舒适感与之有着密切的关系，在低照度下，舒适的光色是接近火光的低色温光色；在偏低或者中等照度下，舒适的光色是接近黎明和黄昏的色温略高的光色；在高照度下，舒适的光温是接近中午阳光或偏蓝的高色温天空光色。由此，可以根据不同场所照度的差异，选择合适光色的光源，并由此形成场所的特色，提高可识别性。

(3)光通量(光束)

光通量(光束)是指点光源或非点光源每秒钟发出的量的总和，简单说就是发光量。它是人眼对能量辐射通量的评价。光通量的单位为流明(lm)。

(4)光度

光度是指光的强度(I)，表示点光源在某一特定方向角内放射光的量，即是发光体在单位时间内所射出的光量。常用单位为坎德拉(cd)。

(5)亮度

亮度又称辉度，是指某一方向的一个表面积单位所放射光的量，表示眼睛从某一方向看到的物体反射光程度。亮度的衡量单位为 cd/cm^2。

(6)照度

照度表示物体被照亮的程度，用以表明某一场所的明亮度。也就是说，照度是指被照物体单位受照面积上所接受的光通量，或者说受光照射的物体在单位时间内每单位面积上所接受的光度。单位以米烛光或英尺烛光(ftc)表示。

6.6.2 城市照明的发展历程与工作层次

1.城市照明发展历程和趋势

(1)城市照明的发展历程

历史上的城市夜景照明始于商业、娱乐和节日庆典活动。城市照明与灯具、光源的技术发展密不可分，城市夜空间环境的发展更依赖于人类对光源的利用。自19世纪发明白炽灯以来，随着电气照明技术和城市建设的迅速发展，城市夜景照明经历了白炽灯、霓虹灯(即氖灯)、高强度气体放电灯(也称 HID 灯)三个时代，近年来随着电子技术、激光技术、全息技术、导光管技术、发光二极管(LED)技术的迅速发展及其在夜景照明中的应用，更使城市夜景照明多姿多彩，越来越高级和迷人。

纵观历史，城市照明经过了四个大的发展阶段：电灯出现之前的传统照明阶段；19世纪中叶电灯出现之后的近代城市照明阶段；20世纪70年代世界范围能源危机后的城市照明停滞衰退阶段；20世纪80年代以来城市照明的蓬勃发展阶段。至此，城市照明早已不仅仅局限于功能性层次，还具有装饰功能、美学功能和视觉传达功能。1987年，日本朝仓教授的“光构成”理论把光引入造型领域，完成了光从照明技能向装饰技能的转变，以及从被艺术表现的对象向表现艺术的创作素材的转变，自此，城市夜景观概念进入了城市规划和建筑的领域，跨入了艺术领域，并不断得到完善。

今天，夜空间照明已经非常普遍，城市照明也已经成为一种新型的职业——不仅仅是纯粹的艺术家，也不仅仅是照明工程师和设备工程师，而是具备相当艺术修养的夜景照明设计者。

我国城市夜景照明大体经历了三个阶段：①起步阶段(1990年以前)，只有少数城市有夜景照明工程。②发展阶段(1991～2000年)，上海、南京、天津、北京、重庆和沿海开放城市的夜景照明得到迅速发展，变化很大，成效显著，并呈现出继续蓬勃发展的态势。③提高阶段(2001年至今)，人们对城市照明的要求不仅仅是亮化，而着重于塑造城市的特色，追求城市夜景的文化品位。更重要的是，人们逐步认识到城市夜景照明是一项系统工程，它包括城市的建筑物、构筑物、街道、道路、广场、公园、绿地、市内河道及水面、室外广告和城市附属设施，只有把这些构景元素(照明载体)的夜景照明有机协调地组合在一起，进行统一的规划，才能形成一幅和谐优美的夜景画面。

(2)城市照明的发展趋势

随着照明技术的发展，以及公众生活水平的进一步提高，城市照明的观念、方法、策略、学术范畴不断得到扩展，城市照明有了新的发展趋势，主要表现在以下几个方面：

①绿色照明及城市照明的环境影响越来越得到学者和公众的重视。

②城市夜景照明方法由单一向多元化、多层次转变。

③关于照明的观念在变化，比如适度照明等。

④关于城市照明的新技术、新材料方兴未艾。

⑤照明规划与设计中的公众参与日益得到重视。

⑥夜景照明的光干扰和光污染问题已开始引起人们的重视。

2. 城市景观照明的三个层次

城市景观照明通常在下面三个层面展开：城市总体照明、城市街区照明和城市细部照明。

(1)城市总体照明

城市总体照明主要是处理城市各个景观区、景观点的分布，以及它们之间的相互关系、主次的确立、性质特征、夜景观系统等问题。即在宏观上对照明艺术、技术和经济性等方面进行限定。结构清晰是城市总体照明的首要要求。

(2)城市街区照明

城市街区照明是城市中观尺度上的夜景照明，主要是在总体照明的指导下，对城市特定区域(中心区、居住区、商业区、办公区等)进行详细的夜景观规划与设计。确定街区尺度上夜景照明的目标、原则、措施、效果等方面的技术性问题，需仔细研究街区的性质、特征、重点、元素的相互关系，根据属性创造照明气氛，根据街区特征创造特色，根据重点确定照明主题，根据元素之间的关系确定创造夜景观的前景和背景，从而创造整体效果。

(3)城市细部照明

城市细部照明是在城市夜景观规划的指导下，对具体城市元素(街道、建筑园林小品、水体、山体等)进行合理的照明设计。与上面两个层次相比较，城市细部照明设计要以造型、美学为出发点，需要电器工程师的密切配合。

6.6.3 城市照明基本要素与方法

1. 城市照明光源

(1)电光源

电光源是当前城市景观照明中使用最广的光源类型。电光源根据发光原理的不同可以分为两种类型:固体发光光源和气体放电光源。不同的场合、不同的氛围、不同的效果都需要不同类型的光源与之相适应,目前使用最多的是白炽灯和气体放电灯。

①固体发光光源

固体发光光源中用于室外照明的主要是白炽灯,白炽灯又包括普通白炽灯、卤钨灯和 LED。

a. 普通白炽灯。普通白炽灯显色性好、价格低廉、色彩多样、泡壳外形千姿百态。经常用于节日的彩泡,其局限性在于能效低、寿命短。白炽灯的发光机理是电能将发光钨丝进行加热而发光。经过相当长时间的加热,钨丝就会老化甚至烧断,白炽灯泡的寿命也就此告终了,因而多用于临时照明和小规模照明,不能作为大面积的照明灯具。

b. 卤钨灯。卤钨灯是在普通白炽灯的基础上研制而成的,克服了普通白炽灯的缺点,因而常被广泛应用于大面积的室外照明和定向照明上。

c. LED。LED 是 Light Emitting Diode 的首字母缩写,即发光二极管,是一种半导体固体发光器件。它是利用固体半导体芯片作为发光材料,当两端加上正向电压,半导体中的载流子发生复合引起光子发射而产生光。

由于 LED 是由超导发光晶体产生的超高强度的灯光,它发出的热量很少,不像白炽灯那样浪费太多热量,不像荧光灯那样因消耗高能量而产生有毒气体,也不像霓虹灯那样要求高电压而容易被损坏,已被全球公认为是环保高科技产品。可广泛适用于发光立体字,建筑景观外观发光体,高架、高楼、公路、桥梁、地标、标志建筑发光源,广告立体字,标志、标识指示光源,商业空间、机场、建筑工程、地铁、医院、饭店、百货商场、广告、餐馆、PUB 发光字等。

②气体放电光源

气体放电光源用于照明的主要是气体放电灯。气体放电灯分为辉光放电灯和弧光放电灯。霓虹灯、氖灯均属于辉光放电灯,经常用于室外广告照明;弧光放电灯包括低压气体放电灯和高压气体放电灯。其中低压气体放电灯常见的有荧光灯和低压钠灯。荧光灯的灯具尺寸较大,量色性良好但易受高温、低温的影响,故多用于室内工作照明,不宜用作室外照明;低压钠灯发光能效高,但是只能发出单一颜色的光,显色性较差,一般用于不需要辨别物体颜色和环境外观不甚重要的场合,例如铁路、公路、广场照明。在高压气体放电灯中,常见的有高压荧光灯、高压钠灯、金属卤化物灯。高压荧光灯具有较高的光效,但光色性较差,主要发蓝、绿色光,用于交通性道路、广场;高压钠灯的光效接近低压钠灯,但光色优于低压钠灯,并且体积小、亮度高,紫外线辐射小,应用最为广泛,例如生活性道路、车站广场、体育场等;金属卤化物灯由于是金属原子放电发光,而且金属原子种类众多,因此可以制成百万种光色不同的光源,而且显色性好,适于用在步行街、文化、休憩性场所。

(2)绿色光源

绿色光源是以太阳能、风能、生物能等可再生能源作为光的产生源为特征，是近年来的新兴能源。其主要优势在于光源生态性与可持续性。由于目前新能源的相关设备还比较昂贵，因而基本上处于示范、试点层面，但其应用前景是非常巨大的。

2. 灯具的种类

灯具的选择对于城市照明的效果影响较大，灯具的类型应根据照明对象、照明场所的性质、照明方式综合确定。

依据不同的标准，灯具的种类也不相同。有学者把它分为：车行道灯(简称路灯)、步道与庭院灯、高杆灯、低位(草坪)灯具、投射灯具(泛光、小型投射灯)、下照灯、埋地灯、壁灯、水下灯、嵌入式灯、光纤照明系统、太阳能灯具等类型，由于适用场所的不同，这些灯具在功能和景观上的侧重又有所不同。

在此，根据灯具的主要功能不同，我们把灯具分为两大类：功能性照明灯具和氛围性照明灯具。功能性照明灯具主要有门灯、地灯、广场照明灯、路灯等各种类型；氛围性照明灯具主要有庭院灯、水池灯、草坪灯、投射灯、聚光灯、激光灯、嵌入式灯等类型。

下面把景观规划设计中经常用到的灯具介绍一下。

(1)路灯

路灯的主要功能是为人行和机动车行等交通系统提供充足的照明，因而多要求具有亮度高、显色性好、节能以及装饰性强等特点，路灯有高杆路灯和步行景观照明灯两种类型。

(2)庭院灯

庭院灯属于景观氛围照明灯具，主要用在庭院、公园、街头绿地、居住区或者大型建筑前，功率不宜太大，以创造舒适幽静的夜景观气氛。在造型上力求美观新颖，给人以清新舒畅之感。庭院灯应该与空间性质、周边建筑物、构建物等相协调，并应突破现有的工业式批量复制的风格，创造出独具匠心的造型风格。

(3)草坪灯

草坪灯放置在草坪边缘，用以渲染草坪的夜景观。为了烘托草坪的宽广，草坪灯一般都比较矮，最高不超过1米。草坪灯造型多种多样，有的还可以附带背景音乐，给人以心旷神怡的感觉，草坪灯色彩应该与草坪的绿色相协调，以沉稳色调为主，不宜有过多色彩。

(4)地灯

地灯比草坪灯更矮，一般设置在步行街、人行道、大型建筑出入口，地面高差变化处，主要起引导视线和提醒注意的作用。

(5)激光灯

激光灯照明属于气氛性照明灯具，其工作原理是靠激光发生器射出各种方向、各种颜色的激光束，从而形成绚烂而富有动感的光造型，烘托夜景观气氛。激光灯一般用于城市关键性空间节点、主要广场、节日庆典、主要标志性建筑等场所，灯具也可以和雕塑小品相结合，成为城市公共艺术品。

(6)其他灯具类型

除了上述灯具之外，其他还有高杆灯、投射灯、下照灯(天花板灯、吸顶灯)、埋地灯、嵌入式灯具、水下灯、光线照明灯具、太阳能灯具等。

3. 照明灯具的选择

灯具选择的标准是美学、功能和机械特性的统一。在选择灯具时，我们需要考虑的问题包括以下几点：

(1)环境的属性与气氛要求。

(2)照明对象的形态特征。

(3)具体的照明方式。

(4)灯具是否配备了适合的功率光源。

(5)灯具是否可以更换不同的光源。

(6)灯具的可调节性。

(7)灯具表面的眩光是否得到很好的控制。

(8)灯具是否易于安装其他附件等。

灯具的选择应注意安装时的隐蔽性。"见光不见灯"是城市照明的一种境界。城市照明设施一般布置在被照射物体附近，并要注意隐蔽，位置不当会给行人和环境带来不利影响。因此，照明灯具一般要尽可能隐蔽起来，既维护城市环境，又便于管理。

4. 城市照明具体方法

(1)泛光照明

泛光照明是应用范围十分广泛的一种照明类型，主要特征是使用投光器照射到物体的表面，使得被照物体的亮度高于周围环境背景的亮度。城市中的许多大型公共建筑、纪念碑、雕塑等，在夜晚都有赖于泛光照明，从而呈现出绚丽的夜景效果。

泛光照明可以清晰照亮物体的表面和具体的细部，使得被照物体显得非常突出于周边环境，多用于城市中重要的景观元素，比如标志性建筑、纪念碑、教堂、大型城市雕塑等，以及表面反射度较高的物体。

泛光照明的效果在很大程度上靠投光器来完成。投光器的位置、投光器与被照物体的距离、物体的表面材料和质感、物体的形态以及人的观察度都可以影响泛光照明的效果。

(2)轮廓照明

轮廓照明是在黑暗的背景下，利用在物体边缘布置串灯勾勒出物体轮廓的照明方式。

轮廓照明多应用于被照物体轮廓丰富生动、富有变化的场合。比如桥梁、高速路、立交桥、历史建筑和大体量的建筑物等，因为这些建(构)筑物多具有变化丰富的轮廓线。因而，采用轮廓照明可以很好地在夜空中勾画出优美、生动的图形，获得很好的艺术效果。相反若物体的轮廓过于单调，则不宜采用此种照明形式。

轮廓照明一般都是利用40～60瓦白炽灯泡沿建筑物轮廓线安装，为了达到连续光带效果，灯距一般为30～50厘米，外面加防止雨水等外界物质侵袭的玻璃罩。

(3)内透光照明

内透光照明也是经常用到的照明形式，在建筑物照明中经常出现，这种照明方式主要是通过室内靠近窗户的照明灯具射出的光线透过窗户形成整齐有序的点亮照明效果。用此种方法时，应在窗口设置浅色窗帘，夜间只开启临窗的灯具，就能获得需要的亮度。在北方，还可以利用这部分开启的灯所发出的热量维持夜间室温。内透光照明主要适用于具有大片玻璃窗或者玻璃幕墙的建筑物。有窗线的窗户也可以由外部点亮，以强调线性美。

(4)剪影照明

剪影照明是一种特殊的照明方法。其特征在于把光源布置在被照射物体后侧，从背面投射光线，使物体成为黑色的影子，突出剪影效果。

剪影照明的适用场合主要包括：物体本身形态特别、体量较小、表面少有洞口等，例如城市雕塑、纪念碑和绿化照明等。

(5)点式照明

把串灯或者灯笼挂在物体上，或者置于地面，从而形成星星般的闪烁效果。此种照明类型多适用于商业街和节日庆典场所，也常用于树木照明。

(6)激光照明

激光照明主要是通过大功率的激光器把光投向天空，在夜空中形成优美光柱的照明类型，并且光柱会不断地变换投射角度，形成动态照明景观。激光照明多用于大型城市公共空间、城市主要公建以及城市中心区等城市重点场所。

(7)灯光表演

除了上述几种常见照明手段外，还有一种独特的照明形式：灯光表演。城市照明在发展初期就曾受到舞台灯光的启发，城市要素被当作舞台上的布景，光成为造景的工具，灯光表演的方式有色彩的变化、造型的变化、照明方式的变化等多个方面。这都得益于人工光源的可控制性，使其可变化的程度远远超过自然光。

光的动态表演有时和建筑本身结合得相当紧密，位于美国费城密西西比河畔的金月亮旅馆是一个集住宿与娱乐为一体的旅馆，建筑造型富于娱乐性。整个建筑照明方式为：25 m高的房屋曲线墙采用线性氖光饰带勾勒轮廓；建筑主立面采用泛光照明；侧立体椭圆形的玻璃幕墙上点缀着星星般的LED；顶部的球体采用内透光方式。刚开始时，所有的照明装饰灯光都关闭，建筑物体完全黑下来。然后建筑物旁边的水池先亮了起来，竖直的电梯间亮了起来，顶部的球体开始发出动人的光芒，建筑的其他部分也逐渐亮了起来，最后整栋建筑沐浴在温暖的光辉之中，黑暗彻底消失了。通过光的明暗变化，表演如此周而复始。

随着现代建筑表面设计的日益独立，灯光好似一只画笔，在表面这块特殊的画布上表演自己的节目。韩国首尔的西部商厦，建筑的立面是由5000块圆盘状的玻璃所组成的玻璃幕墙，在每块玻璃下面，灯光设计师安装了可变的LED光源。计算机可以对每一个圆盘下的光源进行单独控制，通过不同的控制程序，建筑物的墙面就会产生不同的光的流动形式，形成极强戏剧性的场景。

6.6.4 城市景观照明设计导向

照明是现代化城市日益重视的城市空间美化工程措施之一。夜景照明设计应根据功能空间的不同，运用不同的照明手段，在设计中，按照区域、道路、边界、节点、标志物的景观构成结构，点、线、面三者亮化结合，以线为基础，以点为点缀，以面为高潮，有机组织灯光，合理安排光影，形成层次、序列与规模，体现出城市独特的夜景。

1.城市照明基本原则与策略

(1)基本原则

①安全性

安全性原则是城市照明的首要原则，也是城市照明的基本前提。根据照明安全的要求，不同的场合必须达到特定的照度要求，以满足各种活动开展需要的环境亮度要求。同时，安全性也是城市照明“以人为本”的具体体现，是城市照明的基础功能。

②整体性

整体性要求照明不能仅仅局限于某一片段和某一细节，而是应当注意城市元素之间的有机联系，刻画物体的整体夜景照明效果，整体感好，才能创造协调氛围。夜景观整体性主要靠共性获得，共性则要求城市元素之间的景观呼应。

③层次感

层次感是指夜景观的主景与背景之间具有明晰的关系，层次感的产生主要通过虚实、明暗、轻重、大面积给光与小面积的轮廓勾画等多种手法体现。同时要考虑物体与环境之间的有机关系，不能使主景孤立于背景之中。

④突出重点

在保持整体感的同时，城市照明应当注意抓住城市的关键性部位，进行重点照明，突出重点部位的结构、细部特征。比如某些居住建筑，结合顶部突出的电梯间造型，仅仅在顶部的突出体块进行泛光照明，达到了以少胜多的景观效果。

⑤慎用彩色光

彩色光一般具有强烈的感情特征，可以极度地强化某种情绪。因此彩色光的使用不仅要考虑被照射物体的性质、形态、功能、历史背景、风格，还要考虑物体表面的质感和材料，同时还要注意不同色彩的光带给人的心理感受等因素。慎用彩色光是城市照明的一项重要原则。

一般情况下，对于纪念性建筑、政府机关、国家代表性建筑和风格特点明显的大型建筑等，主要使用白色的金属卤化物灯，必要时可以在局部设置少量彩色光，以突出建筑物的整体形象。而对于商业性建筑，则可以较多地采用彩色光，以渲染商业氛围，激发人们的购物激情。

由于单一颜色的光在增强某种颜色的同时，会改变物体的其他颜色，从而容易造成色彩失衡，而且虽说在相邻两个表面投射不同颜色的光可以起到活跃气氛的效果，但同时也存在色差对比过强，损害物体立体感的风险。因此，宜在短时间或小范围内使用彩色光，在永久性照明中不宜采用。

⑥绿色照明

城市照明需要消耗掉大量电能，随着世界范围能源意识的崛起，生态设计的思想逐步渗透到社会的各个层面，对于城市照明来说也不例外，生态原则在当代已经成为城市照明的一项基本原则。

生态原则在城市照明领域中的应用主要表现在以下几种途径：照明能源的可持续化、节能技术的改进、适度照明、照明时间的间歇式互补等。

为了在城市照明中节约电力，除了采用高效的灯具外，最好在规划设计时提出分级控制，使得在平时或深夜仅开少数或者一部分灯也能表现建筑和城市的特色。在美国，对夜景照明的功率提出了限制要求；在我国，进行绿色照明的政策也日益得到国家和政府的重视。在建设部相关文件中，明确指出：强力探照灯、大功率泛光灯、大面积霓虹灯、彩灯、美氖灯等5种高亮度、高耗能灯具在景观照明中被严禁使用，城市照明的光源、灯具和控制系统的使用，应优先选择通过认证的高效节能产品，鼓励使用太阳能道路照明、庭园照明等绿色能源照明，积极推广高压钠灯、金属卤化物灯、半导体发光二极管(LED)、T8荧光灯、T5荧光灯、紧凑型荧光灯(CFL)、大功率紧凑型荧光灯等高效照明光源产品。

⑦适度照明

城市照明并非越亮越好，关键在于突出城市特色。当前有许多城市错误地认为城市照明就是把城市各个区域尽可能照亮，但结果是非但没能美化城市景观，反而造成了诸多光污染。

为此，在开始规划和建设城市夜景照明的时候就应该考虑到防止光污染的问题，首先应从源头防止光污染；同时在技术上也要探索有利于减少光污染的方法；在设计时，合理选择光源、灯具和方案，尽量使用光束发散较小的灯具，并在灯具上采取加遮光罩等措施。

(2)基本策略

①夜景照明需体现出城市的自然景观和人文景观特质，并具有较强的引导性和标志性。

②树立以人为本的规划思想，强调照明的综合环境效果，为市民和游客创造视觉舒适、高效明亮的城市夜景观。

③夜景观照明应以安全性为首要原则，切忌盲目发展城市的装饰性照明而忽视必要的功能性照明。

④鼓励科学技术和文化艺术的完美结合，使城市景观在夜晚呈现出兼具历史感和现代感的全新形象。

⑤节约能源，提高照明质量，减少光污染，从而保护环境，实现夜景观照明建设的可持续发展，引导城市照明向“高效、节能、环保、健康”的方向发展。

2.设计向导

(1)城市总体层次景观照明

①反映城市文化特色

“灯光照明是为了突出城市的特点，不一定什么地方都要亮。”在清华大学建筑学院教授詹庆旋看来，每个城市都有各自历史上积淀下来的特点，因此夜景观照明设计只有突出每个城市的不同特点才会有意义。

在城市夜景观规划设计中，突出城市自身独特的文化特色是城市照明的一项重要目标，灯光的设计、布局、色彩以及照明方法均应突出城市文化特性，使城市夜景观与城市文化形态相得益彰、互相衬托。

对于具有悠久历史的城市，城市照明的重点应放在传统城市格局的渲染上面，灯光主色调的选择应以暖色、沉稳为主，并注意照明方式应顺应城市历史格局，重在勾勒城市轮廓，尽量减少人工痕迹。

对于现代城市或者城市街区来说，城市照明的手法、色彩、照明方式、氛围设定，应在突出城市结构的基础上追求夜景观的多样化以及照明效果的时尚感,色调宜明快、清新并富有激情。

②烘托城市结构特征

城市结构由城市点、线、面三个层次构成:点即景点;线即道路;面即景区。夜景观的规划设计应当从这三个方面进行。

景点是城市景观的活跃分子,它可以是一座标志物,也可能是城市广场、商业中心、城市中的历史建筑(群),景点具有强烈的形象性和特色性,最能反映出城市的特色。

城市中各种类别与方向的道路纵横交织,连通了城市中不同的点和景区,一个城市要想在夜间继续发挥其功能,那么它的道路也必须是一个完整的整体,包括两种类型:步行道网络和车行道网络。

景点由道路连接起来,形成了网络,形成了面——景区。景区的划分主要依靠城市的功能布局和道路结构,城市景区划分应有所侧重,但景区内景点的分布则宜集中。景区区域面大小的划分也与交通系统有关,以机动车网络来标定地域,景区范围大些为好;反之,则要考虑步行者的行动特征及行为心理因素。在景区照明方式的设计组织上应当反映景区自身特色,力求城市夜景观在统一中又有一定的变化。

③明晰城市轮廓

城市轮廓是城市形态的重要表征元素之一,在总体层面灯光照明设计中,应注意采用适当的照明手段勾勒出城市轮廓,使得城市在夜间仍具有自身独特的标识性。城市轮廓的照明重点在于城市天际线的夜景刻画与氛围渲染。

④确立景观照明系统

城市照明应当在仔细研究城市结构特征和布局特征的基础上区分主次、划定主导照明区和辅助照明区,设立主要明廊道以及关键照明节点,在此基础上构建城市景观照明系统。城市景观照明系统是在城市总体层面对城市结构的凸现和提炼,也是城市照明详细规划与景点层面夜景观照明设计的依据与基础。

对于城市夜景照明规划设计来说,构建景观照明系统这一环节必不可少,通过此环节的研究和策略制定,有助于设计师从整体角度明确城市的现状结构特征,明了照明规划的重点和难点以及目前存在的主要问题,挖掘城市夜景观的潜力,为塑造整体的城市夜景格局打下坚实的基础。

一般来说,城市夜景观系统由照明区、夜景廊道、景观点三个方面构成。其中每个方面都可以进一步划分为若干亚层次,从而构建成为有机的整体。

(2)城市街区层次景观照明

①凸现街区轮廓。在街区尺度上,街区的轮廓照明可以较为直接地刻画出街区的形态特征,并从整体的角度概括出街区的性格。

②强化街区中心照明。街区中心一般聚集了街区的大多数公共设施与公共空间,其景观形态是街区的核心标识与街区精神的集中体现,对中心区照明的强化有助于明确照明重点,渲染街区氛围。

③渲染主要景观照明廊道。按照凯文·林奇的观点,路径是构成城市环境的重要元素之一,并且是最为重要的元素,因为它不仅划分了区域,还承载了运动,是公众体验城市

环境的重要通道，结构清晰的路径还有助于公众的辨方正位。对应于城市夜景观环境，路径相当于其中的景观照明廊道，廊道的照明强化是街区层面照明设计的重要方面。

④刻画街区关键节点照明。对应于城市五要素中的节点，街区关键节点对于城市夜景观的形成起着画龙点睛的作用。街区关键节点主要包括街区主要出入口、主要标志性建筑、街区公共绿地、主要道路交叉口等场所。

对于街区关键节点的照明设计，应采用高亮度、复合照明方式和多样化色彩等设计策略，使此区域的照明效果明显高于周边环境，形成照明区域。

(3)城市细部层次景观照明

①建筑景观照明

在城市细部层面，建筑无疑是一个非常重要的方面，建筑围合了城市空间，形成了城市标志，构成了城市环境的主体，良好的建筑照明是城市夜景观不可或缺的重要条件。在白天，建筑的形象和内涵是经由阳光为媒介来实现的，到了夜晚，则是通过灯光的明暗、色彩、动静等独有语言对建筑所承载的元素和内容进行诠释，以再现或者重塑建筑形象。

建筑物照明与其他城市元素照明有很大的不同，它在原有建筑的基础上通过照明的明亮度变化、色彩变化来展示建筑物的特点。因而建筑照明必须要综合考虑建筑物的使用功能、建筑风格、结构特点、表面装饰材料、周围环境特征等情况(图 6-106)。

图 6-106　美国首都华盛顿国会大厦与杰斐逊纪念碑照明效果

具体照明设计时应首先研究建筑物的形态特点，并认真推敲立面照明方案，从不同角度落光时找出最动人的特色，还可以根据资料分析、模型试验或对已有建筑物的观察，找出全天太阳位置不断变化所形成的最理想的画面角度，及背景的对比和光色的陪衬作用等，以做出理想的照明方案。

为了合理地进行建筑照明设计，应注意下面六个设计要点。

a. 照明面的确定。建筑物照明从哪个面照射为好，一般应根据观看概率大小来确定，观看概率大的面应为照明面。

b. 照度的选择。照度大小应按建筑物墙壁材料的反射系数和周围亮度条件来决定。相同的照度照射到不同反射系数的壁面上所产生的亮度也会不同。为了形成某一亮度对比，在设计时还需对周围环境情况综合考虑。如壁面清洁度不高，污垢多，则需适当提高照度；如周围背景较暗则只需较少的光就能使建筑物亮度超过背景；如与被照物邻近的建筑物室内照明灯晚上是开亮的，则需有较多的光投射到被照建筑物上，否则就无法突出效果；如被照建筑物的背景较亮，则要更多的光线才能获得所要求的对比效果。

c. 光源的选择。应通过各种光源的色表、线色性等光谱特性和色调来实现设计要求，达到一定的照明效果。注意光源颜色的协调一致，如建筑物与道路紧靠，避免使用与道路照明同样或类似的光源，以免没有层次感。同一组甚至同一工程的光源要进行色差调整和光斑调整，同种同色光源最好采用同一厂家产品。

d. 灯具的选择。建筑立面照明主要采用投光灯具的。窄光束投光灯具的光束集中，投射距离远，适用于高层建筑的立体照明；宽光束投光灯具的照射面广，亮度较均匀，适合于多层建筑的立面照明；大功率投射性宽光束投光灯具适用于大面积立体的高层建筑立体照明。

e. 充分利用建筑物和周围环境特点。

f. 灯位的配置与灯具的安装。管线布置要灵活，以适应灯位的调整。一般在楼群顶部的应注意防水，并注意不能破坏屋顶防雨层。

在更多时候，夜间灯光下的建筑形体并非是白天所见的建筑形体的忠实再现，而是被加工过的，并呈现与白天迥异的形体特征。美国加利福尼亚莫罗戈娱乐广场的塔楼照明就是通过多种照明手段，勾勒出一幅迥异于白天的建筑图景。首先，用低能耗的白色LED线形光源勾勒出流畅的屋顶轮廓线；其次，在屋顶之下如琴弦般的部分采用彩色泛光照明，并且每隔60分钟进行一次色彩循环，如彩虹般流淌，成为该建筑照明最精彩的部分；最后，在“琴弦”之下的建筑主体采用单一的暖黄色泛光照明。通过使用不同的照明方式，建筑形体以一种梦幻般的形象呈现在夜空下。再如，英国爱丁堡地方电信总部，在平面上我们可以发现建筑的圆形塔楼部分是一个圆形环绕一个立方体的造型，圆形体量包围着内部的方形体量，但是这一造型在白天并不明显，到了夜间，光穿过透明的玻璃，红色的矩形立方体突显出来了，而外围的环形金属构架则用冷色调的淡蓝光进行照明，与内部暖色调形成对比。这些镶嵌着的建筑形体（圆柱与立方体）因为灯光被一一刻画出来。

②街道景观照明

街道照明有两方面的要求：一是街道照明的技术性要求；二是街道照明的艺术性要求。

a. 道路等级对照明的要求

道路景观照明光源与灯具的选择是根据道路的等级来进行的，按照国际照明委员会（CIE）的规定，道路等级分为五类（表6-6）；在我国城市交通规划中，将道路等级划分为主干道、次干道、支路三个等级（大城市还有快速路）。

在进行道路照明设计时，可以首先按照CIE道路照明有关标准和我国现行的《城市道路照明设计标准》进行相应的照明等级划分，并结合大量实际调查，包括道路状况，车流量和行人道路上行人流量、周围环境状况，特别是建筑风格、色调、特色和历史文化内涵，以及与建筑的位置关系等来研究规划范围内各条道路在城市景观、经济发展上的特性，对传统的道路照明等级划分进行加权，从而提高或降低照度、均匀度、显色性，调整并决定光色、灯具的尺度、风格、形式、材质等，使不同路段体现出不同特色，最终达到功能性与景观性的有机融合。

表 6-6　　CIE 规定的道路分级情况

道路种类	交通类型	道路状况	举　例
A	机动车用	有中央隔离带，无平面交叉，在规定地点出入	高速公路
B	机动车用	机动车专用，与行人和低速交通工具隔开	干线
C	人车混用	重要的人、车混用道路	环道，放射线
D	人车混用	市内，特别是商业中心区内的道路	主要街道
E	人车混用	住宅区道路，特别是上述 A～D 型连接道路	住宅区道路

注：本表引自王晓燕. 城市夜景观的规划与设计. 南京：东南大学出版社，2000.

街道照明要符合车行和人行的不同要求，设定必要的照度（表 6-7），车行道的照明灯形式要简洁；人行道的灯带要符合人行尺度，造型可丰富多样，但风格要统一。

表 6-7　　常用室外场所的照度要求

场地名称	规定照明区域	平均照度要求（ftc）
广场	地面、广场区域	5～15
停车场	地面、停车区域	5～10
隧道	隧道内区域	10
主干道行车侧	地面、行车区域	2～5
步行道	地面、人行区域	1～3
住宅区主干道	地面、人行区域	1～3
公园干道	地面、人行区域	1～3
住宅区散步道	地面、人行区域	0.5～1

b. 道路景观照明设计要点

Ⅰ. 注意照明设施在道路空间中的体量感。道路是构成城市环境风貌和城市环境的组成部分，其中城市照明设施主要由车道灯、步道灯、草坪灯、景观灯等构成。

车道灯与步道灯是功能性照明，虽然在光度上并不起装饰性照明的作用，但由于它们的体量大，对街道空间形体有不小的影响。从城市设计角度看，街道的意象是建筑和街区空间环境的综合反映。高质量有特色的街道空间环境比建筑更宜体现街道特色，作为城市商业环境中的道路，具有渠道（人、车的交通、疏散渠道）、纽带（连接商店、组成街道）、舞台（人们在道路空间中展示生活、进行各种活动）的作用。因此我们应该在满足功能照明的同时，侧重研究行人对道路空间体量和尺度的感受。提高其在空间上的合理性、美观性。

• 灯高和间距。常规照明的车道灯的灯杆高度为 7～15 米，人行道上的庭院灯高度则一般为 2.5～6 米。如果道路与两边建筑物的高宽比以 $H/D=1$ 为主（H 为建筑高；D 为路宽），穿插一部分 $H/D=2$ 的建筑，这样的空间尺度关系既不失亲切感，又不显得过于狭窄，容易形成具有独特的热闹气氛的空间。而路灯高与车行道宽度也具有一定的比例，$H/D=1$ 使人感到尺度正常，可以接受（H 为机动车道路灯高度；D 为机动车道宽度);如果 $H/D \geqslant 1$,就会使人感到灯杆和道路之间不协调,产生压抑感;当 $H/D \leqslant 1$,则形成近人尺度。

• 悬臂长度。悬臂是为了使灯头的部分挑出一定距离,使路灯能够以小仰角投射更大范围路面。另外,在浓密的林荫道上,长悬臂可以绕过树冠将灯光投射到路面,减少树冠对灯光的遮挡。但随着灯具的反射罩设计技术不断提高,使反射后的发射中心调整到更远或者更特殊的范围,因此短悬臂甚至无悬臂的路灯逐渐满足照明需求,短悬臂不但使路面的照度均匀度达到设计标准,还能节省耗材、轻盈简约,成为现代城市市政设施的一个标志。

Ⅱ.灯具排列方式与周边环境的协调。双排对称排列的方式具有良好的对称感,可以凸显道路的宏伟,适宜应用在景观大道和较宽的道路。而单侧排列方式则简洁整齐,导向性良好,布线方便。双排交错排列方式的均匀度良好,但诱导性较差,布线也较复杂。中央排列的方式对体现道路景观、减少立杆、节约耗材等方面十分有利,但如果车行道和人行道过宽则要设置更多的灯进行补光,如增加步道灯。

随着城市道路周边环境的复杂化,视觉通透要求逐渐提高。护栏式照明利用高架道路、隧道或桥体两侧的护栏装配照明设备,照亮路面。它的优点是:隐蔽性好,结合护栏设置不会看到灯具,没有灯杆,使视线非常通透;节省耗材;由于无须立杆,可以减少对高架道路、桥体的毁坏。其弊端是:当路面纵坡较大时易产生眩光,且难以处理,如立交桥匝道、高架桥坡段等;发光范围有限,路面均匀度较差,垂直照度较低。目前这种照明方式在国内应用比例不大,但应用在景观照明上有突出的优势。

Ⅲ.光源的合理选择。无论是国内还是国际,当前道路照明的相关标准均以机动车道的照明为主,考虑的重点是机动车驾驶员的行驶需求,人行需求被放到次要地位,只有景观大道和较宽阔的大道才会单独设置步行道,大部分人行道的照明依靠车道灯提供,人行的照明质量很低。人文主义城市规划理论家刘易斯·芒福德认为"我们城市的存在不是为了汽车通行的方便,而是为了人的安全与文明",在"把街道还给行人"的呼声中,道路照明应注重对步行者的关怀。对于一些生活性支路、小路、游憩路,在满足同样照度要求的前提下,应尽量减少大功率高压气体放电灯的使用,多使用紧凑型灯光,能用小功率光源的地方尽量不用大功率的光源。紧凑型荧光灯不但耗电少,光色丰富,发光温和,显色性也远远强于高压钠灯,适宜的发光强度能够减少对视觉平衡的破坏,形成良好视觉层次,对于近人尺度的居住区道路、小路、园路、游憩路尤为适用。

Ⅳ.灯具风格的艺术性。道路灯具的造型是否优美,取决于其是否能体现当地历史文化特色,是否适应城市的发展要求,是否受到大多数民众的喜爱。

灯具的造型应能够与所在城市的文化特征取得一定的呼应关系,并能强化城市的特色。例如在云南大理古城街道上,灯具的造型古朴典雅,色彩沉稳,并与广告标识有机结合在一起,很好地呼应了大理古城的悠久文化氛围。同时也应注意在反映文化基础上有所创新,若过分偏重一个城市的历史文化传统,而缺乏一定的现代感,则会丧失人气,缺乏活力。

c.广告景观照明

各种形式的广告在城市夜景观中占有相当大的比重,现代城市中,电子显示屏、霓虹灯广告、牌匾式广告等比比皆是，极大地丰富了城市景观。但是在我国很多城市中，广告作为商业景观还远远不够成熟，很多广告照明缺乏艺术性，布置也缺乏统一的规划管理，不仅降低了广告的可读性，也损害了城市夜景观形象，因而把广告照明纳入城市夜景观体系之中，对之进行合理的设计和引导非常必要。

Ⅰ.广告类型与照明要点：

• 屋顶广告。屋顶广告尺度相对比较大，并且可以改变建筑物的比例和尺度，从而在宏观尺度内改变商业环境景观，因而，此类型的广告照明设计应注意与建筑物本身的照明色彩相协调，构成有机的整体。

• 墙身广告。墙身广告分为贴墙式和垂直式(侧墙式)。贴墙式广告尺度日趋加大，甚至常代替传统的墙外装饰以改变建筑的立面形象，此类广告照明宜强调统一的色彩构图和比例，并且注重整体层次设计，忌琐碎；垂直式(侧墙式)广告一般尺寸较小，照明允许采用绚丽多样的色彩以及多变的光线变化，形成建筑立面上的视觉趣味点。

• 独立广告。独立广告主要是独立设置的栏式广告、柱式广告及依附于其他街道家具的广告形式。由于此类广告布置灵活，形式多变，容易繁杂散乱，因此，此类型的广告照明设计应注意一体化设计，强化照明方式、色彩的序列性和韵律性，不宜做太多变化。

• 霓虹灯广告。严格来说，霓虹灯广告和上述三类广告并不处于一个层次，它更强调的是广告内容的夜间表现方式。但是霓虹灯广告是应用很广的一种类型，并以变换闪烁的光色著称，也正因为这一点，霓虹灯广告容易形成繁杂的第三轮廓线，因此，造型宜与建筑结合考虑，使之建筑化，在白天也同样美观。

Ⅱ.广告照明中的色彩搭配。根据色彩心理学相关研究，色彩与人的特定心理反应具有一定关系，观察者的心理会受到颜色的影响而引起变化，并会产生特定的联想(表 6-8)。

表 6-8　观察者对色彩的心理反应与联想

光　色	抽象的联想	具体的联想
红	热情、活力、喜悦	火、血、太阳
橙	温和、欢喜、嫉妒	火、橘子、秋叶
黄	光明、快活、平凡	光、柠檬、肠胃
绿	和平、生长、新鲜	草、叶、森林、树木
青	平静、理智、深远	海洋、天空、水
紫	优雅、高贵、神秘	紫丁花、葡萄
白	洁白、神圣、清雅	白云、雾

在进行广告光色配色时，应注意：暖色或者纯色与冷色和浊色相配时，其面积越小越容易达到平衡；红色与绿色是互补色，相互配合容易使人感到炫眼夺目，很不协调，若将某一种颜色变小或者配上白色光，改变其明度或者彩度，可以缓和不协调现象，取得色彩平衡；上下配置明色与暗色时，明色在上、暗色在下，容易取得平衡，否则会显得头重脚轻；首先配置光色中占据面积最大的颜色，然后再配合其他颜色以取得色彩平衡；使用邻近色，所谓邻近色，就是在色彩带上相邻的颜色，例如绿色和蓝色，红色和黄色就互为邻近色，邻

近色设计避免色彩杂乱，易于达到和谐统一；合理使用对比色，对比色可以突出重点，产生强烈的视觉效果，通过合理使用对比色能够使特色鲜明，突出重点。在设计时一般以一种颜色为主色调，对比色作为点缀，可以起到画龙点睛的作用。

d. 水景观照明

水是广场、绿地的重要景观组成元素，形式有很多，有水面开阔、碧波荡漾的湖面水景，也有溪涧、喷泉、瀑布等中小型水景。水面的夜景照明方法主要是利用水面造景实景和岸边树木及栏杆的照明在水面形成倒影，倒影与实景相互对照、衬托，正反相映，加上倒影的动态效果，使人情趣盎然、美不胜收；对于喷泉、瀑布可利用水下照明，将相同或不同颜色的水下灯，按一定图案排列向上照射，效果神奇，别有情趣（图 6-107）。

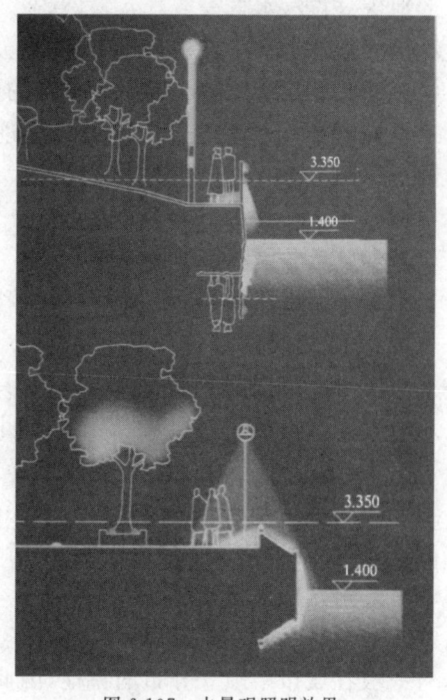

图 6-107　水景观照明效果

e. 植物景观照明

植物品种繁多，千姿百态，除美化环境，供人鉴赏之外，也有调节和保护环境的功效。同时也是城市景观中富有生命力的元素。其形态和颜色会随着季节的变换而变化，植物的照明应能够反映这一特征，例如使用某些光源去突出植物的原来颜色，若要强调绿叶，水银灯可以提供油绿的光色；若要刻画不同色泽的混合树木，可以利用复合金属灯和石英灯把不同颜色区分出来。

另外需要注意的是植物照明方式和灯具的布置位置应根据树木高矮、大小、外形特征和颜色等区别对待，不同种类、高度和色彩的树木以及同一树木的不同季节都需要不同的照明设计方案。例如：对冠形浓密的针叶树，可在距离植物不远处安放窄照型或中照型上射灯，以突出树冠的质感；对树干和树冠舒展的阔叶树，可在树冠投影下方采用宽照型上射灯，以突出树的结构。

照明对于植物和动物的影响也应得到重视。研究表明，除极少数在夜间活动的动物外，大多数动物在树上不喜欢强光照射，但是夜间室外照明产生的光线往往把它们的休息环境照得很亮，打乱了动物昼夜生活的生物钟。植物同样具有明显的生长周期性，如果夜间室外灯光照射植物，就会破坏植物体内的生物钟，妨碍其正常生长，特别是夜里长时间、高辐射能量作用于植物，会使植物的叶和茎变色，甚至枯死。

f. 园林绿地景观照明

对于园林绿地照明，应注意掌握照明的度，不能过度照明，而目前国内园林绿地照明设计一个突出的问题就是色彩过艳和亮度过高。过高的亮度和过于艳丽的色彩不仅让人觉得庸俗怪异，还破坏了视觉效果，使人失去了对空间立体和层次的感知，对主体景物的烘托更是无从谈起。

中国照明学会专家委员谷俊认为，园林照明设计不是普遍意义上的照亮，而是一种有选择性的装饰性照明，是通过对焦点景物进行戏剧性定向照明，使园林绿地具有与白天自然光照射下完全不同的景观效果。

北京林业大学的朱建宁认为，园林照明设计的关键是要通过光影效果，更好地突出地形地貌、植被、水景等造景元素，营造一种更为含蓄的景致，甚至为植物生长创造出更好的小气候条件。这一点是与建筑照明、公路照明等其他外环境照明的本质区别。比如著名的法国巴黎拉维莱特公园中的竹园的照明设计，不仅突出了竹类植物的形态美和色彩美，还是提高小环境夜间温度，从而促进竹类植物健康生长的重要手段。而另一个专类园——园艺园则通过在树木间布置大量地埋小灯，营造传统法国葡萄园中满天萤火虫的田园风光。

散步道是园林绿地的脉络，连接了各个功能区，也是重要的休憩游览空间。散步路径走向通常蜿蜒曲折，给人创造一种步移景异、曲径通幽的效果，照明设计应紧扣这一特点进行，突出道路的自身形态。

对于园林绿地景观照明来说，灯具的选择和安放位置也非常关键。园林绿地照明的对象不同于室内照明和建筑环境照明，其主要目的是增强景物效果，营造一种朦胧的景观。因此，在光源类型上，应尽量选择方向和控制能力较好的光源，尽量减少使用普通的泛光照明灯具。灯具的布置应力求隐蔽，国外成熟的专业园林照明设计无不尽量使灯具隐蔽，避免对主体景物造成干扰，同时开发了大量微型和嵌入式灯具。

g. 雕塑小品景观照明

雕塑小品，基本可以划分为两大类：一类是观赏性的；另一类是纪念性的。由于其具有一般在城市中独立分布的特征，因此有点类似于植物的照明。

小品景观照明应从小品的特征，特别对关键的部位如：头部、神态、用料、色彩及周围环境出发。采用侧面自上而下投光，不宜从正面均匀照射，这样才能形成神态真实、光彩适宜、立体感强的照明效果。应选择窄光束灯具配以适当的光源，要避开游人视线的方向，防止眩光干扰。

3. 城市夜景观规划设计的体系

城市夜景观规划设计全过程分为三个步骤：城市夜景观总体规划、城市夜景观详细规划、城市夜景观景点设计。其中每一步又均可与城市规划各阶段相融。

(1)城市夜景观总体规划

城市夜景观总体规划从宏观上解决城市夜间景点的分布、景点之间的联系、主次景点的确立、性质特征及照明技术和人文活动的宏观问题，以及节假日夜景观系统问题，即在宏观上对艺术、技术、经济等因素进行限定。

城市夜景观总体规划直接根据城市总体规划所确定的以下内容进行。

①城市人口、用地规模、规划区范围。

②城市用地发展方向、布局结构、市中心区位置。

③城市道路系统、道路等级和干道系统、广场及主要交叉路口形式。

④城市河湖水系和绿化系统的治理、发展目标、总体布局。

⑤需要保护的自然带、传统街区等的有关保护措施。

⑥旧城改造，用地调整的原则、方法和步骤。

城市夜景观总体规划成果应纳入城市总体规划成果中,包括总体规划文本和图纸。在进行综合技术经济论证时,应对城市夜景观实现所带来的一系列技术、经济问题有所涉及,并提出其实施步骤和方法建议。

城市夜景观总体布局是城市夜景观总体规划的一项重要工作内容。它是在城市空间结构基本形成的情况下,在市民夜生活的基础上对城市夜间各景区、景点进行统一安排、合理布局,使其各得其所,有机联系。城市夜景观总体布局是城市一定历史时期、自然条件、一定的经济和生活要求下的产物,通过对城市夜景观建设的实践得到检验,不断发现问题,修改完善。因此随着经济的发展,科学技术的不断进步,规划布局所表现的形式是不断发展、变化的。

(2)城市夜景观详细规划

城市夜景观详细规划是在总体规划的指导下,对某一景区(商业街、校园、居住区等)进行进一步的详细规划,结合城市规划,充分考虑到景区的属性、特征、重点和元素(建筑、设施、环境及人文因素)的相互关系,根据属性确立要创造的气氛,根据特征创造特色,根据重点确定主景,根据元素之间的关系确定配景、底景等,打造整体效果。

在城市夜景观总体规划与详细规划的过程中,有一条贯穿始终的线,就是结合城市的经济状况、自然条件及历史背景,充分考虑到人对夜生活的生理及心理需求。在城市规划区内,城市夜景观详细规划成果应纳入控制性详细规划文件和图纸中,成为修建性详细规划成果的一部分。

(3)城市夜景观景点设计

城市夜景观景点设计是在城市规划指导下进行的。景点设计要以造型、美学等为出发点,但与前两部分内容相比较,它更需要与电气工程师的紧密配合。城市夜景观景点设计成果可以作为城市详细规划成果的一部分。

城市夜景观规划设计每一步工作应在充分尊重以下五点原则的基础上进行。

①符合城市总体规划相关要求的原则,即城市夜景观规划设计受以下内容的制约。

a.城市性质。

b.城市规模。

c.城市社会文化和经济能力。

d.城市发展要求。

②城市整体美的原则。

③以人为本的原则。

④经济性原则。

⑤环境建设与保护相结合的原则。

(4)城市夜景观设计成果构成

①建筑物地理环境的分析和观景的主要视点的确定。

②建筑物的功能与特征分析。

③夜景照明的总体构思和重点照明部位的确定。

④主要补照面的照度或亮度水平的选定。

⑤照明方法、照明器材(光源、灯具及电器配件等)及照明颜色的选择:光源按高效率、长寿命、显色指数适当的原则选择;灯具按适当的配光曲线、防护等级、节约经济、外形协调的原则选择;电器按节电、稳定、高效、耐用的原则选择。

⑥布灯方案和灯具安装位置(含灯架设计)的确定。

⑦适用光源和灯具数量的计算。

⑧照明电气控制系统及安全措施的设计。

⑨工程预算。

⑩最后要达到的照明效果图的绘制。

第 7 章　城市景观工程技术

任何一个景观项目从方案构思到最终实施都需要景观工程技术的支撑。景观工程技术解决的是一个从场地工程、景观元素构造方案到景观元素节点细部构造形式的综合性问题。设计中需要根据环境特点和景观工程项目特点，制定合理的场地处理方式、景观元素构造方式、设备设施的布置方案，满足景观工程项目在设计上的适用性、坚固性、耐用性、生态性、艺术性、经济性等各方面的要求，并将这些景观元素结合成有机的景观工程体系。景观工程技术涉及景观设计的场地竖向设计及土石方工程、硬质景观、水景工程、景观建筑小品、景观小品设施、植物栽植、灌溉及照明以及给水排水和电气工程等一系列与景观实施相关的工程内容。如果说景观方案设计是解决景观设计中“做什么”的问题，景观工程技术则是解决景观设计中“怎样做”的问题。

7.1　场地竖向设计及土石方工程

场地竖向设计需要确定场地的坡度、控制高程和土石方平衡等。场地是景观工程的载体，由于空间特征、使用特点、排水需要等原因，场地不可能是绝对平直的平面，会有各种形式的高差和坡度存在，因此，景观工程中场地垂直于水平面的竖向就需要有周密的设计考虑。同时场地竖向的高差变化产生的场地中土方、石方的调整会带来场地的土石方工程（图 7-1）。

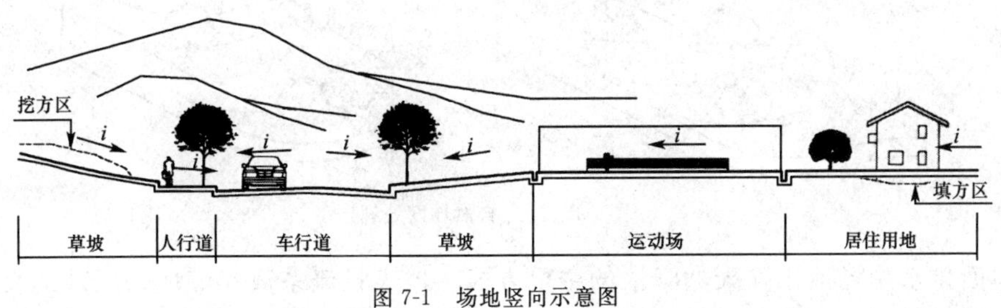

图 7-1　场地竖向示意图

7.1.1　场地竖向设计

场地的竖向设计应该“创造出场地现有景观要素与规划设计布局之间的地形契合”；在设计时为了获得设计的视觉和文化目标，同时使整体景观的干扰最小化，应主要考虑以下几个方面的影响：

(1)场地原有的地形地貌特征。应尽量对场地现状合理利用。场地原有的地形地貌特征直接影响到对场地的利用效果，如是否符合使用要求、空间特征、排水需要等，否则需要对场地进行一定的整治。

(2)景观设计目标。如前所述，场地竖向设计一方面需要满足使用需求，如道路坡度、停车场或运动场坡度等，另一方面需要满足视觉和文化方面的精神需求。

(3)场地暴雨管理要求。任何室外场地都必须考虑到对雨水，特别是暴雨排放的组织，即使是平地，也需要有一定的排水坡度便于地表雨水排放。良好的场地暴雨管理可以有效排放雨水，避免场地淤塞和水土流失，有利于塑造生态化的景观环境。

(4)场地地下管线走向。一些地下管线，如污水管、雨水管等，在铺设时有一定的坡度坡向，竖向设计时需要使地面坡度与这些地下管线相协调，避免因设计不合理产生地下管线高于地面的情况。对于地形较平整的场地、屋面或地下室顶板上的景观，以及场地上建筑物间地面高差较大等情况，更需要预先考虑场地地下管线走向对场地竖向设计的影响。

(5)自然灾害的破坏。对于山地和丘陵地形，场地的竖向设计要有利于场地稳定，避免引发如泥石流、山体滑坡或塌方等自然灾害，并对原有场地上的灾害隐患进行整治。

场地的高程设计可以依据原始地形地貌特征、景观空间需要等较为明确的影响因素，通过对场地坡度和一些场地控制点高度的计算来调整和确定。

场地在不同的使用要求下有不同的适宜坡度。一般来讲，若要有利于排水，地形坡度至少不小于 0.2%。当坡度小于 1%时，有排水条件，但场地须较平整，否则易积水。1%～5%是平坦场地的坡度，在这个坡度范围内场地排水较理想，并能适合广场、运动场、停车场等较大面积使用空间的需要；5%～10%的场地坡度易于排水，但不适于大范围的活动场地。用地自然坡度小于 5%时，宜规划为平坡式地形；用地自然坡度大于 8%时，宜规划为台阶式用地。台阶式用地的台阶之间应用护坡或挡土墙连接。城市中心区用地自然坡度应小于 15%；居住用地自然坡度应小于 30%。图 7-2 为场地自然坡度处理。

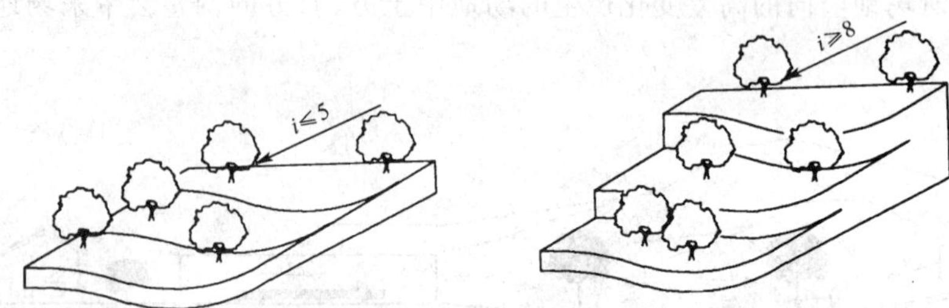

图 7-2　场地自然坡度处理

地面排水是场地排除天然降水的主要方式。地表径流系数能够反映场地地表径流状况，地表径流系数越高，则场地滤水保水能力越低。一般来讲，地表需要保证有 0.3%～0.8%的纵向排水坡度和 1.5%～3.5%的横向排水坡度，以保证场地排水通畅；同时，也需要控制纵向坡度，降低地表径流系数，以减弱雨水对地表的冲刷，减少水土流失。水流经过的地方应当尽量利用有植物的沼泽地和渗透设施，以降低流速，提高水质。铺装地面上的雨水应流入草地，将雨水减速和过滤。城市道路的雨水可流入两侧雨水沟渠，或直接流入附近有植被的沼泽。道路和铺装附近应有汇水设施(雨水口、排水管等)，以免造成积水。

道路在场地竖向设计中是一种比较特殊的线性元素。道路的竖向设计需要考虑到其纵坡和横坡的坡度。纵坡是指平行于道路延伸方向的纵向坡度；横坡是指垂直于道路延伸方向的横向坡度(图 7-3)。为保证有效排出路面积水，道路最小纵坡坡度应大于或等于 0.3%；横坡设计根据路面材料和使用性质的不同，一般坡度在 1%～2%。在进行纵坡设计时，还要考虑到不同的场地条件、使用性质对道路的最大纵坡坡度和坡长有一定的限制。如对于机动车道，在城市中，山城道路应控制平均纵坡坡度，越岭路段的相对高差为 200～500 米时，平均纵坡坡度宜采用 4.5%；居住区内道路纵坡坡度小于或等于 8%且坡长小于或等于 200 米；对于公园园路，主路纵坡宜小于 800 米，山地公园的园路纵坡坡度应小于 12%，超过 12%应做防滑处理，支路和小路纵坡宜小于 18%。对于道路纵坡及横坡的具体设计要求应满足相关的设计规范。因此，在地形图上设计道路时，应控制道路的最大坡度，当道路平行于等高线时，可以获得较缓的坡度；当道路方向垂直于等高线时则坡度较陡。

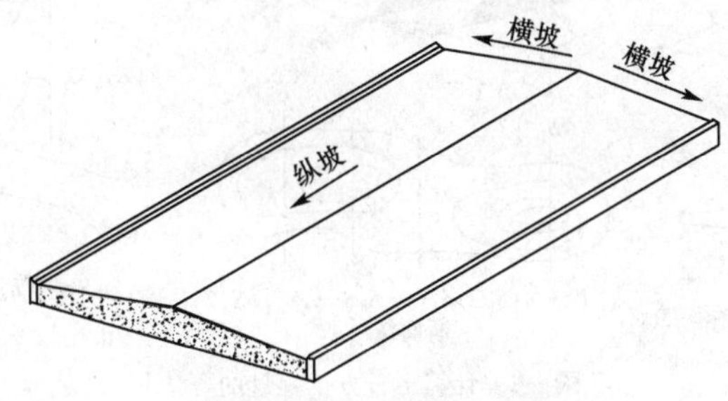

图 7-3　道路纵横坡示意图

为在场地进行有效的暴雨管理时，场地竖向设计中也需要考虑一些基本问题。例如，场地要有足够的排水坡度排放雨水，但是需要通过控制排水坡度、排放长度、地表透水率等方面来降低水流速度和流量，减少雨水对地面的冲刷造成的水土流失，让排水方向绕开建筑物或硬质地面，让雨水离开场地，在适宜的位置和高度设置一些排洪设施，如滞洪设施(干池或湿地)、渗透设施(渗水池、渗水沟槽等)；让硬质铺装上的雨水排向草地，降低雨水流速，避免地面的淤泥沉积等。

7.1.2　场地土石方工程

场地土石方工程包括用地的场地平整、道路及室外工程等的土石方估算与平衡。土石方平衡应遵循“就近、合理、平衡”的原则，根据规划建设时序，分工程或分地段充分利用周围有利的取土和弃土条件进行平衡。影响土石方工程量的主要因素有：

(1)整个场地的竖向设计是否遵循“因地制宜”这一至关重要的原则。场地规划设计时应尽量尊重现有地形，减少土石方工程量，减少对使用场地不必要的改造。

(2)建筑和地形的结合情况。特别是在山地中，设计时须对坡地进行局部挖填以保证建筑地面的平整，挖填量的多少取决于建筑与基地的契合关系。

(3)道路选线对土石方工程量的影响。道路尽量顺应等高线方向延伸，则可以在满足道路坡度的情况下减少土石方挖填。

(4)多搞小地形，少搞或不搞大规模的挖湖堆山。小地形可以在小范围内即实现挖填平衡，不需复杂的大规模施工。

(5)缩短土石方调配运距，减少搬运。场地内的挖方区和填方区尽量靠近，可以减少土石方的搬运距离。

(6)合理的管道布线和埋深。规划中使地表坡度与地下管线埋设坡度相协调，也可以有意识地减少不必要的土方回填量。

在场地竖向设计中，在满足使用需要和景观艺术品质的同时，通过有意识地计算土石方工程量进行预先的土石方工程控制，可以有效减少施工过程中的土石方工程造价。土石方工程量的计算可以通过体积法、断面法进行估算，也可以通过网格法等方法进行较准确的计算，还可以在基础资料齐备的情况下用专业的计算机软件进行计算(图 7-4)。

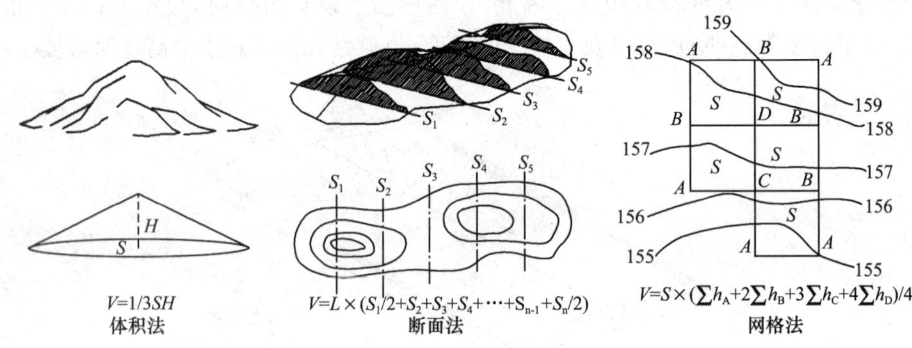

图 7-4　计算土石方工程量的方法

在施工过程中，土石方工程往往是景观工程中最先开始的项目。土石方工程分为临时性工程和永久性工程。临时性工程指为景观施工而进行的管沟挖掘、基础挖掘、土方转运等，这部分工程在工程竣工后即不再体现；永久性工程是指在景观工程竣工后仍保留展现的人工造坡、微地形塑造、挖湖堆山等土石方工程。

按照施工方式划分，土石方工程可以有人工施工和机械施工两种形式。人工施工是利用人工机具如锹、镐、锄、斗车等对土石方进行挖掘、转运；机械施工是指利用挖掘机、推土机、装载车、破碎机、压路机等对土石方进行挖填、转运、平整。这两种方式往往综合运用。对于小场地和土石方量小的区域利用人工施工，对于面积大、硬度高、土石方量大的区域则多运用机械施工。对于大型的土石方回填区域，还需要合理安排施工方式，采用分层夯筑、台阶状回填、运土堆山等方式进行施工(图 7-5)。

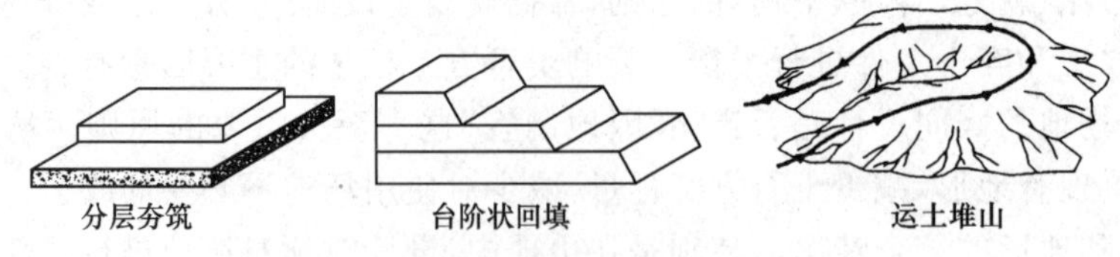

图 7-5　土石方工程的人工施工与机械施工

7.2　景观建设细部

景观设计是由各种景观元素组成的，只有对各种景观元素形式和构造有足够的了解，才能保证设计意图的充分实现。景观设计的品质体现在细部之中。成功设计的完成依赖于良好的细部和督导。缺少良好的细部可能会将本可能完好的设计变成表面看来很劣等的设计。

景观建设细部涉及景观元素的各种形式，如防护工程设施（护坡、挡土墙等）和各种景观墙、花台花池、硬质地面、水景工程、景观建筑小品（亭、廊、架等）、景观小品设施等。这些细部设计需要从材料选择到构造方式上满足适用性、安全性、坚固性、耐用性、艺术性、经济性、可行性、生态性等各方面的要求。

从构造节点来看，这些景观元素又可以分为基础和主体两部分。

基础主要起到承载主体荷载并将荷载传递到地基础的功能。基础的主要形式有刚性基础和柔性基础。刚性基础是指砖砌基础、毛石混凝土基础、素混凝土基础等刚度较大的基础形式，但抗弯剪性能稍差；柔性基础指以钢筋混凝土基础为代表的，具有较强抗弯剪能力的基础，适于用在地基容易出现不均匀沉陷的地带。影响基础设计的主要土壤因素有渗透性、承载力、缩胀性、霜冻及解冻周期等。不管什么形式的基础，都要求其置于具有承载能力的持力层之上，并有一定的埋深，且在寒冷地区埋深应深于冻土线，以免因冻胀而被破坏（图 7-6）。

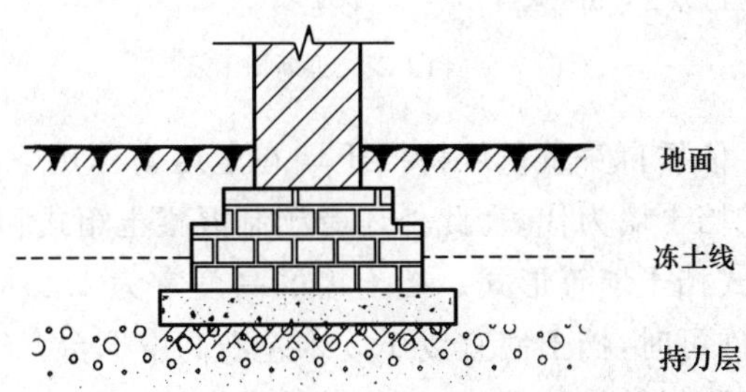

图 7-6　基础示意

景观元素的主体部分主要要考虑各组成部分相互之间的连接方式及其坚固、耐用、美观、经济等方面的要求。连接方式可以归纳为黏结、刚性连接和铰接几种形式。黏结主要是砖石等材料之间通过水泥砂浆、石材胶等方式互相叠加附着的形式；刚性连接有混凝土现浇和金属焊接等方式，连接点刚度较大，整体性较好；铰接的形式主要有木材之间的榫卯连接、金属或木材等材料通过连接件和螺栓、铆钉进行的连接，甚至是竹木等材料绑扎形式的连接。铰接的连接方式可以允许材料和构件有一定的变形量，适于材料变形系数较大的构件，也有一定的抗震能力（图 7-7）。

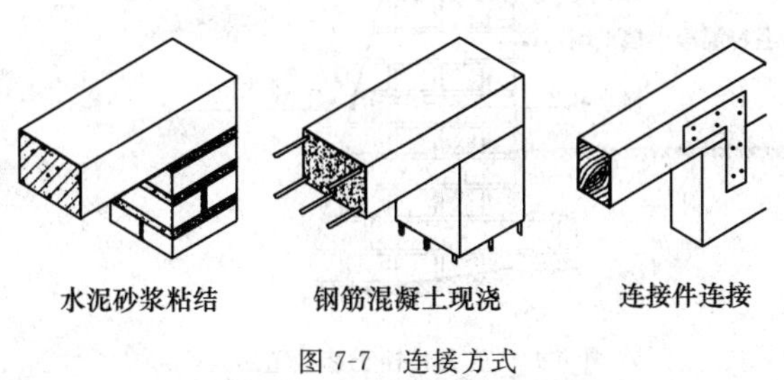

图 7-7　连接方式

7.2.1 防护工程设施

防护工程设施用在土壤坡度超过自然安息角(土壤自身能够保持稳定的自然倾斜角,通常为30°～37°)的高差突然变化处,包括护坡和挡土墙。

护坡的形式有土质护坡、砌筑型(砖砌或石砌)护坡、混凝土护坡等。坡比值小于或等于0.5时可用土质护坡,土质护坡常结合种草和造林形成生态型护坡;坡比值在0.5～1.0时宜采用砌筑型护坡。

在建(构)筑物密集、用地紧张区域及有装卸作用要求的台阶应用挡土墙防护。挡土墙的形式有重力式挡土墙、悬臂式挡土墙、衡重式挡土墙、扶壁式挡土墙、锚杆式和锚定板式挡土墙、加筋土式挡土墙等类型。其中重力式挡土墙最为常见(图7-8)。

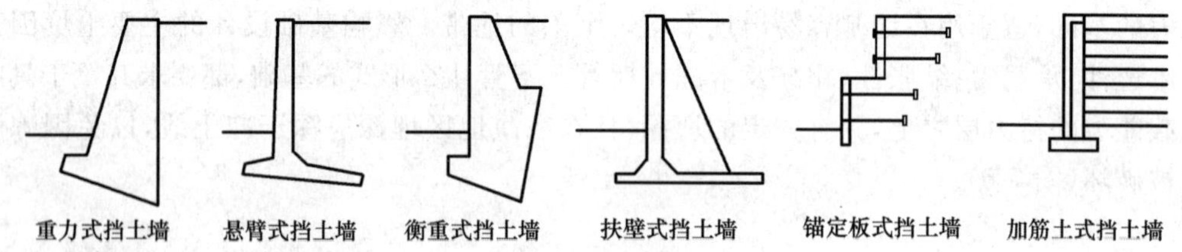

图7-8　挡土墙类型断面示意

重力式挡土墙主要依靠自身重量维持挡土墙在土压力作用下的稳定,以毛石混凝土挡土墙和混凝土重力式挡土墙为代表,此外还有预制混凝土箱式和垛式挡土墙、石笼式挡土墙、预制混凝土砌块式挡土墙等形式。挡土墙的高度宜为1.5～3.0米,超过6.0米时宜做退台处理,在条件许可时,挡土墙宜以1.5米左右高度退台。

挡土墙的设计需要进行结构计算,必须能经受来自土壤的水平和竖向的压力,同时要保证不会倒塌、墙脚沉降、水平滑动。为保证挡土墙的稳定性和耐久性,在构造措施上还为挡土墙设置排水措施:在顶部设置排水沟,背部换填渗透性骨料,墙体设置泄水孔,使这些区域减少水的渗入并让水尽快流走,特别是在易膨胀的土壤和有冻胀的情况下(图7-9)。

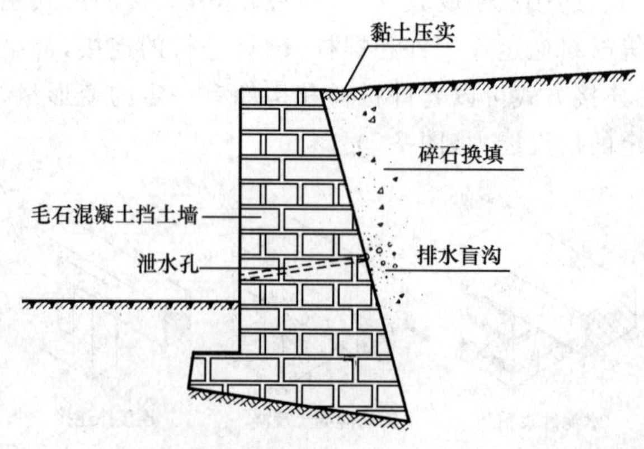

图7-9　重力式挡土墙构造示意

在景观设计中，还常将挡土墙与立体绿化、立面浮雕等装饰手法相结合以美化环境，或直接通过构造手段将绿化与挡土墙设置相结合，达到环保、稳定、美观的目的。

7.2.2 景观墙和花台花池

景观墙和花台花池以砌体结构为主要结构形式。基本构造形式都是在基础之上构筑墙体，再进行外立面装饰。基础形式根据场地的地基条件、造价、可行性确定；砌体结构以砖砌、石砌或预制混凝土块砌筑为主要形式。墙体顶部一般设置压顶以增强墙体整体性，保护墙身，改善立面效果。

景观墙根据功能可以分为景观围墙、隔断墙、装饰墙等类型。根据材料不同，可以分为砖墙、石墙、金属栅栏围墙、混凝土砌块墙、玻璃墙、木/竹栅栏围墙等类型，也可以是这些类型的混合。景观围墙高度一般在 2.2～2.7 米，也可根据实际需要确定。多数围墙形式是在砖砌墙体的基本形式上衍变而来的。砖砌墙体厚度一般为 240 毫米，并且应该每隔 3.9 米左右设置一道构造柱，增强砖砌体稳定性。隔断墙、装饰墙等根据设计确定高度和厚度，高度增高，相应墙体厚度也应增加(图 7-10)。

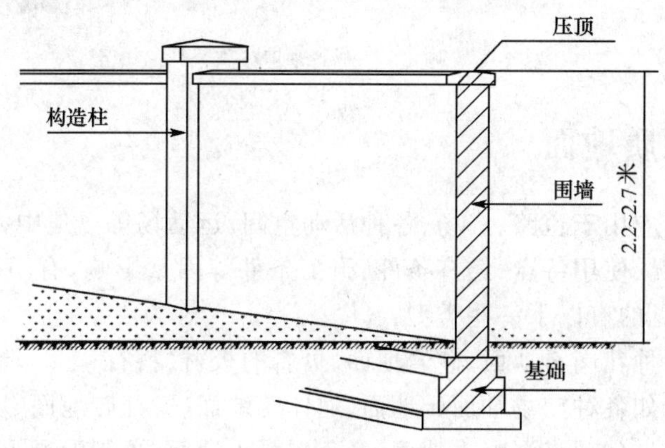

图 7-10 围墙断面示意图

花台花池需要满足种植需要，因此其墙体一侧须能够平衡土压力。花台(池)越高则墙体越厚，如 300 毫米高的花台须砌 120 毫米厚墙体，300～600 毫米高的花台须砌 240 毫米厚墙体，600～900 毫米高的花台须砌 360 毫米厚墙体，高于 900 毫米高的花台墙体就可以考虑采用挡土墙形式。高度适宜(如 350～450 毫米)的花台，往往结合室外坐凳进行设计，将墙体压顶结合坐凳座椅使用。在冬季霜冻地区，还要在花台(池)内侧做防水层，以防水渗入墙体对墙体造成冻胀破坏(图 7-11)。

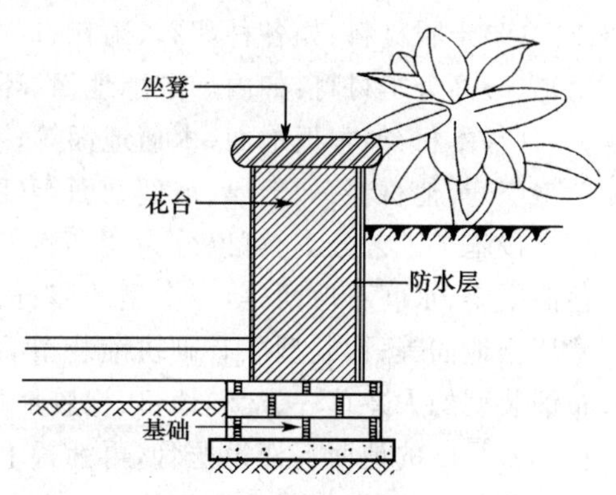

图 7-11 花台断面示意

砌体结构的景观墙和花台花池，一般都要在表面进行装饰处理。表面装饰的构造方式从内到外分别是基层—粘贴层—找平层—面层。基层即砌体结构，可以是水泥砂浆砌筑的砖、石或混凝土砌块以及现浇混凝土墙体。粘贴层附着于基层之上，起到初步找平的作用，并将面层粘贴在基层上。如果面层做涂料类面层，则须通过找平层将墙体表面找平；如果做粘贴类材料面层，就可以直接将表面材料做粘贴。作为面层的表面装饰材料有外墙涂料、外墙面砖、天然石材、金属板材、玻璃等。其中对于高度较高的天然石材面层以及金属板材、玻璃等材料，则需要将面材干挂在基层的龙骨之上(图 7-12)。

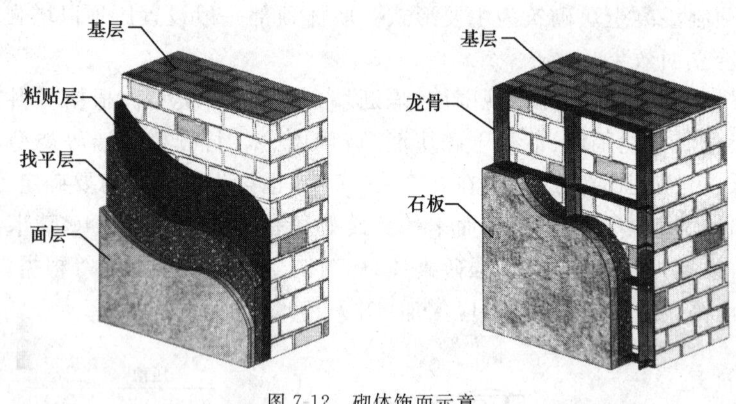

图 7-12　砌体饰面示意

7.2.3　硬质地面

硬质地面广泛应用于道路、广场、各种活动空间、运动场等场地中，其做法受场地地质气候条件、荷载情况、使用特点、经济条件、施工条件等因素影响，有不同的类型。按表面材料材质分类，常见的有以下一些类型：

(1)石材：如各种花岗石地面、砂岩地面、页岩的板材、料石；

(2)陶瓷材料：如各种广场釉面砖地面、通体砖地面、劈开砖地面、烧结砖地面等；

(3)混凝土材料：如现浇混凝土地面、彩色混凝土地面、预制混凝土块地面等；

(4)沥青材料：如沥青混凝土地面、彩色沥青混凝土地面等；

(5)土石材料：如各种卵石、雨花石、海峡石、豆石、碎石、砂土地面等；

(6)高分子材料：如丙烯酸酯地面、环氧树脂地面、聚氨酯地面、氯乙烯地面等；

(7)木材：如木板地面、木屑地面等；

(8)其他材料：如金属、玻璃地面等(图 7-13)。

按施工工艺分类，可以分为现场施工型和预制型。现场施工型中有现浇型混凝土、彩色混凝土、水磨石地面等，压实型的卵石、豆石、彩色混凝土压印地面等，喷涂型的丙烯酸酯压型地面等；预制型中有砌块铺装型的各种石材、陶瓷材料、强制混凝土砌块等，还有苫布铺装型的人造草坪、运动地垫、橡胶地垫等。木板地面的构造形式相对特别，需要预先在具备强度的地面上架设龙骨，再铺置木地板，并注意地面排水顺畅。

此外，还可以将硬质地面按排水性分为透水地面和不透水地面；按防滑性分为易滑性和不滑性地面；按表面材料弹性分为硬性材料和软性材料。在室外硬质场地的设计中，有条件的地方尽量采用透水地面以减少水土流失，维护生态环境。应该尽量采用不滑性的材料增加场地使用安全性，并根据活动特点确定材料弹性。

图 7-13　硬质地面材料

硬质地面构造一般由面层、垫层和基层组成。面层为直接承受地面荷载的作用力和自然因素影响的结构层，由一层或数层组成。基层为地面的主要承重部分，和面层一起把荷载作用力传至地基，由一层或数层组成。垫层为介于基层与地基之间的结构层，在地基水温状况不良时，用以改善地基的水温状况，提高地面结构的水稳性和抗冻胀能力，并可扩散荷载，以减小地基变形(图7-14)。

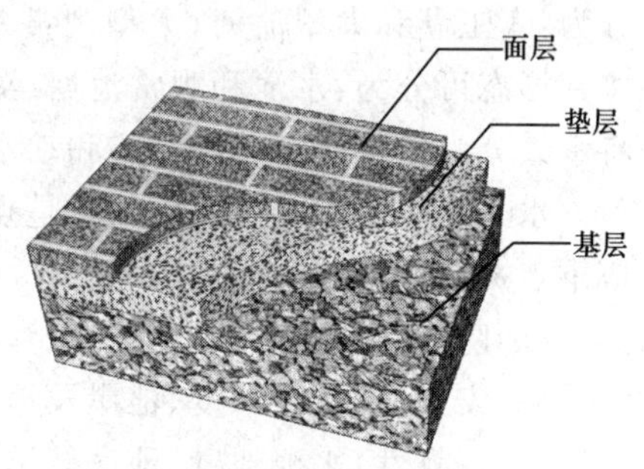

图 7-14　硬质地面构造示意

硬质地面的地面构造设计和面层选择，需要结合各种影响因素进行确定。例如是否有机动车通行以及机动车的吨位将影响地面强度和厚度；地面的活动方式影响对面层防滑性和弹性的要求；整体色彩和风格影响对面层色彩和质感的把握；项目定位和投资影响对材料品质的选用；施工条件影响材料规格和加工方式的确定；耐候性和耐久性影响对可能风化和变形材料的取舍等。

道路的路边一般要设置缘石以保护路面边缘,引导路面排水,标定车行范围。缘石采用预制混凝土、砖、石料和合成树脂等材料,高度为100～150毫米,根据高度不同有平缘石(顶面与路面平齐)和立缘石(顶面高出路面),以及铺砌在路面与立缘石之间的平石。平缘石多用于人行步道、道路标高变化衔接处、无障碍坡道口等处。机动车道立缘石的顶面往往同相邻的人行道顶面相平,有时立缘石与平石或铺装路面形成街沟,以排除路面积水(图7-15)。

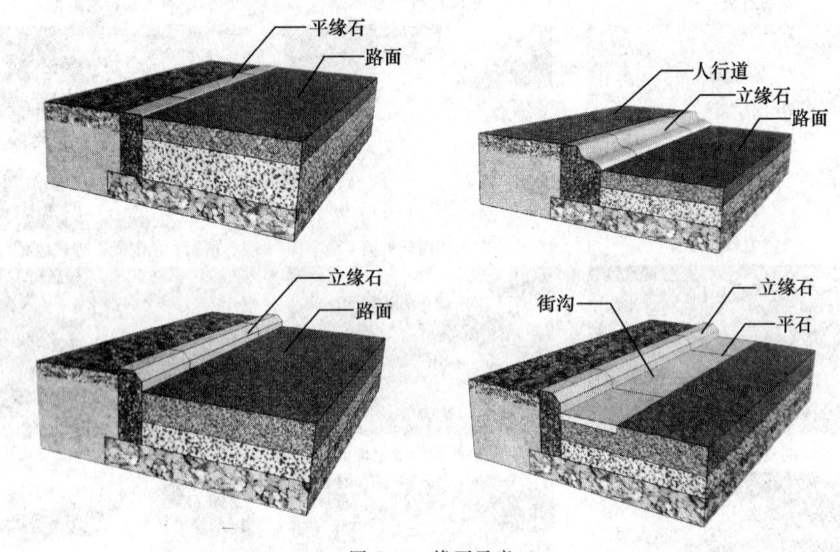

图7-15 缘石示意

7.2.4 水景工程

对自然水景景观的利用重点在于尊重原有景观特点,在空间、视觉、生态等方面充分发挥自然条件。在景观建设的细部设计中,水景工程更多涉及人造水景,其规模按大小可分为:人工湖和大型池塘;大型观赏水池和游泳池;小型水池和观赏池塘及水景小品等。按其形态可分为:水池和观赏池塘、瀑布和跌水、溪流、喷水、水盘以及旱喷等。按动势可将水景分为静水(池、塘、湖等)和动水(瀑布、跌水、溪流、喷水等)。

水景在一个景观项目中常常是点睛之笔,由于涉及水这一特殊的物质形态,设计时更应重点关注以下一些方面的问题:

(1)防渗漏:注意对水体边缘、池底、接缝等处的处理。

(2)安全性:水池深度、池岸及池底的稳定性、水体防触电等。

(3)可靠性:水池池壁、池底等结构承载合理和不变形。

(4)美观性:水景工程的材料选择和构造方式。

(5)水循环系统的合理性:给水排水方案选择、管道设计、保水和补水设计、保温等措施。

(6)经济性:一次性成本和长期维护成本的综合考虑。

水景设计需要依据水景效果对用水量进行计算,并在此基础上确定管线设备的大小、布置方式。为节约用水，多数人造水景利用循环水作为水景的供水方式。水的循环系统应该包括进水口、补水口、吸水口、循环水泵、排水口、溢水口、进水管、出水管以及浮球塞、电磁阀、给水排水阀门等配件。排水口设置在水体最底部，溢水口设置在预定的水面高度以防止水溢出。在水体中或水体旁需要预先设置水泵井、配电箱、控制箱等。如需保持水体清洁，还应该配置过滤装置(图 7-16)。

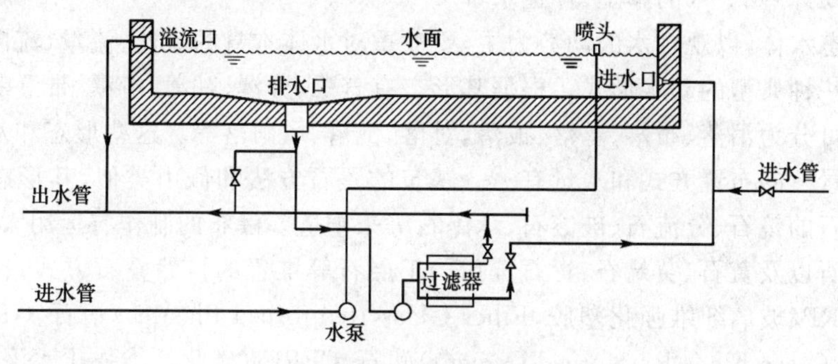

图 7-16 水系统示意

水池的池底和池壁是水的载体，在构造措施中需重点处理，做好防水层，以防渗漏。防水层的做法有刚性防水、柔性防水和刚柔性相结合的混合防水。刚性防水层主要以防水砂浆或带钢筋网片的混凝土为防水材料；柔性防水层以灰土层、防水卷材、防水油膏、防水毯、土工膜等作为防水材料；混合防水层则是在刚性防水层基础上再做柔性防水，以保证防水质量。池壁的防水层高度要高于设计水位，在水池池底池壁穿管处还应增加防水措施、设置止水环以防渗水(图 7-17)。

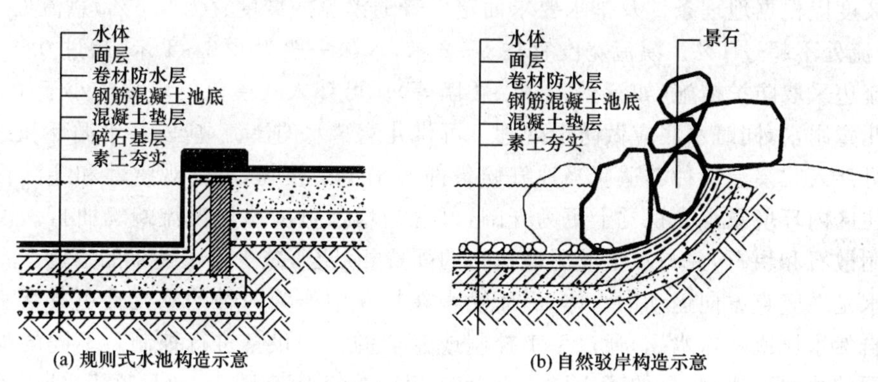

图 7-17 水池构造示意

水景驳岸按其做法可分为自然式、规则式和混合式。自然式驳岸模仿自然形态，是以由草坡、卵石、水生植物等构成的缓坡驳岸和自然叠石、假山等形成的置石驳岸组成。自然式驳岸的构造往往是在预先完成必要的池底和池壁构造的基础上以艺术化的手法塑造岸边的自然形态。规则式驳岸形式以几何化的直线、弧线、折线等形式构成简洁明确的驳岸线条，常结合池底和池壁的构造方式一次成型，再做面层处理。有时也把自然式驳岸和规则式驳岸混合运用于同一水景的不同部位，形成富有变化的岸际效果。出于安全原因，硬底人工水体的近岸 2.0 米范围内的水深，不得大于 0.7 米，达不到此要求的应设护栏。

对于静水水体，主要是观赏水面的倒影、涟漪以及天光的反射，因此可考虑设计深色池底，增强反射效果；具有一定野趣的生态水池的面积和深度应根据饲养鱼的种类、数量和水草在水下生存的深度来确定，一般在 0.3～1.5 米。池底与池畔宜设隔水层，池底隔水层上覆盖 0.3～0.5 米的厚土，种植水草。

对于动态水体，以观赏水的动势为主，要注重对水体本身的流速、流量、流向的控制。

瀑布是一种典型的动水形式。根据其形态有直瀑、分瀑、跌瀑、滑瀑、带瀑等形式。瀑布的水势又可分为泪落、布落、丝落、披落、对落、乱落、风雨落等。这些形态和水势的形成主要同瀑布景石的布置方式和水量有关。瀑布的置石方法和假山类似，其形态则通过组成瀑布景观石的镜石、分流石、破滚石、承瀑石等来塑造。瀑布的制作有运用太湖石、灵璧石、昆石、英石以及黄石、黄蜡石、青石、河石、千层石等堆置的自然叠石方式；也有钢筋混凝土塑石、FRP(玻璃纤维强化塑胶，Fiber Glass Reinforced Plastics)塑石、GRC(玻璃纤维强化水泥，Glass Fiber Reinforced Cement)塑石、CFRC (碳化纤维强化水泥或混凝土，Carbon Fiber Reinforced Cement or Concrete)塑石等人工塑石方式。瀑布的水量应预先进行计算，获得适当的设计效果。一般来讲，沿墙滑落的瀑布水膜厚 3～5 毫米；普通瀑布水膜厚 10 毫米；气势宏大的瀑布水膜水厚 20 毫米以上。在瀑布的承水滩处要保证一定的深度和宽度防止水花四溅。

跌水的造景方式和瀑布类似，但由于是多级落水，增加了在时间和空间上水的动感。

溪流是动水中一种比较柔和的形态，通过线形、宽窄、快慢、缓急的变化，使场地更富灵性与活力。溪流的驳岸形式以自然式为主，当采用规则式时，可以形成水渠或水道。溪流的置石方式有迎水石、抱水石、劈水石、送水石等，形成水流的各种变化方式(图 7-18)。溪流的坡度应根据地理条件及排水要求而定。普通溪流的坡度宜为 0.5%，急流处为 3% 左右，缓流处不超过 1%。溪流宽度宜在 1～2 米，水深一般为 0.3～1 米，超过 0.4 米时，应在溪流边采取防护措施(如石栏、木栏、矮墙等)。可涉入式溪流的水深应小于 0.3 米，以防止儿童溺水，同时水底应做防滑处理。可供儿童嬉水的溪流，应安装水循环和过滤装置。不可涉入式溪流宜种养适应当地气候条件的水生动植物，增强观赏性和趣味性。为了使居住区内环境景观在视觉上更为开阔，可适当增加宽度或使溪流蜿蜒曲折。溪流水岸宜采用散石和块石，并与水生或湿地植物的配置相结合，减少人工造景的痕迹。

喷水是在竖直方向运动的水体，因而喷水在景观中作为一种动感元素更具活力。喷水利用自然水压或泵送水压，通过手工控制或专业的程控设备进行控制。不同的喷头表现出不同的喷水形态，常见的喷头形式有万向直射喷头、喷雾喷头、涌泉喷头、球形蒲公英喷头、旋转喷头、牵牛花喷头等，也常通过这些喷头的相互组合配置出别具一格的组合喷水效果(图 7-19)。喷水中还有一种特殊的形式——旱喷。旱喷的全部供水排水系统和设备都布置在硬质地面之下，仅将水喷出地面，因参与性很强，故常在广场等活动场所中作为一种活跃气氛的情趣元素。

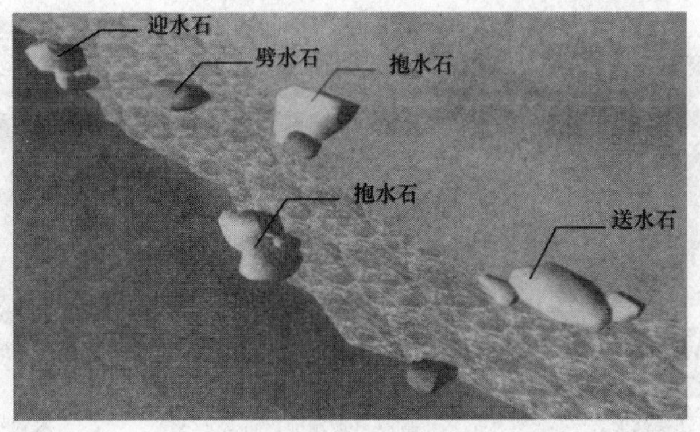

图 7-18 溪流置石示意

图 7-19 喷泉喷头种类

7.2.5 景观小品

景观小品一般作为场地中的活动节点和驻留场所存在，也往往是一个区域的视觉中心，因此景观小品在设计中更要注重其艺术形式和功能性的结合。能够用于景观小品的材料较多，例如砖、石、混凝土、木、竹、金属(钢、铸铁、铝合金等)、玻璃等。这些材料可以根据设计需要和外部条件的限制单独运用，也常常综合利用，创造出变化丰富的各种小品形式(图 7-20)。

亭、廊、棚架等景观小品形式各有特点，但在构造方式上有许多相似之处。它们基本上都是由基础、立柱和顶部组成的。

图 7-20　亭廊架的种类

基础有砖砌基础、石砌基础、现浇混凝土基础、钢筋混凝土基础等形式。立柱除可采用上述材料外，还可以采用木柱、金属柱、竹柱等。顶部可以是有屋面的，也可以是开敞无屋面的。作为屋面的材料有小青瓦、筒瓦、彩釉瓦、彩色沥青油毡、金属瓦、玻璃、木板或是树皮、茅草等材料，使亭、廊、棚架成为可以遮风挡雨的庇护场所。没有屋面的亭、廊、棚架的顶部主要起到空间限定和造型的作用，顶部的受力也主要承受自重，形式较为灵活。

基础和立柱的连接，对于砖石和钢筋混凝土形式的，可直接砌筑或浇筑；对于木柱、金属柱等立柱，可以将立柱直接埋置在基础里，或放置在柱基础上，或用螺栓固定在预埋的支架上；也可以用螺栓将预埋在基础中的铁件与立柱固定在一起(图 7-21)。

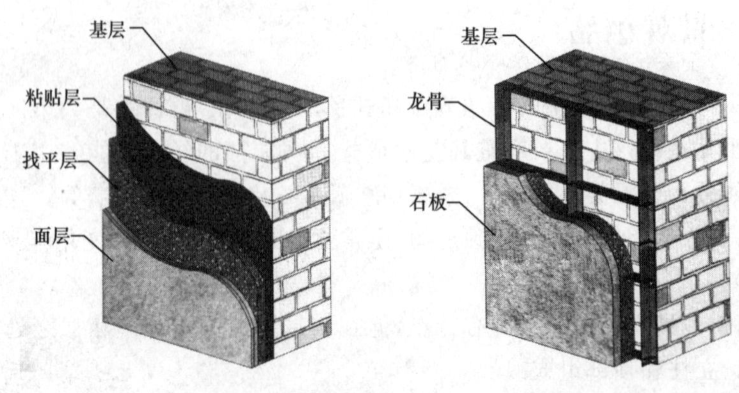

图 7-21　基础和立柱的连接形式剖面示意

立柱和顶部，以及顶部各部分之间的连接，有现浇屋架或屋顶、榫卯连接、焊接、螺栓连接等形式。现浇钢筋混凝土的亭、廊、架的顶部，可利用其塑性进行一定的艺术造型；榫卯连接常用于木结构，也是传统的中式亭廊架最常用的连接形式；焊接基本用于金属结构；木结构、钢结构、钢木结构以及钢材和玻璃等，则常用螺栓连接（图 7-22）。

榫卯连接

螺栓连接

焊接

图 7-22　立柱与顶部的连接形式

亭是具有休息、眺望、避暑等用途的开敞的小型建筑，高度宜为 2.4～3 米，宽度宜在 2.4～3.6 米，立柱间距宜在 3 米左右；廊是从一个空间进入另一个空间、具有指向性的开敞的建筑物，一般高度宜为 2.2～2.5 米，宽度宜为 1.8～2.5 米；架是具有休息、避暑等用途，是具有线性空间特征的开敞的建筑物，是一种静态场所，其形式可分为门式、悬臂式和组合式。棚架高宜 2.2～2.5 米，宽宜 2.5～4 米，长度宜 5～10 米，立柱间距宜 2.4～2.7 米（图 7-23）。

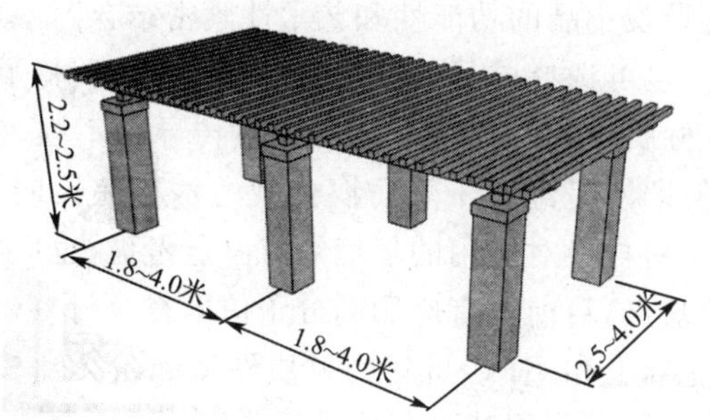

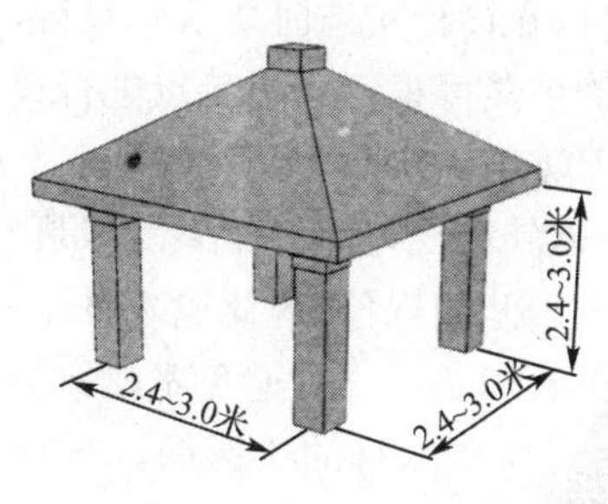

图 7-23　亭廊架的常规尺寸

亭、廊、架等建筑小品，都是在景观中供人休息的场所，因此常在其中设置一定的凳、椅。地面形式除需要与环境和谐，还要考虑防滑、耐久、经济等因素，常用的材料有地砖、石材、木材等。

还有一种膜结构的建筑小品形式，因其外观轻盈活跃，可识别性强，在景观中也常被用到。膜结构是用高强度柔性薄膜材料与支撑体系相结合形成具有一定刚度的稳定曲面，能承受一定外荷载的空间结构形式。景观中常见骨架式膜结构和张拉式膜结构（图 7-24）。膜结构的支撑体系常用钢结构，膜则是在极细的玻璃纤维基布上编织成的表面涂有高分子材料（如聚四氯乙烯）的复合材料。

图 7-24　张拉式膜结构的亭

7.2.6　景观小品设施

景观小品设施在这里主要指场地中为满足一定功能需求而设置的器具、器械等。如休息类的座椅坐凳，卫生类的洗手池、饮水台、垃圾桶、果皮箱、烟灰缸等，解说类的标示牌、解说牌、引导牌、警示牌等，以及游戏运动类的儿童游乐设施和健身运动设施等。景观小品设施在设计中应更加注意适应人的行为尺度和坚固及耐久性，并结合所应用的场所特征设计或选择适当的小品造型。景观小品设施的设计布置往往反映出景观设计的细节品质，所以在设计实施时要认真对待，将景观小品的功能性和艺术性紧密结合。

座椅坐凳可根据场地特点进行设计，也可选择成品。制作材料有木材、石材、混凝土、金属、GRC 和高分子复合材料等。木材材质较亲和，便于加工，且热传导性不强，触感较好，不会因气温变化而感觉骤冷骤热。但即使是经过干燥防腐处理的木材在长期使用后也会有变形开裂现象，因此以木材作为座椅材料对应用的环境须有一定考虑，也应有一定后续维护管理条件。为避免木材座椅的缺点，目前也有应用高分子仿木复合材料（如塑木等）来达到类似木材的质感的。石材、混凝土和 GRC 材料的材质硬度和耐久性较好，不宜损毁，常用于使用频率高的场所，混凝土还可利用其可塑性进行造型设计。缺点是材质质感坚硬，亲和力不如木材，且热传导性较强，有冬冷夏热的感觉。金属材料有铸铁、普通钢管、不锈钢管等，相对更易进行弯曲、切割等形式的加工，热传导性强，在较冷或暴晒的场所触感不够舒适。铸铁和普通钢管因容易生锈，需要做好防锈处理并及时维护。在设计尺度上，普通座椅的高度为 380～450 毫米，单人椅长度为 600 毫米左右，双人椅长度为 1200 毫米左右（图 7-25），三人椅长度为 1800 毫米左右，靠背倾角为 100°～110°。

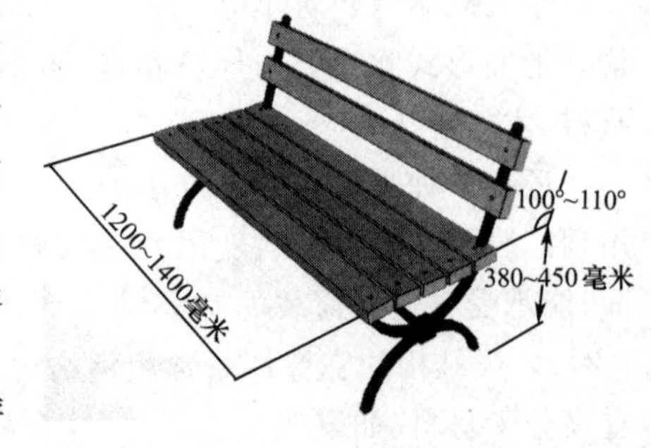

图 7-25　双人椅

洗手池、饮水台的设置一般是在活动场地或游憩设施的附近，分为开闭式和常流式两种。池体或台体可以采用石材、混凝土或不锈钢等牢固耐腐蚀的材料。针对儿童的洗手池高度宜为500～550毫米，成人的宜为700～800毫米；饮水台高度宜为500～900毫米。洗手池、饮水台的设计均应充分考虑保证给水排水设施配置的合理性、隐蔽性，保证池边或台边干燥、卫生、安全。

垃圾桶、果皮箱、烟灰缸的制作材料有塑料、玻璃钢、石材、不锈钢、铝材、混凝土、GRC等。垃圾桶主要用于场地内垃圾的集中收集，容积从120升、240升到480升不等，按固定方法分类有固定式和移动式，按位置高低又可分为地面式和地埋式。为便于管理和清运，垃圾桶常直接选用适宜的移动式成品。烟灰缸可单独设置为站立式和坐式，置于路边或座椅旁，也常结合果皮箱一起设计。果皮箱容积比垃圾桶稍小，根据人流量和使用频率不同，可以有不同的容积，通常有23升、35升、42升、50升、58升等，安放间距一般在50～80米，位置应当方便而不突出。果皮箱根据收集方式不同可分为混合式和分类式，出于环保目的，分类式垃圾箱至少有两个垃圾收集箱，将可回收和不可回收的垃圾分类收集，便于对可回收垃圾有效回收和利用。果皮箱高度宜为600～800毫米，并可设计成石块、树桩、动物以及抽象造型，成为点缀环境中的艺术小品(图7-26)。

图7-26 饮水台、洗手池、果皮箱、垃圾桶

解说类小品在场地中的设计布局应当在景观规划的同时系统地进行，其制作材料较多样化，可以是石材、混凝土、竹木、不锈钢、铁、铜、铝、玻璃、塑料、丙烯板等，文字标志的制作方式有雕刻、镶嵌、粘贴、印刷等。标示牌、解说牌、引导牌、警示牌等有其各自特点，用于表示场所名称、说明景点特点、指引道路方向、提醒注意事项等。小品尺寸和位置高低也会因为不同的解说功能而不同，但都应该处于显眼而不影响整体景观品质的位置，色彩明确，内容简明。小品的形式应当与整体景观风格相协调，如在风景区可设计以天然材料为主的解说小品系统，在城市广场中则可结合广场风格设计人工化的解说小品。也可充分结合景观雕塑、地面、墙面、照明灯景观元素设置，使解说小品与场地有机相融(图7-27)。

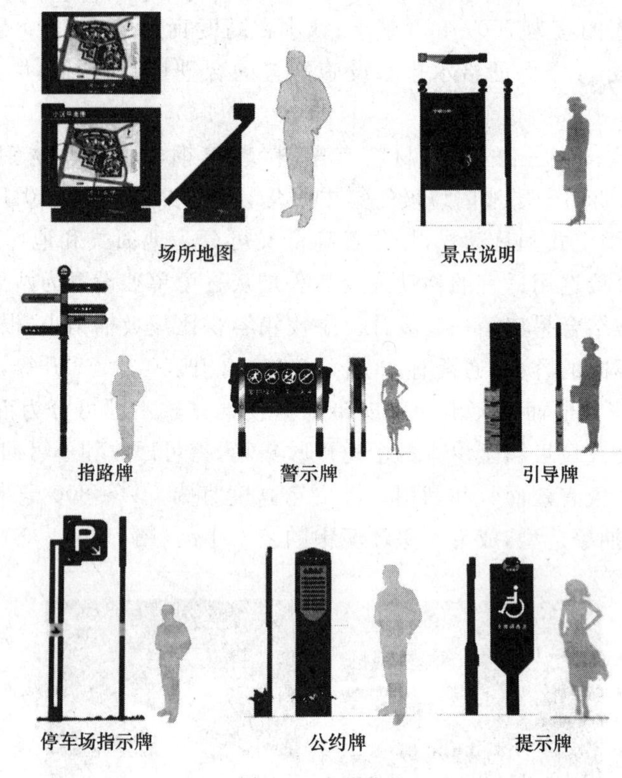

图 7-27 解说小品

7.2.7 儿童游乐设施和健身设施

在一些城市开放空间，如公园、广场、街心花园、居住区公共空间等，都需要配备儿童游乐设施和健身设施。儿童游乐设施有沙坑、滑梯、秋千、攀登架、跷跷板等，制作材料有木材、铁管、不锈钢、增强塑料、玻璃纤维等；健身设施有平步机、跑步机、健骑机、滑雪器、扭腰器、腰腹训练机、单杠、双杠、攀梯、大转轮、太极揉推器等，制作材料主要有铁管、增强塑料等，且多为成品安装。

儿童游乐设施的设计和成品选用首先应该考虑安全性，根据儿童的行为尺度和特点决定尺寸和构造材料，并兼顾舒适性与美观。儿童游乐设施要避免尖锐的棱角，注意控制设施高度，设施的地面及周边应采用沙地、土地或弹性橡胶地面，以避免儿童坠地跌伤。设施周围还应留有成人看护的场所和座椅。

7.3 植物种植

景观工程中，植物作为软质景观元素，其种植与维护影响到整个景观工程的实施效果。植物的种植一般按照先种大乔木，再种中、小乔木和灌木，最后种植地被和草坪的顺序实施。植物的种植应该综合考虑日照、温度、降水、湿度、种植密度和土壤的干湿度、酸碱度、土质等因素，并结合实际的施工、养护条件和经济条件，制定合理可行的种植方案。

7.3.1 乔木种植与大树移植

乔木种植前应根据设计对场地进行整治，清除杂物、建筑垃圾，将土壤平整耙细，对不适于种植的土壤还应进行局部改良或更换。

种植时要先将设计图纸上的乔木位置在场地中进行定位。可以利用场地中一些永久参照点（如道路中心、建筑墙角等）引出定位，也可以先在场地中根据设计坐标放出施工网格，再根据这些网格引测出乔木定位点。后者多用于自然式的乔木种植（图 7-28）。

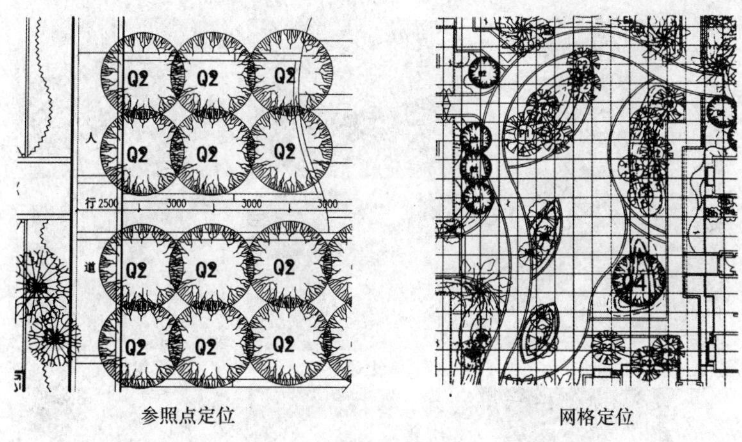

图 7-28　乔木种植定位方式

乔木定位后，就可以挖掘种植穴。种植穴直径一般是根茎直径的 6～8 倍；深度比苗木根茎以下土球高度更深。在土质条件不佳的场地上，还需要换土种植。

常规乔木的苗木多从苗圃中选择，要求树干通直、树皮颜色鲜艳健旺、无病虫害，并在育苗期经过 1～3 次翻栽，以提高移植后的成活率。挖掘时要尽量带根团土球，并对根叶进行一定修剪，减少苗木的水分散失。将苗木在场地上进行永久性的定植最好选择在春季或秋季，定植时先将苗木根团土球放入种植穴中，将树干立直、扶正，再分层回填种植土，然后绕根茎一周培土、做拦水围堰、灌水，最后检查、扶正。

相对常规乔木而言，大树一般指植株高大、胸径粗壮的乔木，可以分为伟乔（树高＞30 米）、大乔（20 米＜树高＜30 米）、中乔（10 米＜树高＜20 米）和小乔（6 米＜树高＜10 米）。大树在景观中往往在功能和视觉上具有较重要的作用，而在移植时因根系受损或水分散失等原因有一定移植难度，所以大树移植有一些不同于常规乔木的技术要求。

大树在移植前应当对根部进行处理，提高移植成活率。处理的方法有多次移植法、预先断根法和根部环状剥皮法。通常对于较大胸径的树木，在移植前二至三年即可将树根沿周边一定范围分段分批进行挖掘，以促进吸收根的生成。挖掘前还要进行树冠修剪，一般以疏枝为主、短剪为辅，并剪摘掉一部分树叶。大树的移植包括起挖、吊装、运输、卸车、栽植等环节。树木起挖要根据根部土球的包装方式开展工作。胸径 10～15 厘米的大树，可用软材包装移植；胸径 15～30 厘米的大树，则要应用木箱包装移植，以保证在吊装运输过程中土球不散。树木起挖时要保证土球足够大，一般土球的直径为树木胸径的 8～10

倍。大树因重量大，在起运时需要收拢树冠，用起重机进行吊装，然后根朝前、冠向后顺卧在货车或拖车上，固定和保护好土球和根茎。卸车时用起重机起吊，控制好树木平衡后慢慢树立在种植穴中。大树的种植穴应有适宜的深度和直径，在栽植前即在底层回填部分肥沃土壤，施入基肥。栽植时，注意控制植株方向，保持直立，并在栽植前对运输过程中损伤部位或影响今后生长的根、枝、冠进一步修剪。栽植基本完成后，要在种植穴外缘筑土堰并分二至三次将水灌透。在浇水之前，对大树设立支柱，以防树木歪斜或倾倒(图7-29)。

图 7-29　大树种植过程

7.3.2　灌木种植

灌木高度介于乔木和草花、地被之间，是植物配置中的中间层次。灌木种类繁多、形态各异，可以观花、叶、果、形，在景观形态塑造中既可以单独或成组地修剪成形，也可以与乔木、地被自然搭配，还可以有视线遮挡、动线阻隔、场地围合等空间限定功能。灌木在生长过程中一般都要对其进行修剪，这种修剪一方面为促使其更好地生长，另一方面是为配合造型需要有目的地修剪。经修剪的灌木在景观中可作绿篱，也可以作平面造型或立体造型。

作为绿篱的灌木选苗要规格统一，长势健旺，植株排列方式有矩形和三角形两种，株距视苗木大小而定，一般为 15～60 厘米。绿篱位置若靠近铺装边缘，则种植沟的挖掘线要与边缘留出 20～35 厘米的距离，保证绿篱的生长空间。绿篱在植入种植沟后，要在根部均匀地覆盖细土，并用锄把插实，将苗木扶正，一次浇定根水。绿篱栽好后，就要进行修剪。绿篱可以修剪成直线形、波浪形、折线形、锯齿形等不同立面形式，横断面则可修剪成矩形、正梯形、半球形等形式。若不定型修剪，可以只将枯枝杂枝剪掉作自然式修剪。

平面式灌木造型有点式、线式、面式三种类型。造型步骤包括整地、放样、种植与植株的整形修剪四个步骤。整地时根据设计要求做出场地坡度，并要注意避免场地积水。放样方式有网格法或是利用麻绳、钢丝摆出图案，用纸板放样。种植时按照“先中心后四周，先上后下”的顺序进行(图 7-30)。

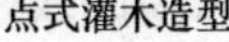
点式灌木造型

线式灌木造型

面式灌木造型

图 7-30　平面式灌木造型

立体式灌木造型可以塑造出几何造型、建筑造型、人物造型、动物造型等形式，也可以是多种造型的组合。造型步骤包括整地、施基肥，将设计平面放样，利用竹、木、钢筋等材料绑扎骨架，将灌木按由内而外、由上而下的顺序定植，最后清场浇水(图 7-31)。

图 7-31　立体式灌木造型

7.3.3　草坪栽植

草坪在景观设计中可以被用作大面积的底色，也可以和乔木、灌木搭配造景，还可以与地被植物配置在一起创造自然活跃的地面效果。

草坪栽植的方法有铺置草皮块、铺置草坪草营养体、播种法三种方式，栽植前应给床土施入基肥和土壤改良剂，进行粗平整。

铺置草皮块的方式见效快,但成本较高。草皮块的铺置方式有密铺法、间铺法和点铺法(图 7-32)。草皮块铺置的间隔越大,投资越经济,但成坪时间也越长。草皮块铺置完成后,将其与地坪拍紧,撒入一层细土,最后再浇水灌溉。

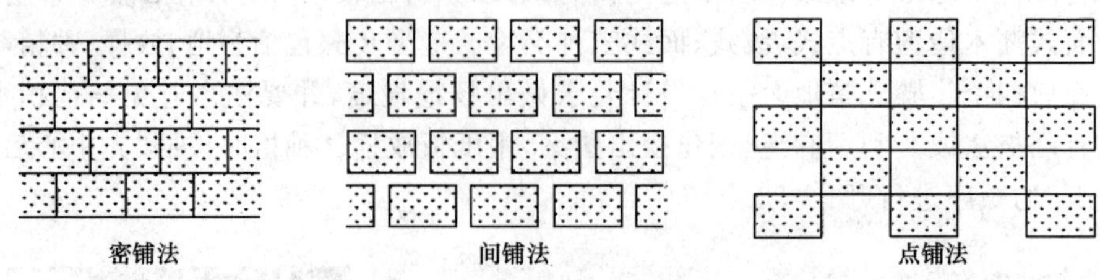

图 7-32　草皮块铺置方式

铺置草坪草营养体是选择速生草种,将已培育好的草皮取下撕成小片,以 10～15 厘米的间距种植,1～2 个月后即可形成成片的草坪。

播种法一般用于结籽量大而且种子容易采集的草种。草种播种有条播和撒播两种方式。条播是在场地上间隔 15 厘米左右开浅沟将沙土和种子撒入沟内。撒播时直接将种子撒在种植床上,播种后轻轻压土将种子压入土内 0.2～1 厘米。撒播的线路有回纹式和纵横向后退式(图 7-33)。

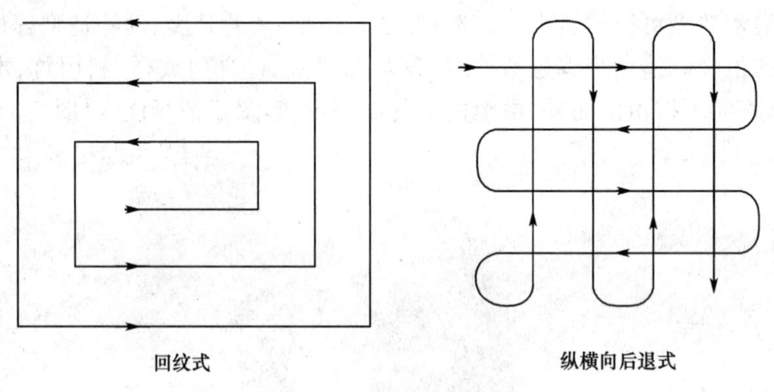

图 7-33　播种法铺置方式

草坪栽植完成后,要定期进行灌水、施肥、修建、除杂草、对草坪扎孔打洞通气等养护管理工作,以保证草坪生长良好。

7.3.4　花卉种植

花卉在景观中的应用或是由多种花卉组成花坛,或是与乔、灌木以及地被植物搭配组成丰富的绿化层次。花卉的种植须先处理好种植床。经过翻土、耙细、清除杂物、改良土质后的种植土,要先填进一层肥效较长的有机肥料作为基肥,然后填进栽培土,栽培土土面高度一般应填至栽植边路缘石顶面以下 2～3 厘米,经沉降后顶面就会达到路缘石顶面以下 7～10 厘米,适于花卉高度。

作为花坛的花卉种植床在处理好后,要按照设计图将图案放大到花坛图面上。花坛的形式有花丛式、模纹式、标题式和立体模型式四种。放样时可以等分花坛表面后依据等分线进行基础放样，也可以设定坐标网格后放样，对小面积的花卉形式还可以利用硬纸板放样。

花卉栽植季节在春秋冬三季基本没有限制，夏季也可栽植，但要避开中午时段的暴晒。从苗圃中起苗时，要灌水浸湿圃地，这样花卉根土才不宜松散。栽植顺序是从中央到四周，或从图形文字再到底面植物，并通过调整植株埋深来统一花卉，花卉栽植完成后，要立即浇一次透水，使花苗根系与土壤密切结合。

7.3.5 水生植物栽植

水生植物的栽植，根据类型不同，有不同的技术措施。例如浮叶植物、挺水植物，可以用种植盆、种植台、种植池的形式，将植物根系沉于水中，观赏花、叶、茎；漂浮植物，可以用造型浮圈将植物圈在水面上观赏；沉水植物可直接将其根系栽植在水中或置于水下花盆中；岸边植物可结合自然式驳岸在水际栽植。

水生植物施工时，要先确定其设计范围、高度并做标记。施工前将池塘水抽干，将基地处理好后再栽入植物、放水。水生植物的栽植面积一般不大于水面的一半，也不要将水面周边全部填满(图 7-34)。

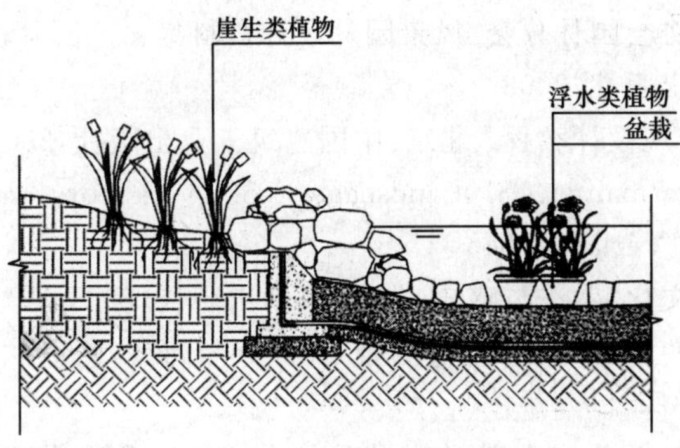

图 7-34　水生植物栽培示意

参考文献

［1］ 俞孔坚，李迪华. 景观设计：专业、学科与教育. 北京：中国建筑工业出版社，2003

［2］ 冯炜，李开然. 现代景观设计教程. 北京：中国美术学院出版社，2004

［3］ 刘滨谊. 现代景观规划设计. 南京：东南大学出版社，2005

［4］ 刘蔓. 景观艺术设计. 重庆：西南师范大学出版社，2000

［5］ 翁剑青. 公共艺术的观念与取向. 北京：北京大学出版社，2002

［6］ 伊恩·本特利. 建筑环境共鸣设计. 大连：大连理工大学出版社，2002

［7］ 凯文·林奇. 总体设计. 北京：中国建筑工业出版社，2005

［8］ 安迪·普雷斯曼. 建筑设计便携手册. 北京：中国建筑工业出版社，2002

［9］ 张斌，杨北帆. 城市设计——形式与装饰. 天津：天津大学出版社，2002

［10］ 金学智. 中国园林美学. 北京：中国建筑工业出版社，2005

［11］ 罗伯特·霍尔登. 新景观设计. 北京：百通集团云南科技出版社，2004

［12］ 中国勘察设计协会园林分会. 风景园林设计资料集——园林植物种植设计. 北京：中国建筑工业出版社，2003

［13］ 龚立君. 城市景观设计教程. 北京：中国建筑工业出版社，2007

［14］ NavehZ.，Lieberman A. S. Landscape Ecology：Theory and Application. New-York：Springer-Verlag，1984

［15］ 俞孔坚. 景观：文化、生态与感知. 北京：科学出版社，2000

［16］ (美)弗雷德里克·斯坦纳. 生命的景观. 周兴年，译. 北京：中国建筑工业出版社，2005

［17］ 全国高等学校景观学专业教学指导委员会. 2005 国际景观教育大会论文集. 北京：中国建筑工业出版社，2006

［18］ Jian Qiu. Old and New Buildings in Chinese Cultural National Parks：Values and Perceptions with Particular Reference to the Mount Emei Buildings. The University of Sheffield，1997.

［19］ (英)爱德华·泰勒. 原始文化. 连树声，译. 南宁：广西师范大学出版社，2005

［20］ 徐鸣. 企业思想工程学. 成都：巴蜀书社，1989

［21］ Buchwald K.，Engelhart W. eds. Hundback fur Lands－chaftplege und Naturschutz，Bd. l. Grundlagen. BLV Verlagsgesellschaft，Munich Bern，Wien，1968.

［22］ Daniel T. C.，Boster R. S. Measuring Landscape Aesthetics，The Scenic Beauty Estimation Method(USDA Forest Service Research Paper RM-167，Fort)，1976.

［23］ 潘谷西. 中国建筑史. 北京：中国建筑工业出版社，2001

［24］ 张家骥. 中国造园史. 哈尔滨：黑龙江人民出版社，1987

[25] 周维权.中国古典园林史.北京:中国建筑工业出版社,1990
[26] 封云.公园绿地规划设计.北京:中国林业出版社,1996
[27] 尹安石.现代城市景观设计.北京:中国林业出版社,2006
[28] 北京市园林局.公园设计规范(CJJ48—92).北京:中国建筑工业出版社,1992
[29] (美)麦克哈格.设计结合自然.芮经纬,译.北京:中国建筑工业出版社,1992
[30] 王建国.城市设计.南京:东南大学出版社,1999
[31] 王浩.城市道路绿地景观设计.南京:东南大学出版社,2001
[32] (美)哈维·M.鲁本斯坦.景观设计.景观设计编辑部,著译.大连:大连理工大学出版社,2004
[33] (英)克利夫·芒福汀.街道与广场.张永刚,陆卫东,译.北京:中国建筑工业出版社,2004
[34] 洪得娟.景观建筑.上海:同济大学出版社,1999
[35] 王晓俊.西方现代园林设计.南京:东南大学出版社,2000
[36] 韩勇.城市广场与城市空间结构关系初探.安徽建筑,2001
[37] 李梦玲,贾银镯,任康丽.景观艺术设计.武汉:华中科技大学出版社,2005
[38] 陈六汀,梁梅.景观艺术设计.北京:中国纺织出版社,2004
[39] 张维妮,马晓燕.景观设计初步.北京:气象出版社,2004
[40] 彭一刚.中国古典园林分析.北京:中国建筑工业出版社,1986
[41] 姚时章,王江萍.城市居住外环境设计.重庆:重庆大学出版社,2000
[42] 张建涛,卫红.城市景观设计.北京:中国水利水电出版社,2008
[43] 魏向东,宋言奇.城市景观.北京:中国林业出版社,2005
[44] (美)E.N.培根.城市设计.黄富厢,朱琪,译.北京:中国建筑工业出版社,2003
[45] (美)乔纳森·巴奈特.都市设计概论.庄建,译.台湾:台湾尚林出版社,1984
[46] (日)池译宽.城市风貌设计.郝慎均,译.天津:天津大学出版社,1989
[47] (俄)M.B.波索欣.建筑·环境与城市建设.冯文炯,译.北京:中国建筑工业出版社,1988
[48] 黄亚平.城市空间理论与空间分析.南京:东南大学出版社,2002
[49] 王琳,乐大雨.装饰雕塑——创造精神的永恒世界.哈尔滨:哈尔滨工业大学出版社,2003
[50] 蔺宝钢,陈雪华.城市雕塑艺术成型与制作.北京:中国建筑工业出版社,2007
[51] 林振德.公共空间设计.广州:岭南美术出版社,2006
[52] 郭雅洁.城市道路景观设计导则编制研究.苏州:苏州科技学院,2008
[53] (美)Sherri Warner Hunter.混凝土雕塑.张晓杰,李东良,译.山东:山东科学技术出版社,2003
[54] (日)菅原进一.环境·景观设计技术.金华,译.大连:大连理工大学出版社,2007
[55] 田宝江.城市规划原理.武汉:华中科技大学出版社,2008